西夏文书种类功用及体式研究

赵彦龙 著

上海古籍出版社

教育部人文社会科学研究规划基金项目：

"西夏文书种类功用及体式研究"（批准号：19XJA870003）

宁夏大学民族学一流学科建设经费资助出版（NXYLXK2017A02）

目　　录

绪　论 ………………………………………………………………… 1

第一章　西夏下行文书种类功用及体式研究 ……………………… 9
　第一节　皇命文书功用及体式 …………………………………… 9
　第二节　官府下行文书功用及体式 ……………………………… 30

第二章　西夏上行文书种类功用及体式研究 ……………………… 64
　第一节　上书类文书功用及体式 ………………………………… 64
　第二节　申状类文书功用及体式 ………………………………… 79
　第三节　奏疏类文书功用及体式 ………………………………… 100

第三章　西夏平行文书种类功用及体式研究 ……………………… 121
　第一节　牒文功用及体式 ………………………………………… 121
　第二节　移檄文书功用及体式 …………………………………… 126

第四章　西夏官府专门文书种类功用及体式研究 ………………… 138
　第一节　户籍文书功用及体式 …………………………………… 138
　第二节　军籍文书功用及体式 …………………………………… 157

第五章　西夏民间文书种类功用及体式研究 ……………………… 177
　第一节　书信文书功用及体式 …………………………………… 177

第二节　契约文书功用及体式 …………………………………………… 185
　　第三节　丧葬文书功用及体式 …………………………………………… 243
　　第四节　序跋碑类文书功用及体式 ……………………………………… 266

主要参考文献 ………………………………………………………………… 301

后　记 ………………………………………………………………………… 306

绪　　论

一、西夏文书种类功用及体式简述

（一）西夏文书的种类

自文字和国家产生之后，用于管理的工具即文书就逐渐产生，而且随着时代的推移，新的文书种类产生，旧的不适合某一时代发展需要的文书种类则随之被淘汰。但总的趋势是，文书种类越来越齐全和完善。到清末为止，中国古代文书种类有400多种。这400多种古代文书，在古代各个朝代的统治管理中发挥了重大作用。

从目前所见实物来看，西夏文书几乎都借鉴和沿袭了中原唐宋朝及其以前各朝文书的名称，并在西夏国境内普遍运用，是国家管理过程中的重要工具。

西夏文书是文体学中一种既特殊又重要的文体，它是"同一历史时期全部文书内在本质用途分工的最基本单位"。[①] 它体现了历朝历代各种文书的体裁以及样式，它是各种文书归属的类别及其结构方式、语体特征等综合反映出来的整体面貌。

西夏文书从其公私属性来分，大体有官府文书和民间文书两类。就官府文书的送达对象和方向来看，有上行文、平行文和下行文三种。而民间文书从送达对象和方向来看十分繁杂，很难一一进行规整地区分。所以，具体文种只能在具体研究中细心甄别和探讨。

从目前统计和研究的情况可知，西夏文书有近百种之多，包括官府文书和民间文书。这实际上就是本书研究的文书种类的范围。当然，也许还有一些文书种类没有被公布或被发现，但不管怎么样，我们仍然可以说这近百种文书应该能够基本反映西夏社会发展和管理过程的大致状况。

（二）西夏文书的功用

文书的功用就是指某种文书在官府或民间所发挥出来的功能和效用。功用

[①] 王铭《文种钩沉》，中国档案出版社2007年，第3页。

一词出现于先秦时期,一直使用至今,而且其使用范围也不受任何限制,故可以使用在各个领域,但其含义基本一致。《荀子·非十二子》载:"不知壹天下、建国家之权称,上功用、大俭约而僈差等。"①《后汉书》载:"时窦太后临朝,下诏曰:'先零、东羌历载为患,颍前陈状,欲必扫灭。涉履霜雪,兼行晨夜,身当矢石,感厉吏士。曾未浃日,凶丑奔破,连尸积俘,掠获无算。洗雪百年之逋负,以慰忠将之亡魂。功用显著,朕甚嘉之。须东羌尽定,当并录功勤。今且赐颍钱二十万,以家一人为郎中。'"②《唐大诏令集》载:"假设幡𥻘,兼复创造园宅,雕剪花树,或桐闑木马,功用尤多。"③宋曾巩《屯田策》载:"天子乃遣议臣东出宿、亳,至寿春,西出许、颍,转陈、蔡之间,至襄、邓,得田可治者二十二万顷,欲修耕屯之业,度其功用矣。天子尤意响之,而任事者破坏其计,故功不立。"④《续资治通鉴》载:"……(尚)文曰:'一人含之,千人不渴,则诚宝也。若一珠止济一人,则用已微矣。吾之所谓宝者,米粟是也,一日不食则饥,三日则疾,七日则死,有则百姓安,无则天下乱,以功用较之,岂不愈于珠哉……'"⑤《清史稿》载:"……三十三年,颁下法律大臣沈家本试行诉讼法,曾扬言:'中国礼教功用远在法律上,是以尊亲之义,载于礼经……'"⑥《康熙起居注》载:"……讲毕,上召赐履至御前,论及文章。对曰:'六经斯文之祖,为往圣继绝学,为万世开太平,功用甚大。尧、舜之勋华,宇宙之大文也……'"⑦《广近思录》载:"诗既作,又足以正性情、辨得失、兴教化、感人心、动天地、格鬼神,此诗之本末功用也。"⑧

中国史书对功用一词有所论及,外国相关史书也有涉及,如日本的《文镜秘府论校笺》载:"……被金石而德广,流管弦而日新……校笺:本段论文章社会功用。"⑨

西夏每一种文书,不论是下行文书还是上行文书,抑或是平行文书,在西夏社会管理中仍然发挥着各自应有的功用。

(三) 西夏文书的体式

体式就是文书语体和格式的简称。语体,即撰写某一文书时,针对行文方向

---

① (清) 王先谦撰,沈啸寰、王星贤整理《荀子集解》,中华书局2012年,第91页。
② (南朝宋) 范晔《后汉书》卷65,中华书局1965年,第2149页。
③ (宋) 宋敏求编《唐大诏令集》卷80,中华书局2008年,第463页。
④ (宋) 曾巩《曾巩集》卷49,中华书局1984年,第676页。
⑤ (清) 毕沅《续资治通鉴》卷195,中华书局1957年,第5311页。
⑥ (清) 赵尔巽等《清史稿》卷449,中华书局1977年,第12539页。
⑦ 中国第一历史档案馆整理《康熙起居注·康熙十二年》,中华书局1984年,第114页。
⑧ (清) 张伯行辑,张文校点《广近思录》卷3,华东师范大学出版社2015年,第63页。
⑨ (日) 遍照金刚撰,卢盛江校笺《文镜秘府论校笺》,中华书局2019年,第487页。

和不同送达对象所选择使用的不同语言,使文书能够准确表达相关意愿,如采用某一习惯用语、常用句式、称谓用语、结构用语等。格式,一般指独立成篇的文本体裁,是文本构成的规格和模式,属于文书的形式要素和范畴。

文书是文章学研究的一个不可或缺的文体,是古今中外公私管理活动中指挥工作、解决事项、联系业务、沟通信息、交流感情等而形成的一种应用文体。作为应用文体,文书有着比其他类型文章更为严谨、规范、完整、合理的体式,也为此成为当下我们研究的一项重要课题。关于体式,古代史籍及法典也多有记载。南朝梁陶弘景《与梁武帝启》载:"……唯《叔夜》《威辇》二篇,是经书体式。"①《陈书·孔奂传》载:孔"奂博物强识,甄明故实,问无不知,仪注体式,笺表书翰,皆出于奂"。②《北齐书·许惇传》载:"齐朝体式,本州大中正以京官为之。"③宋吴曾《能改斋漫录》载:宋"大观四年四月,礼部奏拟立到岁试辞学兼茂科试格:'制依见行体式,章表依见行体式'"。④ 宋李焘《续资治通鉴长编》载:端拱元年,赵"普始为节度使,贻书台阁,体式皆如申状,得者必封还之,独象舆不却,普谓其慢己,故与颢等皆被重遣"。⑤ 南宋制定的法典《庆元条法事类》第十六卷文书式中有对"表、状、牒、关、符、帖、晓示、都簿"⑥等体式的具体规定。元明清相关史籍和法典中也有类似的记载。看来,所有文章在写作过程中均要遵循相应的体式,而文书(应用文体)尤其如此。

二、西夏文书种类功用及体式研究现状

中国社会科学院历史研究所黄正建教授曾说:"古文书学主要从内在与外在两方面研究文书。所谓'外在',主要研究文书的物质方面,包括材料(竹木、金石、纸张)、形制(尺寸大小、剪裁修整、封口方式)、字体、印章等。所谓'内在',主要研究文书的史料方面,包括文书的样式(书式、格式)、用语、内容等。研究古文书,归根结底是要研究这些文书所起的作用:既包括它们作为实用文书在当时所起的作用,也包括丧失了当时作用之后在后来的历史研究中作为史料所起的作用……对于研究早期文书(宋元之前)的多数学者而言,能够接触到文书原件

---

① (清)严可均校辑《全上古三代秦汉三国六朝文·全梁文》卷46,中华书局1958年,第3214页。
② (唐)姚思廉《陈书》卷21,中华书局1972年,第284页。
③ (唐)李百药《北齐书》卷43,中华书局1972年,第575页。
④ (宋)吴曾《能改斋漫录》卷1,影印文渊阁《四库全书》本,台湾商务印书馆1986年,第850册,第513页。
⑤ (宋)李焘《续资治通鉴长编》卷29,中华书局2004年,第651页。
⑥ 杨一凡、田涛主编,戴建国点校《庆元条法事类》卷16,黑龙江人民出版社2002年,第347—350页。

的机会很少,因此所谓文书物质方面的研究很难进行,对文书的研究就集中在书式(含署名、画押、钤印方式)和内容方面。由于内容方面是所有古文献研究都会关注的,因此文书的'书式'研究就成了文书研究最重要的特点,也是区别于其他古文献研究的重要标志。"[1]这里所谓的"书式"则主要指文书的体式。正因为古代文书的种类、功用、体式十分重要,故此拟定《西夏文书种类功用及体式研究》作为研究课题,以其补充古代文书档案史的研究。

近年来,已经有学者对西夏文书功用及体式进行过一些研究,成果中既有著作,也有论文。为了清楚了解和掌握其状况,现简单归纳学界的研究成就。

(一) 国内对西夏文书种类功用及体式的研究

1. 有关西夏文书种类、功用及体式研究的论著

直接研究西夏文书种类、功用及体式的专著成果并未见到,只在相关的研究成果中涉及了一些文书种类、功用及体式,如赵彦龙《西夏公文写作研究》第三章《西夏公文种类及体式》中对西夏部分官府文书种类、功用及体式进行了全面研究,并对"书体公文、禀帖式公文、申状类公文"的格式进行了系统总结。[2]《西夏档案及其管理制度研究》中结合西夏契约和书信实物再一次对其"契约""书信"文书的体式进行了总结和归纳。[3] 史金波《西夏经济文书研究》中对有关经济文书的功用和体式进行了简单总结和研究,如第七章《契约文书研究》第一节《西夏契约的种类和形制》对西夏各类契约的形制(体式)进行了总结。[4]

2. 有关西夏文书种类功用及体式研究的论文

赵彦龙从 2017 年始对西夏部分官私文书的功用及体式进行了一些研究,并公开发表了相关成果。此外,还有其他的一些西夏学专家也对某些西夏文书功用及体式进行了研究。

(1) 西夏民间文书种类功用及体式的研究

赵彦龙对西夏民间文书的功用及体式的研究特别是对某一民间文书功用及体式的研究颇为用力,成果相对丰富一些。如《西夏买卖人口契约的性质与程式——西夏契约性质与程式研究之一》《西夏牲畜买卖契约的性质与程式——西夏契约性质与程式研究之四》《西夏租赁契约的性质与程式——西夏契约性质与

---

[1] 黄正建《关于"中国古文书学"的若干思考》,《中国史研究动态》2018 年第 2 期,第 48 页。
[2] 赵彦龙《西夏公文写作研究》,宁夏人民出版社 2012 年,第 110—147 页。
[3] 赵彦龙《西夏档案及其管理制度研究》,中国社会科学出版社 2020 年,第 391—502 页。
[4] 史金波《西夏经济文书研究》,社会科学文献出版社 2017 年,第 204—382 页。

程式研究之六》①《西夏买卖土地契约的性质与程式——西夏契约性质与程式研究之二》《西夏典当契约的性质与程式——西夏契约性质与程式研究之五》②《西夏借贷契约的性质与程式——西夏契约性质与程式研究之三》③等。结合西夏各类契约实物,全面研究西夏契约的性质与程式,总结和归纳出了西夏民间各类契约的功用和体式规律。

其他相关专家也对西夏契约的功用及体式进行了一些研究,如王元林《〈西夏光定未年借谷物契〉考释》对《光定未年借谷物契》的年代进行了考证,并介绍了该件契约的内容、格式,还与《天盛二十二年卖地契》及俄藏《天庆年间典麦契》进行比较,最后认为以上三份契约的格式基本一致。④ 赵天英《俄藏黑水城文献 No.5870 西夏文草书借贷契研究》一文首次对该组 19 件西夏文草书普渡寺借贷粮食的契约进行了全面译释和研究,并对其形制和内容也作了简单的总结。⑤

此外,有学者还结合《俄藏黑水城文献》《英藏黑水城文献》《中国藏西夏文献》等大型文献丛书中收录的西夏书信的影印件,对其体式进行了研究。如赵彦龙在《西夏的书信文书》一文中对西夏书信的功用和体式进行了简单的总结,⑥为进一步继续研究西夏书信的相关问题提供了方便。

（2）西夏官府文书种类、功用及体式的研究

西夏学专家对西夏某种官府文书的功用及体式也进行了研究,并挖掘和总结归纳出各自的体式规律。如赵彦龙《西夏上行文书"上书"之功用及体式》⑦《西夏上行文书"呈状"功用及体式》⑧等对西夏官府文书"上书""呈状"的发展演变、功用、体式进行了全面系统的总结和归纳。孙继民《西夏汉文乾祐十四年安排官文书考释及意义》一文中与宋朝官府文书"札子"进行对比,总结归纳出西夏下行文书"札子"的体式。⑨

西夏也有对官府文书种类、功用和体式的规定。据史金波《俄藏 No.6990a 西夏书仪考》一文介绍,该书仪主要对西夏官府的"表状笺启"⑩类文书的功用、

---

① 《宁夏师范学院学报》2017 年第 4 期,第 96—102 页;2018 年第 9 期,第 45—49 页;2019 年第 9 期,第 41—45 页。
② 《西夏研究》2018 年第 3 期,第 35—41 页;2019 年第 4 期,第 24—31 页。
③ 《中国档案研究》2019 年第 7 辑,辽宁大学出版社 2019 年,第 3—26 页。
④ 《敦煌研究》2002 年第 2 期,第 31—36 页。
⑤ 《中华文史论丛》2018 年第 1 期,第 314—317 页。
⑥ 《宁夏社会科学》2009 年第 5 期,第 102—105 页。
⑦ 《宁夏大学学报》2020 年第 4 期,第 149—153 页。
⑧ 《西夏研究》2021 年第 1 期,第 23—28 页。
⑨ 《江汉论坛》2010 年第 10 期,第 65—69 页。
⑩ 史金波《俄藏 No.6990a 西夏书仪考》,《中华文史论丛》2018 年第 1 期,第 284—304 页。

体式进行了界定,惜该书仪残损太多,很多内容并不完整。

(3) 西夏专门文书种类功用及体式的研究

近年来,学界对西夏专门文书种类功用及体式也进行了尝试和探讨,如赵彦龙的《西夏序跋碑类文书种类功用与体式研究》一文对西夏序文、跋文、碑文、发愿文、题记、榜题、墓志铭七个文种的发展演变、功用及体式进行了探讨,并结合中原留存的实物与西夏这七种文书进行比较,总结归纳了这七种文书各自的体式规律。[①]

赵彦龙的《西夏户籍文书的体式及功用》一文主要探讨了西夏时期的户籍账、户籍计账、户籍手实三种户籍文书的发展演变、功用及体式,并与中原唐宋户籍文书实物进行比较,进而对其深入地研究,最后总结归纳了西夏这三种户籍文书的体式。[②]

(二) 国外对西夏文书种类功用及体式的研究

国外也公开发表了少量关于西夏文书种类功用及体式研究的成果。日本学者野村博(后更名松泽博)专门对西夏文契约文书的书式进行了研究,如《西夏文土地买卖文书的书式(1)(2)》[③]《西夏文·谷物贷借文书》[④]等对西夏买卖契约和借贷契约的相关内容进行了考证,并归纳了其各自的体式规律。当然,还有一些外国学者对西夏文书进行了研究,但涉及文书种类功用及体式的内容并不多,所以此处暂不罗列。

通过以上的分析和总结可见:一是学界已经有专家学者关注西夏文书种类功用及体式的研究,但除赵彦龙之外,只有极少数的西夏学专家对个别西夏文书种类功用及体式有所研究;二是对西夏某一文书种类功用及体式的研究尚不够深入,更不全面和系统。这就是本书研究的任务,即要尽可能地对目前所能见到的西夏文书种类、功用及体式进行全面、系统、科学的总结和研究。

三、西夏文书种类功用及体式研究的内容和方法

(一) 研究内容

本书以传世西夏文献中收录的西夏文书和近年出土并收录于《俄藏黑水城

[①] 《档案学研究》2020 年第 2 期,第 143—148 页。
[②] 《档案学通讯》2020 年第 6 期,第 90—98 页。
[③] 《东洋史苑》第 14、15 号,1979 年。
[④] 《固原师专学报》1990 年第 4 期,第 70—74 页。

文献》《英藏黑水城文献》《中国藏西夏文献》等的西夏文书为研究内容。

西夏文书种类。从目前所能见到的与西夏相关的传世文书和出土文书中搜集归纳和整理,主要包括西夏官府文书和民间文书两大类。

西夏文书种类功用。结合和借鉴相关古籍的记载和古文书研究的经验,对西夏文书种类的功用进行界说和阐述。同时结合西夏留存某一文书种类的实物,对其具体功用进行总结和归纳。

西夏文书的体式。传世的西夏文献中,有关西夏文书体式的记载凤毛麟角,我们只在西夏汉文史籍中搜集到了一些比较笼统的说法。如夏天授礼法延祚六年(1043)四月,元昊遣六宅使、伊州刺史贺从勖至宋延州纳款,上表中说:"故本国遣从勖上书。缘本国自有国号,无奉表体式,其称兀卒,盖如古单于、可汗之类。"① 夏天赐礼盛国庆三年(1072)八月,梁氏又一次得到了宋朝的岁赐,便遣使上表入谢。可是,"夏国进表不依旧式,但谢恩而不设誓,又不言诸路商量地界事"。② 夏福圣承道元年(1053)九月,西夏进降表于契丹,因"表不如式,契丹主使南面林牙高家奴持诏谕意"。③ 从这些零星记载可知,西夏致宋、辽文书的体式不符合宋、辽文书体式之规定,导致宋、辽两朝对西夏十分不满,特别是辽朝还遣使持诏责问。除此之外,有关西夏国内文书体式的记载内容基本上属于空白。值得庆幸的是,近年来西夏故地黑水城遗址出土了数量比较可观的西夏文书,其他西夏故地也都或多或少出土了一些西夏文书,而这些西夏文书已经整理影印收录在《俄藏黑水城文献》《英藏黑水城文献》《日本藏西夏文文献》《中国藏西夏文献》等大型丛书之中。这些汉夏文文书有部分结构完整齐全,内容丰富多样,对于研究西夏文书种类功用和体式具有重大借鉴价值,可成为我们研究西夏文书种类功用和体式的可靠实物资料。

(二) 研究方法

本书的研究方法主要有以下三点。

第一,搜集整理法。我们不仅要搜集整理传世西夏文献中收录的西夏文书,而且还要搜集整理出土并收录在某些文献丛书中的西夏文书,同时也要搜集整理散见于其他论著中的西夏文书。

第二,文献分析法。从古文书学或档案学的角度切入,全面客观地探讨西夏文书种类的功用和史料价值,归纳西夏文书种类、功用发挥的基本规律,探求西

---

① (宋) 李焘《续资治通鉴长编》卷139,第3344页。
② (宋) 李焘《续资治通鉴长编》卷237,第5760页。
③ (清) 吴广成《西夏书事》卷19,《续修四库全书》本,上海古籍出版社2013年,第334册,第448页。

夏文书种类功用及体式的实质。

第三，比较研究法。通过将西夏文书种类及功用从纵向上考察其发展演变，从而挖掘出西夏文书种类功用的特点。然后将西夏某一文书实物与中原王朝某一文书实物进行全面比较，了解掌握其借鉴和沿袭中原王朝文书体式的情况，最后归纳总结出西夏文书体式的规律。

四、西夏文书种类功用及体式研究的价值

本书的研究体现出来的价值主要有以下四方面。

（一）完善西夏学研究的内容。西夏学的构成内容是多方面的，其中西夏文书是一个不可或缺的重要部分。所以，西夏文书的研究就显得十分重要，能够完善和丰富西夏学研究的内容。

（二）丰富和健全中国古文书史研究的内容，为建立"中国古代文书学"提供一定的理论依据。目前，对传世古文书主要集中在分类整理和点校、影印刊布上，大量公布各类型官私文书和出版相关古文书汇编，为研究古文书提供了方便。在古文书的研究方面则主要集中在介绍相关古文书种类，同时对古文书的内容进行深入研究，但很少涉及对古文书种类功用、体式的全面系统研究。正因为如此，本书全面研究西夏文书种类产生发展演变、功用及体式，并总结归纳其体式规律。这样的研究不仅完善了中国古文书研究的体系，同时也为中国古文书史研究提供了建构框架和理论依据。

（三）本书研究内容也是与其他古文献研究有重要区别。自有文书以来，统治阶级就赋予其一定的体式，并要求在运用过程中必须严格遵守和执行，不得违反。这一文书体式被古代历朝所借鉴、沿袭和完善，并稳定地传承。即使是在现代社会，各类文书仍然有固定的体式。这也是文书区别于其他古文献的重要标志，还可以为后世文书写作提供一定的范式。因此，研究古文书种类功用、体式的意义就更为突出。

（四）该研究还可成为高校秘书学、档案学、古典文献学等专业和课外参考的重要资料。目前，全国各高校秘书学、档案学、古典文献学等专业的"文书学"或"古文书学"参考资料比较匮乏，更无微观的古代文书功用和体式的研究资料；而且，现在高校秘书学、档案学、古典文献学等专业的学生对古代文书的样式（书式或体式）并不了解，缺乏对古代文书形式美的认识。因此，本书的研究会提供这方面比较全面的参考资料。

第一章 西夏下行文书种类功用及体式研究

西夏下行文书主要是指西夏皇帝、官员或官府为了发布指令、安排事项、处理政务、解决边界纠纷、奖惩官吏、除授黜免官员等的所书写文书。为了更方便清晰地研究西夏下行文书种类、功用及体式的相关内容，本书对西夏下行文书具体区分为皇命文书和官府下行文书两大类进行研究。

第一节 皇命文书功用及体式

西夏皇命文书是西夏文书重要之一种，从目前所见汉文西夏史籍、西夏故地出土文书以及西夏法典的记载等史料来看，主要有圣旨、制、诏、敕、令、谕旨（上谕）等。

一、西夏圣旨功用及体式

（一）中国古代圣旨之发展及功用

古代将发布封建皇帝旨意、命令等功用的文书统称为圣旨。东汉蔡邕《上封事陈政要七事》中有"臣伏读圣旨，虽周成遇风，讯诸执事……"[1]句，这是较早称谓皇帝旨意或命令为圣旨的记载。汉朝以后也有一些记载，《晋书·文帝纪》就有"明公宜承奉圣旨，受兹介福，允当天人"[2]句。

唐朝沿袭前朝圣旨之功用。史载：贞观八年三月甲戌，"高祖宴西突厥使者于两仪殿，顾谓长孙无忌曰：'当今蛮夷率服，古未尝有。'无忌上千万岁寿。高祖

---

[1] （清）严可均校辑《全上古三代秦汉三国六朝文·全后汉文》卷71，第863页。
[2] （唐）房玄龄等《晋书》卷2，中华书局1974年，第42页。

大悦，以酒赐太宗。太宗又奉觞上寿，流涕而言曰：'百姓获安，四夷咸附，皆奉遵圣旨，岂臣之力！'"①又载：唐宣宗大中十年三月，"臣已于延英面论，伏奉圣旨，将文字来者"。②

宋朝也沿袭唐朝圣旨之功用，皇帝之意称"旨"，皇后、皇太后旨意则称"圣旨"或"旨"，亦可泛指各种皇（君）命文书。史载：宋景德四年闰五月"癸巳，诏开封府断狱，虽被旨，仍覆奏"。③又载：天禧四年"十二月乙酉，皇太子亲政，诏内臣传旨须覆奏"。④"庚寅，诏近臣以举官不当，经三劾者，中书别奏取旨"。⑤靖康元年闰十一月，"耿南仲驰至相，见帝致辞，以面受钦宗之旨，尽起河北兵入卫，帝乃同南仲募兵勤王"。⑥宋治平元年五月"戊申，皇太后还政。庚戌，初日御前后殿。壬子，诏：'皇太后称圣旨，出入仪卫如章献太后故事。其有所须，内侍录圣旨付有司，覆奏即行'"。⑦又载：隆兴元年冬十月"丙子，诏太上皇后教旨改称圣旨"。⑧

元朝时"圣旨"则成为正式的、单独的皇帝专用文书种类，目前所见出土的很多元朝"圣旨"实物就是最好的证据。如元太祖铁木真的《免丘处机等出家人差发税赋圣旨》被刻写在青岛崂山太清宫石碑上。元朝圣旨的功用仍为传达皇帝的指示、命令。史载：元大德十一年六月壬子，成宗皇帝"又言：'军官与民官不同，父子兄弟许其相袭，此世祖定制。比者近侍辄有以万户、千户之职请于上者，内降圣旨，臣等未敢奉行'"。⑨至正二年二月"乙卯，李沙的伪造御宝圣旨，称枢密院都事，伏诛"。⑩又载：元"世祖中统四年三月，中书省定议乘坐驿马，长行马使臣、从人及下文字曳剌、解子人等分例。……长行马使臣赍圣旨、令旨及省部文字，干当官事者，其一二居长人员，支宿顿分例，次人与粥饭……"⑪存世的元朝圣旨主要有元太祖《免丘处机等出家人差发税赋圣旨》、元成宗《大德二年正月初十日圣旨》、元顺帝《至正十一年十月十八日圣旨》等。

到了明、清时期，"圣旨"或称"旨"，不再作为皇帝的专用文种，但间或作为皇帝旨意的代称。《明史》载：明宣德元年秋七月"己亥，谕六科，凡中官传旨，必覆

---

① （后晋）刘昫等《旧唐书》卷1，中华书局1975年，第17页。
② （后晋）刘昫等《旧唐书》卷18下，第634页。
③ （元）脱脱等《宋史》卷7，中华书局1977年，第133页。
④ （元）脱脱等《宋史》卷8，第170页。
⑤ （元）脱脱等《宋史》卷14，第267页。
⑥ （元）脱脱等《宋史》卷24，第440页。
⑦ （元）脱脱等《宋史》卷13，第255页。
⑧ （元）脱脱等《宋史》卷33，第624页。
⑨ （明）宋濂等《元史》卷22，中华书局1976年，第482页。
⑩ （明）宋濂等《元史》卷40，第863页。
⑪ （明）宋濂等《元史》卷101，第2584页。

奏始行"。① 又载："凡分献官，太常寺豫请旨。洪武七年，太祖谓学士詹同曰：'大祀，终献方行分献礼，未当。'同乃与学士宋濂议以上，初献奠玉帛将毕，分献官即行初献礼。"②

《清史稿》载：顺治八年秋七月，"谕曰：'大小臣工，皆朝廷职官，待之以礼，则朝廷益尊。今在京满、汉诸臣犯罪，有未奉旨革职辄提取审问者，殊乖大体。嗣后各衙门遇官员有犯，或被告讦，皆先请旨革职，然后送刑部审问，毋得径行提审，著为令'"。③ 康熙二十七年三月壬寅，"李光地坐妄举德格勒义处。得旨：'李光地前于台湾一役有功，仍以学士用'"。④ 清朝有时也称之"谕旨""密旨"等，史载：雍正七年"冬十月庚戌，赐汉大臣子蒋溥等十三人举人。甲子，诏曰：'江南清查逋赋一案，历降谕旨甚明，重在分别官侵民欠'"。⑤ 乾隆三年十月"辛卯，皇次子永琏薨，辍朝五日，以御极后，亲书永琏为皇太子密旨，一切典礼如皇太子仪"。⑥

（二）西夏圣旨之功用

西夏时借鉴宋朝圣旨称谓及功用，也泛指皇帝的发号施令，其称谓有"圣旨""旨"等。关于"圣旨"的功用及相关内容，在西夏《天盛改旧新定律令》中有规定。《天盛律令·事过问典迟门》规定："诸司知执圣旨头字者，应如何行……不许懈怠……"⑦《天盛律令·官军敕门》规定："诸种种部中抽官得职位……圣旨谕□□有判凭，后御差亦已出……"⑧《天盛律令·矫误门》载："矫传行圣旨及矫为诸司等时，依所定判断……矫作传行制、圣旨者，不论官当以剑斩。其余未奏而谓已奏，然后矫传行圣旨及先矫传行圣旨者，一律绞杀，有官可与官当。"⑨《天盛律令·检视门》规定："御前遣检视……非圣旨谕文，仅仅诸司所遣检视不说实话者，当比以圣旨谕文遣检视不说实话之罪减一等。"⑩《天盛律令·失藏典门》载："内宫中除因公奉旨带刀、剑、弓箭……"⑪《天盛律令·遣差人门》规定："诸司往

---

① （清）张廷玉等《明史》卷9，中华书局1974年，第117页。
② （清）张廷玉等《明史》卷47，第1242页。
③ 赵尔巽等《清史稿》卷5，第126页。
④ 赵尔巽等《清史稿》卷7，第224页。
⑤ 赵尔巽等《清史稿》卷9，第326页。
⑥ 赵尔巽等《清史稿》卷10，第358页。
⑦ 史金波、聂鸿音、白滨译注《天盛改旧新定律令》卷9，法律出版社2000年，第320页。注：以下正文中和脚注中均简称《天盛律令》。
⑧ 史金波、聂鸿音、白滨译注《天盛律令》卷10，第360页。
⑨ 史金波、聂鸿音、白滨译注《天盛律令》卷11，第383页。
⑩ 史金波、聂鸿音、白滨译注《天盛律令》卷11，第401页。
⑪ 史金波、聂鸿音、白滨译注《天盛律令》卷12，第423页。

唤被告人,后自归于山岭险地,官方派人往唤之,来唤处者,依原所犯罪事法判断……有圣旨则加三等……"①《天盛律令·罪则不同门》规定:"不听御前指挥者,依卷一传圣旨时不行臣礼之造意法,不论官当剑斩之,家门勿连坐。""毁圣旨者,当于懈怠圣旨罪上加一等。"②黑水城出土的西夏文书中也多次出现"圣旨"称谓,如俄 Инв. No.2150A 汉文《西夏天庆元年(1194)三司设立法度文书》中载有"……圣旨,三司系管收……""圣旨,为见三司法……"③又如中藏 N22·004《拜寺沟方塔塔心柱墨书题记》中载有"今特奉圣旨,差本寺僧判赐绯法忍……"④

(三) 西夏圣旨之体式

从西夏相关史料、法典以及文书档案来看,西夏的确是有圣旨这一皇命文书,但目前并未见到西夏圣旨实物,故无法直接探讨西夏圣旨的体式。或许西夏时期的圣旨可能为皇命文书的泛称,即所有的皇命文书都可能称为圣旨。但无论真实与推测,也只好留待以后有新材料时再行研究和确认。

二、西夏制之功用及体式

制,也称制书,是古代皇帝颁布可垂为后世遵守的重大制度性措施时所使用的最为重要的文书。到了汉朝,对制书的规定更为明确:"有曰'制书',用载制度之文。"⑤自此,制书成为汉朝至清朝重要的皇命文书之一,主要功用为封赠、赏罚、赦宥、除授、褒赞等,其功用及体式因不同朝代而有所差异。为此,本书结合古代相关史籍的记载和留存的传世制文,对其发展演变、功用及体式进行简单梳理、总结。

(一) 中国古代制之发展及功用

制或制文始于秦朝,《史记》载:"……今陛下兴义兵,诛残贼,平定天下,海内为郡县,法令由一统……臣等昧死上尊号,王为'泰皇',命为'制',令为'诏',天子自称曰'朕'。"⑥其功用主要为颁布本朝重要法令制度。据《秦会要》载:"制

---

① 史金波、聂鸿音、白滨译注《天盛律令》卷13,第466页。
② 史金波、聂鸿音、白滨译注《天盛律令》卷20,第606—607页。
③ 史金波、魏同贤、(俄)克恰诺夫主编《俄藏黑水城文献》,上海古籍出版社2000年,第6册,第299页。
④ 史金波、陈育宁主编《中国藏西夏文献》,甘肃人民出版社、敦煌文艺出版社2007年,第18册,第256页。
⑤ (明)吴讷《文章辨体序说》,人民文学出版社1962年,第36页。
⑥ (汉)司马迁《史记》卷6,中华书局1959年,第236页。

者,王者之言,必有法制也;诏,犹告也;告,教也。三代无其文,秦始有之。"①汉蔡邕《独断》:"制书,帝者制度之命也,其文曰:制诏三公,赦令、赎令之属是也。"②最早的一篇制文为秦始皇的《除谥法制》。附制文如下:

  制曰:朕闻太古有号毋谥,中古有号,死而以行为谥,如此,则子议父,臣议君也。甚无谓,朕弗取焉。自今已来,除谥法,朕为始皇帝,后世以计数,二世三世至于万世,传之无穷。③

  徐师曾《文体明辨序说》中载:"上古王言,同称为命……秦并天下,改命曰制。"④《史记·秦始皇本纪》集解引蔡邕的话解释制曰:"群臣有所奏,请尚书令奏之,下有司曰制,天子答之曰可。"⑤制是秦朝皇帝用于下达重大制度或举措的文书。秦朝流传下来的制主要有秦始皇的《除谥法制》,这也是所见秦朝唯一的制文。

  汉承秦制,"御其命令,一曰策书,二曰制书,三曰诏书,四曰戒敕"。⑥《文心雕龙》释制则曰:"制施赦命,册封王侯。"⑦可见,汉朝对制功用的规定更为明确。汉朝留存下来众多制书,如汉文帝《增神祠制》、汉武帝《封皇子制》《策贤良制》、汉元帝《封王禁制书》、汉成帝《徙陈汤制》、汉光武帝《制书报耿纯》、汉明帝《日食下三公制》、汉桓帝《赠中常侍曹腾费亭侯制》、汉灵帝《下三司制》等。同时,汉朝还有制诏连用的情况,如汉光武帝《制诏贯侍御史》、汉明帝《制诏许太后》等。

  魏晋南北朝乃至隋朝沿袭汉朝制书之功用并有了进一步的发展,只是各朝的名称稍有不同而已。如北周称"天制",《周书》载:北周大象二年(580)二月"乙丑,改制诏为天制诏,敕为天敕"。⑧魏晋南北朝和隋朝留存下来的制书数量相较前朝大大缩减,如魏文帝《制复于禁等官》、晋武帝《下制王昌不应为前母服》、宋武帝《除冶上制》、梁武帝《制旨解释天象》《唱断肉经竟制》、周武帝《制书报陆逞》、隋文帝《相州战地立佛寺制》《营建功德制》等。另外,这一时期也有制诏连用的情况,如魏文帝《制诏三公改元大赦》《制傍枝入嗣大位不得加父母尊号诏》、北魏孝文帝《立僧尼制诏》等。

  唐朝制之功用沿袭前朝并有大发展,《唐六典》卷九"制书"条注:"行大赏罚,

---

① (清)孙楷撰,徐复订补《秦会要订补》卷6,中华书局1959年,第72页。
② (汉)蔡邕《独断》卷上,影印文渊阁《四库全书》本,第850册,第78页。
③ (汉)司马迁《史记》卷6,第236页。
④ (明)徐师曾《文体明辨序说》,人民文学出版社1962年,第114页。
⑤ (汉)司马迁《史记》卷6,第237页。
⑥ (汉)蔡邕《独断》卷上,影印文渊阁《四库全书》本,第850册,第76页。
⑦ (梁)刘勰著,周振甫注《文心雕龙注释》,人民文学出版社1981年,第214页。
⑧ (唐)令狐德棻等《周书》卷7,中华书局1971年,第122页。

授大官爵,厘年旧政,赦宥降虑则用之。"①徐师曾《文体明辨序说》载:"唐世,大赏罚、赦宥、虑囚及大除授,则用制书,其褒嘉赞劳,别有慰劳制书,余皆用敕。"②唐初制、诏并行,武则天时因诏与其名音近,遂将诏改称为制,但制书在实际使用中与诏无别。唐朝制书数量庞大,仅《唐大诏令集》存有670多篇制书,内容丰富。如赏罚类的有唐高宗《免岐王珍为庶人制》、赦宥类的有唐中宗《大赦雒州制》、虑囚类的有唐中宗《虑囚制》、大除授类的有唐太宗《授邓王元裕等刺史制》、慰劳制书如唐睿宗《恤魏元忠制》等。

宋朝承袭唐朝制书之功用。徐师曾《文体明辨序说》载:"宋承唐制,用以拜三公、三省等官,而罢免大臣亦用之。"③由此可看出,宋朝制书是帝王颁行重大制度、任命地位崇高之官员时所使用,这正如《宋史·职官志》记载的那样,制书"处分军国大事,颁赦宥德音,命尚书左右仆射、开府仪同三司、节度使,凡告廷除授,则用之"。④

宋朝时,制的形成要经过非常严密的程序,如宋神宗元丰五年(1082)二月癸丑朔诏:"中书省面奉宣旨事,别以黄纸书,中书令、侍郎、舍人宣、奉、行讫,录送门下省为画黄;受批降若复得旨,及入熟状得画事,别以黄纸,亦书宣、奉、行讫,录送门下省为录黄。枢密院准此,惟以白纸录送,画得旨者为录白,批奏得画者为画旨。门下省被受录黄、画黄、录白、画旨,皆留为底,详校无舛,缴奏得画,以黄纸书,侍中、侍郎、给事中省、审、读讫,录送尚书省施行。"⑤由此来看,制的形成要经过朝廷三省互验、皇帝批准。宋朝制书数量也较为庞大,如宋太祖《授孟玄喆兖州节度使制》《范质等进官制》、宋太宗《太宗即位赦天下制》《李汉琼刘遇加恩制》、宋徽宗《贤妃宋氏进位德妃制》、宋高宗《李若水赐谥忠愍制》等。

辽、金朝制文沿袭中原唐宋之制,但从目前所见制文而言其功用范围与唐宋相比则较为狭窄,为帝王颁行重大制度、任命地位崇高之官员时所使用。如辽兴宗《迁仁宗先为契丹行宫都部署制》、懿德皇后《伏虎林应制》《君臣同志华夷同风应制》、金无名氏《刘蜀王进封曹王制》《立楚王为皇太子制》《降封昏德公制》。

元朝制书沿袭前朝,且规定更为细致,而且功用和体式与宋相比则更为狭小。据《元史》载:"凡迁官之法:……自六品至九品为敕授,则中书牒署之。自一品至五品为宣授,则以制命之。三品以下用金宝,二品以上用玉宝,有特旨者

---

① (唐)李林甫等撰,陈仲夫点校《唐六典》卷9,中华书局2014年,第274页。
② (明)徐师曾《文体明辨序说》,第114页。
③ (明)徐师曾《文体明辨序说》,第114页。
④ (元)脱脱等《宋史》卷161,第3783页。
⑤ (宋)李焘《续资治通鉴长编》卷323,第7775页。

则有告词。"①由此可见,元朝的制书,仅用作五品以上官员的除授与封赠。如元好问《拟除枢密使制》、王磐《元世祖降封宋主为瀛国公制》、元世祖《拜光禄大夫太保参领中书省事制》《赠刘秉忠仪同三司太傅谥文贞制》等。

明朝"制书成为皇帝对个别官员或部分官员有所宣告时使用的命令性文书"。② 制书主要用于册封太子、皇后、亲王的礼仪中。此外,规模较大的论功行赏、庆典及隆重的祭祀活动也用制书。制由殿阁学士起草,皇帝画可,下发诸司。如明太祖《答太师李善长等表请上寿制》《御正殿制》《爵赏功臣制》、苏伯衡代写的《梅思礼授大都督副使制》、丘濬代写的《列屯遗戍之制》等。

清朝或称制书,或称制辞,凡国家有大典,皇帝向百僚宣示时所使用。制辞由内阁按规定程式拟进,经皇帝朱批或下发口谕后,由内阁颁下。制辞在清朝并不是一个独立的文种,"凡文书开头使用'制曰'者,都可成为制辞,如诰命、敕命、金榜、天子纳后、皇子公主娶嫁等都有制文"。③ 清朝留存的制书不多,如《清顺治四年左有进升三等阿达哈哈番诰命》《清康熙三十六年诰封刘虎祖父母诰命》《清乾隆二十六年敕封四川汶川县知县李成桂父文林郎母孺人之敕命》等。

(二) 西夏制之功用

西夏制书的功用沿袭唐宋,仍作封赠、赏罚、赦宥、除授、褒赞等用。《天盛律令·大不恭门》规定:"盗毁护神、天神,传御旨时不行臣礼,起轻视心,及御前、制、御旨直接唤人往,无故不来等,一律造意以剑斩,从犯无期徒刑。"④《天盛律令·矫误门》规定:"矫作传行制、圣旨者,不论官,当以剑斩。其余未奏而谓已奏,然后矫传行圣旨及先矫传行圣旨者,一律绞杀,有官可与官当。"⑤《天盛律令·遣差人门》规定:"官人制、上谕、御前径直派人,令往传唤而不来之罪……"⑥

(三) 西夏制之体式

从西夏相关史料、法典以及文书档案来看,西夏的确是有制或制书这一皇命文书,但目前并未见到西夏制或制书实物,故无法直接探讨西夏制或制书的体式。同推测西夏圣旨文种一样,同样可能为皇命文书的泛称,即所有的皇命文书都可称为制或制书。

---

① (明)宋濂等《元史》卷83,第2064页。
② 周雪恒《中国档案事业史》,中国人民大学出版社1994年,第251页。
③ 周雪恒《中国档案事业史》,第289页。
④ 史金波、聂鸿音、白滨译注《天盛律令》卷1,第127页。
⑤ 史金波、聂鸿音、白滨译注《天盛律令》卷11,第383页。
⑥ 史金波、聂鸿音、白滨译注《天盛律令》卷13,第465页。

三、西夏诏书功用及体式

(一) 中国古代诏书发展演变及功用

诏是中国古代重要的皇命文书之一,它是历代最高统治者统治意图的集中体现,更是传达统治阶级意图的主要工具。诏书的撰拟者要么是皇帝,要么是朝中重臣代皇帝行诏,但不论诏书的撰拟者是何人,都体现出诏书具有权威性和法律约束力强的特点。为此,本书结合相关古籍的记载对古代诏书的发展演变、功用及其相关内容进行简要的总结和归纳。

从目前留存的文书档案汇编可知,最早见到的以"诏"为标题的文书是周文王《诏牧》《诏太子发》,[①]但先秦时这种"诏"并非文书种类,而是与"告"大体同义。据《礼记·曲礼下》载:"去国三世,爵禄有列于朝。出入有诏于国。……诏,告也,谓与卿大夫吉凶往来相赴告。"[②]不仅对上可以用诏,对下也可以用诏。《周礼·地官·师氏》载:"师氏掌以媺诏王。告王以善道也。"[③]同时诏还有教导之意,如周文王《诏牧》《诏太子发》,即将太子姬发召去进行教导。东汉蔡邕《独断》载:"诏书者,犹告也。"[④]故上古三代无诏,正如《史记·秦始皇本纪》载:"制诏,三代无文,秦始有之。"[⑤]

诏始于秦。《史记·秦始皇本纪》载:秦并天下后,秦始皇改"命为'制',令为'诏'",[⑥]首开文书分类规范之先河。明朝徐师曾《文体明辨序说》载:"秦并天下,改命曰制,令曰诏,于是诏兴焉。汉初,定命四品,其三曰诏,后世因之。"[⑦]其功用是用于颁布朝廷重大行政命令。如中国最早的一篇诏书是秦始皇的《诏丞相隗状王绾》,接下来则是秦二世《诏李斯冯去疾》。[⑧]

汉朝相沿袭用秦制,亦用诏书,汉朝的第一篇诏书是刘邦的《重祠诏》。汉朝时制、诏的区别不是很明显,有时甚至"制诏"连用,如汉高祖《疑狱诏》,[⑨]汉文帝《除肉刑诏》、汉景帝《定孝文帝庙乐诏》。[⑩]此时,汉朝产生了许多著名的诏书,

---

① (清) 严可均校辑《全上古三代秦汉三国六朝文·全上古三代文》卷2,第17页。
② 《礼记正义》卷4,(清) 阮元校刻《十三经注疏》,上海古籍出版社1997年,第1257页。
③ 《周礼注疏》卷14,(清) 阮元校刻《十三经注疏》,第730页。
④ (汉) 蔡邕《独断》,影印文渊阁《四库全书》本,第850册,第78页。
⑤ (汉) 司马迁《史记》卷6,第237页。
⑥ (汉) 司马迁《史记》卷6,第236页。
⑦ (明) 徐师曾《文体明辨序说》,第112页。
⑧ (清) 严可均校辑《全上古三代秦汉三国六朝文·全秦文》卷1,第117页。
⑨ (清) 严可均校辑《全上古三代秦汉三国六朝文·全汉文》卷1,第129页。
⑩ (清) 严可均校辑《全上古三代秦汉三国六朝文·全汉文》卷2,第135—138页。

如汉高祖《求贤诏》、汉文帝《议佐百姓诏》、汉景帝《令二千石修职诏》和《重农桑诏》、汉武帝《求茂材异等诏》和《求贤诏》等。

魏晋南北朝和隋朝沿习汉朝的诏书功用,基本上没有多大变化,据《唐六典》卷九载:"魏晋以后因循,有册书、诏、敕,总名曰诏。皇朝因隋不改。"①如魏文帝黄初三年(222)九月发的《禁妇人与政诏》,②这是魏文帝曹丕吸取前代外戚擅权、妇人亡国的教训而采取的一项抑制外戚势力的治国措施。魏文帝曹丕《伐吴诏》首称"制诏:昔轩辕不为涿鹿之师……不复血刃,宜慎终动静以闻"。③ 此外还有隋文帝《五岳各置僧寺诏》《劝学行礼诏》《下诏伐突厥》等,以及隋文帝开皇十年(590)李德林代书《安边诏》等。

唐朝只有在武则天时因诏与其名"曌"读音相近,根据避讳制度,故避"诏"而不用。据《唐六典》卷九载:"天后天授元年,以避讳,改诏为制。"④唐朝正式设置的皇命文种也只有"制""敕""册"。但诏在唐朝其他时期照用不误,其功用仍如前朝,如唐高祖《改元大赦诏》、唐太宗《答魏徵诏》、唐高宗《即位大赦诏》、唐中宗《贬敬晖等诏》、唐睿宗《立平王为皇太子诏》、唐元宗《置劝农使诏》、唐肃宗《放官人诏》、唐代宗《赠韦陟尚书左仆射诏》、唐德宗《删定条格诏》、唐宣宗《饬狱吏推断不平诏》、唐僖宗《赐杜光庭诏》等。

宋朝诏书的功用则多用作下达具体政令,如用于科举、求言、考课、改制、举荐、农田、河防、改元等事务,如宋太宗端拱二年(989)的《令中外臣僚读律诏》,这是宋太宗在端拱二年十月乙巳日向内外臣僚发布的一道诏书,命令臣僚们在公事之外,精读律书,研习法律,加强法制观念,如此,既可量人,也可律己。还有其他方面的诏书,如宋真宗《改咸平元年诏》、宋仁宗《不许上尊号诏》、宋哲宗《答宰臣请太皇太后建宫殿名诏》等。

辽金元时期的诏书大多沿袭中原宋朝的诏书功用,其体式也大体相当。元朝多用圣旨,少用或不用诏。

明朝时,诏是宣布重大政令并布告天下臣民时用的专用文书。凡新君登极、皇帝驾崩、功臣叙位、蠲免课赋、祈祀大典等,援例都要用诏书告示天下。如明太祖洪武三年《初设科举条格诏》、⑤洪武五年《正礼仪风俗诏》、⑥洪武三十年《封高

---

① (唐)李林甫等撰,陈仲夫点校《唐六典》卷9,第274页。
② (清)严可均校辑《全上古三代秦汉三国六朝文·全三国文》卷5,第1078页。
③ (清)严可均校辑《全上古三代秦汉三国六朝文·全三国文》卷5,第1079页。
④ (唐)李林甫等撰,陈仲夫点校《唐六典》卷9,第274页。
⑤ 《皇明诏令》卷1,《续修四库全书》本,第457册,第43—45页。
⑥ 《皇明诏令》卷2,《续修四库全书》本,第457册,第50页。注:《续修四库全书》拟题为《劝兴礼俗诏》。

丽国王诏》,①明成祖永乐十八年《北京宫殿告成诏》、②王祎代写《免租税诏》③等。

清朝时期特别在入关以后,"诏"成为皇帝或以皇帝名义向全国臣民以及某些藩属发布的最为隆重的文书。据《清会典事例》载:"大政事布告臣民,垂示彝宪,则有诏、有诰。"④其使用范围十分广泛,凡立皇后、封贵妃、上尊号、登基(即位)、亲政、传位、退位、立宪及其他需要臣民周知的重要事情,均可使用诏书发布。按照诏书的特定用途,诏书有以下几种:一是恩诏,用于皇帝颁降恩惠,文武百官加官晋爵,增给官兵俸禄饷银,减免罪犯刑罚等;二是哀诏,是太上皇、皇太后、皇后等去世,皇帝表示哀悼而颁布的诏书;三是即位诏,是嗣皇帝登基,宣布施政纲领时发布的诏书;四是亲政诏,是冲龄继位的皇帝,成年后亲理朝政而向天下诏告的诏书;五是遗诏,是皇帝临终前所留下遗言的诏书;六是罪己诏,是皇帝总结执政过程中的功过与不足,表示悔过,从而收揽民心的诏书。如《康熙遗诏》等。

除此而外,汉以后历朝还经常使用求贤诏(汉高祖《求贤诏》、汉武帝《求贤诏》)、养老诏(汉文帝《养老诏》)、劝学诏等,以达到有关的目的。

(二) 西夏诏书之功用

西夏时,诏书也是重要的皇帝专用下行文书,其功用是皇帝秘密训示或赏赐官员等。西夏法典《天盛律令·失藏典门》规定,"写秘事及牒诏书、兴兵文书、恩敕等损毁、盗隐、亡失等之罪,依所定判断。……不许所遣持恩诏者懈怠,限期内不至。若违律,误一二日徒一年……若恩诏已至所属司内,依恩施行已毕,藏置局分人处,有名亡失时,徒一年"。⑤《天盛律令·罪则不同门》规定:"大小臣僚由官家予之诏书敕券者,若有他人持取亡失时,须推寻检视。此后予之诏书敕券时,中书内人当兴板簿而置言状,当注册,有已亡失,亦当对其察奏,依所出谕文实行。"⑥出土的西夏文书中多处出现诏或诏命,如中藏 G32·001 汉文《天祐民安五年(1094)凉州重修护国寺感通塔碑铭》中有"前年冬,凉州地大震,因又欹厌,守臣露章具列厥事,诏命营治"。"十五日,诏命庆赞,于是用鸣法鼓,广集有

---

① 《皇明诏令》卷 3,《续修四库全书》本,第 457 册,第 79 页。
② 《皇明诏令》卷 6,《续修四库全书》本,第 457 册,第 142 页。注:《续修四库全书》中所拟标题为《北京营建工成朝正朔诏》。
③ (明)陈子龙等《明经世文编》,中华书局 1962 年,第 1 册,第 30 页。
④ (清)崑冈等修,刘启端等纂《钦定大清会典事例》卷 15,《续修四库全书》本,第 798 册,第 309 页。
⑤ 史金波、聂鸿音、白滨译注《天盛律令》卷 12,第 418—419 页。
⑥ 史金波、聂鸿音、白滨译注《天盛律令》卷 20,第 603 页。

缘……""乃诏辞臣,俾述梗概。臣等奉诏,辞不获让,抽豪抒思,谨为之铭。"①俄TK295《西夏残帐》中就有"……□良□□与番家诏下九月……"②

(三) 西夏诏书的体式

从西夏相关史料、法典以及文书档案来看,西夏也有诏书这种皇命文书,但目前并未见到西夏诏书实物,故无法直接探讨西夏诏书的体式。同推测西夏圣旨文种一样,或许西夏时期的诏书,同样可能为皇命文书的泛称,即所有的皇命文书都可能称为诏书。这些内容只好留待以后研究。

四、西夏敕书功用及体式

(一) 中国古代敕书发展演变及其功用

"敕书"一词最早出现在西周,但彼时其并不是所谓的皇命文书种类。敕书成为皇命文书则是到了汉朝。敕书是自汉朝戒书发展演变而来,自此,敕书成为汉朝至清朝重要的皇命文书之一,主要功用为训诫、告晓、除授、封赠、处理庶政等,其功用及体式因不同朝代而有所差异。

"敕"这一词在西周时就已经出现,如《尚书·多士》载:"……王若曰:尔殷多士,今惟我周王,丕灵承帝事。有命曰:割殷,告敕于帝。"③这里的"敕"应为"上"之意,即一种动作或行为,并不是文书名称。

据史书记载,敕书始于汉朝。在汉朝时,敕书的使用对象不限于皇帝,也普遍适用于重要大臣。东汉蔡邕《独断》载:"戒书,戒敕刺史、太守及三边营官,被敕文曰'有诏敕某官',是为戒敕也。世皆名此为策书,失之远矣。"④其功用是训诫刺史、太守和三边营官等文武百官。除此之外,还有除授、封赠、处理庶政等功用。目前所能见到的最早的有关训诫的敕书(戒书或戒敕或敕)则是汉高祖《手敕太子》,之后有关训诫的敕书还有汉武帝《敕责杨仆书》、汉宣帝《敕边守尉》《敕让赵充国书》、汉光武帝《敕邓禹》《敕诸将》、汉章帝《敕侍御史司空》等;有关除授的敕书如汉灵帝《敕刘焉为益州牧》;有关封赠的敕书如汉灵帝《又敕》等;有关大臣处理庶政的敕书如朱博《敕功曹》、《御史大夫遣郡国计吏敕》、和熹邓后《敕司

---

① 史金波、陈育宁主编《中国藏西夏文献》,第18册,第85—93页。
② 史金波、魏同贤、(俄)克恰诺夫主编《俄藏黑水城文献》,上海古籍出版社1997年,第4册,第383页。
③ 《尚书正义》卷16,(清)阮元校刻《十三经注疏》,第220页。
④ (汉)蔡邕《独断》卷上,影印文渊阁《四库全书》本,第850册,第78页。

隶校尉部刺史实核水灾》等；有关告诫子孙的敕书如梁商《病笃敕子冀等》。这正如清朝叶奕苞在《金石录补续跋》中列举了十多例大臣用敕书的事实后，指出敕书"犹属告诫之意，古人行文用字不相避也。……犹为自上行下之文"。①

魏晋沿袭汉朝敕书，其使用对象为皇帝和有关大臣，功用仍以训诫为主，兼有除授等。如魏曹操《敕王必令长史令》、魏文帝《敕豫州禁吏民往老子亭祷祝》、魏文德皇后《敕外亲刘斐》《敕戒郭表孟武等》、魏满庞《敕留府长史》、吴诸葛恪《敕下四部属城》、吴李衡《临死敕其子》、晋武帝《敕戒郡国计吏》、晋东海王越《敕世子毗》、晋庾峻《遗敕子珉》等。

南北朝时，敕书发展演变成为只限皇帝用于对臣下训诫、授任、封赠等的君命文书。清朝叶奕苞在《金石录补续跋》中指出：敕书"沿至魏晋，用者渐少……犹或见之。自南北朝而后，臣下不敢用此字矣"。② 其功用仍然为训诫警饬。明徐师曾《文体明辨序说》载："敕，饬也，使之警饬不敢废慢也。"③ 如宋武帝《敕裴松之》、宋前废帝《敕晋安王子勋》、梁武帝《敕舍道事佛》《答皇太子请御讲敕》《敕答陆倕》等。

隋朝时敕书的功用沿袭魏晋南北朝，是君命文书的一种，以训诫为主，如隋文帝《手敕释灵藏》《敕总管刺史》《敕李德林》《敕群臣》、隋炀帝《宣敕齐王》《敕释智越》等。

唐朝是君命文书敕的鼎盛时期，也是敕发挥重要作用、同时更是其形成灵活多样形式的主要时期。据《唐六典》载："王言之制有七……四曰发日敕，五曰敕旨，六曰论事敕书，七曰敕牒。"④明徐师曾《文体明辨序说》载："唐之用敕广矣。"⑤敕书在唐时主要分化为以下几种：（1）发日敕。又称发敕、手诏，是皇帝使用最多，更是处理日常庶政的一种文书形式。凡增减官员、除免官爵（敕授）、授六品以上官职，废置州县，判处流放以上刑罚，征发兵马，用钱二百千或仓粮五百石、奴婢二十人、牛马五十匹、羊五百口等均用发日敕。如唐高宗《赐薛仁贵手敕》、唐元宗《遣使安抚江东敕》《授薛讷陇右道防御大使敕》《流蒋宠藤州敕》《诸州府马数阙额以监牧马充敕》、唐宪宗《置宥州敕》等；（2）敕旨。即是臣僚奏准后，根据皇帝的旨意而起草的敕文，如唐玄宗《关内庸调折变粟米敕》、唐高宗《命有司议沙门等致拜君亲敕》、李德裕《孟州敕旨》《赐党项敕书》等；（3）论事敕。其功用是皇帝用以慰谕公卿、诫约臣下，如唐太宗《答群臣封禅表敕》、唐高宗《建

---

① 王铭《公文选读》，辽宁大学出版社2000年，第136页。
② 王铭《公文选读》，第136页。
③ （明）徐师曾《文体明辨序说》，第113页。
④ （唐）李林甫撰，陈仲夫点校《唐六典》卷9，第273—274页。
⑤ （明）徐师曾《文体明辨序说》，第113页。

明堂敕》《奖颜扬庭进父师古〈匡谬正俗〉敕》、唐中宗《送魏元忠归乡敕》、唐睿宗《戒诸王皇亲敕》、唐玄宗《令宰臣与法官详死刑敕》等;(4) 敕牒。由政事堂商议决定某一事项后,由中书起草进呈皇帝画一个"敕"字,交付政事堂,然后由政事堂出牒文公布施行。如陈希烈《修造紫阳观敕牒》等。

宋朝敕书的功用完全承袭了唐朝敕书。宋朝著名敕书如宋真宗《赐永兴军陈尧咨曰敕》、宋英宗《皇弟君授武胜军节度使赐本镇敕书》、宋哲宗《向宗良授昭信节度赐本镇敕书》等。另外,此时增加了一种"敕榜",其功用是戒励百官、晓谕军民。据明徐师曾《文体明辨序说》载:"宋制戒励百官,晓谕军民,另有敕榜。"① 敕榜始于宋朝,如宋太祖《赐潭州造茶人户敕榜》《赐通州煎盐亭户敕榜》。②

辽、金朝的敕书称敕,有时也称宣敕,二者功用基本一致,即祝贺、封赠等。如辽道宗《遣刘直贺高丽王生辰敕》《遣张臣言如高丽谕册命元子敕》、辽佚名《接见臣僚宣敕》《赐进士等甲宣敕》《赐进士章服宣敕》等。

元朝敕书称敕或敕牒或宣敕,主要用于除授、封赠,还有具体处理庶政的敕书。《元史》载:"凡迁官之法:从七以下属吏部,正七以上属中书,三品以上非有司所与夺,由中书取进止。自六品至九品为敕授,则中书牒署之。自一品至五品为宣授,则以制命之。三品以下用金宝,二品以上用玉宝,有特旨者,则有告词。"③ 又载:元朝的"封赠之制:……正从一品至五品宣授,六品至七品敕牒"。④ 可见,元朝除授和封赠六品以下官员则用敕牒。如蒙汉合璧《大元累授临川吴文正公宣敕》(十一通)、元世祖《范圆曦封真人敕》、元成宗《封永泽王敕》、泰定帝《御史台选举敕》、元仁宗《擢选国子监师儒敕》等。元朝还发布了一些有关处理具体庶政的敕文,如元世祖《峻立治法敕》、泰定帝《禁私入京者敕》《采捕珍异之敕》、元仁宗《征商税官盗税课敕》《禁奸民宫子敕》、元顺帝《至正十四年十一月敕》等。

明朝时敕书也称敕谕。明徐师曾《文体明辨序说》载:"今制,诸臣差遣,多予敕行事,详载职守,申以勉词,而褒奖责让亦用之。"⑤ 阐述了明朝敕书(敕谕)的功用范围,即除授、封赠、奖惩、训诫官员、处理庶政等,如明太祖《授孔希大为曲阜县世袭知县敕》《致仕官诰敕文》《追封后戚敕》《戒谕武臣敕》《谕幼儒敕》《颁行律令敕》《访求师儒敕》《谕安南国王陈叔明敕》、明成祖《命失家摄聂喇嘛不许欺凌生事违命必罚敕谕》《追遣罪人敕》、明宪宗《赏赍敕》、明世宗《命甘肃巡按会同

---

① (明) 徐师曾《文体明辨序说》,第 113 页。
② 佚名《宋大诏令集》卷 183,中华书局 1962 年,第 662—663 页。
③ (明) 宋廉等《元史》卷 83,第 2064 页。
④ (明) 宋廉等《元史》卷 84,第 2114—2115 页。
⑤ (明) 徐师曾《文体明辨序说》,第 113 页。

巡抚查勘屯政敕谕》等。由此可见,敕书发展到明朝,其分支种类缩小成敕书或敕谕,但其功用沿袭唐宋。

清朝沿用明朝敕书或敕谕形式。据《钦定大清会典》卷二注曰:"敕封外藩、覃恩封赠六品以下官,及世爵有袭次者,曰敕命。"①敕书或敕谕是皇帝封赠外藩和六品以下官及世袭之事的君命文书。清朝的敕书或敕谕又可化分为两种,即坐名敕和传敕。史载:"外任官,督、抚、学政、盐政、织造、提督、总兵等官撰给坐名敕书;布政使、按察使、道员、运司及副将、参、游等官,止给传敕。"②由上可见,坐名敕只颁发给地方高级文武官员和外藩国王,文内写明受文者主职、兼职的全部官衔、官辖区域、驻扎地点、职权范围、受何人领导指挥、管辖哪些官员、何事须向皇帝奏请、何事须与哪些官员协商决定或联名执行等,文末有皇帝的训勉。敕书由内阁起草,正本为满汉合璧文字,钤"敕使之宝"御玺,然后交六科抄出,颁给受文官员。如康熙帝《给荷兰国王的敕谕》、乾隆帝《给班禅额尔德尼敕谕》、光绪帝《给赵尔巽坐名敕》等;③"传敕"则颁发给级别稍低的地方文武官员,其与坐名敕不同的是文内不具姓名,故可以在本衙门内历任官员间流传使用。如《明清史料》戊编中收录的乾隆《给福建台湾道流传敕书》。其敕书种类沿用明朝,但其功用完全缩小到只是封赠外藩和六品以下官员和世袭之事的皇命文种。

(二) 西夏敕书之功用

西夏沿用中原王朝敕书之部分功用,则由皇帝对臣下训诫、授任、封赠、晓喻等,称敕、官敕、敕符、恩敕、敕券、敕书等。关于敕书的功用及适用范围在西夏综合性法典《天盛律令》中有比较全面详细的记载。《天盛律令·颁律表》中有载:"……顺众民而取长义,一共成为二十卷,奉敕名号'天盛改旧新定律令'。"④《天盛律令·续转赏门》规定:"诸种种任职三年期满应续转时……依官敕头字应何赐当赐。"⑤《天盛律令·官军敕门》规定:"诸人得官位者,实不执官敕头字,虽有文书而不许立列班上。"⑥"上次中三等大人、承旨、习判、下等司正等当赐敕,依文武次第,由中书、枢密所管事处分别办理。"⑦《天盛律令·执符铁箭显贵言等失门》规定:"边中、京师诸处派人,二三共职执敕符者,事非急,能顾及,则勿皆执

---

① (清)崑冈等修,吴树梅等纂《钦定大清会典》卷2,《续修四库全书》本,第794册,第33页。
② (清)允裪等奉敕撰《钦定大清会典》卷2,影印文渊阁《四库全书》本,第619册,第39页。
③ 中国第一历史档案馆《清代文书档案图鉴》,岳麓书社2004年,第72页。
④ 史金波、聂鸿音、白滨译注《天盛律令》颁律表,第107页。
⑤ 史金波、聂鸿音、白滨译注《天盛律令》卷10,第350页。
⑥ 史金波、聂鸿音、白滨译注《天盛律令》卷10,第357页。
⑦ 史金波、聂鸿音、白滨译注《天盛律令》卷10,第362页。

符,最大一人当执之。"①《天盛律令》中也有对盗窃、亡失、损毁敕书等不法行为进行处罚的规定:"诸人及门下人等相恨,盗窃官敕、上谕、印、旗、金鼓等时,已亡失、未亡失一律徒一年。"②《天盛律令·失藏典门》规定:"写秘事及牒诏书,兴兵文书,恩敕等损毁、盗隐、亡失等之罪,依所定判断。"③《天盛律令·罪则不同门》规定:"大小臣僚由官家予之诏书敕券者,若有他人持取亡失时,须推寻检视。……"④又载:"诸人监军司之刺史者,当坐所隶属大人以上位,所辖地方有位有尊之人等,不闻敕书、律条,与官事相背,曲量律法,懈怠公事……"⑤相关宗教文献中也提到了西夏的敕书,如"《过去庄严劫千佛名经》发愿文中,在叙述了西夏译经的情况后,接着提到了校经的史实:'后奉护城皇帝敕,与南北经重校。'护城皇帝即仁宗。'南经'当指西夏之前的宋本,即《开宝藏》。西夏以北的辽金先后刻印了汉文大藏经,一为《契丹藏》,一为《赵城藏》。此时均先后完工,所以北经应是辽金的《契丹藏》或《赵城藏》"。⑥但从目前所见西夏敕文实物来看,只见到了一篇,且仅具晓谕功用,即夏仁孝皇帝于夏乾祐七年撰写的汉藏文《告黑水河诸神敕》。

(三) 西夏敕文之体式

从目前所见仅有的一篇西夏敕文来看,其体式显然是借鉴和学习了中原敕文的体式。为了更方便于总结西夏敕文的体式,现移录夏仁宗于夏乾祐七年(1176)撰写的汉文《告黑水河诸神敕》图文于下:

(1) 敕:镇夷郡境内黑水河上下所有隐显一切水土之主,山神、水神、龙神、树神、土

(2) 地诸神等,咸听朕命。昔 贤觉圣光菩萨哀愍此河年年暴涨,漂荡人畜,故发

(3) 大慈悲,兴建此桥,普令一切往返有情咸免徒涉之患,皆沾安济之福。斯诚利

(4) 国便民之大端也。朕昔已曾亲临此桥,嘉美贤觉兴造之功,仍罄虔恳,躬

---

① 史金波、聂鸿音、白滨译注《天盛律令》卷13,第467页。
② 史金波、聂鸿音、白滨译注《天盛律令》卷3,第167页。
③ 史金波、聂鸿音、白滨译注《天盛律令》卷12,第418页。
④ 史金波、聂鸿音、白滨译注《天盛律令》卷20,第603页。
⑤ 史金波、聂鸿音、白滨译注《天盛律令》卷20,第607页。
⑥ 史金波《西夏社会》,上海人民出版社2007年,第560页。

图 1-1　黑水建桥敕碑汉文碑文部分图片

(5) 祭汝诸神等。自是之后,水患顿息,固知诸神冥歆朕意,阴加拥祐之所致也。今朕

(6) 载启精虔,幸冀汝等诸多灵神,廓慈悲之心,恢济渡之德,重加神力,密运威灵,

(7) 庶几水患永息,桥道久长。令此诸方有情俱蒙利益,祐我邦家。则岂惟上契十

(8) 方诸圣之心,抑亦可副朕之弘愿也。诸神鉴之,毋替朕命。

(9) 　　　　　大夏乾祐七年岁次丙申九月二十五日立石。

(10) 　　　　　　　　　　　主案郭那正成,司吏骆永安。

(11) 　　　　　　　　　　笔手张世恭书,写作使安善惠刊。

(12) 　　　　　　　　小监王延庆。
(13) 　　　　　　　　都大勾当镇夷郡正兼郡学教授王德昌。①

从上揭西夏仁宗皇帝李仁孝于夏乾祐七年撰写的《告黑水河诸神敕》来看，其首称："敕：镇夷郡境内黑水河上下所有隐显一切水土之主，山神、水神、龙神、树神、土地诸神等，咸听朕命。"正文主要介绍了张掖县黑河桥的修建和希望神灵继续佑助之事；末称："……诸神鉴之，毋替朕命。"

需要说明的是，该敕文的第(9)行至第(13)行是立黑水河碑石时镌刻碑石的相关要素：立碑时间、立碑官吏、笔手、刊刻者、监造立碑官吏等。这些要素并不是原敕文应有的内容，应是立碑时所增加。

通过以上的分析，现对西夏敕文的体式归纳总结如下：

首称：敕＋某官府（或某地某官吏或某神灵）做某某事。

正文：敕文的具体内容。或可以说是做某事的具体过程和详细要求，并提出希望。层次结构因内容多寡而灵活定夺。

末称：告＋某官府，或告＋某官吏，或告＋某某人之要求等。

五、西夏令(命)功用及体式

(一) 中国古代令(命)发展演变及其功用

据史籍记载，令（命）这一文书种类始见于商周，而且为君臣共用。其功用则为国君、诸侯大臣下达指示、命官、封爵等。《尚书·冏命篇》载："出入起居，罔有不钦。发号施令，罔有不藏。"②《说文解字》载："令者，发号也，君事也。非君而口使之，是亦令也，故曰命者天之令也。"③《文心雕龙》载："若轩辕唐虞，同称为命。命之为义，制性之本也。其在三代，事兼诰誓。"④据南宋毛晃解释："董仲舒曰：天令之谓。命又命令。大曰命，小曰令。一曰上出为命，下禀为令。"⑤《文体明辨序说》对上古三代令的功用记载十分详尽："按朱子云：'命犹令也。'字书：'大曰命，小曰令。'此命、令之别也。上古王言同称为命：或以命官，如书《说命》

---

① 史金波、陈育宁主编《中国藏西夏文献》，第18册，第97页；王尧《西夏黑水桥碑考补》，《中央民族学院学报》1978年第1期，第51—52页；陈炳应《西夏文物研究》，宁夏人民出版社1985年，第139页；韩荫晟《党项与西夏资料汇编》上卷，宁夏人民出版社2000年，第146—147页。注：文书前面的序号为行号，如(1)为第一行，依次类推。
② 《尚书正义》卷19，(清)阮元校刻《十三经注疏》，第246页。
③ (汉)许慎撰，(清)段玉裁注《说文解字注》，上海古籍出版社1988年，第57页。
④ (梁)刘勰著，周振甫注《文心雕龙注释》，第214页。
⑤ (宋)毛晃《增修互注礼部韵略》卷4，影印文渊阁《四库全书》本，第237册，第533页。

《冏命》是也;或以封爵,如书《微子之命》《蔡仲之命》也;或以饬职,如书《毕命》是也;或以锡赉,如书《文侯之命》是也;或传遗诏,如书《顾命》是也。秦并天下,改名曰制。"①上古三代时期传世的令文较多,也较著名,如《说命》、伊尹《四方献令》、秦孝公《求贤令》、商鞅《定变法令》等。

秦朝时文书制度有了很大的改革,令(命)的使用者由君王下移到皇后、太子,其功用只适用于皇后、太子发布指示和相关事项等,"秦法,皇后太子称令"。② 秦朝也留存下来了一些著名的令文,如秦始皇《令断谏太后事》《初并天下议帝号令》、秦二世《令蒙毅》《令蒙恬》等。

汉朝时令(命)的功用基本上沿袭秦朝,只限于诸侯王、重臣等发布重要指示或布置重要事项时所用,间或有皇帝发布命令的特例。《文体明辨序说》载:"至汉王有《赦天下令》,淮南王有《谢群公令》,则诸侯王得称令矣。意其文与制诏无大异,特避天子而别有名耳。"③《汉书》载:"萧何为主吏,主进,令诸大夫'进不满千钱,坐之堂下'。"④又载:"汉王下令:军士不幸死者,吏为衣衾棺敛,转送其家。四方归心焉。"⑤史载,汉高祖十年"夏五月,太上皇后崩。秋七月癸卯,太上皇崩,葬万年。赦栎阳囚死罪以下。八月,令诸侯王皆立太上皇庙于国都"。⑥ 汉朝也留下了比较多有名的令文,如汉高祖《下令恤军士死者》《下令立韩信为楚王彭越为梁王》、吴王濞《下令国中》、萧何《令诸大夫》、窦武《屯都亭下令军士》、崔瑗《遗令子实》等。

魏晋南北朝时,令(命)也称令书,仍以发布重要军政指示或事项为功用,其为太后、诸侯王或重臣等所使用。《三国志》载:兴平八年"秋七月,令曰:'丧乱已来,十有五年,后生者不见仁义礼让之风,吾甚伤之。其令郡国各修文学,县满五百户置校官,选其乡之俊造而教学之,庶几先王之道不废,而有以益于天下'"。⑦ 又载:"使使持节行中护军中垒将军司马炎北迎常道乡公璜嗣明帝后。辛卯,群公奏太后曰:'殿下圣德光隆,宁济六合,而犹称令,与藩国同。请自今殿下令书,皆称诏制,如先代故事。'"⑧《晋书》载,正元元年"秋九月甲戌,太后下令曰:'皇帝春秋已长,不亲万机,耽淫内宠,沈嫚女德……'"⑨又载:"桓玄用事,拜

---

① (明)徐师曾《文体明辨序说》,第111页。
② (明)徐师曾《文体明辨序说》,第120页。
③ (明)徐师曾《文体明辨序说》,第120页。
④ (汉)班固《汉书》卷1上,中华书局1962年,第3页。
⑤ (汉)班固《汉书》卷1上,第46页。
⑥ (汉)班固《汉书》卷1下,第67—68页。
⑦ (晋)陈寿《三国志》卷1,中华书局1959年,第24页。
⑧ (晋)陈寿《三国志》卷4,第146页。
⑨ (唐)房玄龄等《晋书》卷2,第27页。

金紫光禄大夫。玄篡,贬为彭泽侯,遣之国。行次石头,夜涛水入淮,船破,未得发。会议旗兴,复还国第。朝廷称受密诏,使遵总摄万机,加侍中、大将军,移入东宫,内外毕敬。迁转百官,称制书;又教称令书。"①《宋书》载:永光元年十一月"太皇太后令曰:司徒领护军八座:子业虽曰嫡长,少禀凶毒,不仁不孝,著自髫龀。孝武弃世,属当辰历⋯⋯"②又载:"建安王休仁便称臣奉引升西堂,登御坐,召见诸大臣。于时事起仓卒,上失履,跣至西堂,犹着乌帽。坐定,休仁呼主衣以白帽代之,令备羽仪。虽未即位,凡众事悉称令书施行。"③《魏书》载:中大同元年"秋七月辛酉,以武昌王鼙为东扬州刺史。⋯⋯丙寅,诏曰:'朝四而暮三,众狙皆喜,名实未亏,而喜怒为用。顷闻外间多用九陌钱,陌减则物贵,陌足则物贱,非物有贵贱,是心有颠倒⋯⋯自今可通用足陌钱。令书行后,百日为期,若犹有犯,男子谪运,女子质作,并同三年'"。④ 又载:"⋯⋯太安二年,太后令依故事,令后具条记在南兄弟及引所结宗兄洪之,悉以付托。"⑤《周书》载:萧"詧遣府司马刘方贵领兵为前军,出汉口。⋯⋯詧遣使魏益德、杜岸等众军攻之。方贵窘急,令其子迁超乞师于江陵"。⑥ 又载:"文帝难于动众,欲以权略致之。乃以徽为河西大使,密令图彦。"⑦《南史》载:普通"六年,武帝于文德殿饯广州刺史元景隆,诏群臣赋诗,同用五十韵。规援笔立奏,其文又美,武帝嘉焉,即日授侍中。后为晋安王长史。王立为太子,仍为散骑常侍、太子中庶子,侍东宫。太子赐以所服貂蝉,并降令书,悦是举也"。⑧《北史》载:"咸阳王禧字思永,太和九年封,加侍中、骠骑大将军、中都大官。文明太后令皇子皇孙于静所别置学,选忠信博闻之士为之师傅,以匠成之。"⑨魏晋南北朝时期留存下来很多经典令文,如曹操《求贤令》《让县自明本志令》、诸葛亮《军令》、曹丕《除禁轻税令》、明元郭后《答太常请玺绶令》、高柔《丞相理曹掾令》、长沙桓王《给周瑜鼓吹令》、晋元帝《蠲除法禁令》、齐王攸《下齐国相令》、宋武帝《入京城令》、任彦升《宣德皇后令》、简文帝《与湘东王令》、后魏太子晃《监国下令》、后周尉迟迥《举兵下令》等。

唐朝时令(命)的使用对象主要是皇太子。《唐六典》注曰:"皇太子曰令。"⑩

---

① (唐)房玄龄等《晋书》卷64,第1728页。
② (梁)沈约《宋书》卷7,中华书局1974年,第146页。
③ (梁)沈约《宋书》卷8,第152页。
④ (北齐)魏收《魏书》卷3,中华书局1974年,第90页。
⑤ (北齐)魏收《魏书》卷13,第331页。
⑥ (唐)令狐德棻等《周书》卷48,第857页。
⑦ (唐)令狐德棻等《周书》卷32,第556页。
⑧ (唐)李延寿《南史》卷22,中华书局1975年,第598页。
⑨ (唐)李延寿《北史》卷19,中华书局1974年,第689页。
⑩ (唐)李林甫等撰,陈仲夫点校《唐六典》卷1,第10页。

间有皇后或重臣也可使用令,其功用主要以发布或安排重要事项等。《旧唐书》载:垂拱四年"夏四月,魏王武承嗣伪造瑞石,文云:'圣母临人,永昌帝业。'令雍州人唐同泰表称获之洛水"。① 又载:"咸亨二年,驾幸东都,留太子于京师监国。时属大旱,关中饥乏,令取廊下兵士粮视之,见有食榆皮蓬实者,乃令家令等各给米使足。"② 《新唐书》载:"讨王承宗也,遣大将王献督万人为前锋,献恣横逗挠,士美即斩以徇,下令曰:'敢后者斩!'"③ 唐朝也有传世令文,如高祖《定户口令》、高宗《监国求贤令》、顺宗王皇后《遗令》等。

宋朝令(命)文使用对象仍然是皇太子、重臣等,其功用为发布重要事项或安排处理重大问题等。《宋史》载:"韩令坤平扬州,南唐来援,令坤议退,世宗命太祖率兵二千趋六合。太祖下令曰:'扬州兵敢有过六合者,断其足!'"④ 宋朝令文如昭宪杜太后《遗令》等。

元、明、清时同样沿袭唐宋令(命)的功用和文书名称。

(二) 西夏令(命)之功用

西夏时,令(命)为皇帝、太子或朝中重臣等所使用的下行文书,其功用则为有关具体政事的命令,记录要求臣民必须执行的事项。关于西夏令(命)文,西夏综合性法典中也有相关的规定。《天盛律令·弃守大城门》规定:"前述副行统人等令军马解散,大小城池全放弃,其□下局分都案、案头说'不应'已过问,大人、承旨未听,则勿治罪,未过问则一律徒二年。"⑤《天盛律令·越司曲断有罪担保门》规定:"诸人因互相争讼而投奔地边,经略使上职管者因种种公事当告原先所属监军司。……则当转司,当令于附近相邻司内寻问。"⑥ 又载:"诸司推问公事中,令干连人只关时,依律令承服罪,比之罪重不允使只关。"⑦《天盛律令·为僧道修寺庙门》规定:"诸人所属使军,属者头监情愿纳入于辅主而外,不许令为僧人、道士。"⑧《天盛律令·渠水门》规定:"沿唐徕、汉延、新渠、诸大渠等至千步,当明其界,当置土堆,中立一碣,上书监者人之名字而埋之,两边附近租户、官私家主地方所应至处当遣之。无附近家主者,所见地□处家主中当遣之,令其各自

---

① (后晋)刘昫等《旧唐书》卷6,第119页。
② (后晋)刘昫等《旧唐书》卷86,第2829页。
③ (宋)欧阳修、宋祁《新唐书》卷143,中华书局1975年,第4696页。
④ (元)脱脱等《宋史》卷1,第3页。
⑤ 史金波、聂鸿音、白滨译注《天盛律令》卷4,第197页。
⑥ 史金波、聂鸿音、白滨译注《天盛律令》卷9,第339页。
⑦ 史金波、聂鸿音、白滨译注《天盛律令》卷9,第344页。
⑧ 史金波、聂鸿音、白滨译注《天盛律令》卷11,第403页。

记名,自相为续。"①《天盛律令·库局分转派门》规定:"边中诸司人于自己所辖库局分已磨勘……就此各次各方所弃虚杂,当告中书、枢密所管事处,有住滞处当令伏罪,应判断则判断,应奏则奏。"②出土的西夏文书中也多次出现令或命,如中藏 G42·001《西夏乾祐七年(1176)黑水河建桥敕碑》中有"……土地诸神等,咸听朕命……故发大慈悲,兴建此桥,普令一切往返有情咸免徒涉之患……令此诸方有情,俱蒙利益……诸神鉴之,毋替朕命"。③ 西夏开国皇帝元昊在建国之前还发布了《秃发令》。《续资治通鉴长编》记载,在宋景祐元年(1034),"元昊初制秃发令,先自秃发。及令国人皆秃发,三日不从令,许众杀之"。④ 目前并未见到西夏文令(命)文实物。

(三) 西夏令(命)之体式

从目前所见西夏令(命)文来看,其均收录在传世汉文西夏文献之中,数量也不多,而且还只保留了令(命)文的正文部分,缺载令(命)文的首称、末称,甚至于令(命)文的押署。下面移录元昊于宋景祐元年(1034)发布的《秃发令》、仁孝于夏大庆四年(1143)发布的《地震灾区救助令》两篇传世的汉文令(命)文。

秃发令
元昊(西夏)

元昊初制秃发令,先自秃发。及令国人皆秃发,三日不从令,许众杀之。⑤

地震灾区救助令
仁孝(西夏)

二州人民遭地震地陷死者,二人免租税三年,一人免租税二年,伤者免租税一年;其庐舍、城壁摧塌者,令有司修复之。⑥

从上揭西夏汉文令(命)文来看,的确只有令(命)文的正文部分,而且正文部分内容也十分的简单。特别是元昊发布的《秃发令》,应该是南宋李焘在编撰《续资治通鉴长编》之时,以作者的口吻将令(命)文内容进行编写而成。当然,目前未见到出土的西夏令(命)文,所以,归纳总结出的西夏令(命)文体式可能会有所欠缺或不足。

众所周知,西夏文书制度大多借鉴学习自中原唐宋,其体式的学习也不例

---

① 史金波、聂鸿音、白滨译注《天盛律令》卷15,第501页。
② 史金波、聂鸿音、白滨译注《天盛律令》卷17,第533页。
③ 史金波、陈育宁主编《中国藏西夏文献》,第18册,第97—100页。
④ (宋)李焘《续资治通鉴长编》卷115,第2704页。
⑤ (宋)李焘《续资治通鉴长编》卷115,第2704页。
⑥ (清)吴广成《西夏书事》卷35,《续修四库全书》本,第334册,第579页。

外。所以,为了更加全面地了解和掌握西夏令(命)文的体式,我们借助中原唐宋时期比较齐全完整的令(命)文,补全西夏令(命)文的体式。移录唐昭宗时何皇后于唐天祐元年(904)发布的《立辉王为皇太子监军国令》如下:

立辉王为皇太子监军国令
唐昭宗何皇后(唐)

门下:

我国家化隋为唐,奄有天下。三百年之盛业,十八帝之耿光。圣上自纂丕图,垂将二纪,虽恭勤无怠,属运数多艰,致寰宇之未康,睹兵戈之屡起;赖勋贤叶力,宗社再安。岂意宫闱之中,祸乱忽作,昭仪李渐荣、河东郡夫人裴贞一等潜为逆节,辄肆凶谋,伤痕既深,已及肤革。万机不可以久旷,四海不可以乏君,神鼎所归,须有纂绍。辉王祚,幼彰岐嶷,长实端贞,褎然不群,予所钟爱,必能克奉丕训,以安兆人,宜立为皇太子,仍改名柷,监军国事。

于戏! 孝爱可以承九庙,恭俭可以安万邦,无乐逸游,用宁寰宇,百辟卿士,佑兹冲人,再扬我太宗之休烈。

主者施行。①

上揭唐朝的令(命)文,体式结构比较完整,首称:"门下:……";正文:该时国家的现状、辉王的德行等;末称:"主者施行"。

由此可以推测补全西夏令(命)文的体式如下:

首称:某官府(或某某官)等。
正文:令(命)文的具体内容,层次因事项多寡而定。
末称:主者施行(一般均为套语)。
押署:年月日(或还有某官府某官员姓或姓名)。

当然,上面总结的西夏令(命)文的体式是否有代表性,需待新的西夏令(命)文出现进而验证和完善。

第二节 官府下行文书功用及体式

西夏各官府下行文书种类主要见之于西夏汉文史籍、《俄藏黑水城文献》《中

---

① (宋)宋敏求编《唐大诏令集》卷30,第115页。

国藏西夏文献》以及西夏故地出土的其他文献之中。这部分种类下行文书的内容比较繁杂,用途也十分广泛,数量浩繁,主要有谕文(上谕、谕旨)、榜文、牒文、头子、露布、布告、札子等。

一、西夏谕文功用及体式

(一) 中国古代谕文发展演变及功用

谕文,或称谕或上谕或谕旨或告谕等,这一称谓之始出则见于商周之时,但此时的"谕文"并不是书面所称文书种类,而是一种口耳相传之告晓行为。《史记》载:"盘庚乃告谕诸侯大臣曰:'昔高后成汤与尔之先祖俱定天下,法则可修。舍而弗勉,何以成德!'"[1]正如相关史籍记载的那样:"谕告,按字书云:'谕,晓也。告,命也。以上敕下之词。'商周之书,未有此体。至春秋内外传始载周天子谕告诸侯及列国往来相告之词,然皆使人传言,不假书翰,故今不录,而仅采汉人之作以为式。盖此书所主,唯在文章,则口谕之词,自不当录,学者宜别求之。"[2]另一史籍也有类似的记载:"《左传》有周天子谕告诸侯,是谕之称,已见于春秋之世。"[3]

秦朝时,谕文沿袭前朝口耳相传之功用,仍然未成为真正意义上的文书种类。史载:"秦二世元年七月,陈涉等起大泽中……梁乃召故所知豪吏,谕以所为起大事,遂举吴中兵。"[4]又载:"齐王乃遗诸侯王书曰:'高帝平定天下,王诸子弟,悼惠王王齐。……'乃留屯荥阳,使使谕齐王及诸侯,与连和,以待吕氏变,共诛之。齐王闻之,乃还兵西界待约。"[5]

汉朝时,不仅谕文见于史籍记载,同时也出现了中国历史上的第一篇谕文实物,即汉高祖刘邦的《入关告谕》。谕文之功用仍沿袭前朝口耳相传之告晓,这一功用一直沿袭至清末民国。史载:刘邦"乃使人与秦吏行至县、乡、邑告谕之。秦民大喜,争持牛、羊、酒食献享军士"。[6] 又载:"上闻之,乃遣相如责唐蒙等,因谕告巴、蜀民以非上意。"[7]留传至今的谕文较多且较典型,如汉高祖《入关告谕》、汉宣帝《谕意萧望之》、张骞《谕指乌孙》等。

---

[1] (汉) 司马迁《史记》卷3,第102页。
[2] (明) 徐师曾《文体明辨序说》,第112页。
[3] 徐望之《公牍通论》,档案出版社1988年,第26页。
[4] (汉) 司马迁《史记》卷7,第297页。
[5] (汉) 司马迁《史记》卷9,第407页。
[6] (汉) 班固《汉书》卷1上,第23页。
[7] (汉) 班固《汉书》卷57下,第2577页。

魏晋时期,谕文之功用则有所扩大,且各朝在称谓上有所不同,其使用范围也有区别,不仅有告晓之意,还有安慰、命令之功用。史载:曹"休上书谢罪,帝遣屯骑校尉杨暨慰谕,礼赐益隆"。① 又载:"献帝使璋晓谕焉,焉留璋不遣。"②《晋书·何曾传》载:"遣散骑常侍谕旨,乃视事。"③《晋书·贾充传》载:"又以东南有事,遣典军将军杨嚣宣谕,使六旬还内。"④魏晋时期留存下来的谕文如王猛《为书谕张天锡》等。

南北朝时期各朝都沿用前朝谕文之告晓、劝诫、指示等功用。《宋书》载:"飞书告谕,响应来同。"⑤又载:"陛下受天之命,符瑞告征,丁宁详悉,反覆备至,虽言语相谕,无以代此。"⑥《陈书》载:永定二年七月"甲辰,遣吏部尚书谢哲谕王琳"。⑦ 又载:"……高祖甚患之,乃令乾往使,谕以逆顺,并观虚实。"⑧《魏书》载:神䴥元年"夏四月,赫连定遣使朝贡,帝诏谕之"。⑨ 又载:"高祖乃谕群臣曰:'今者兴动不小,动而无成,何以示后?……'"⑩南北朝时期的谕文有高爽《展谜谕孙廉》、卢辩《为安定公告谕公卿》等。

唐朝时,谕文之功用沿袭前朝。《旧唐书》载:唐天宝十五载六月"戊戌,次扶风县。己亥,次扶风郡。军士各怀去就,咸出丑言,陈玄礼不能制。会益州贡春彩十万匹,上悉命置于庭,召诸将谕之曰:'卿等国家功臣……'"⑪又载:"太子右谕德沈伯仪曰:'谨按礼:有虞氏禘黄帝而郊喾,祖颛顼而宗尧。夏后氏禘黄帝而郊鲧,祖颛顼而宗禹。殷人禘喾而郊冥,祖契而宗汤。周人禘喾而郊稷,祖文王而宗武王。'"⑫《新唐书》载:唐天宝"十五载,玄宗避贼,行至马嵬,父老遮道请留太子讨贼,玄宗许之,遣寿王瑁及内侍高力士谕太子,太子乃还"。⑬

宋朝时,谕文之功用仍然沿袭前朝。《宋史》载:宋建隆元年正月"丙午,诏谕诸镇将帅"。⑭ 又载:宋开宝三年"……移书交阯,谕朝廷威信,将刻日再

---

① (晋)陈寿《三国志》卷9,第280页。
② (晋)陈寿《三国志》卷31,第867页。
③ (唐)房玄龄等《晋书》卷33,第997页。
④ (唐)房玄龄等《晋书》卷40,第1167页。
⑤ (梁)沈约《宋书》卷22,第631页。
⑥ (梁)沈约《宋书》卷27,第776页。
⑦ (唐)姚思廉《陈书》卷2,第37页。
⑧ (唐)姚思廉《陈书》卷21,第278页。
⑨ (北齐)魏收《魏书》卷4上,第74页。
⑩ (北齐)魏收《魏书》卷53,第1183页。
⑪ (后晋)刘昫等《旧唐书》卷9,第233页。
⑫ (后晋)刘昫等《旧唐书》卷21,第828页。
⑬ (宋)欧阳修、宋祁《新唐书》卷6,第156页。
⑭ (元)脱脱等《宋史》卷1,第4页。

举"。① 宋朝留存下来的谕文如宋太祖《谕江南管内榜》、宋太宗《戒谕文》、陈襄《劝谕文》、司马光《谕若讷》等。

元、明、清三朝时,谕文之功用和使用范围基本上沿袭前朝,至民国时,谕文这种文书种类消亡。

(二) 西夏谕文之功用

西夏沿袭中原王朝谕文之文书种类及名称,其功用较为广泛,具体说有指示、训诫、差遣、安排等,使用对象为朝中重臣或中央官府等。

关于谕文,西夏综合性法典对其功用及使用范围都有明确的规定。《天盛律令·敕禁门》规定:"不许军马、习事中令旨、军旨、台旨、帐下指挥等传行谕文。假若违律时,传行者之罪当视其罪情奏告实行,持谕文传行者徒二年,听者徒三年。"②《天盛律令·行职门》规定:"诸人做种种职事时,职事已毕,则当于日期内遣放职事人,未毕则当求谕文。若不求谕文,日已毕而不令职事人散时,有官罚马一,庶人十三杖。"③《天盛律令·行狱杖门》规定:"牢狱中囚禁者无大人处谕文判写,都监、小监、局分人等不许脱放。"④《天盛律令·司序行文门》规定:"诸京师司大人、承旨及任职人等中,遣地边监军、习判、城主、通判、城守等时,是权则京师旧职勿转,当有名,而遣正。京师续转,有谕文,则当京师所任职处不许有名。"⑤《天盛律令·内宫待命等头项门》规定:"诸人非当值及余人等,无谕文不许随意于夜间闭门后住宿内宫中。"⑥《天盛律令·执符铁箭显贵言等失门》规定:"边上敌人不安定,界内有叛逃者,应立即急速发兵,求取兵符。奏报京师而来牌。发兵谕文等中,符皆不合者……"⑦《天盛律令·纳领谷派遣计量小监门》规定:"诸边中有官粮食中,已出于诸分用处,监军司谕文往至时,当明其领粮食斛斗者为谁,刺史处知觉当行。"⑧《天盛律令·罪则不同门》规定:"边中、京师畿内等诸司人判断公事时……倘若诸司局分大小人不寻中书、枢密谕文,擅自遣送有事处时,有官罚马一,庶人十三杖。"⑨

西夏时不仅有官府或重臣向下级颁发的谕文,而且还有"上谕""谕旨"或称

---

① (元)脱脱等《宋史》卷304,第10056页。
② 史金波、聂鸿音、白滨译注《天盛律令》卷7,第281页。
③ 史金波、聂鸿音、白滨译注《天盛律令》卷7,第289页。
④ 史金波、聂鸿音、白滨译注《天盛律令》卷9,第332页。
⑤ 史金波、聂鸿音、白滨译注《天盛律令》卷10,第377页。
⑥ 史金波、聂鸿音、白滨译注《天盛律令》卷12,第438页。
⑦ 史金波、聂鸿音、白滨译注《天盛律令》卷13,第476页。
⑧ 史金波、聂鸿音、白滨译注《天盛律令》卷15,第512页。
⑨ 史金波、聂鸿音、白滨译注《天盛律令》卷20,第603页。

"御旨"的皇命文书种类。

关于上谕,其功用是皇帝对某事的具体命令或指示或安排布置等。《天盛律令·越司曲断有罪担保门》规定:"诸人因互相争讼而投奔地边,经略使上职管者因种种公事当告原先所属监军司。……当过问,依上谕所出实行。"①《天盛律令·司序行文门》规定:"上次中下末五等司大小高低,依条下所列实行。……其中上谕者,无论司高低当置。"②《天盛律令·为僧道修寺庙门》规定:"诸人及丁以上为伪僧人、道士时,及丁擢伪才者,上谕□□□奏,行上谕后判断无才,于册上销除,当绞杀。"③《天盛律令·内宫待命等头项门》规定:"诸人诈言传上谕,诸西上御前召之而自入内宫中,有恶心者当入谋逆中。……"④

谕旨或御旨,其功用则为皇帝因某事主动发出或因大臣就某事奏请而发。御旨或为谕旨的俗写。《天盛律令·大不恭门》规定:"盗毁护神、天神,传御旨时不行臣礼,起轻视心,及御前、制、御旨直接唤人往,无故不来等,一律造意以剑斩,从犯无期徒刑。"⑤《天盛律令·杂曲门》规定:"(无御旨抽换卖曲)……至百斤,有官罚马二,庶人徒三个月。"⑥西夏第五代皇帝仁宗《圣大乘三归依经后序愿文》中也有载:"……于打截截、放生命、喂囚、设贫诸多法事而外,仍行谕旨,印造斯经番、汉五万一千余卷……"⑦

(三) 西夏谕文之体式

虽然史书及西夏法典对谕文或上谕或谕旨有许多的记载和阐述,但目前并未见到该时期西夏文或汉文的谕文实物文书。此外,中原唐宋两朝也没有留存体式规范完整的谕文。

鉴于此,对西夏谕文的体式的研究也就只好等待其实物文书的新发掘和公布才能进行实质性的工作。

二、西夏榜文之功用及体式

(一) 中国古代榜文发展演变及功用

榜或称榜文,始于魏晋之时。榜在战国时期及整个汉朝为悬挂的木牌上所

---

① 史金波、聂鸿音、白滨译注《天盛律令》卷9,第339页。
② 史金波、聂鸿音、白滨译注《天盛律令》卷10,第362—364页。
③ 史金波、聂鸿音、白滨译注《天盛律令》卷11,第407页。
④ 史金波、聂鸿音、白滨译注《天盛律令》卷12,第425页。
⑤ 史金波、聂鸿音、白滨译注《天盛律令》卷1,第127页。
⑥ 史金波、聂鸿音、白滨译注《天盛律令》卷18,第564页。
⑦ 聂鸿音《西夏佛经序跋译注》,上海古籍出版社2016年,第85页。

载相关信息,并不是严格意义上的文书种类。如《吕氏春秋集释》载:"不韦乃集儒书,使著其所闻,为十二纪、八览、六论,合十余万言,备天地万物古今之事,名为《吕氏春秋》。暴于咸阳门市,悬千金其上,有能增损一字者与千金。毕沅曰:……吕不韦撰《春秋》成,榜于秦市曰:'有人能改一字者,赐金三十斤。'"①。《后汉书》载:东汉"灵帝时,开鸿都门榜卖官爵,公卿州郡下至黄绶各有差。其富者则先入钱,贫者到官而后倍输,或因常侍、阿保别自通达"。②

魏晋之时,榜文已经成为官府公开张贴的用于告谕军民知晓或执行某事的一种文书。《晋书》载:"愍怀太子之废也,缵舆棺诣阙,上书理太子之冤曰:'伏见赦文及榜下前太子通手疏,以为惊愕。自古以来,臣子悖逆,未有如此之甚也。幸赖天慈,全其首领。'"③《晋书》又载:"初,玄恐帝不肯为手诏,又虑玺不可得……百官到姑孰劝玄僭伪位,玄伪让,朝臣固请,玄乃于城南七里立郊,登坛纂位,以玄牡告天,百僚陪列,而仪注不备,忘称万岁,又不易帝讳。榜为文告天皇后帝云:'晋帝钦若景运,敬顺明命,以命于玄。夫天工人代,帝王所以兴,匪君莫治,惟德司其元,故承天理物,必由一统。'……"④

南北朝时期,榜文已经普遍使用于承担官府或民间告晓有关事项的功用。《北齐书》载:"从驾往晋阳,在辽阳山中,数处见榜,云有人家女病,若有能治差者,购钱十万。"⑤《周书》载:"出为北雍州刺史……褒乃取盗名簿藏之。因大榜州门曰:'自知行盗者,可急来首,即除其罪。尽今月不首者,显戮其身,籍没妻子,以赏前首者。'旬日之间,诸盗咸悉首尽。褒取名簿勘之,一无差异。"⑥

唐朝时榜文使用十分广泛,而且榜文的功用也扩大,并出现了不同的称谓。一是布政榜,史载:"本朝节度使虽不赴镇,然亦别降敕书宣谕本镇军民。而为节度使者亦自难榜本镇,谓之布政榜。"⑦二是放榜,史载:长庆三年正月,"礼部侍郎王起奏:'当司所试贡举人,试讫申送中书,候覆讫下当司,然后大字放榜。'从之"。⑧"初峘当贡部,放榜日贬逐,与敦不相面。敦闻峘来,喜曰:'始见座主。'迎谒之礼甚厚。……顺宗即位,以秘书少监征,既至而卒。"⑨三是长榜或长名榜,《封氏闻见记》载:"高宗龙朔之后,以不堪任职者众,遂出长榜放之冬集,俗谓

---

① 许维遹撰,梁运华整理《吕氏春秋集释》,中华书局 2009 年,第 2—3 页。
② (南朝宋)范晔《后汉书》卷 52,第 1731 页。
③ (唐)房玄龄等《晋书》卷 48,第 1350 页。
④ (唐)房玄龄等《晋书》卷 99,第 2594 页。
⑤ (唐)李百药《北齐书》卷 49,第 681 页。
⑥ (唐)令狐德棻等《周书》卷 37,第 661 页。
⑦ (宋)徐度《却扫编》,影印文渊阁《四库全书》本,第 863 册,第 755 页。
⑧ (后晋)刘昫等《旧唐书》卷 16,第 502 页。
⑨ (后晋)刘昫等《旧唐书》卷 149,第 4014 页。

之'长名'。"①《旧唐书》载:"咸亨初,官名复旧,改为吏部侍郎,与李敬玄为贰,同时典选十余年,甚有能名,时人称为裴李。行俭始设长名姓历榜,引铨注等法,又定州县升降、官资高下,以为故事。"②此外,唐朝时榜文还可用于上行文,史载:"唐人奏事,非表非状者谓之牓子,亦谓之录子,今谓之札子。"③

宋朝沿用唐朝榜文的功用但有增加,其名称上也有创新。一是敕榜。史载:庆历七年十二月"庚戌,枢密直学士明镐体量安抚河北。癸丑,诏贝州有能引致官兵获贼者,授诸卫上将军。甲寅,遣内侍以敕榜招安贝贼"。④ 二是劝谕榜。史载:绍兴元年十一月"丁酉,榜谕福建、江东群盗,赦其胁从者……"⑤又载:"岭海去天万里,用刑惨酷,贪吏厉民,乃疏为十事,申论而痛惩之。高惟肖尝刻之,号《岭海便民榜》。"⑥三是黄榜。史载:绍兴四年十一月"庚申,宴犒守江将士。癸亥,刘光世遣统制王德击金人于滁州之桑根,败之。揭黄榜招谕湖贼"。⑦

元朝基本沿袭唐宋朝榜文名称和功用。有黄榜。史载:"复使一俘持黄榜、檄文,传赵文义首,入城,招其守将王虎臣、王大用。虎臣等斩俘,焚黄榜。"⑧又载:选拔进士考试中,"……监试官同读卷官,以所对策第其高下,分为三甲进奏。作二榜,用敕黄纸书,揭于内前红门之左右"。⑨ 有放榜之称。元举人考试,"……拆号既毕,应有试卷并付礼部架阁,贡举诸官出院。中书省以中选举人分为二榜,揭于省门之左右"。⑩又载:"前一日,礼部告谕中选进士,以次日诣阙前,所司具香案,侍仪舍人唱名,谢恩,放榜。"⑪有劝谕榜。史载:元世祖七年十二月壬寅,"宋重庆制置朱禩孙遣谍者持书榜来诱安抚张大悦等,大悦不发封,并谍者送致东川统军司"。⑫ 又载:"大德五年,缅国主负固不臣,忽辛遣人谕之曰……乌蛮等租赋,岁发军征索乃集,忽辛以利害榜谕诸蛮,不遣一卒,而租赋咸足。"⑬有布政榜。史载:元朝在规范盐业时,规定"宜从宪台具呈中书省,议罢其

---

① (唐)封演《封氏闻见记》卷3,影印文渊阁《四库全书》本,第862册,第429页。
② (后晋)刘昫等《旧唐书》卷84,第2802页。
③ (宋)欧阳修《归田录》卷2,中华书局1981年,第29页。
④ (元)脱脱等《宋史》卷11,第224页。
⑤ (元)脱脱等《宋史》卷26,第492页。
⑥ (元)脱脱等《宋史》卷406,第12258页。
⑦ (元)脱脱等《宋史》卷27,第513页。
⑧ (明)宋濂等《元史》卷127,第3100页。
⑨ (明)宋濂等《元史》卷81,第2025页。
⑩ (明)宋濂等《元史》卷81,第2025页。
⑪ (明)宋濂等《元史》卷81,第2025页。
⑫ (明)宋濂等《元史》卷7,第132页。
⑬ (明)宋濂等《元史》卷125,第3069页。

盐局,及来岁起运之时,出榜文播告盐商,从便入京兴贩"。①

明朝时仍然基本沿袭前朝榜文名称和功用。一是安民榜。明建文四年六月乙卯,"是日,王分命诸将守城及皇城,还驻龙江,下令抚安军民。大索齐泰、黄子澄、方孝孺等五十余人,榜其姓名曰奸臣"。② 二是布政榜。明宣德六年十一月"乙酉,分遣御史往逮贪暴中官袁琦等。十二月乙未,袁琦等十一人弃市,榜其罪示天下"。③ 三是放榜。《明史·吴道南传》载:吴"道南辅大政不为诡随,颇有时望。岁丙辰,偕礼部尚书刘楚先典会试。吴江举人沈同和者,副都御史季文子,目不知书,贿礼部吏,与同里赵鸣阳联号舍。其首场七篇,自坊刻外,皆鸣阳笔也。榜发,同和第一,鸣阳亦中式,都下大哗。道南等亟检举,诏令覆试。同和竟日构一文。下吏,戍烟瘴,鸣阳亦除名"。④

清朝也基本沿袭前朝榜文之功用,榜文名称既有继承也有创新。一是放榜。《清史稿》载:"……定顺天乡试满州、蒙古为一榜,汉军、汉人为一榜,会试、殿试如之。"⑤ 又载,李世熊"年十六,补弟子员,旋中天启元年副榜……"⑥ 二是布政榜。史载:"三十三年,葺文庙成,增大门'先师庙'额,正殿及门曰'大成',帝亲书榜,制碑记。"⑦光绪"十三年,改广东黄江厂税委员专管,裁厂书、籤子、官房、总散房名目,并革除额外加平、办用官钱、厘头、船钱、墟艇钱、黑钱、包揽钱七项陋规,榜示通衢"。⑧ 清朝创新的榜文名称有金榜,金榜功用类同于宋朝的黄榜。史载:乾隆三十七年夏四月"庚寅,赐金榜等一百六十二人进士及第出身有差"。⑨ 有银榜,或为华丽的匾额,史载:"稽古论思,银榜亲题,用作儒林之气。"⑩

(二) 西夏榜文之功用

西夏沿袭唐宋朝榜文种类,其功用仍然是指各官府张贴在大街小巷用于晓谕军民、通缉敌方的一种内容简单的文书种类。目前所能见到的西夏榜文,大多为布政榜,如元昊《购夏竦榜》等。

---

① (明)宋濂等《元史》卷97,第2488页。
② (清)张廷玉等《明史》卷5,第75页。
③ (清)张廷玉等《明史》卷9,第122页。
④ (清)张廷玉等《明史》卷217,第5743页。
⑤ (清)赵尔巽等《清史稿》卷5,第126页。
⑥ (清)赵尔巽等《清史稿》卷501,第13862页。
⑦ (清)赵尔巽等《清史稿》卷84,第2536页。
⑧ (清)赵尔巽等《清史稿》卷125,第3686页。
⑨ (清)赵尔巽等《清史稿》卷13,第491页。
⑩ (清)赵尔巽等《清史稿》卷98,第2893页。

(三) 西夏榜文体式

从目前史籍记载来看,西夏榜文只有一篇,即夏景宗元昊于夏天授礼法延祚四年(1041)的汉文《购夏竦榜》。就这篇榜文来看,只残存榜文的正文部分,现移录原文如下:

购夏竦榜

元 昊

有得夏竦之头者,赏钱两贯文。①

从上揭西夏榜文来看,残缺首称、末称两部分内容。

西夏文书写作大部分是借鉴和模仿唐宋文书的模式,所以,为了更加清晰地理解西夏榜文的体式,我们可以借助唐宋榜文的体式,推测补全西夏榜文的体式。

唐古之奇作《为朱泚署坊市榜》,原文如下:

奉天残党,蚁聚京畿,重杰等仍敢执迷,拒我天命。朕使偏师小将,果复败亡。观此孤城,不日当破。云罗布网,无路鸟飞,铁釜盘鱼,禾过瞬息。

宣布遐迩,各使闻知。②

上揭为唐朝的一篇布政榜文,其体式:首称:残;正文:榜文的具体内容;末称:"宣布遐迩,各使闻知。"

宋刘攽作《晓示州学榜》,原文如下:

据州学教授状,诸生不遵规矩,及侮玩师长,毁坏晓示者。

盖闻入孝出弟,乡党之长节。恭业乐群,庠序之要道。诸生秀才,结发从学,屈首受书……畏罪可以强仁,克己而后复礼。特愿勉亲弦诵,恪居朝夕,勿重前咎,以贻后悔。

告示,各令知悉者。③

这是宋朝的一篇劝谕榜,其体式:首称"据州学教授状……";正文:该榜文的具体内容;末称:"告示,各令知悉者。"

由上唐宋榜文的体式,我们可以基本补全西夏榜文的体式:

---

① (宋)孔平仲《谈苑》卷1,影印文渊阁《四库全书》本,第1037册,第127页。另(元)脱脱等《宋史》卷283《夏竦传》记载:"募得竦首者与钱三千"(中华书局1977年,第9575页);《宋稗类钞》卷24所记"有得夏竦之头者,赏钱两贯文"(影印文渊阁《四库全书》本,第1034册,第561页)。

② (清)董诰等《全唐文》卷526,中华书局1983年,第5347页。

③ 曾枣庄、刘琳主编《全宋文》卷1496,上海辞书出版社、安徽教育出版社2006年,第69册,第76页。

首称：据某官府某官某某状(言)，等。

正文：榜文的具体内容。

末称：或宣布遐迩，各使闻知；或告示，各令知悉者，等。

三、西夏牒文功用及体式

(一) 中国古代官府下行文书"牒"发展演变及功用

商朝时"牒"仅作为书写载体的一种，"牒"字的含义与"简""札"二字相通。有关"牒、简、札"三字的释义见于《说文解字》："牒，札也。木部云：札，牒也。左传曰：'右师不敢对，受牒而退。'司马贞曰：'牒，小木札也，按厚者为牍，薄者为牒。'"①"简，牒也。片部曰：'牒，札也。'木部曰：'札，牒也。'按：简，竹为之，牍，木为之。牒、札，其通语也。"②"札，牒也。片部曰：'牒，札也。'二字互训，长大者曰椠，薄小者曰札、曰牒。"③从《说文》对三字的解释可知，简、札、牒三字互训，三者为仅在形制上略有差异而以竹木制成的书写载体。《春秋左传正义·春秋序》也载："大事书之于策，小事简牍而已。疏：……由此言之，则简、札、牒、毕，同物而异名。"④简牍作为书写载体最早约出现于商朝，《周书·多士》有载："惟尔知，惟殷先人，有册有典，殷革夏命。"⑤史学家郭沫若在《古代文字之辩证的发展》一文中也指出商朝已经出现简书："殷代除甲骨文之外一定还有简书和帛书，《周书·多士》说'惟殷先人，有册有典'，甲骨文中也有册字和典字，正是汇集简书的象形文字。但这些竹木简所编纂成的典册，在地下埋藏了三千多年，恐怕不可能再见了。"⑥由此可知，牒作为书写材料，与简、札一样均应起自于商朝。

两周时期"牒"的含义也如商朝，"两周的政务文书多书于竹木之上，所以称简牍或简册"。⑦《礼记·中庸》载："哀公问政，子曰：文武之政，布在方策。"⑧这充分证明周文王、武王时期的政令是书写于竹木之上。此外，《战国策·齐策四》载："孟尝君乃取所怨五百牒削去之，不敢以为言。"⑨可知，"牒"依然是书写载体。"牒"作为竹木简的一种形态，在商朝至两周这一时期当中的含义都为书写

---

① (汉) 许慎撰，(清) 段玉裁注《说文解字注》，第318页。
② (汉) 许慎撰，(清) 段玉裁注《说文解字注》，第190页。
③ (汉) 许慎撰，(清) 段玉裁注《说文解字注》，第265页。
④ 《春秋左传正义》卷1，(清) 阮元校刻《十三经注疏》，第1704页。
⑤ (清) 王先谦撰，何晋点校《尚书孔传参正》，中华书局2011年，第759页。
⑥ 郭沫若《奴隶制时代》，人民出版社1973年，第252页。
⑦ 秦国经《清代文书档案制度》，中国档案出版社2010年，第3页。
⑧ 《礼记正义》卷52，(清) 阮元校刻《十三经注疏》，第1629页。
⑨ (汉) 刘向集录《战国策》卷11，上海古籍出版社2011年，第406页。

载体的一种,并不是文书种类。

从秦朝至汉初,"牒"的含义渐由单纯的书写载体引申为载有文字的上行文书种类,其功用为请示、汇报有关具体事项,如《里耶秦简 8-645 正》《里耶秦简 8-768 正》①《建武三年候长匡写移燧长病书牒》②便是典型的上行牒文。

汉朝后期又产生了下行的牒文,其功用则主要为授官等,如《汉书·匡衡传》载:"平原文学匡衡材智有余,经学绝伦,但以无阶朝廷,故随牒在远方。"③

魏晋南北朝时期沿袭秦汉牒文行文方向和功用,同时分化出平行方向的牒文,其功用则为承担官府之间磋商相关具体事务。隋朝因袭前朝牒文种类、行文方向和相关功用。

唐朝仍沿袭前朝牒文种类、行文方向和功用。只就唐朝下行牒文来看,有时也称"告牒"。其功用是上级发布指示、命令等。《旧唐书》载:"凡京师诸司,有符、移、关、牒下诸州者,必由于都省以遣之。"④又载:"缙为宰相,给中书符牒,令台山僧数十人分行郡县,聚徒讲说,以求货利。"⑤敦煌、吐鲁番等地也有出土的下行牒文,如敦煌大谷二八四〇号文书《兵马牒》,⑥《长安二年十二月豆卢军牒》⑦等。唐朝还有一种祠部牒(或称度牒),即由祠部颁发给成为官府认可的僧道者的凭证类文书。如《全唐文·大唐苏州华亭县顾亭林市新创法云禅寺记》载:"……悉二家之自备,岂止于一二,乃各数百缗焉,非我二家之志虔,造次而不可及也。续奉祠部牒,改院名为寺讫,奉命纪其年月,以俟未来。"⑧

宋朝下行牒文的使用范围逐步扩大,但其功用仍如唐朝。《宋史》载:"凡谏、舍、刺史以上在外任加恩者,悉令其亲属乘传赍诏,就以告牒赐之。"⑨又载:"凡公除与祭。景祐二年,礼仪使言:天圣五年……贞元六年诏,百官有私丧公除者,听赴宗庙之祭。监祭御史以礼有'缌麻已上丧不得飨庙',移牒吏部诘之。"⑩宋朝下行牒文著名的有朱熹《白鹿洞牒》、王曾《宋天圣三年中书门下牒》、范仲淹《牒江淮灾伤州军》、韩琦《敕赐真如禅院名额牒》等。

除此之外,还有具有凭证性质的优牒、黄牒、度牒(或也称祠部牒)等。优牒

---

① 陈伟主编《里耶秦简牍校释》,武汉大学出版社 2012 年,第 189—222 页。
② 初仕宾、任步云《居延汉代遗址的发掘和新出土的简册文物》,《文物》1978 年第 1 期,第 19 页。
③ (汉)班固《汉书》卷 81,第 3332 页。
④ (后晋)刘昫等《旧唐书》卷 43,第 1817 页。
⑤ (后晋)刘昫等《旧唐书》卷 118,第 3418 页。
⑥ 周绍良主编《全唐文新编》,吉林文史出版社 2000 年,第 3354 页。
⑦ 吴钢主编《全唐文补遗》,三秦出版社 2007 年,第九辑,第 91 页。
⑧ (清)董诰等《全唐文》卷 792,第 8307 页。
⑨ (元)脱脱等《宋史》卷 111,第 2669 页。
⑩ (元)脱脱等《宋史》卷 125,第 2924 页。

是某官或某人进行某一具体事项时颁发的凭证性文书。《宋史》载："甲库掌受制敕黄,关给籖符优牒,选人改名废置之事。"①史载："诏科场推恩,依治平四年故事,正奏名进士诸科,吏部给敕诰优牒;特奏名,中书给敕诰优牒。熙宁中悉罢,今复之。"②黄牒是颁授给改易或再任官职或无品者官员的凭证类文书。如史载："详定官制所言:'唐制,内外职事有品者给告身,其州、镇辟置僚佐止给使牒。本朝亦以品官给告身,无品及一时差遣,不以职任轻重,皆中书门下给黄牒,枢密院降宣。……其无品者若被敕除授,则给中书黄牒,吏部奏授则给门下黄牒,枢密院差则仍旧降宣,于事简便。'从之。"③《宋史》载："元丰五年,官制所重定制授敕授奏授告身式。从之。绍圣元年,吏部言:'元丰法,凡入品者给告身,无品者给黄牒。元祐中,以内外差遣并职事官本等内改易或再任者,并给黄牒,乃与无品人等。'"④度牒(或祠部牒)则仍然是主管僧道的官府对通过一定程序考核而为僧道者颁发的凭证类文书,如史载："凡宫观、寺院道释,籍其名额,应给度牒,若空名者毋越常数。"⑤

辽、金两朝承袭唐宋牒文文书种类和功用,其行文方向仍有上行、平行和下行,且平行方向的牒文增加。

元朝牒文沿用前朝文书种类和功用,只是名称上更加细化和多样,如上行牒文称"牒上""牒呈上",平行牒文称"平牒",下行牒文称"今故牒"等。

明朝沿用元朝牒文种类和功用,但对牒文的部分名称进行了改造,如将上行文"牒呈上"改称为"牒呈",下行文"今故牒"改称为"故牒"等。清朝时保留牒呈、牒与故牒名称和功用,且以平行牒文为主。

民国时期废止牒文,仅于外交文书中使用"通牒"名称。

(二) 西夏牒文之功用

西夏时沿袭和承继中原唐朝官府下行"告牒""署牒"文种名称和功用,使其成为重要的官府下行文书种类。

1. 告牒之功用

告牒在唐五代时就已有之,其功用主要为上级官府向下级官府下达指示或布置相关具体事项等。《新唐书·王鍔传》载:唐天宝"十一载四月,绛与焊谋引

---

① (元)脱脱等《宋史》卷163,第3832页。
② (宋)李焘《续资治通鉴长编》卷356,第8516页。
③ (宋)李焘《续资治通鉴长编》卷325,第7826—7827页。
④ (元)脱脱等《宋史》卷163,第3834页。
⑤ (元)脱脱等《宋史》卷163,第3853页。

右龙武军万骑烧都门,诛执政作难。先二日事觉,帝召鉷付告牒"。①《新唐书·宋申锡传》:"大和五年,遣军候豆卢著诬告申锡与漳王谋反……僧孺等见上出著告牒,皆骇愕不知所对。"②姚崇《对问冤狱疏》中就有"臣以一门百口保内外官无复反者,陛下以告牒置弗推"③之语。《资治通鉴》载,后汉高祖天福十二年六月"丙辰,帝至洛阳,人居宫中;汴州百官奉表来迎,诏谕以受契丹补署者皆勿自疑,聚其告牒而焚之"。④《续资治通鉴长编》载:宋英宗治平三年,傅"尧俞辞新除侍御史知杂事告牒不受"。⑤"……申祠部请告牒者,当司欲依前敕再举条流,如此后遇皇帝降圣之辰,即于逐州府投状剃落,仍验所习经业不虚,即具出家因依,本居乡里、俗姓、法名、年几,申省请给告牒,始永为公据。"⑥

西夏借鉴学习唐宋朝文书制度,对其文书种类"告牒"之功用及体式也照样沿袭和承继。近年来,西夏故地出土了数量众多的西夏文文书"告牒",也正是说明西夏承继中原唐宋朝文书制度之例证。通过对收录在《俄藏黑水城文献》《英藏黑水城文献》《中国藏西夏文献》等中的告牒进行粗略统计,得知西夏大约有180个编号440多件告牒文书,如俄 Инв.No.4207《西经略使司副统应天卯年告牒》、⑦中藏G21·007《光定午年告牒》残页、中藏G21·008《光定己年告牒》⑧残页、英Or.12380-3329《乾祐酉年九月告牒》⑨等。

2. 署牒之功用

从目前所见史料来看,署牒这一文书种类始创于唐朝,其使用范围主要为军事领域相关重要事项,功用则为任免将领、发兵等。《新唐书》载:"后辟发兵署牒,首曰辟,副曰式,参谋曰符载。"⑩又载:"秀实署牒免之,因使人逊谕令谌。"⑪又载:"元和初,领夏绥银宥节度使,政简而严。部有失马者,愿署牒于道,以金购

---

① (宋)欧阳修、宋祁《新唐书》卷134,第4566页。
② (宋)欧阳修、宋祁《新唐书》卷152,第4845页。
③ (清)董诰等《全唐文》卷206,第2081页。
④ (宋)司马光编著《资治通鉴》卷287,中华书局2009年,第3579页。
⑤ (宋)李焘《续资治通鉴长编》卷207,第5040页。
⑥ (宋)王溥《五代会要》卷12,影印文渊阁《四库全书》本,第607册,第554页。
⑦ 史金波、魏同贤、(俄)克恰诺夫主编《俄藏黑水城文献》,上海古籍出版社2007年,第13册,第205页。
⑧ 史金波、陈育宁主编《中国藏西夏文献》,甘肃人民出版社、敦煌文艺出版社2006年,第16册,第260页。
⑨ 谢玉杰、吴芳思主编《英藏黑水城文献》,上海古籍出版社2005年,第4册,第110页。原拟题为"社会文书",史金波《〈英藏黑水城文献〉定名刍议及补正》(杜建录主编《西夏学》,上海古籍出版社2010年,第5辑,第14页)一文中将其定名为"告牒"。
⑩ (宋)欧阳修、宋祁《新唐书》卷139,第4630页。
⑪ (宋)欧阳修、宋祁《新唐书》卷153,第4849页。

之。"①后各朝或有沿袭和借鉴使用。宋朝未见署牒的使用。元明清仍然沿袭唐朝署牒之名称及功用。

西夏时为了方便军事事务,同样借鉴和承继了唐朝下行牒文"署牒",为西夏官府特别是军事署衙在边境战事紧急或讨伐敌方时,点阅兵马、派遣将领而发布的任命书。②《续资治通鉴长编》载:宋咸平六年二月"丙戌,鄜延部署康进等言蕃部叶市族啰埋等持贼迁为署牒,帅其族百余帐来归。诏以啰埋为本族指挥使,啰胡为军使,赐赉有差"。③《宋史》中也有记载:宋咸平五年十二月,"上又谓枢密使王继英等曰:'边臣言迁贼举兵,屡为龙移、昧克所败。此族在黄河北数万帐,或号庄郎昧克,常以马附藏才入贡,颇勤外御。'六年,遂降诏奖慰之。二月,叶市族啰埋等持继迁伪署牒率百余帐来归,以啰埋为本族指挥使,啰胡为军使"。④ 陈炳应《贞观玉镜将研究》对此有所分析:"部族兵,虽然仍是以部落兵为基础,仍是平时生产,战时当兵,但由于经常性的'点阅兵马',并有了正式的任命书'署牒',逐步形成了若干'精兵''锐士'……"⑤可见署牒这一文种在西夏用途之广。

此外,西夏还沿袭宋朝度牒之文书种类及功用,也用于主管僧道的官府对通过选拔的合法僧道人授予度牒,作为合法身份的凭证性文书。关于此,西夏综合性法典《天盛律令》多有记载,此处不再阐述。

(三) 西夏牒文之体式

西夏的下行牒文数量较多,但由于大部分为西夏文草书书写,目前为止未翻译为完整的汉文牒文,所以,我们只好借助于零星的史料来归纳和总结其体式。

据西夏学专家的研究可知,俄 Инв. No.6345《乾祐戌年节亲中书西经略使告牒》为一西夏文长卷,前残,共 182 行,事关刑事之事,并与皇室有关,末签署"乾祐戌年 月",后有节亲中书西经略使嵬名氏、西经略使浪兀氏、西正统中书通判的署名。⑥ 其体式还可以参考如下图中藏 G21.007 西夏文《光定午年告牒》残页。

---

① (宋) 欧阳修、宋祁《新唐书》卷 154,第 4873 页。
② 赵彦龙《西夏公文写作研究》,第 113 页。
③ (宋) 李焘《续资治通鉴长编》卷 54,第 1181 页。
④ (元) 脱脱等《宋史》卷 491,第 14144 页。
⑤ 陈炳应《贞观玉镜将研究》,宁夏人民出版社 1995 年,第 7 页。
⑥ 史金波《西夏文教程》,社会科学文献出版社 2013 年,第 382 页。

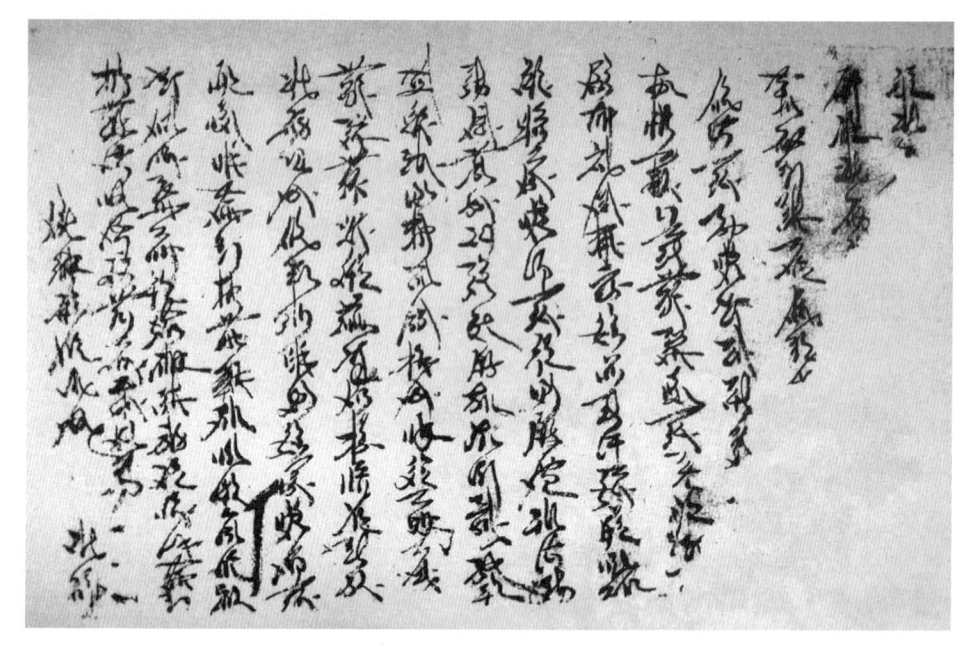

图 1-2 中藏 G21.007 西夏文《光定午年告牒》残页①

另外,我们还可以结合唐宋朝比较完整的告牒等实物文书,推测补全西夏下行牒文的体式。

熙宁牒

吕惠卿(宋)

中书门下牒:

　　景灵宫使、昭德军节度使、检校太尉兼侍中曹佾奏,遇同天节,乞凤翔府宝鸡县广济寺僧文海,牒奉敕,宜赐紫衣,牒至准敕。

　　故牒。

　　熙宁八年闰四月日牒。右谏议大夫、参知政事吕,礼部侍郎、参知政事王,吏部侍郎、平章事韩,吏部尚书、平章事王。②

上揭宋朝下行牒文的体式,首称:"中书门下牒";正文:牒文具体内容;末称:"故牒";押署:"熙宁八年闰四月日牒。右谏议大夫、参知政事吕,礼部侍郎、参知政事王,吏部侍郎、平章事韩,吏部尚书、平章事王。"由此可见,宋朝的这一牒文的押署部分与西夏俄 Инв. No.6345《乾祐戌年节亲中书西经略使告牒》中押

---

① 史金波、陈育宁主编《中国藏西夏文献》,第 16 册,第 260 页。
② 曾枣庄、刘琳主编《全宋文》卷 1721,第 79 册,第 129 页。

署部分完全吻合。

由上宋朝下行牒文的体式可知,西夏告牒的体式应学习自宋朝下行牒文,但在学习过程中也可能有一些创造的成分。

综合以上各方面的史料,我们可以总结西夏下行牒文的体式如下:

  首称:某官府＋牒,或某官府某官某某＋告(牒)。
  正文:牒文的具体事项,可根据事项多寡可一一分述之。
  末称:故牒(或许还有其他末称术语)。
  押署:某年月日＋某官府某官某某(或多位官员则一一押署)。

四、西夏头子功用及体式

(一) 中国古代头子发展及功用

头子,在西夏综合性法典《天盛律令》中多处被写作"头字",经相关学者研究考证,认为《天盛律令》中的"头字"应为"头子"。① 本书也认为"头子"为合理的称谓。

头子,从史籍记载来看,该文书种类始见于唐朝,其功用为中书对具体事项宣布执行命令。据《梦溪笔谈》记载:"予及史馆检讨时,议枢密院札子问宣头所起。予按唐故事,中书舍人职掌诰诏,皆写四本,一本为底、一本为宣,此'宣'谓行出耳,未以名书也。晚唐枢密使自禁中受旨,出付中书,即谓之'宣'。中书承受,录之于籍,谓之'宣底'。今史馆中尚有故宣底二卷,如今之圣语簿也。梁朝初置崇政院,专行密命,至后唐庄宗复枢密使,使郭崇韬、安重诲为之,始分领政事,不关由中书直行下者,谓之'宣',如中书之敕,小事则发头子,拟堂帖也。"②

五代时沿袭唐朝头子用以命官,但颁发头子者则只能为皇帝。《资治通鉴》载:后汉乾祐二年"八月甲申,郭威自河中还,过洛阳;守恩自恃位兼将相,肩舆出迎。威怒,以为慢己,辞以浴,不见,即以头子命保义节度使、同平章事白文珂代守恩为留守,文珂不敢违。守恩犹坐客次,吏白:'新留守已视事于府矣。'守恩大惊,狼狈而归,见家属数百已逐出府,在通衢矣。朝廷不之问,以文珂兼侍中,充西京留守"。③《新五代史》也有类似记载:王"守恩性贪鄙,人甚苦之。时周太祖以枢密使将白文珂等军西平三叛,还过洛阳,守恩以使相自处,肩舆出迎。太祖怒,即日以头子命文珂代守恩为留守,而守恩方诣馆谒,坐于客次以俟见,而吏

---

① 张笑峰《西夏〈天盛律令〉的头子考》,《宁夏师范学院学报》2016年第1期,第88页。
② (宋) 沈括《梦溪笔谈》卷1,中华书局2015年,第4页。
③ (宋) 司马光编著《资治通鉴》卷288,第3598页。

驰报新留守视事于府矣。守恩大惊,不知所为,遂罢去,奉朝请于京师"。又载:"呜呼! 道德仁义,所以为治,而法制纲纪,亦所以维持之也。自古乱亡之国,必先坏其法制而后乱从之。乱与坏相乘,至荡然无复纲纪,则必极于大乱而后返,此势之然也,五代之际是已。若文珂、守恩皆位兼将相,汉大臣也,而周太祖以一枢密使头子易置之,如更戍卒。是时,太祖与汉未有间隙之端,其无君叛上之志,宜未萌于心,而其所为如此者,何哉?"① 由此可见,五代时期最高统治者也用头子命官。

头子这一文书种类演进到宋朝时,其功用已由唐五代时的命官转变为用作办理或派遣驿马等一些具体事项的凭证。关于这方面的功用,宋朝沈括《梦溪笔谈》中有具体记载:"……至今枢密院用宣及头子,本朝枢密院亦用札子。但中书札子宰相押字在上,次相及参政以次向下,枢密院札子枢长押字在下,副贰以次向上,以此为别。头子唯给驿马之类用之。"② 由此可知,宋朝时头子的用途主要为派遣驿马之类事宜,但颁头子者并不完全是中书省,枢密院、宣徽院、审刑院以及州县衙门等都可颁发头子,派遣某项具体事宜。如《宋史》载:"唐有银牌,发驿遣使,则门下省给之。其制,阔一寸半,长五寸,面刻隶字曰'敕走马银牌',凡五字。……宋初,令枢密院给券,谓之'头子'。太宗太平兴国三年,李飞雄诈乘驿谋乱,伏诛。诏罢枢密院券……"③《涑水记闻》载:"凡有事,审刑院用头子下大理寺,大理寺用申状。"④《续资治通鉴长编》载:熙宁三年九月"甲辰,出空名敕牒三十、宣徽院头子各一百告身未见,数本多如此,须别参考增入。赐宣抚司"。⑤《皇宋中兴两朝圣政辑校》载:淳熙八年"六月戊午,户部言:'去岁两浙、江东西、湖北、淮西旱伤,共检放上供米一百三十七万九千余石,随苗经总、头子、勘合等钱计二十六万六千余贯。'诏并与蠲放"。⑥

由上史籍记载可知,唐、五代、宋的头子是一种官府下行文书,主要由中书省、枢密院、审刑院等官府所颁发,而且多用于具体的事项,用途比较广泛。很可惜,目前为止,并未见头子的实物文书。

元、明、清各朝并未见史籍记载的头子使用情况。

(二) 西夏头子之功用

西夏沿袭唐宋朝头子这一文书种类,其功用同样是中书省、枢密院以及地方

---

① (宋) 欧阳修《新五代史》卷46,中华书局1974年,第513—514页。
② (宋) 沈括《梦溪笔谈》卷1,第4页。
③ (元) 脱脱等《宋史》卷154,第3594页。
④ (宋) 司马光《涑水记闻》卷3,中华书局1989年,第57页。
⑤ (宋) 李焘《续资治通鉴长编》卷215,第5240页。
⑥ (宋) 佚名撰,孔学辑校《皇宋中兴两朝圣政辑校》卷59,中华书局2019年,第1352页。

官府用于派遣官吏办理某项具体事宜时的一种凭证性文书。关于头子,西夏综合性法典对其性质和功用有具体规定。《天盛律令·发兵集校门》规定:"比邻各首领发大小军头字(子)来时,当依次相传告。"①《天盛律令·续转赏门》规定:"诸种种任职三年期满应续转时……依官敕头字(子)应何赐当赐。"②《天盛律令·官军敕门》规定:"上次中三等大人、承旨、习判、下等司正等当赐敕,依文武次第,由中书、枢密所管事处分别办理。下等司承旨、末等司大人等当赐头字(子)。"③《天盛律令·矫误门》规定:"案头司吏推寻,头字(子)当同时行,若□□□头字(子)先行时,十杖。其中立即追究,言于大人处过问,则允许头字(子)先行之罪勿治。"④《天盛律令·执符铁箭显贵言等失门》规定:"执符除头字(子)上捕骑数以外,有超捕骑者时,一人超引随从、超捕驮畜,日期内依次改之者,已捕多少勿论总数,当以一日捕一畜计之,一人引一日徒一年,二日徒二年……自十一日以上一律绞。"⑤又载:"诸司因大小官事应派执符,符确有时,不许不令执符而行捕坐骑头字(子)。如果违律行捕坐骑头字(子)时,行者徒一年。其中令执捕坐骑头字(子),有因私使之时,因私使者及行捕坐骑头字(子)者之局分所使人等,与因私擅自遣执符之高低罪情相同。"⑥

另外,西夏其他史籍中也有头子的相关记载。《番汉合时掌中珠》记载:"出与头子,令追执证……"⑦《俄藏黑水城文献》收录的西夏汉文文书已经证实西夏在政务运行中的确使用"头子"这一文书种类,如俄 Инв. No.315《南边榷场使呈状》中有"准银牌安排官头字(子)……"⑧俄 Инв. No.354《南边榷场使呈状》中有"……准安排官头子所有……"⑨

总之,西夏头子是一种使用频率较高的官府下行文书,它多用于一些比较具体的事情,如传递文书时派遣驿马的凭证、榷场贸易之凭证、追逃犯人之凭证等,还兼有其他方面的功用。此外,西夏法典规定,各官府在行用头子这一文书时一定要慎重,不宜轻率,以防出现失误或有差错。

从西夏法典的记载来看,西夏头子根据其功用的不同,可分为不同类型的头

---

① 史金波、聂鸿音、白滨译注《天盛律令》卷 6,第 246 页。
② 史金波、聂鸿音、白滨译注《天盛律令》卷 10,第 350 页。
③ 史金波、聂鸿音、白滨译注《天盛律令》卷 10,第 362 页。
④ 史金波、聂鸿音、白滨译注《天盛律令》卷 11,第 382 页。
⑤ 史金波、聂鸿音、白滨译注《天盛律令》卷 13,第 469 页。
⑥ 史金波、聂鸿音、白滨译注《天盛律令》卷 13,第 469—473 页。
⑦ (西夏)骨勒茂才著,黄建华、聂鸿音、史金波整理《番汉合时掌中珠》,宁夏人民出版社 1989 年,第 62 页。
⑧ 史金波、魏同贤、(俄)克恰诺夫主编《俄藏黑水城文献》,第 6 册,第 281 页。
⑨ 史金波、魏同贤、(俄)克恰诺夫主编《俄藏黑水城文献》,第 6 册,第 286 页。

子,即捕畜头子、圣旨头子、官敕头子、军头子、安排官头子五类。①

(三) 西夏头子的体式

到目前为止,既未见到唐五代宋朝头子的实物,也未见到西夏头子的实物,所以,有关西夏头子体式的研究,则需期待其新实物的出现。

五、西夏露布功用及体式

露布,也称"露板"或"露版",因不封检,露而宣布,让众人知道而得此名。明徐师曾在《文体明辨序说》中云:"露布者,军中奏捷之辞也。书辞于帛,建诸漆竿之上。刘勰所谓'露板不封,布诸视听'者,此其意也。任昉云:'汉贾弘为马超代曹操作露布。'……岂露布之初,告伐告捷,与檄通用。"②可见,露布的主要功用是告晓、威敌、讨敌或报捷等。目前,学界有关露布的研究论文比较多,但大多基本上对露布的体式未涉及,所以,该部分内容应是露布研究的薄弱环节,为此,我们应对其进行全面补充和完善。

(一) 中国古代露布产生发展及功用

露布这一文书种类最早使用于汉朝,其功用主要是告晓。《后汉书》载:"李云草茅之生,不识失身之义,遂乃露布帝者,班檄三公,至于诛死而不顾,斯岂古之狂也!"③又载:"部刺史、二千石、列侯在国者及关内侯、宗室长吏及因邮奉奏,诸侯王遣大夫一人奉奏,吊臣请驿马露布,奏可。"④《东观汉记》载:"鲍昱,字文渊,拜司隶校尉,诏昱诣尚书,使封胡降檄。上遣小黄门问昱有所怪不? 对曰:'臣闻故事通官不著姓,又当司徒露布,怪使司隶而著姓也。'帝报曰:'吾欲令天下知忠臣之子复为司隶。'"⑤又载:"白马令李云。桓帝诛大将军梁冀,而中常侍单超等五人皆以诛冀功并封列侯。又立掖庭民女亳氏为皇后,数月间,后家封四人,赏赐巨万。时地数震裂,众灾频降。云素刚,忧国,乃露布上书,移副三府,曰:'孔子曰:帝者,谛也。今官位错乱,小人谄进,财货公行,政令日损,是帝欲不谛乎?'帝得奏,震怒,下有司送云黄门北寺狱。"⑥

---

① 张笑峰《西夏〈天盛律令〉的头子考》,《宁夏师范学院学报》2016 年第 1 期,第 88 页。
② (明) 徐师曾《文体明辨序说》,第 126 页。
③ (南朝宋) 范晔《后汉书》卷 57,第 1853—1854 页。
④ (南朝宋) 范晔《后汉书》志第六,第 3143—3144 页。
⑤ (东汉) 刘珍等撰,吴树平校注《东观汉记校注》卷 14,中华书局 2008 年,第 572 页。
⑥ (东汉) 刘珍等撰,吴树平校注《东观汉记校注》卷 17,第 757 页。

魏晋南北朝时,露布的功用仍然是告晓、报捷、威敌等。《三国志》载:曹魏时"后毋丘俭、文钦反,遣使诣诞,招呼豫州士民。诞斩其使,露布天下,令知俭、钦凶逆"。①《晋书》载:"会泓败问露布至,伦大喜,乃复遣超,而虔还已至庚仓。"②又载:"……四支既落,命岂久全!五纬之会已应,清一之期无赊,方散马金山,黎元永逸。可露布远近,咸使闻知。"③《魏书》载:"高祖令飑为露布,飑辞曰:'臣闻露布者,布于四海,露之耳目,必须宣扬威略,以示天下。臣小才,岂足大用。'"④《北齐书》载:"后从高祖破西魏于邙山,命为露布,弱手即书绢,曾不起草。"⑤《周书》载:"沙苑之捷,命为露布,食顷便成。"⑥《北史》载:"天下既承平日久,多不习兵。须陁独勇决善战,又长抚驭,得士卒心,号为名将。时贼帅王薄北连豆子䴚贼孙宣雅、石秪阇、郝孝德等,众十余万,攻章丘。须陁大破之,露布以闻。帝大悦,伏诏褒扬,令使者图画其形容奏之。"⑦

隋唐时露布功用则主要为告晓、报捷等。《隋书》载:"后魏每攻战克捷,欲天下知闻,乃书帛,建于竿上,名为露布。其后相因施行。开皇中,乃诏太常卿牛弘、太子庶子裴政撰宣露布礼。及九年平陈,元帅晋王,以驿上露布。兵部奏,请依新礼宣行。"⑧又载:卢"恺进谏曰:'昔田子方赎老马,君子以为美谈。向奉明敕,欲以老牛享士,有亏仁政。'帝美其言而止。……四年秋,李穆攻拔轵关、柏崖二镇,命恺作露布,帝读之大悦,曰:'卢恺文章大进,荀景倩故是令君之子。'寻授襄州总管司录,转治中……"⑨《旧唐书》载:"庚子朔,升恒州为大都督府。癸卯,赠神策兵马使杨惠元右仆射。是日,李晟上收京城露布,上览之,涕下沾襟。"⑩《新唐书》载:"俄为崑山道记室,平龟兹露布为士所称。"⑪又载:永徽五年"遣使者告捷,高宗为露布于朝"。⑫又载:"……或作河间道元帅刘祥道破铜山大贼李义府露布,榜于衢。"⑬

宋朝露布之功用仍沿袭唐朝,主要为告晓、讨伐、报捷等。《宋史》载:"史嵩

---

① (晋)陈寿《三国志》卷28,第769页。
② (唐)房玄龄等《晋书》卷59,第1603页。
③ (唐)房玄龄等《晋书》卷129,第3196页。
④ (北齐)魏收《魏书》卷21下,第573页。
⑤ (唐)李百药《北齐书》卷24,第348页。
⑥ (唐)令狐德棻等《周书》卷38,第682页。
⑦ (唐)李延寿《北史》卷85,第2853页。
⑧ (唐)魏徵、令狐德棻《隋书》卷8,中华书局1973年,第170页。
⑨ (唐)魏徵、令狐德棻《隋书》卷56,第1383—1384页。
⑩ (后晋)刘昫等《旧唐书》卷12,第343页。
⑪ (宋)欧阳修、宋祁《新唐书》卷201,第5734页。
⑫ (宋)欧阳修、宋祁《新唐书》卷220,第6195页。
⑬ (宋)欧阳修、宋祁《新唐书》卷223上,第6342页。

之露布告金亡,谨遣郭春按循故壤,诣奉先县汛扫祖宗诸陵。"①又载:"端平元年,破蔡灭金,献俘上露布,降诏奖谕,进封子,加食邑。"②

金朝露布功用沿袭前朝,为告晓、报捷等。《金史》载:金泰和八年"五月丁未,御应天门,备黄麾立仗,亲王文武合班起居。中路兵马提控、平南抚军上将军纥石烈贞以宋贼臣韩侂胄、苏师旦首献,并奉元帅府露布以闻。悬其首并画像于市,以露布颁中外"。③又载:"幸一小捷,则露布飞驰,增加馘级以为己功,敛怨将士。"④

明朝时露布的功用仍为告晓、报捷等。《明史》载:"献俘庙社,以露布诏天下,然后论功行赏。"⑤又载:"先后露布闻,诏振旅还京师。"⑥又载:"……计出师至灭贼,百十有四日,八路共斩级二万余,生获朝栋等百余人。化龙露布以闻,献俘阙下,剉应龙尸,磔朝栋、兆龙等于市。"⑦

清朝露布亦沿袭前朝的告晓、报捷等功用。《清史稿》载:"乾隆十四年,议制凡军前受降,飞章入告。报可。乃大书露布示中外,筑坛大营左,南向。坛南百步外树表,建大旗,书'奉诏纳降'字。"⑧又载:"开汤纲,遣宣露布;慰尧心,不事征诛。"⑨又载:"临战,挥幕客先去,曰:'胜,为我草露布;败,则代办后事。'"⑩又载:"……大军还定乌什,遂收南疆东四城,何步云以喀什汉城降。伯克胡里既纳白彦虎,乃并力攻汉城。大军至,复遁走俄。西四城相继下,宗棠露布以闻,诏晋二等侯。"⑪

(二) 西夏露布之功用

西夏沿袭唐宋露布这一文书种类,其功用也是威敌、讨敌、晓谕或报捷等。史载,西夏大臣张元代景宗元昊于夏天授礼法延祚五年(1042)撰写的一篇《西夏致宋边疆露布》就是这种既报捷又威敌的文书。

(三) 西夏露布之体式

有关西夏露布的记载并不多,目前所能见到的露布实物文书也只有一篇,即

---

① (元)脱脱等《宋史》卷41,第800页。
② (元)脱脱等《宋史》卷414,第12423页。
③ (元)脱脱等《金史》卷12,中华书局1975年,第284页。
④ (元)脱脱等《金史》卷79,第1782页。
⑤ (清)张廷玉等《明史》卷57,第1432页。
⑥ (清)张廷玉等《明史》卷125,第3729页。
⑦ (清)张廷玉等《明史》卷312,第8049页。
⑧ (清)赵尔巽等《清史稿》卷90,第2664页。
⑨ (清)赵尔巽等《清史稿》卷98,第2897页。
⑩ (清)赵尔巽等《清史稿》卷372,第11525页。
⑪ (清)赵尔巽等《清史稿》卷412,第12032页。

西夏天授礼法延祚二年(1039)张元代元昊拟写的汉文《西夏致宋边境露布》。这篇露布只有 10 个字,但内容是完整的。现移录该篇露布内容于下:

西夏致宋边境露布
元昊(张元代拟)

朕今亲临渭水,直据长安。①

从这篇露布的整体来看,应该是正文,而且应是正文的部分内容。但目前并未看到传世的其他露布,也未见到出土的其他文字的西夏露布,所以,要想探讨西夏露布的体式,也只有借助唐宋朝露布的体式来实现,其原因是西夏文书制度大多借鉴学习或来源于唐宋制度。

兵部奏姚州破逆贼诺没弄杨虔柳露布
骆宾王(唐)

尚书兵部臣闻:北极列象,六合奉天子之尊,南面乘乾,一统成圣人之业。是知衣裳所会,义有辑于殊邻;霜露所均,诚兼育于异类。故涂山万国,诛后至者防风;丹浦一戎,缓前禽者就日。然则利弧矢以威天下,法雷霆以靖域中。四时行焉,天道不能去杀……

汉使开卭,才通竹杖之利。岂若膺紫泥而吊伐,指丹徼以临戎?一战而孟获成擒,再举而哀牢授首,斯并皇威远畅,庙略遐覃。奉元猷以配天,徒知帝力;掩皇舆而辟地,岂曰臣功?无任庆快之诚,谨遣某奉露布以闻,军资器械别簿条上。②

上揭唐朝骆宾王的这篇露布的内容和体式都比较齐全完整,首称:"尚书兵部臣闻";正文:该露布的具体内容;末称:"无任庆快之诚,谨遣某奉露布以闻,军资器械别簿条上。"

再如唐朝张说《为河内郡王武懿宗平冀州贼契丹等露布》首称:"大总管右金吾卫大将军兼检校洛州长史河内郡王臣某,前军总管行左卫翊府中郎将上柱国定阳郡开国公臣杨元基,行军长史朝奉大夫守给事中护军臣唐奉一,行军司马通议大夫行天官郎中臣郑果等言";正文:该露布的具体内容;末称:"不胜庆快之至,谨遣傔人天官常选李佑别奏左卫长上校尉张德俊奉露布以闻,其军资器械,别簿条上。谨言。"③

---

① (宋)王巩《闻见近录》,影印文渊阁《四库全书》本,第 1037 册,第 198 页;(清)吴广成《西夏书事》卷 16,《续修四库全书》本,第 334 册,第 421 页。
② (清)董诰等《全唐文》卷 199,第 2010—2012 页。
③ (清)董诰等《全唐文》卷 225,第 2266 页。

由上揭实物文书可以总结唐朝露布的体式如下：

首称："某官府某某官(臣)闻"或"某官府某某官等言"等。

正文：露布的具体内容，因内容多寡而设置层次。

末称：基本上均为套语，但还有补充说明之辞，如"无任庆快之诚，谨遣某某奉露布以闻，军资器械别簿条上"或"不胜庆快之至，谨遣某官府某官某某奉露布以闻，其军资器械，别簿条上。谨言"等。

岭南道行营擒刘鋹露布

潘美等（宋）

岭南道行营都部署潘美、副部署尹崇珂、都监朱宪等上尚书兵部：臣等闻飞霜激电，上帝所以宣威；伐罪吊民，明王以之耀武。我国家仰稽元象，大启洪基。将复三代之土疆，永泰万方之生聚。西平巴蜀，云雷敷润物之恩……

其刘鋹并伪署判六军十二卫祺王刘保兴，太师潘崇彻，玉清宫使、左龙虎军观军容使、内太师龚澄枢，列圣宫使、六亲观军容使、内太师李托，内门使、骠骑大将军、内侍郎薛崇誉等，朋助刘鋹，旅拒王师，既就生擒，合同俘献。臣等幸陪戎事，倍乐圣功。无任快抃欢呼之至！谨奉露布以闻。①

上揭宋朝的这篇露布也是内容和体式比较完整者，首称"岭南道行营都部署潘美、副部署尹崇珂、都监朱宪等上尚书兵部"；正文：具体内容；末称："臣等幸陪戎事，倍乐圣功，无任快抃欢呼之至！谨奉露布以闻。"再如《晋前锋都督平兖青二州露布》首称："尚书五兵臣玄等言"；正文：具体内容；末称："臣等无任庆快激切屏营之至，谨遣某官奏露布以闻。"②曹彬等《昇州行营擒李煜露布》首称"昇州行营马步军战棹都署、宣徽南院使、义成军节度使臣曹彬等上尚书兵部"；正文：具体内容；末称："臣等无任歌时乐圣，庆快欢呼之至！谨奉露布以闻。"③王禹偁《拟李靖破颉利可汗露布》首称"尚书兵部臣闻"；正文：具体内容；末称："臣等无任乐圣戴天、抃舞欢呼之至，谨具露布以闻。谨奏。"④

由上揭宋朝露布可以总结其体式如下：

首称："某官府某某官（或多个官员）上某某官府"或"某官府某官某某等言"或"某官府某官臣闻"等。

正文：露布的具体内容，因内容多寡而设置层次。

---

① （宋）吕祖谦编《宋文鉴》卷150，中华书局1992年，第2113—2114页。
② （宋）王应麟《四明文献集》卷3，中华书局2010年，第124—125页。
③ （宋）吕祖谦编《宋文鉴》卷150，第2114页。
④ 曾枣庄、刘琳主编《全宋文》卷149，第7册，第382页。

末称：基本上均为套语，如"臣等幸陪戎事，倍乐圣功，无任快抃欢呼之至！谨奉露布以闻""臣等无任庆快激切屏营之至，谨遣某官奏露布以闻""臣等无任歌时乐圣，庆快欢呼之至！谨奉露布以闻"或"臣等无任乐圣戴天、抃舞欢呼之至，谨具露布以闻，谨奏"等。

由上宋朝露布的体式可知，其基本沿袭学习自唐朝露布的体式。由此可知，西夏文书制度大多学习沿袭自唐宋，故西夏露布的体式可以推测为如下：

首称：某官府某官（或多个官员）＋上某官府，或某官府某官某某等言，或某官府某某臣闻等。

正文：露布的具体内容，层次的设置可因内容多寡而定。

末称：规范性套语。"臣等某某无任快抃欢呼之至！谨奉露布以闻""臣等无任庆快激切屏营之至，谨遣某官奏露布以闻""臣等无任歌时乐圣，庆快欢呼之至！谨奉露布以闻"或"臣等谨具露布以闻，谨奏"等。

当然，以上有关西夏露布体式的总结，则据唐宋朝露布的体式推测而来，要想归纳出西夏露布正确规范的体式，则必须等待新露布文书的出现。

六、西夏布告功用及体式

布告不论是在古代还是当代，都是一种公开告众性的下行文书。徐望之《公牍通论》云："布，遍也。告，语也。……由此可知布告为告众之词，告本作诰，如《尚书》所载《大诰》《康诰》《酒诰》之类是。或谓诰乃帝王告于万邦之言，不知仲虺有诰，仲尼删书，不以为僭，可见诰为告众之通称，后乃去言作告。春秋之世，上有告下者曰谕，如周天子谕告诸侯之类是。汉高祖并有入关告谕。降及明代，凡上以事告民曰告示，清代或称示，或称告示。"[①]可见，布告这一文书种类从产生以后就一直沿袭使用到现当代，其功用从古代至当代基本上都具有公开告众性，兼有劝诫之用。

（一）中国古代布告发展演变及功用

布告这一文书种类最早应始于商朝，其功用主要为告诉众人之相关事项，另外还兼有告诫之意，如《汤诰》。周朝沿袭其文书种类和功用，留存文书有《大诰》《康诰》《酒诰》《洛诰》《康王之诰》等。

---

① 徐望之《公牍通论》，第55页。

秦汉之时,继续沿袭三代布告之文种,并继承其告众和劝诫之功用。《史记》载:"绛侯乃与丞相陈平谋,使人劫郦商,令其子寄往绐说吕禄曰:'高帝与吕后共定天下,刘氏所立九王,吕氏所立三王,皆大臣之议,事已布告诸侯,诸侯皆以为宜。'"①又载:"单于既约和亲,于是制诏御史曰:'匈奴大单于遗朕书,言和亲已定,亡人不足以益众广地,匈奴无入塞,汉无出塞,犯(令)〔今〕约者杀之,可以久亲,后无咎,俱便。朕已许之。其布告天下,使明知之。'"②《汉书》载:"……二月,诏曰:'欲省赋甚。今献未有程,吏或多赋以为献,而诸侯王尤多,民疾之。令诸侯王、通侯常以十月朝献,及郡各以其口数率,人岁六十三钱,以给献费。'又曰:'盖闻王者莫高于周文……贤士大夫有肯从我游者,吾能尊显之。布告天下,使明知朕意。御史大夫昌下相国,相国酂侯下诸侯王,御史中执法下郡守,其有意称明德者,必身劝,为之驾,遣诣相国府,署行、义、年。有而弗言,觉,免。年老癃病,勿遣。'"③《后汉书》载:"……不意滞怒不为春夏息,淹恚不为顺时怠,遂驰使邮驿,布告远近,严文克剥,痛于霜雪,张罗海内,设置万里,逐臣者穷人迹,追臣者极车轨,虽楚购伍员,汉求季布,无以过也。"④

魏晋南北朝时期,仍然沿袭前朝布告文种的告众和劝诫之功用。如《三国志》载:"……六年,朝廷追思清节之士,诏曰:'夫显贤表德,圣王所重;举善而教,仲尼所美。故司空徐邈、征东将军胡质、卫尉田豫皆服职前朝,历事四世,出统戎马,入赞庶政,忠清在公,尤国忘私,不营产业,身没之后,家无余财,朕甚嘉之。其赐邈等家谷二千斛,钱三十万,布告天下。'"⑤《晋书》载:"……峤乃立行台,布告天下,凡故吏二千石、台郎御史以下,皆令赴台。"⑥《魏书》载:"……二年春正月乙酉,诏曰:'刺史牧民,为万里之表。自顷每因发调,逼民假贷,大商富贾,要射时利,旬日之间,增赢十倍。上下通同,分以润屋。故编户之家,困于冻馁;豪富之门,日有兼积。为政之弊,莫过于此。其一切禁绝,犯者十匹以上皆死。布告天下,咸令知禁。'"⑦

唐五代时期,仍然沿袭前朝布告的告众和劝诫之功用。如《旧唐书》载:"凶徒既殄,寰宇伫康,载举令猷,用弘庶绩。布告中外,知朕意焉。"⑧又载:"如阁于成事,守迷不反,崑山纵火,玉石俱焚,尔等噬脐,悔将何及!黄河带地,明余旦旦

---

① (汉)司马迁《史记》卷9,第408页。
② (汉)司马迁《史记》卷110,第2903页。
③ (汉)班固《汉书》卷1下,第70—71页。
④ (南朝宋)范晔《后汉书》卷16,第629页。
⑤ (晋)陈寿《三国志》卷27,第740页。
⑥ (唐)房玄龄等《晋书》卷67,第1794页。
⑦ (北齐)魏收《魏书》卷5,第119页。
⑧ (后晋)刘昫等《旧唐书》卷17上,第524页。

之言;皎日丽天,知我勤勤之意。布告海内,咸使闻知。"①《旧五代史》载:"……十二月辛亥,诏曰:'潞寇未平,王师在野。攻战之势,难缓于寇围;飞挽之勤,实劳于人力。永言辍耒,深用轸怀。宜令长吏,丁宁布告,期以兵罢之日,给复赋租。'于是人户闻之,皆忘其倦。"②

宋、辽、金时期,沿袭唐五代布告文种并继承其告众和劝诫等功用。如《宋史》载:"……冬十月甲戌朔,以绍述熙丰政事书布告大下。"③又载:"帝既奉迎天书,大赦改元,布告其事于天下,筑玉清昭应宫。"④《续资治通鉴长编》载:"……时上封者言旦等死义,朝廷宜优加恩典,以劝忠臣。乃命有司录赠官制书及录用诸子事,布告天下。"⑤又载:"又贴黄称:'朝廷若见得国用须赖此钱,必不可罢。而惠卿告命,当如何解释,以取信于天下,而杜罪人之词? ……于是抑勒之祸生,以致发七难以诘责韩琦,布告天下,则青苗之患实惠卿为之。……"⑥《契丹国志》载:"……而延寿不之知,自称受太宗遗诏,权知南朝军国事,下教布告诸道,所以供馈帝与诸将同,帝恨之。"⑦《金史》载:金皇统五年"五月戊午,初用御制小字。壬申,以平章政事勖谏,上为止酒,仍布告廷臣"。⑧

元朝时仍然沿袭前朝布告文种和功用。《元史》载:"尚恐王国知之未审,故特遣使持书,布告朕志,冀自今以往,通问结好,以相亲睦。"⑨

明、清时期,同样沿袭前朝布告文种并继承其告众和劝诫等功用,其名称或可称"告示"或"示"或"告谕"等。如《明史》载:"兵部尚书胡世宁致仕,诏承勋还部代之。疏言:'朝廷有大政及推举文武大臣,必下廷议。议者率相顾不发,拱手听。宜及未议前,备条所议,布告与议者,俾先谂其故,然后平心商质,各尽所怀。议苟不合,听其别奏。庶足尽诸臣之见,而所议者公。'帝然其言,下诏申饬。"⑩又载:"……爱书既上,忠贤大喜,矫诏布告四方,仍移大章镇抚。大章慨然曰:'吾安可再入此狱!'呼酒与大韶诀,趣和药饮之,不死,投缳而卒。崇祯初,赠太仆卿,官其一子。福王时,追谥裕愍。"⑪《清史稿》载:"世祖顺治元年,摄政睿亲王

---

① (后晋)刘昫等《旧唐书》卷53,第2218页。
② (宋)薛居正等《旧五代史》卷3,中华书局1976年,第55页。
③ (元)脱脱等《宋史》卷22,第404页。
④ (元)脱脱等《宋史》卷431,第12802页。
⑤ (宋)李焘《续资治通鉴长编》卷59,第1311页。
⑥ (宋)李焘《续资治通鉴长编》卷384,第9362页。
⑦ (宋)叶隆礼《契丹国志》卷4,中华书局2014年,第49页。
⑧ (元)脱脱等《金史》卷4,第81页。
⑨ (明)宋濂等《元史》卷208,第4626页。
⑩ (清)张廷玉等《明史》卷199,第5265页。
⑪ (清)张廷玉等《明史》卷244,第6342页。

入关定乱,六月,即令问刑衙门准依明律治罪。八月,刑科给事中孙襄陈刑法四事,一曰定刑书:'刑之有律,犹物之有规矩准绳也。今法司所遵及故明律令,科条繁简,情法轻重,当稽往宪,合时宜,斟酌损益,刊定成书,布告中外,俾知画一遵守,庶奸慝不形,风俗移易。'"①又载:"……于是维峻上言:'李鸿章平日挟外洋以自重,固不欲战,有言战者,动遭呵斥……唯冀皇上赫然震怒,明正其罪,布告天下,如是而将士有不历兴、贼人有不破灭者,即请斩臣以正妄言之罪。'"②如《中国明朝档案总汇》中收录的明嘉靖二年五月《直隶池州府为查禁僧俗结党事告示》、天德明命元年《钦命总理兵机恢复旧业经略大元帅为反清复明事告示》和《清代档案史料丛编》中收录的清大明国元年《洪全福纪律告示》《洪全福安民告示》等。

(二) 西夏布告之功用

西夏沿袭中原王朝的布告这一文种,其功用也仍为官府对某一具体事项面向广大公众广而告之,成为西夏官府中使用频率比较高的文书种类。如《宋史·夏国传下》载,夏仁宗接到宋四川宣抚使吴璘邀西夏合兵讨金的檄文后,撰写了一篇《报吴璘遣使檄夏国书》,檄书中载有"布告庶邦,遐迩傒来苏之后;奋扬师旅,鼓行解倒悬之民……"③之语。甘肃武威出土的西夏文书中,有一损毁十分严重的汉文布告,相关研究在介绍该布告时说:"残,板印,剩下西夏官印印记一方。官印下面是'刘'字,'刘'字下是墨笔签写的'辻'字。"④但并未见到比较完整的布告实物文书。

(三) 西夏布告的体式

目前所见被介绍的西夏布告只有武威出土的一篇,即中藏 G21.023 汉文《布告》残页。⑤ 从其介绍"板印"来看,像这种"布告"类文书的使用频率极高,数量也很大,因为要迅速快捷地应付社会管理中出现的各种具体事项,所以,只好刻板印刷来满足需求。但是,到目前为止,并未再见到不完整或完整的西夏文或汉文的布告,故无法归纳其体式。

另外,中国古代各朝虽然大量而频繁地使用布告这种文书,但目前并未见到唐

---

① (清) 赵尔巽等《清史稿》卷 142,第 4182 页。
② (清) 赵尔巽等《清史稿》卷 445,第 12466—12467 页。
③ (元) 脱脱等《宋史》卷 486,第 14025 页;(清) 吴广成《西夏书事》卷 36,《续修四库全书》本,第 334 册,第 589 页。
④ 史金波、陈育宁主编《中国藏西夏文献》,第 16 册,第 271 页;甘肃省博物馆《甘肃武威发现一批西夏遗物》,《考古》1974 年第 3 期,第 202 页。
⑤ 史金波、陈育宁主编《中国藏西夏文献》,第 16 册,第 271 页;甘肃省博物馆《甘肃武威发现一批西夏遗物》,《考古》1974 年第 3 期,第 202 页。

宋乃至以前的布告实物,而只见到了明朝、清朝保留下来的完整的布告实物。我们用明清布告实物文书推测归纳西夏布告的体式似乎不太科学规范,因为西夏布告的体式只有可能对明清体式有影响。但反过来说,明清布告的体式一般都是沿袭学习自前朝并有所创造,如《洪全福安民告示》首称:"大明顺天国南粤兴汉大将军天赐为出示安民事";正文:该告示的具体内容;末称:"其各凛遵毋违。特示";押署:"大明国元年　月　日"。① 所以,西夏布告的体式结合中藏 G21.023 汉文《布告》残页和清朝布告的体式,我们推测也可能包括首称、正文、末称和押署四部分:

首称:某官府(或某某官)＋布告(或示或告示)。
正文:布告具体内容。
末称:特示(或晓示或示)。
押署:某年月日＋某官某某(或加盖官府印章)。

当然,我们相信,不论是中国古代其他朝代抑或是西夏,肯定会在未来有完整齐全的布告实物文书的出现,这也正是我们期待的。

七、西夏札子之功用及体式

中国古代的下行文札子②最早见于唐朝史籍对御札的记载,自此一直沿袭并发展演变到清朝末年才消亡。自唐朝出现御札开始至民国札子消失,下行札子作为命令、封赠、劝诫、颁布法令及凭证等功用的文书,则分化出了御札、札付、批札等具体类型。宋朝至元明清,札子的凭证性逐渐增强,于是就又分化出了牌札、铺马札子、印札、空札等文书种类,使札子的功用完全发挥,从而进一步拓宽了札子的使用范围。

目前已有学者对古代札子的定义、体式、管理机构、适用对象及内容等进行了一些研究,③而且主要是针对宋朝札子的相关内容进行的研究。只有胡元德在《古代公文文体流变》一书中对古代札子的产生、发展演变和功用等进行了简要概括的研究。④ 可见,目前对西夏下行札子的研究还十分欠缺,为此,我们拟结合相关传世和出土的西夏史料对西夏下行札子的功用及体式作深入全面地探讨。

---

① 中国第一历史档案馆编《清代档案史料丛编》,第 1 册,第 145 页。
② 下行文"剳""札"二字形异义近且可以互相通用。
③ 王云庆、毛天宇《宋朝札子的内容与行文特征》,《秘书》2013 年第 5 期,第 25—27 页;毛天宇《宋朝札子公文:内容与运作》,《兰台世界》2013 年第 23 期,第 66—67 页;兰怀昊《北宋奏议文研究》,长春理工大学 2019 年硕士学位论文;王燕《北宋空名任官文书研究》,黑龙江大学 2017 年硕士学位论文,第 42—49 页;梅华《古代政治文化与奏议文体变迁——以表、状、札子为例》,《南昌大学学报(人文社会科学版)》2015 年第 3 期,第 116—122 页。
④ 胡元德《古代公文文体流变》,广陵书社 2012 年,第 121—124 页。

(一) 中国古代札子产生、发展演变及功用

明徐师曾《文体明辨序说》云:"按《字书》:'札,小简也。'天子之札称御札,尊之也。古无此体,至宋而后有之。"①"天子之札称御札"毫无疑问是正确的,但"古无此体,至宋而后有之"的说法并不一定正确,只能说至宋朝时有了实物御札并留存下来。至于御札子一词从目前史书记载来看,在唐朝时就已经出现了。《旧唐书》载:龙纪元年十一月"……状入,降朱书御札曰:'卿等所论至当,事可从权,勿以小瑕,遂妨大礼。'于是内四臣遂以法服侍祠"。②又载:"每有邦国刑政大事,中使传宣草词,(韦)澳心欲论谏,即曰:'此一事,须降御札,方敢施行。'"③后世史籍也有对唐朝使用御札的记载:"其国用开元历,有书楼,藏太宗、明皇御札。"④即御札在唐太宗时就已存世。从上揭史籍记录的情况来看,御札子的功用最早为皇帝专门用来发布重要指示或命令或征询有关重大事项等。

五代时沿袭唐朝御札之功用,而且有很大一部分是中书省代皇帝颁发的布告、登封、改元、郊祀、宗祀以及大号令等方面的内容。《旧五代史》载:开平元年"四月,唐帝御札敕宰臣张文蔚等备法驾奉迎梁朝"。⑤又载:"望依御札并加皇帝之号,兼请于洛京立庙。"⑥《新五代史》载:天成元年"三月丁未朔,御札求直言"。⑦又载:"枢密小吏段徊曰:'臣尝见前朝故事,国有大故,则天子以朱书御札问宰相。'"⑧

宋朝时沿袭唐五代御札功用,而且御札严于诏书,须先宣示于明堂,后公示于朝堂,再颁布于天下。御札多用于封赠、宗教、祭祀(包括郊祀、宗祀)、下令、改元及告诫。《宋史》载:"凡命令之体有七……曰御札,布诰登封、郊祀、宗祀及大号令,则用之。"⑨宋绍兴三十二年六月"乙亥,内降御札:'皇太子可即皇帝位。朕称太上皇帝,退处德寿宫;皇后称太上皇后'"。⑩又载:"及鼎、桧再相,帝出御札,除璲节度使,封吴国公。"⑪宋朝留存御札实物较多,如宋太宗《赐苏易简草书大言赋札子》、宋孝宗《赐陈康伯御札》、宋真宗《以来年正月一日告上玉皇大帝圣号御札》、洪适《郊祀大礼御札》、宋仁宗《来年耕籍皇太后恭谢太庙御札》《灾伤改景祐元

---

① (明) 徐师曾《文体明辨序说》,第 117 页。
② (后晋) 刘昫等《旧唐书》卷 20 上,第 739 页。
③ (后晋) 刘昫等《旧唐书》卷 158,第 4176 页。
④ (宋) 钱若水修撰,范学辉校注《宋太宗皇帝实录校注》,中华书局 2012 年,第 165 页。
⑤ (宋) 薛居正等《旧五代史》卷 3,第 46 页。
⑥ (宋) 薛居正等《旧五代史》卷 142,第 1896 页。
⑦ (宋) 欧阳修《新五代史》卷 6,第 59 页。
⑧ (宋) 欧阳修《新五代史》卷 28,第 302 页。
⑨ (元) 脱脱等《宋史》卷 161,第 3783 页。
⑩ (元) 脱脱等《宋史》卷 33,第 617 页。
⑪ (元) 脱脱等《宋史》卷 473,第 13753 页。

年御札》《惩责任中正札子》、宋理宗《令学士院降罪己诏御札》、宋度宗《省试戒饬考试官御札》、明肃太后《明肃太后赐朱宗师御札》等。除此之外，宋朝皇命札子还有白札子，官府下行文札子还有中书札子、密院札子、堂札、信札、照札、帅札等。

元朝未见史籍记载使用御札的情况。明清时期间有使用御札和札子发布政令、处理有关事项等的情况，清朝末期札子渐趋消亡。

（二）西夏下行札子功用

西夏与宋同处于中古时期，宋朝的文书制度大部分都被西夏所效仿，所以，西夏也有皇帝专门使用的"御札子""白札子"和官府使用的下行"札子"等文种。

西夏皇帝专用"御札子"这一文书种类，其功用主要为西夏皇帝发布有关重要政令、措施等。西夏故地黑水城出土的很多文书中频繁提到"御札子"一词可作为佐证，如俄 Инв.No.2150 汉文《西夏天庆元年（1194）三司设立法度文书》中有"……自六部……呈准 御札子 圣旨为见三司法……"[1]

西夏还沿袭使用宋朝皇帝或重臣使用的一种下行"白札子"，特指任务或事项紧急来不及加盖皇帝印章而行下的文书。有关"白札子"一词的使用，在汉文史籍和西夏法典中多有记载。《宋史》载："上曰：'昨日降出白札子，中间言湖南筑城，欲劝富民助之，决不可，先须节帖去此一段。'"[2]《建炎以来系年要录》载："自军兴以来，机速事皆以白札子径下，有司既报行，然后赴给，舍书押降敕。"[3]《续资治通鉴长编》载："……况上件指挥止是白札子，不曾降敕，吏部亦不关御史台。"[4]《契丹国志》载："又回白札子，略云'夏国犯顺，罪恶如此，北朝所当共怒。兼庆历、皇祐间，兴宗屡尝致书仁庙，至有孰料凶顽，终合平荡'等语。"[5]西夏综合性法典中也有白札子使用的相关规定，《天盛律令·矫误门》载："诸司局分人应行文书已成，大人处不过问，不许自专行之。违律，局分人自专行之时，比自造本司所属矫手记及使自为等，分别罪情，有圣旨则依次减一等，无圣旨则当减二等。其中获圣旨而行白札子者，使造上司真手记，当与行圣旨谕文相同。"[6]

西夏借鉴和学习宋朝札子种类及其功用，成为中书省、枢密院、三司等衙署处理下级官府相关具体事项或民间纠纷等所使用的下行文书，一般称"札子"。

---

[1] 史金波、魏同贤、（俄）克恰诺夫主编《俄藏黑水城文献》，第6册，第299页。注：俄 Инв.No.2150 汉文文书的标题重新拟为《西夏中书枢密给三司设立法度等事札子》。
[2] 汪圣铎点校《宋史全文》卷36，中华书局2016年，第2880页。
[3] （宋）李心传《建炎以来系年要录》卷68，中华书局1988年，1157页。
[4] （宋）李焘《续资治通鉴长编》卷439，第10570页。
[5] （宋）叶隆礼《契丹国志》卷9，第105页。
[6] 史金波、聂鸿音、白滨译注《天盛律令》卷11，第384页。

如俄 ИHB.No.1237A《书信》残片中有"诸人无自物色等……白附与裴三奇送□前去……咐依札□□检取。"①俄 ИHB.No.2208 汉文《西夏乾祐十四年安推(或为排)官文书》中有"右札付三司芭里你令布。准此。"②俄 ИHB.No.7779D 汉文《卖地书信》中有"卖地三分,各计……□万五千贯文……价……今遣阿外专持札……"③等的记载。关于西夏有札子这一下行文书种类,孙继民先生发表论文对《俄 ИHB.No.2208 乾祐十四年安排官文书》中相关内容进行了全面的考证,其中对西夏有下行札子这一问题,他通过研究认为:"唐宋时期'札子'文体盛行,但公文中作为下行文的'札子'却是宋朝兴起。"又云"……札付内容即行文主体下达的指示和命令,其标志性用语都是'右札付……准此'的句式,其位置都是作为全文的结束语而置于年款之前。安排官文书残存部分与上举宋朝两件札子尾部的书式完全相同,因此其公文性质为札子可无疑义",并说"西夏汉文公文制度相当程度上取则于宋朝。安排官文书显示西夏汉文公文中的札子在公文名称、格式、用语上颇类似宋朝,这使我们有理由相信西夏汉文札子的文体直接来源于宋朝。……札子作为下行文首先开始于宋朝,那么,西夏公文中使用札子文体也必然来源于宋朝无疑"。④可见,西夏札子这一文书种类学习自宋朝,其功用也完全等同于宋朝。

(三) 西夏下行札子体式

为了更清楚明白地探讨西夏下行札子的体式,我们将其区分为皇帝的御札子和官府下行札子两种情形。

1. 西夏御札子的体式

不论是传世的汉文西夏史籍还是出土的西夏文书,到目前为止并未见到西夏御札子的实物。但是,我们知道,西夏札子文体来源于宋朝,所以,宋朝皇帝的御札子可能与西夏御札子体式基本一致。故我们结合宋朝御札子推测西夏御札子的体式。现移录宋哲宗于宋元祐九年四月癸丑的《改绍圣元年御札》原文如下:

> 朕荷皇穹之眷命,守列圣之丕基,十年于兹。四海用乂,日听外朝之治,躬勤万务之机。眇若涉渊,未知所济,顾念祗承上帝,诞保受命。惟骏惠于先猷以缵隆于下武,乃稽仁祖之成宪,思大文考之烈光。其因盛夏之辰,载新元统之号,庶导迎于景贶,用敷锡于群黎,宜改元祐九年为绍圣元年。布告多方,咸体朕意。⑤

---

① 史金波、魏同贤、(俄)克恰诺夫主编《俄藏黑水城文献》,第 6 册,第 291 页。
② 史金波、魏同贤、(俄)克恰诺夫主编《俄藏黑水城文献》,第 6 册,第 300 页。
③ 史金波、魏同贤、(俄)克恰诺夫主编《俄藏黑水城文献》,第 6 册,第 324 页。
④ 孙继民《西夏汉文乾祐十四年安排官文书考释及意义》,《江汉论坛》2010 年第 10 期,第 67—69 页。
⑤ 佚名《宋大诏令集》卷 2,第 9 页。

由上揭宋朝御札来看,其体式应为:

首称:"朕……"正文:御札具体内容;末称:"布告多方,咸体朕意。"押署:残缺。

此外,还有宋仁宗的《庆历四年有事南郊御札》的首称:"敕……";正文:具体内容;末称:"故兹札示,想宜知悉";押署:残缺。①

综上,我们可以推测总结西夏御札子的体式如下:

  首称:朕(敕或类似称谓)。

  正文:御札具体内容。

  末称:多以"布告多方,咸体朕意"等套语结束。

  押署:年月日(或加盖钤印)。

2. 西夏官府下行札子的体式

西夏故地黑水城出土有西夏官府汉文下行札子,我们可以通过西夏汉文札子实物,在一定程度上总结和归纳西夏札子之体式。

为了比较全面、具体地总结西夏官府下行札子的体式,现移录目前所见唯一篇幅较长、结构较完整齐全的俄 Инв. No.2208 汉文《西夏安排官为春善文契事给三司的札子》原版图片和全文如下:

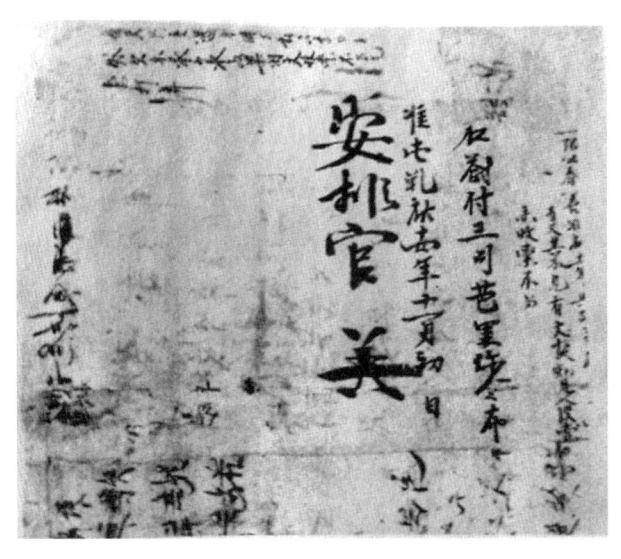

图 1-3 俄 Инв. No.2208 汉文
《西夏安排官为春善文契事给三司的札子》

---

① 佚名《宋大诏令集》卷118,第403页。

（前缺）

拾天内交还钱 肆拾捌贯捌佰文

外，欠钱叁拾叁贯柒佰文，收索不与，乞

索打算

一限张春善乾祐十一年 典到……

　　　　五文，其钱见有文契，知见人没 尝

未，收索不与。

右札付三司芭里你令布……

准此。乾祐十四年十一月初　日

安排官（押）①

通过上揭西夏札子，我们总结其体式如下：

首称：残缺。

正文：从"……拾天内交还钱"至"收索不与"。这应是该篇札子的具体内容。

末称：即"右札付三司芭里你令布……准此"。

押署：即"乾祐十四年十一月初　日　安排官（押）"。

除此之外，西夏还有俄 Инв. No.1867 汉文《西夏天庆年间杨推官札子》、俄 Инв. No.2150 汉文《西夏中书枢密给三司设立法度等事札子》②等，但均为残片，无法得知其完整体式信息。

西夏公文制度大多来自宋朝，故宋朝官府下札子的体式应该与西夏基本相同。所以，下面以宋朝类似的内容完整、体式齐全的典型札子为例，补全西夏官府下行札子的体式。现移录《宋朝鄜延路经略安抚使札子》图版和原文如下：

鄜延路经略安抚使

契勘河东路都统制李武功有招集到

收复河东故地人兵甚众，内结义首领

及可以倚仗人，委见忠义，不负

朝廷。李实，今借补上武校尉，须专指挥。

　　右札付李实。准此。

----

① 史金波、魏同贤、（俄）克恰诺夫主编《俄藏黑水城文献》，第 6 册，第 300 页。注：孙继民、宋坤、陈瑞青、杜立晖等《考古发现西夏汉文非佛教文献整理与研究》第 387—388 页有说明和录文。通过与原图版比对，此处从孙继民等释录文书，但对该文书的标题根据目前文书学界的惯例进行了重新撰拟，其文书种类明确为官府下行文"札子"。

② 史金波、魏同贤、（俄）克恰诺夫主编《俄藏黑水城文献》，第 6 册，第 298—299 页。

第一章　西夏下行文书种类功用及体式研究　63

图 1-4　宋朝鄜延路经略安抚使札子

建炎二年正月初八日(签押)①

此外,《都统河东路军马安抚使司札子》押署之后还增加了一项"签押",即"给□都统河东路军马差遣安抚使李"。②

同类型的还有《河东陕西路经制使司札子》③等。

通过上揭宋朝官府下行札子实物文书和西夏官府下行札子实物文书,我们可以补全西夏官府下行札子的体式:

首称:某官府某某官(或某某官)＋契勘＋某官府某某官(或某某官)＋做某某事。

正文:札子具体内容。

末称:须至给札者(须至札付者)＋右札付某官＋准此。

押署:年月日＋某官府(某官签名)＋押印(签押)。

综上,西夏皇帝御札或官府下行札子的功用已基本完整,体式也清楚明了。

---

① 丁明夷《灵石县发现的宋朝抗金文件》,《文物》1972年第4期,第27页。
② 丁明夷《灵石县发现的宋朝抗金文件》,《文物》1972年第4期,第27页。
③ 丁明夷《灵石县发现的宋朝抗金文件》,《文物》1972年第4期,第27页。

第二章　西夏上行文书种类功用及体式研究

西夏上行文书是指西夏臣僚或官府向皇帝或上级官府汇报情况、反映问题、陈请批办、谏言献策等文书。主要有上书类文书如上书、禀帖，申状类文书如申状、呈状，奏疏类文书如奏、疏、表等。本章以下分节具体研究这三类上行文书种类的功用及体式。

第一节　上书类文书功用及体式

西夏上书类文书的功用主要用来向皇帝及上级官府汇报情况、反映问题、提供建议等，有上书、禀帖等文书种类。

一、西夏上书之功用及体式

上书或称上言、上疏、上奏等，源出于"书"，是战国时期产生的文书种类之一，是臣民向国君或皇帝或上级官吏陈述事实或请求办理某一具体事项时所用的上行文书。历来学界关于"上书"的研究颇多，刘林凤指出诣阙上书是连接皇帝与生民的重要纽带，也是吏民实现其某种意愿、诉求的重要方式。孔许友探讨了战国时期上书的发展演变，并对上书的书写规范进行分析。余建平对汉朝上书的体式进行归纳，以展示其中所体现的皇帝权威。张海荣、朱安详等诸多学者对某一上书进行分析，其中以《公车上书》为多。胡元德指出上书是专门上于君主的文书。胡锦贤指出上书源自尧舜时期的敷奏。[①] 学术界对古代上行文书

---

① 刘林凤《论公车府职能演变及唐代诣阙上书的类型》，《长江师范学院学报》2016年第6期，第45—50页；孔许友《略论战国时期的"上书"》，《中华文化论坛》2018年第1期，第5—10+191页；余建平《尊君卑臣：汉代上书体式及套语中的皇帝权威》，《档案学通讯》2019年第2期，第56—61页；朱安祥《元澄上书所反映出的北魏货币流通问题》，《中国钱币》2020年第1期，第6—10页；胡元德《"书""疏""上书"辨析》，《语文建设》2008年第5期，第45—46页；胡锦贤《古代奏疏之文体》，《应用写作》2016年第10期，第10—13页。

"上书"的探讨为我们研究上书的相关内容提供了借鉴，但就西夏上书的研究而言仍处于空白的状态，故我们以黑水城出土的西夏上书为依据，较之中原王朝，对西夏上书的功用及体式进行深入探讨。

（一）中国古代上行文书上书的产生发展及功用

先秦时上书并无固定的行文方向，对其上行用途的书则称为"上书"，《尚书后案》载："自下而上曰逆，逆谓上书。"①"并作为'奏'的前身残留状态在封建社会长期沿用的非正规上奏文种。"②关于上书的产生和发展演变，刘勰在《文心雕龙》中有简要的记载和说明："……降及七国，未变古式，言事于王，皆称上书。秦初定制，改书曰奏。"③明徐师曾《文体明辨序说》对其发展演变的论述更是十分详细："书者，舒也，舒布其言而陈之简牍也。古人敷奏谏说之辞，见于《尚书》《春秋内外传》者详矣。……降及七国，未变古式，言事于王，皆称上书。秦汉而下，虽代有更革，而古制犹存，故往往见于诸集之中。萧统《文选》欲其别于臣下之书也，故自为一类，而以'上书'称之。今从其例，历采前代诸臣上告天子之书以为式，而列国之臣上其君者亦以类次杂于其中。其他章表奏疏之属，则别以类列云。"④近人徐望之《公牍通论》也有记载："惟臣民上书，乃与奏并行，由汉迄清，相沿未革。"⑤即从秦朝规定官吏向皇帝陈述事实或说明有关情况时用"奏"而不用"上书"。但是，上书这一文书种类并没有因此退出历史舞台，相反被历朝（主要指汉至清）大量地使用，其功用主要是臣民向皇帝陈情言事、谏言献策等。

战国时期，上书的功用主要有臣民向国君陈情言事、出谋划策以及劝谏等。《颜氏家训·省事》中对上书始出的时代以及其功用等进行了比较具体的阐述："上书陈事，起自战国，逮于两汉，风流弥广。原其体制：攻人主之长短，谏净之徒也；评群臣之得失，讼诉之类也；陈国家之利害，对策之伍也；带私情之与夺，游说之俦也。"⑥《全上古三代文》中收录有韩非《上书秦王》、苏秦《上书说秦惠王》、李斯《上书谏逐客》等文书就是战国时期上书的典型代表。

秦朝时虽然改上书为奏，但在实践中并没有废弃上书这一文种，其功用仍然沿袭战国。代表性上书如李斯《上书对二世》、零陵令信《上始皇帝书》、徐市《上

---

① （清）王鸣盛《尚书后案》卷1，中华书局2010年，第91页。
② 胡元德《古代公文文体流变》，第59页。
③ （梁）刘勰著，周振甫注《文心雕龙注释》，第243页。
④ （明）徐师曾《文体明辨序说》，第121页。
⑤ 徐望之《公牍通论》，第12页。
⑥ 梁明、余正平译注《颜氏家训》，广州出版社2001年，第160页。

书请求仙》①等。

汉朝相沿战国上书的功用。《汉书》载:"元凤三年,太史令张寿王上书言:'历者天地之大纪,上帝所为。传黄帝调律历,汉元年以来用之。今阴阳不调,宜更历之过也……'"②《后汉书》载:"会宣弟义起兵欲攻莽,南阳捕杀宣女,祉坐系狱。敞因上书谢罪,愿率子弟宗族为士卒先。"③《全汉文》中收录的代表性上书有淮南王安《上书谏伐南越》、燕王旦《上书请立武帝庙》、邹阳《狱中上书自明》、马援《上书请正印文》等。

魏晋南北朝时期的上书功用仍然沿袭前朝。《三国志》载:建安二十四年"冬十月,军还洛阳,孙权遣使上书,以讨关羽自效"。④《晋书》载:"建武十六年,马援又上书曰:'富国之本,在于食货……'"⑤《宋书》载:"是故蔡邕于朔方上书,谓宜载述者也。"⑥《北史》载:"典军杜静载棺诣阙,上书极谏,熙大怒,斩之。"⑦《全上古三代秦汉三国六朝文》中收录有代表性上书如曹操《上书让费亭侯》、曹洪《上书谢原罪》、虞翻《上书吴主权》、司马懿《上书固让丞相》、王彪之《上书论皇后拜讫上礼》、虞预《上书请举贤才》、谢灵运《上书劝伐河北》、周朗《上书献谠言》、钟嵘《上齐明帝书》、沈不害《上文帝请立国学书》、祖珽《上书请定乐》等。

隋朝上书功用同样继承前朝。《全隋文》中收录有代表性上书如何妥《上书谏文帝八事》、萧吉《上书言征祥》、李谔《上书正文体》、长孙平《上书请积谷》、杨孝政《上书谏废皇太子》等。

唐朝上书功用一如既往继承前朝。《旧唐书》载:薛收"又尝上书谏猎,太宗手诏曰:'览读所陈,实悟心胆,今日成我,卿之力也。明珠兼乘,岂比来言,当以诚心,书何能尽。今赐卿黄金四十铤,以酬雅意'"。⑧又载:"德宗还京,转中书舍人,学士如故。初,贽受张镒知,得居内职;及镒为卢杞所排,贽常尤惴;及杞贬黜,始敢上书言事,德宗好文,益深顾遇。"⑨《新唐书》载:裴"寂昼夜驰抵平阳,镇戍皆没。上书谢罪,高祖薄其过,下诏慰谕,俾留抚河东"。⑩自唐开始,上书对象扩大,不仅献于皇帝,亦可致送大臣。唐朝留存有大量的著名上书,如王勃《上

---

① (清)严可均校辑《全上古三代秦汉三国六朝文·全秦文》卷1,第119—124页。
② (汉)班固《汉书》卷21上,第978页。
③ (南朝宋)范晔《后汉书》卷14,第561页。
④ (晋)陈寿《三国志》卷1,第52页。
⑤ (唐)房玄龄等《晋书》卷26,第793页。
⑥ (梁)沈约《宋书》卷11,第203页。
⑦ (唐)李延寿《北史》卷93,第3073页。
⑧ (后晋)刘昫等《旧唐书》卷73,第2588—2589页。
⑨ (后晋)刘昫等《旧唐书》卷139,第3799页。
⑩ (宋)欧阳修、宋祁《新唐书》卷88,第3738页。

绛州上官司马书》、陈子昂《谏灵驾入京书》、陆贽《论裴延龄奸蠹书》等。唐朝上书还可用于宗教祭祀,《洞渊神咒经》载:"作一土坛,土坛纵广八尺,高六尺,东向卅六,拜祀五帝,乃上书奏告,天必记子之至心矣。"①

宋朝上书之功用仍沿袭唐朝。《宋史》载:"太学生陈东等上书,数蔡京、童贯、王黼、梁师成、李彦、朱勔罪,谓之六贼,请诛之。"②又载:咸淳九年五月"戊寅,孝感县丞关应庚上书言边防二十事,诏授武当军节度推官兼司法,京湖制司量材任使。"③又载:"元符末,钦圣太后将复后位,适有布衣上书,以后为言者,即命以官;于是诏后还内,号元祐皇后,时刘号元符皇后故也。"④宋朝留存大量著名上书,如欧阳修《上范司谏书》、苏洵《上韩枢密书》、曾巩《上杜相公书》、王安石《上皇帝万言书》等。

元、明、清朝之上书仍然一如既往地继承唐宋,并一直到清末逐渐消亡。

(二) 西夏上书之功用

西夏沿袭唐宋朝上书之文种,而且也几乎继承其所有功用,上书对象既有皇帝又有大臣。《西夏书事》载:夏天授礼法延祚六年"夏四月,更名曩霄,遣使称男纳款。……元昊知许和有绪,遣六宅使、伊州刺史贺从勖与文贵至延州,言:'契丹使人至本国,称南朝遣梁适侍郎来言,南北修好忆如旧,因西界未靖,知北界与彼婚姻,请谕令早议通和。故本国遣从勖上书。缘本国自有国号,无上表体式也。'庞籍令保安军签书判官邵良佐开函视之,书称'男邦泥定国兀卒曩霄上书父大宋皇帝'而不称臣……"⑤又载:夏大庆元年"夏四月,夏州统军李合达据城叛。……统安之役,诸将畏刘法勇,莫敢当其锋;合达奋击败之,率死士数百人追至盖朱崦,得法首还,以功擢都统,镇夏州。继乾顺臣金,上书切谏,不听。及公主卒,益怏怏不自适"。⑥关于西夏时期的上书,主要以苏啰浮图铁撰写的俄 Инв. No.8185 西夏文《黑水副将上书》⑦为最典型。同时,西夏上书还增加了指责和谩骂之功用。《宋史》载:"赵元昊且叛,为嫚书来,规得遣绝以激使其众。方平请:'顺适其意……'"⑧《续资治通鉴长编》载:"是月,元昊复遣贺九言赍嫚书,

---

① 张继禹《中华道藏》,华夏出版社 2014 年,第 30 册,第 113 页。
② (元) 脱脱等《宋史》卷 23,第 422 页。
③ (元) 脱脱等《宋史》卷 46,第 914 页。
④ (元) 脱脱等《宋史》卷 243,第 8634 页。
⑤ (清) 吴广成《西夏书事》卷 16,《续修四库全书》本,第 334 册,第 424—425 页。
⑥ (清) 吴广成《西夏书事》卷 35,《续修四库全书》本,第 334 册,第 576 页。
⑦ 史金波、魏同贤、(俄) 克恰诺夫主编《俄藏黑水城文献》,上海古籍出版社 2011 年,第 14 册,第 256 页;聂鸿音《关于黑水城的两件西夏文书》,《中华文史论丛》,上海古籍出版社 2000 年,第 63 辑,第 137 页。
⑧ (元) 脱脱等《宋史》卷 318,第 10353 页。

68　西夏文书种类功用及体式研究

纳旌节,及以所授敕告并所得敕牓,置神明匣,留归娘族而去,其书略曰:'持命之使未还,南界之兵噪动,于鄜延、麟府、环庆、泾原路九处入界。'又曰:'南兵败走,收夺旗鼓、符印、枪刀、矛戟甚多,兼杀下蕃人及军将士不少……'又曰:'元昊与契丹联亲通使,积有岁年。炎宋亦与契丹玉帛交驰,倘契丹闻中朝违信示赏,妄乱蕃族,谅为不可'……"①关于该方面的上书,主要有元昊《使贺九言赍宋嫚书》等。

(三) 西夏上书之体式

西夏的上书文书,存世的实物文书数量较少,但不论是私人书信和公务上书,其写作体式的区别并不是十分明显,有时候混杂在一起使用,同样可以起到陈情言事、劝谏、指责等的功用。

关于上书文书的体式,已经有学者做过简单、笼统的探讨。② 为了更清晰地归纳和总结西夏上书文书的体式,我们以黑水副将苏嚉浮图铁于西夏乾定酉年(1225)二月写给肃州边事管勾大人的一份有关接纳安置招诱一批鞑靼边民近期来黑水城入籍事项的请示,即俄 Инв. No.8185 西夏文《黑水副将上书》为例。这篇文书原纸一页,楷书,有字共 19 行,正文 17 行,行约 15 字,这是目前所见上书类文书中内容完整、体式齐全的典范文书。现将俄 Инв. No.8185 西夏文《黑水副将上书》图版和汉译文移录如下:

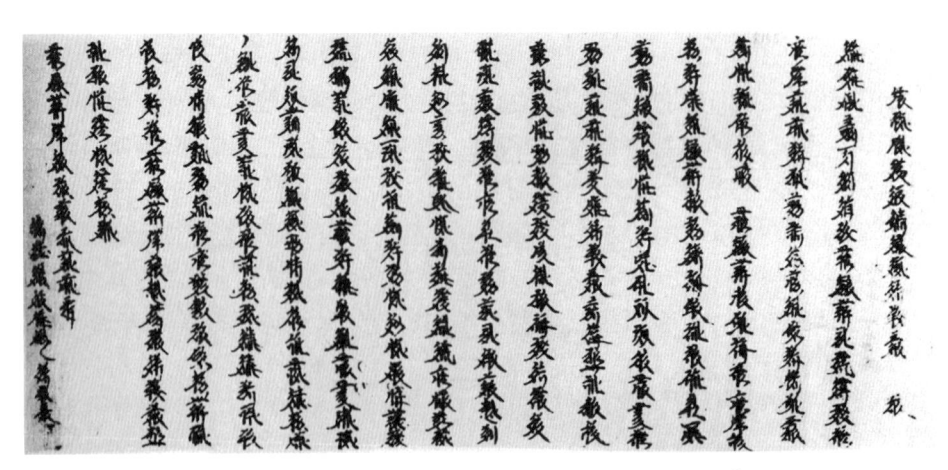

图 2-1　俄 Инв. No.8185 西夏文《黑水副将上书》③

---

① (宋)李焘《续资治通鉴长编》卷 125,第 2949—2950 页。
② 赵彦龙、陈文丽《略论西夏公文体式》,《青海民族研究》2012 年第 1 期,第 142 页。
③ 史金波、魏同贤、(俄)克恰诺夫主编《俄藏黑水城文献》,第 14 册,第 256 页。

俄 Инв.No.2736 的西夏文《黑水副将上书》汉译文

苏嗲浮屠铁

黑水副将都尚苏嗲浮屠铁　禀：

兹本月十一日，接肃州执金牌边事勾管大人谕文，谓接伊朱房安县状，传西院监军司语：执金牌出使敌国大人启程，随从执银牌及下属使人计议，引一干人畜经伊朱来黑水入籍，令准备粮草。接谕文时，浮屠铁亲自火速先行启程前来，领取官职及附属耕地，守城勾管大人许之。其人距边界附近一日路程，当夕发而朝至。投诚者来谓，盖不迟于耕种时节出行边界入籍。恐内郊职事生住滞有碍，故准备接纳之法：一面以小城边检校城守嵬嗲奴山行文，往沿途一驿驿准备接待，不为住滞；一面先差通判耶和双山及晓事者执状文启程，至执金牌大人附近；其时浮屠铁亦火速前往。

可否，一并告乞执金牌大人计议并赐谕文。

乾定酉年二月　浮屠铁[①]

由上揭《黑水副将上书》的文书实物，我们可以归纳、总结西夏上书文书的体式，首称："黑水副将都尚苏嗲浮屠铁　禀"，即某官府某官某某＋文种；正文：共分二层内容，第一层从"兹本月十一日"至"……伊朱来黑水入籍，令准备粮草"，黑水副将接到肃州方面的谕文，说执金牌出使敌国大人准备在回国途中招诱一批鞑靼边民经伊朱到黑水入籍，望做好各方面的准备。第二层从"接谕文时，浮屠铁亲自火速先行启程前来"至"……一并告乞执金牌大人计议并赐谕文"，主要是指为保证安置入籍人员事不出岔子，黑水副将做了比较周密的计划：一是派手下嵬嗲奴山通知边界沿途驿站准备接站。二是又派耶和双山持文书到执金牌大人带边民入境处附近等待迎接。三是黑水副将亦火速前往迎接；末称："可否，一并告乞执金牌大人计议并赐谕文。"即就这一计划请求肃州执金牌大人批准；押署："乾定酉年二月　浮屠铁"，即年月日＋某官名。

西夏上书的体式基本上是借鉴学习自唐宋上书。为了更清晰掌握西夏上书借鉴学习中原唐宋上书的体式，我们首先以唐朝体式齐全完整的(P.3590)陈子昂《谏灵驾入京书》为例说明之，其图版和原文移录如下：

[①] 史金波、魏同贤、(俄)克恰诺夫主编《俄藏黑水城文献》，第14册，第256页；聂鸿音《关于黑水城的两件西夏文书》，《中华文史论丛》，第63辑，第137页。

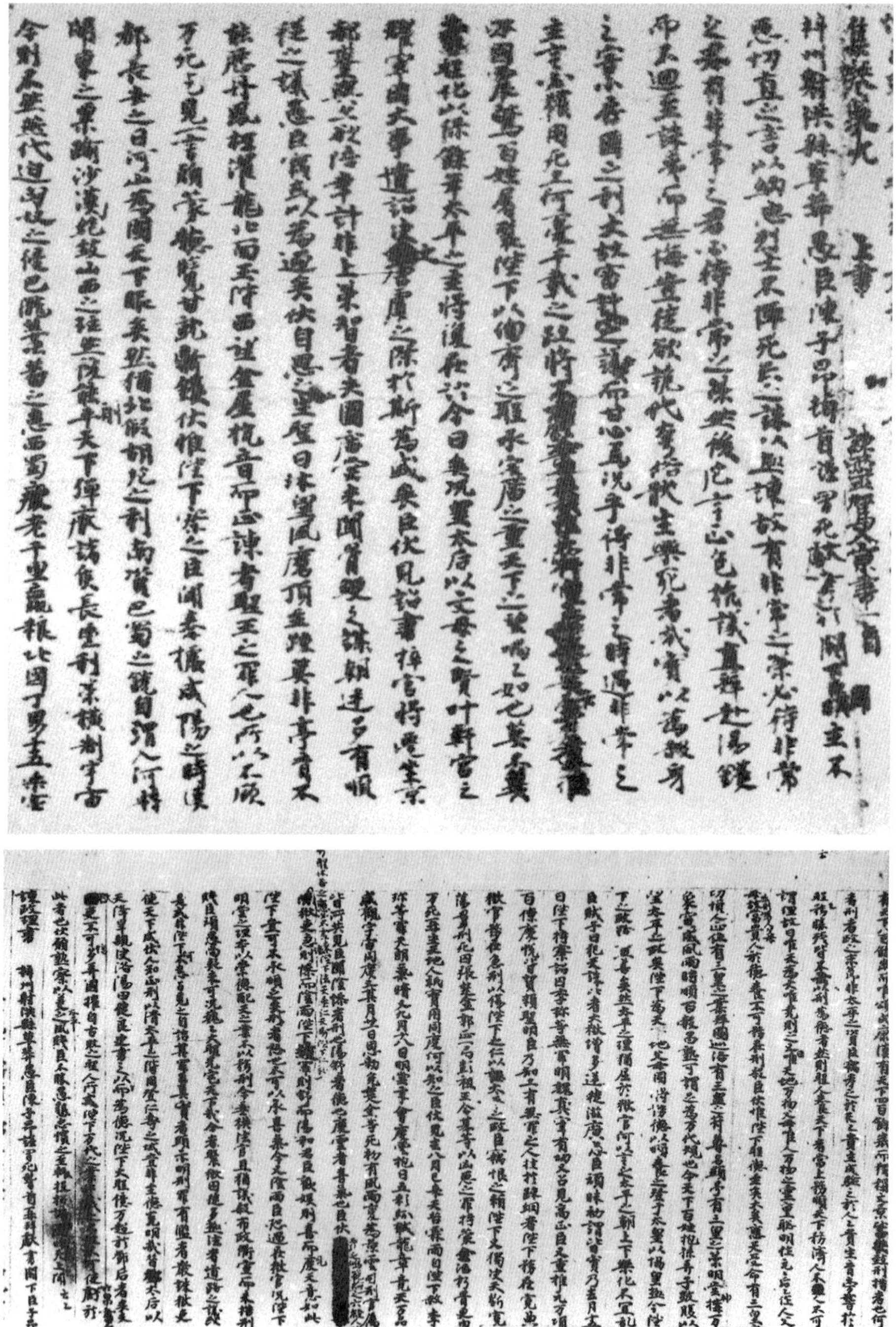

图 2-2　(P.3590)谏灵驾入京书(前一部分和最后一部分)

谏灵驾入京书

陈子昂（唐）

梓州射洪县草莽愚臣陈子昂顿首谨冒死献书　阙下：

臣闻明主不恶切直之言以纳忠，烈士不惮死亡之诛以极谏，故有非常之策者，必待非常之时。有非常之时者，必待非常之主。然后危言正色，抗议直辞，赴汤镬而不回，至诛夷而无悔。岂徒欲诡世夸俗，厌生乐死者哉。实以为杀身之害小，存国之利大，故审计定议而甘心焉。况乎得非常之时，遇非常之主，言必获用，死亦何惊，千载之迹，将不朽于今日矣！伏惟大行皇帝遗天下、弃群臣，万国震惊，百姓屠裂。陛下以徇齐之圣，承宗庙之重，天下之望，喁喁如也，莫不冀蒙圣化，以保余年，太平之主，将复在于今日矣。况皇太后又以文母之贤，叶轩宫之耀，军国大事，遗诏决之，唐、虞之际，于斯为盛矣。

臣伏见诏书，梓宫将迁坐京师，銮舆亦欲陪幸。计非上策，智者失图。庙堂未闻骨鲠之谋，朝廷多有顺从之议。愚臣窃惑，以为过矣。伏自思之：生圣日，沐皇风，摩顶至踵，莫非亭育。不能历丹凤，抵濯龙，北面玉阶，西望金屋，抗音而正谏者，圣王之罪人也。所以不顾万死，乞览一言，愿蒙听览，甘就鼎镬，伏惟陛下察之。

臣闻秦据咸阳之时，汉都长安之日，河山为固，天下服矣。然犹北假胡宛之利，南资巴蜀之饶。自渭入河，转关东之粟。逾沙漠绝，致山西之瑶。然后能削平天下，弹压诸侯，长辔利策，横制宇宙。今则不然。燕代迫匈奴之侵，巴陇婴吐蕃之患。西蜀疲老，千里赢粮；北国丁男，十五乘塞；岁月奔命，其弊不堪。秦之首尾，今为阙矣，即所余者，独三辅之间耳。

（中间省略部分文字）

臣又闻太原蓄钜万之仓，洛口积天下之粟，国家之瑶，斯为大矣！今欲舍而不顾，背以长驱，使有识惊嗟，天下失望。倘鼠窃狗盗，万一不图，西入陕州之郊，东犯武牢之镇，盗敖仓一抔之粟，陛下何预遏之？此天下之至机，不可不深惧也。虽则盗未旋踵，诛刑已及，灭其九族，焚其妻子，泣辜虽恨，将何及焉！故曰："先谋后事者逸，先事后谋者失。""国之利器，不可以示人。"斯言不徒也，故愿陛下念之！

臣西蜀野人，本在林薮，幸属交泰，得游王国，故知不在其位者，不谋其政，亦欲退身岩谷，灭迹朝廷。窃感娄敬委辂，干非其议，图汉策于万全，取鸿名于千古。臣何独怯,而不及之哉。所以敢触龙鳞,死而无恨。庶万有一中,或垂察焉。

　　臣子昂诚惶诚恐顿首顿首,死罪死罪。①

　　上揭陈子昂《谏灵驾入京书》的首称"梓州射洪县草莽愚臣陈子昂顿首谨冒死献书阙下",即某官府某臣某某谨顿首冒死献书某官;正文:劝谏相关具体内容;末称:"臣子昂诚惶诚恐顿首顿首死罪死罪",即某臣某某诚惶诚恐顿首顿首死罪死罪。

　　另外,唐陆贽《论裴延龄奸蠹书》的体式,首称:"十一月三日,具官臣某,惶恐顿首献书皇帝陛下";正文:具体内容;末称:"谨昧死奉书以闻,臣诚惶诚恐顿首再拜。"②

　　结合以上唐朝上书的实物文书,我们归纳唐朝上书的体式如下:

　　首称:某官府某臣(谦称或卑称)某某＋谨顿首冒死献书某官 或某年款＋某官府某臣某某＋谨顿首冒死(惶恐顿首)献书上某官。

　　正文:上书具体内容(语言骈散结合,多引经据典)。

　　末称:臣某某＋诚惶诚恐顿首顿首死罪死罪 或谨昧死奉书以闻,臣诚惶诚恐顿首再拜。

　　再以宋朝体式齐全完整的范仲淹《上张右丞书》为例,说明其体式:

上张右丞书

范仲淹(宋)

　　乾兴元年十二月日,文林郎、试秘书省校书郎、权集庆军节度推官、监泰州西溪镇盐仓范某,谨斋戒选日,裁书拜于右丞阁下:

　　某闻先知觉后知,先觉觉后觉,伊尹之心也,哲人传焉。故贤贤相与,其道不息。若显若隐者,则惟时尔。使伊尹之心,邈乎无传,则贤贤相废,来代以降,岂复有致君尧舜,觉天下之后觉者哉。今有施阿衡之才之道,而将博其传者,可无眷眷以求其人乎。有服膺仁义,亲逢圣贤,而未预其传者,可无遑遑以听于大人之门乎。敢斋戒以辨之。恭惟右丞,维岳降神,仪我华旦。文以鼓天下之动,学以达天下之志。始乃育大节,历小位,艰难备思,造次惟道。践七谏之清列,奉万枢之密府。奏议森乎朝听,顾问沃于天心。早以位峻中司,礼严百辟,人神协赞,贰于台宰。邠侯之问,系乎惨舒,叔相之才,著

---

① 上海古籍出版社、法国国家图书馆编《法藏敦煌西域文献》,上海古籍出版社2002年,第26册,第9—11页。注:该图片共5张,此为第一张和第五张。
② (清)董诰等《全唐文》卷466,第4761页。

于礼乐。而常居以正色,动惟至诚,名可巽而道不可屈,怀可卷而节不可降。故昨让庙堂之高,回星象之度。能轻人之至重,易人之至难,故道清朝廷,名高泰山,盖尽美矣。然我宋重明累圣,与周比隆,贤人之业,宜卫社稷。当复正荧煌之座,为万邦之休光,四海之景福。此右丞之才之道之万一也。天下才士,莫不稽颡,仰望光明,但仲尼日月之阶,难为其升尔。某何人也,可预陶甄之末?其大幸者,生四民中,识书学文,为衣冠礼乐之士;研精覃思,粗闻圣人之道。知忠孝可以奉上,仁义可以施下,功名可存于不朽,文章可贻于无穷,莫不感激而兴,慨然有益天下之心,垂千古之志,岂所谓不知量也。又昔人云,一卷之书,必立之师。岂天下之道,无从而正之,而可得其指要乎。某所以鸡鸣孜孜,望其有获于此。而当世大君子,以某雕虫之技而怜之者有矣,未有谓某之诚,可言天下之道者。今复吏于海隅葭菼之中,与国家补锱铢之利,缓则雁鹜,猛且贼民,穷荒绝岛,人不堪其忧,尚何道之可进。自惜属文未达,见书未博。三十为学,未获事大贤人之师;周旋其心,未能受大君子之道。其愚不已,尚遑遑乎听于大人之门。恭惟右丞,播洪钧之仁,矜其不肖,以一言置于左右。至于稼穑之难,狱讼之情,政教之繁简,货殖之利病,虽不能辨,亦尝有闻焉,似可备僚俊之末议,且使朝夕执事于前,观之可否。如得其诚,愿预教育,然后天下之道可得而明,阿衡之心可得而传。使某会遇之日,有益于当时,有垂于将来,乃右丞之道传传而不朽矣。昔郭隗以小才而逢大遇,则燕昭之名于今称道。黄公,天人也,有以跪履而授帝师之道者,岂以孺子而舍诸?智愚不同,人则然矣。先民有言曰,希圣者亦圣之徒也,此庶几于万一。然干犯台严,无任狂越战兢之至。

不宣。某再拜顿首。①

上揭宋朝范仲淹《上张右丞书》的首称:"乾兴元年十二月日,文林郎、试秘书省校书郎、权集庆军节度推官、监泰州西溪镇盐仓范某,谨斋戒选日,裁书拜于右丞阁下",即某年款+某官府某官某某+谨某事+裁书拜于某某官;正文:具体内容;末称:"不宣。某再拜顿首。"

再如柳开《上窦僖察判第二书》首称:"后二月十七日,开再拜言于执事";正文:上书的内容;末称:"死罪死罪!开再拜。"②

结合上揭宋朝上书实物,我们总结宋朝上书的体式:

---

① 曾枣庄、刘琳主编《全宋文》卷380,第18册,第272—273页。
② 曾枣庄、刘琳主编《全宋文》卷122,第6册,第309—311页。

首称：某年款＋某官府某官某某＋谨某事＋裁书拜于某官阁下 或某年款＋某某＋再拜言于某某官或顿首再拜启。

正文：上书具体内容。

末称：不宣＋某某再拜顿首或某事某书,幸垂览焉或死罪死罪！某某再拜。

我们分析了唐宋朝上书的体式,然后再结合西夏上书的体式来看,我们完全可以认为西夏上书基本上学习自唐宋朝上书的体式,但也有创造。从目前所见西夏与唐宋上书体式的各要素来对比,中原王朝缺少押署,仅有首称、正文及末称,而西夏则还有押署,押署部分为年款及上书人姓名,要素较为齐全。然而,就各要素来说,西夏较中原王朝在首称部分少了上书日期及谦称,正文部分语言通俗,末称部分少有谦称及表示尊敬之语句,而是用以向上书对象请求允准。当然,这也是西夏在文书写作和体式运用上不完全拘泥于前朝的一个重要表现,更说明了西夏在文书写作上善于标新立异。

综合以上分析,我们认为西夏上书的体式应总结如下：

首称：某官府某官某某＋禀或献书。

正文：上书的具体内容。可为一件事或几件事。几件事则可并列书写或连续书写。

末称：请求性话语。可否＋告乞上级官府大人计议并批准。

押署：或有押署,即年月日＋某某。

（四）结论

第一,西夏的上书是西夏时期使用频率较高的文书种类,其对象范围涵盖皇帝及大臣,并沿袭了唐宋陈情言事、出谋划策等功用,但西夏时上书增加了指责或漫骂对方的功用,如元昊《使贺九言赍宋嫚书》等。

第二,西夏的上书体式同样也是借鉴、学习自中原唐宋的上书体式,但也有自己独特的方面。中原唐宋的上书将押署内容放在了首称部分,而西夏则将押署独立作为上书的体式要素之一出现于文书末称之后。从目前所见唐宋上书的首称和末称,其体式比较丰富和灵活,但与西夏相比,唐宋上书的首称和末称多有谦称或卑称,而西夏上书的首称和末称更加直截了当,并缺少谦称或卑称。

第三,从目前所见西夏上书来看,其语言的运用以散体为主,如《黑水副将上书》和《使贺九言赍宋嫚书》均为散体。而唐宋上书的语言运用则有骈有散,有的则骈散结合,且多引经据典。

二、西夏禀帖功用及体式

西夏时期所使用的"禀帖"可能是在宋朝"禀""禀白""帖"的基础上演化而来的一种下级官吏向上级官府或长官陈述事情或请求事项时所使用的上行文书种类,而且从目前史籍记载和出土文书的整体情况来看,"禀帖"似应首先使用于西夏。

(一) 中国古代禀帖产生发展及功用

中国古代至少在宋朝之前并未有"禀帖"这一文书种类。但"禀"这一文书种类则在上古三代时就已有所使用,一直沿袭到宋元明。期间,据史籍和出土文书记载,只有西夏和清朝官府才正式使用"禀帖"这一上行文种,但并未见相关史籍和法典的规定。

上古至汉朝时受命为禀。《尚书》载:"王言惟作命,不言,臣下罔攸禀令。"[1]《汉书》载:"天禀其性而不能节也,圣人能为之节而不能绝也……"[2]又载:"仲孙蔑、叔孙侨如颛会宋、晋,阴胜阳。……师古曰:'仲孙蔑,孟献子也。成五年春,仲孙蔑如宋。夏,叔孙侨如会晋荀首于谷。颛与专同,专者,不秉命于公。'"[3]

魏晋南北朝时,禀成为向上级官府或长官报告或反馈情况的一种行为。《晋书》载:"既殡郊祀,自是天子当阳,有君存焉,禀命而行,何所辩也。"[4]《宋书》载:"世祖发寻阳,便有疾,领录事自沈庆之以下,并不堪相见,唯(颜)竣出入卧内,断决军机。时世祖屡经危笃,不任咨禀,凡厥众事,竣皆专断施行。"[5]《梁书》载:"又令取所持节谓僧愿曰:'禀命出疆,凭此而已;即不得奉以还朝,方欲携之同逝,可与棺柩相随。'"[6]《魏书》载:"自太后临朝专政,高祖雅性孝谨,不欲参决,事无巨细,一禀于太后。"[7]

唐朝沿袭前朝,禀仍为禀告或报告的一种行为。《旧唐书》载:"恐干戈之后,学校尚微,僻居远方,无所咨禀,负经来学,宜集京师。"[8]

宋朝时,"禀"或"禀白"已经成为下级官吏向上级官员陈情或请示事项的一

---

[1] 《尚书正义》卷10,(清) 阮元校刻《十三经注疏》,第174页。
[2] (汉) 班固《汉书》卷22,第1027页。
[3] (汉) 班固《汉书》卷27上,第1345页。
[4] (唐) 房玄龄等《晋书》卷19,第585页。
[5] (梁) 沈约《宋书》卷75,第1960页。
[6] (唐) 姚思廉《梁书》卷10,中华书局1973年,第194页。
[7] (北齐) 魏收《魏书》卷13,第329页。
[8] (后晋) 刘昫等《旧唐书》卷11,第282页。

种文书。《续资治通鉴长编》载：乾兴元年七月"甲午，辅臣请皇太后、皇帝五日一御承明殿，凡军马机宜及臣下陈乞恩泽，并呈禀取旨；若常事，即依旧进入，候印划付外；或事从别旨，有未可行者，即于御前纳下，再俟处分。从之"。①《建炎以来系年要录》载："仍令逐路提刑躬亲遵奉施行。先具知禀状闻奏。先是责授建宁军节度副使李光谪居昌化军。"②《宋史》载：绍兴二年九月"丙子，复以郭仲荀为武泰军节度使。诏：'墨敕有不当者，许三省、枢密院奏禀，给事中、中书舍人缴驳，台谏论列，有司申审'"。③ 又载："夏竦、陈执中皆朝廷大臣，凡有边事，当付之不疑。今但主文书、守诏令，每有宣命，则翻录行下；如诸处申禀，则令候朝旨。"④又载："既而令禀议如初，给事中韩忠彦言：'给、舍职位颇均，一则不禀白而听封还，一则许举驳先禀议，于理未允。'"⑤《书集传》载："临行拜别先生，曰：'安卿今年已许人书会，冬间更烦出行一遭，不然，亦望自爱。李丈禀白书解且乞放缓，愿早成礼书，以幸万世。'"⑥《续资治通鉴长编》也有载："诏法寺有疑难公案，并具刑名并执见不同，申中书、枢密院，方得禀白，令御史台觉察。"⑦《朝野类要》载："尚书省、密院属官于入局日，分持所议事上都堂，禀白宰执而施行之。"⑧

清朝时"禀"称"禀文"或"禀帖"，成为正式的文书种类。《清史稿》多处有对"禀文"或"禀帖"的记载。《福惠全书》也有载："夫禀帖者，或详文有不便言，与不必见之详文，而乃以禀通之也。其词贵简净毋冗，其意贵诚实无欺；其商酌请示之处，贵婉曲，毋径情；其申辩剖析之处，贵和平，毋戆急。然后览者易于入目，而亦易于见听。否则纷纭满纸，徒废笔墨，恐有未当于上官之意耳。后禀帖数首，亦鸿在郏任者，姑附以备体云。"⑨

(二) 西夏禀帖之功用

西夏时期，"禀帖"应该是借鉴、演化自宋朝"禀""禀白""帖"之文书名称，同时沿袭了"禀白"之功用，仍然用于下级官吏对上级官府、长官陈述有关情况或请求办理有关事项时的一种上行文。目前并未见到传世史籍对西夏是否有"禀帖"这一文种的权威记载，但西夏故地出土的文书中则有内容完整、体式齐全的禀

---

① (宋) 李焘《续资治通鉴长编》卷 99，第 2295 页。
② (宋) 李心传《建炎以来系年要录》卷 167，第 2721 页。
③ (元) 脱脱等《宋史》卷 27，第 500 页。
④ (元) 脱脱等《宋史》卷 324，第 10487 页。
⑤ (元) 脱脱等《宋史》卷 161，第 3779 页。
⑥ (宋) 蔡沉撰，王丰先点校《书集传》之《陈淳安卿记朱熹语》，中华书局 2017 年，第 9 页。
⑦ (宋) 李焘《续资治通鉴长编》卷 280，第 6850 页。
⑧ (宋) 赵升《朝野类要》卷 4，中华书局 2007 年，第 90 页。
⑨ (清) 黄六鸿著，周保明点校《福惠全书》卷 5，广陵书社 2018 年，第 96 页。

帖,如俄 Инв. No.2736 的西夏文《黑水守将告近禀帖》,这说明西夏地方官吏在向上司或长官反映问题、提出请求等时会使用"禀帖"这一文书。

(三) 西夏禀帖之体式

从目前传世汉文史籍记载和出土文书证明,禀帖这一上行文书最早使用于西夏时期,清朝沿袭和借鉴西夏禀帖文种而来。

为了能全面具体地分析总结其体式,我们以黑水城出土的俄 Инв. No.2736 的西夏文《黑水守将告近禀帖》为例。这篇西夏文文书出土于黑水城地区,是目前所见内容完整、体式齐全的典型禀帖文书,现将其西夏文图版和汉译文移录如下:

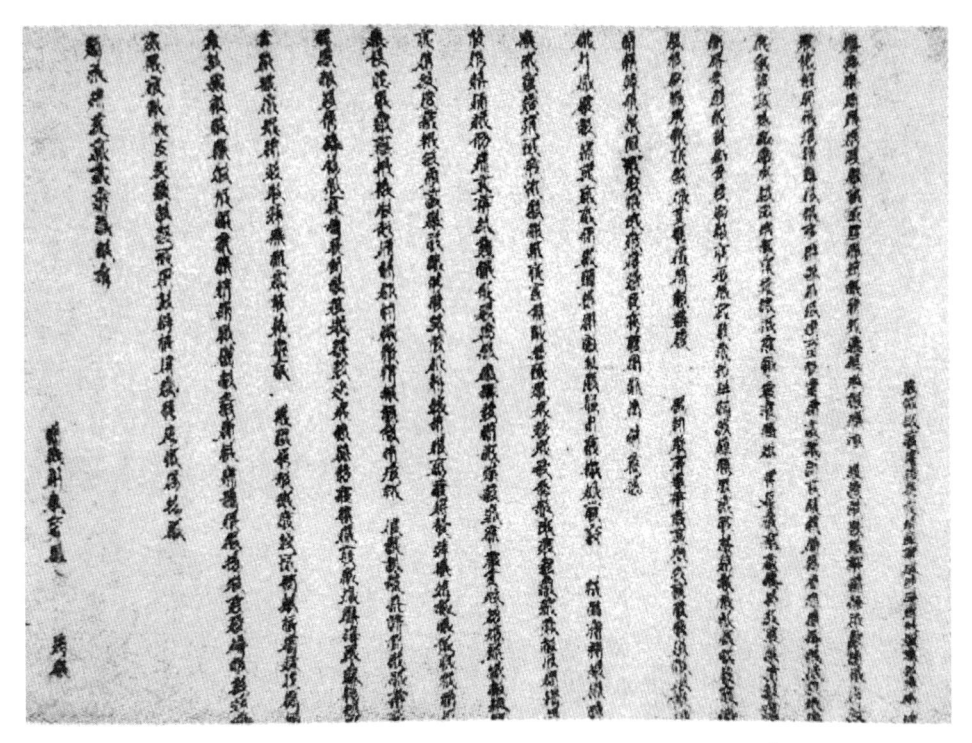

图 2-3 俄 Инв. No.2736 的西夏文《黑水守将告近禀帖》[①]

俄 Инв. No.2736 西夏文《黑水守将告近禀帖》的汉译文

没年仁勇

黑水守城勾管执银牌都尚内宫走马没年仁勇　禀:

兹仁勇曩者历经科举学途,远方鸣沙家主人也。先后任大小官职,历宦

[①] 史金波、魏同贤、(俄) 克恰诺夫主编《俄藏黑水城文献》,第13册,第103页。

尚那皆、监军司、肃州、黑水四司，自子年始，至今九载。与七十七岁老母同居共财，今母实年老病重，与妻眷儿女一并留居家舍，其后不相见面，各自分离，故反复申请续转，乞遣至老母住处附近。昔时在学院与先至者都使人彼此心存芥蒂，故未得升迁，而出任不同司院多年。其时以来，无从申诉。当今明君即宝位，天下实未安定，情急无所遣用，故仁勇执银牌为黑水守城勾管。今国本既正，上圣威德及诸大人父母之功所致也。微臣等皆脱死难，自当铭记恩德。仁勇自来黑水行守城职事时始，夙夜匪解，奉职衙门。守城军粮、兵器及炮大小五十六座、司更大鼓四面、铠甲等应用诸色原未足，所不全者，多多准备，已特为之配全。又自黑水至肃州边界瞭望传告烽堠十九座，亦监造完毕。仁勇转运远方不同司院之鸣沙家主蓄粮，脚力贫瘠，惟恃禄食一缗，而黑水之官钱谷物来源匮乏，均分之执法人，则一月尚不得二斛。如此境况，若无变更，则恐食粮断绝，羸瘦而死。敝人仁勇蒙恩以归宁母子，守城职事空额乞遣行将移讹张力铁补之，依先后律条，于本地副将及监军司大人中遣一胜任者与共职，将仁勇遣至老母住处附近司中勾管大小职事。

可否，一并乞祈宰相大人父母慈鉴。

乾定申年七月　仁勇①

俄 Инв. No.2736 的西夏文《黑水守将告近禀帖》写于乾定申年（1224），原纸一页，楷书书写，有字共18行，正文16行，行约20字至36字不等。撰写该禀帖的目的是请求宰相大人准许黑水守将调离黑水城，到家乡鸣沙军附近的官府衙门去任职，即黑水守将想通过西夏官吏任满续转的机会达到其调离黑水返回家乡的目的。

通过分析《黑水守将告近禀帖》这篇文书，我们可以清楚地掌握西夏禀帖文书的体式：首称："黑水守城勾管执银牌都尚内宫走马没年仁勇　禀"；正文：从"兹仁勇曩者历经科举学途"至"将仁勇遣至老母住处附近司中勾管大小职事"止，主要写了其任职的经过和年限、老母亲年老体弱和同居共财以及各自分离的现实、黑水在任对守城设施的修缮和当前遇到的经济困难等；末称："可否，一并乞祈宰相大人父母慈鉴"；押署："乾定申年七月　仁勇"。

综上，我们可以总结和归纳西夏禀帖文书的体式如下：

　　首称：某官府执某某牌某官某某＋文种。
　　正文：具体内容。若内容繁杂，则可一一列写。

---

① 聂鸿音《关于黑水城的两件西夏文书》，《中华文史论丛》第63辑，上海古籍出版社2000年，第133—134页。

末称：祈请语＋某官(或可有称谓缀语)＋慈鉴(或赐谕文)。

押署：年月日(或干支纪年＋月日)＋具官某某(或只有名)。

第二节　申状类文书功用及体式

西夏时期的上行文书之申状类文书主要有申状、呈状等。现结合收录在西夏大型文献丛书和新近出土公布的申状、呈状实物，对其功用和体式作进一步的深入研究。

一、西夏申状功用及体式

西夏申状是西夏下级官府或官员用于向上级官府或官员上报有关事项、请示及询问相关法规制度等的上行文书，主要用于西夏社会基层榷场管理和税收等事务的管理。关于申状的研究，学界已有成果问世，如胡元德在《古代公文文体流变》中对其产生及发展演变有简单的梳理和总结，魏琳和范建文先后对《宋人佚简》中的须知册申状作了认真考察。西夏的申状，目前所见者以出土汉文申状的考释为主。如孙继民和许会玲对西夏故地出土的"西夏汉文'南边榷场文书'"申状进行了考释，并结合考释的汉文申状，对同时其中所包含的经济制度、管理方式以及文书体式进行了总结。赵彦龙等在相关论文中对西夏申状的体式也进行了简要的总结。[①] 就目前来看，学界对于西夏申状的功用及体式的研究还很不全面，故本书结合现有材料，对西夏申状的功用及体式再进行更深入的探讨。

（一）西夏申状之功用

1. 中国古代上行文书申状产生发展及功用

据现有史料记载和出土文书可知，申状这一文书种类始用于宋朝。其功用则是下级官府(官员)向上级官府(长官)汇报事项或请求相关法规制度等时所用

[①] 胡元德《古代公文文体流变》，第80页；魏琳《〈宋人佚简〉所收须知册申状公文研究初探》，《学理论》2010年第26期，第158—160页；范建文《〈宋人佚简〉所收须知册申状文书再议》，《兰台世界》2015年第20期，第143—144页；孙继民《黑水城出土文书研究》，甘肃文化出版社2021年，第225—255页；赵彦龙、陈文丽《略论西夏公文体式》，《青海民族研究》2012年第1期，第139—143页。

的上行文书。

申状这一文书种类并不是凭空创造而来,其最早来源与唐朝的上行文书"状"有直接的关系。

状在汉朝时就已经使用了,但在当时并不属于官府正式文种,其功用为回答长官有关问题或申诉有关冤情等。如《汉书》载,汉成帝幼时,"初居桂宫,上尝急召,太子出龙楼门,不敢绝驰道,西至直城门,得绝乃度,还入作室门。上迟之,问其故,以状对"。① 又载:"周少言重迟,而内深次骨。宣为左内史,周为廷尉,其治大抵放张汤,而善候司。上所欲挤者,因而陷之;上所欲释,久系待问而微见其冤状。"②

状在唐朝时才成为官府正式文书。据《唐六典》载:"凡下之所以达上,其制亦有六,曰:表、状、笺、启、牒、辞。"③状这种文书种类既可用于近臣向皇帝奏明相关事项,称"奏状",还可用于向上级官署及官员申诉有关事项等,称"状上"。据相关研究可知,"申状则据司马光《书仪》应该是'某司'或者是官员个人的'自申状',也就是下级对上级和长官的报告……唐朝前期是县可以申州,州可以申省,京城诸司也申省,而尚书省则是处理公文要务的集散地和枢纽。……因此《唐六典》和其他史料中有不少关于不同事务分别申省台寺监的具体规定,大津透复原的大谷文书《唐高宗仪凤三年(678)度支奏抄》,内中多处要求所司和地方州府诸军等,对于庸调的调配和财赋的破用情况须按时'具状申'度支或者比部、金部。……所以申状在下达于上的公事运行中作用十分关键"。又载:"吐鲁番文书中,就是既有西州申省的文书,也有来自于本州下属部门和诸县的申状……"④虽说申状在唐朝已经被广泛使用,但其并不是单独使用,而是装叙在其他文书中,如敦煌伯4810号《普光寺比丘尼常精进状》首称:"普光寺尼常精进状上",末称:"请处分。牒件状如前谨牒"。⑤ "病患尼坚忍"被装叙在牒文中,是其下级所上申状文书之要旨,用于汇报患尼的相关情况。由此可知,唐朝时已有完整的申状,只是暂未出土相关实物文书。

宋朝时,申或申状已经成为规范的官府上行文书,而且使用频率比较高,其功用为下级官府向上级官府(官员)汇报事项、提出不同意见、请求批准有关建议等。《庆元条法事类》载:"诸在外官司公文,于三省、枢密院、省、台、寺、监及本路

---

① (汉)班固《汉书》卷10,第301页。
② (汉)班固《汉书》卷60,第2659页。
③ (唐)李林甫等撰,陈仲夫点校《唐六典》卷1,第11页。
④ 吴丽娱《下情上达:两种"状"的应用与唐朝的信息传达》,《唐史论丛》2009年,第66—67页。
⑤ 唐耕耦、陆宏基主编《敦煌社会经济文献真迹释录》,全国图书馆文献缩微复制中心1990年,第4辑,第117页。

察访官用申状。"①《续资治通鉴长编》载：赵"普始为节度使，贻书台阁，体式皆如申状"。②又载："诏秘书省、殿中省、内侍省于三省用申状。"③《宋史》载："宋凡宰执带三省、枢密院事出使，行移文字札六部，六部行移即具申状。"④宋朝留存下来的申状数量较多，传世的如《全宋文》中收录有尹洙《申拣选军马状》、司马光《申本寺乞奏修筑皇地祇坛状》、曾巩《申中书乞不看详会要状》、苏轼《申省乞罢详定役法状》等；还有出土的申状，如《建炎元年六月初七日第七将申状》《宣和七年十一月杜肇李成申李七将状》⑤等。

申状为元、明所继承，清朝改称申文，民国废除。但其功用基本仍然沿袭宋朝申状。

2. 西夏申状之功用

西夏借鉴学习了宋朝申状文书种类及其功用，并在西夏境内普遍使用。从目前传世汉文西夏文献的记载来看并未对申状之功用有所记载，故无法直接通过史籍记载的情况和宋朝申状的功用进行比较。幸喜的是，西夏故地黑水城出土了数量庞大的西夏汉夏文文书，其中有 17 件汉文"西夏榷场使文书"。从这 17 件西夏汉文榷场使文书记载的内容整体情况来看，有 10 个编号计 11 件汉文文书属于申状，⑥这为我们探讨西夏申状的功用提供了最为重要的资料基础。

从这 11 件西夏汉文申状所涉及内容来分析其功用，大致涉及以下四个方面。

一是西夏榷场贸易中商户资质申请制。即在榷场贸易中商户是否符合西夏相关的法律规定，若不符合相关法律规定，则不能进行榷场商品的贸易。如俄 Инв. No.354《南边榷场使申状》⑦反映了基层榷场管理官吏根据银牌安排官颁发给进行贸易的商户的凭由检验商户是否符合榷场贸易的相应资质，以保证榷场贸易的合法和榷场秩序的规范等。

二是西夏榷场贸易货物的检验制度。这是对榷场贸易过程中有关商品是否符合西夏法律规定，有无违禁品，同时检验榷场贸易程序是否规范。关于西夏贸易过程中哪些商品属于违禁范围以及进行违规贸易时如何处罚等相关情况在西

---

① 杨一凡、田涛主编，戴建国点校《庆元条法事类》卷 16，第 345 页。
② （宋）李焘《续资治通鉴长编》卷 29，第 651 页。
③ （宋）李焘《续资治通鉴长编》卷 326，第 7848 页。
④ （元）脱脱等《宋史》卷 167，第 3958 页。
⑤ 史金波、魏同贤、（俄）克恰诺夫主编《俄藏黑水城文献》，第 6 册，第 229—239 页。
⑥ 赵彦龙《西夏档案及其管理制度研究》，中国社会科学出版社 2020 年，第 112 页。
⑦ 史金波、魏同贤、（俄）克恰诺夫主编《俄藏黑水城文献》第 6 册，第 286 页。

夏综合性法典《天盛律令》有具体的规定。"人、马、披、甲、牛、骆驼、其余种种物等，敕禁不允敌界卖。若违律时，按以下所定判断：……前述人、骆驼、马、牛披、甲等以外，将杂畜物、战具等出卖时，当按本国地方现卖法计价，视其钱量高低，是战具以强盗持武器法，此外杂畜物按不持武器法判断。从犯当依次减一等。……向他国使人及商人等已出者出卖敕禁物时，其中属大食、西州国等为使人、商人，已卖敕禁物，已过敌界，则按去敌界卖敕禁物法判断。已起行，他人捕举告者当减一等，未起行则当减二等。……诸人不允去敌界卖钱，及匠人铸钱、毁钱等。假若违律时，一百至三百钱徒三个月，五百钱以上至一缗徒六个月……十缗以上一律绞杀。"西夏不仅制裁违法的贸易商户，同时对各相关官府官员也有相应的制裁规定，"卖敕禁物时，正副统军、总制、州府使副行将、刺史、监军、同判、习判、承旨、参谋、教马、军察、州主、城守、通判、边检校、行监，其以下都案、案头、司吏大小管事人出卖敕禁物时，当比其余人罪加二等，亦可加至死刑。"①如俄 Инв. No.316《本府住户席智□等申状》②详细反映了榷场贸易衙门对进口商品进行是否合格以及是否有违禁商品的检验，充分证实了西夏法律对敕禁物的规定。

三是榷场贸易中替头代理的内容，孙继民先生经过研究认为："所谓交易替头代理制，是说西夏的进出口货物并非由从事外贸的商户直接与对方进行交易，而是由专职的中介人——替头居中交易。"③黑水城出土的如俄 Инв. No.352A《收取本府住户榷场贸易税申状》则集中反映了榷场贸易过程中替头代理商户而进行贸易这一典型内容。

四是西夏榷场贸易中的回货扭算情况。"回货扭算"是榷场贸易中最为核心的内容，即"所有进口货物商品入关后，都要登记在册，估算价值，形成书面报告，最后加盖公章，亦即'依例扭算收（上）税（上）历，会（为）印讫'"。④ 西夏榷场贸易中替头是居中交易的直接参与者，熟悉商户交易的基本情况和信息，因此由替头提供榷场贸易中商户进出口商品的种类、数量、质量并按照交易相关法规——"折算成绢帛，形成书面报告'替头'的书面报告是税务部门形成'税历'的主要依据。榷场使会专门委派官员对商户的'回货'，对照'税历'进行勘验。"⑤若回货从种类、数量、质量等符合相关规定并缴纳税收之后就可以进入榷场贸易了。如俄 Инв. No.307《收取酒五斤等榷场贸易税申状》全面细致地反映了回货扭算等

---

① 史金波、聂鸿音、白滨译注《天盛律令》卷7，第283—287页。
② 史金波、魏同贤、（俄）克恰诺夫主编《俄藏黑水城文献》第6册，第282页。
③ 孙继民、许会玲《西夏汉文"南边榷场使文书"再研究》，《历史研究》2011年第4期，第50页。
④ 孙继民、许会玲《西夏汉文"南边榷场使文书"再研究》，《历史研究》2011年第4期，第50页。
⑤ 孙继民《考古发现西夏汉文非佛教文献整理与研究》，社会科学文献出版社2014年，第424页。

相关具体内容。

此外,西夏申状的功用似乎不只涉及榷场贸易,还有乐府机构所涉及的其他相关方面的申请或咨询或汇报之功用。如从中藏 G.21.027《西夏光定二年西路乐府签勾官申状》①来看,西夏乐府机构也可以通过申状这种公文向上司申报相关事项或请求相关法规政策等。

由上论述可知,西夏申状主要适用于各相关基层衙门,其功用大体是基层衙门就某一具体事项向上司及时申报或请求相关法规制度等。

西夏留存的申状除以上例举者以外,还有如俄 Дx2957 Дx10280 汉文《光定十三年千户刘寨杀了人口状》、俄 Инв. No.308 汉文《收税文书》、中藏 G21·027 汉文《光定二年公文残页》等都比较典型。

(二) 西夏申状之体式

到目前为止,并未见到传世的西夏时期的申状实物,只有出土于西夏故地黑水城等处并不十分完整的西夏汉文申状,这些汉文申状现已收录在《俄藏黑水城文献》《中国藏西夏文献》等文献之中。当然,迄今为止也没有发现西夏文书写的申状,所以,本文以出土的汉文西夏申状为基本史料而探讨申状的体式。

我们在探讨西夏申状文书的体式之时,还需要对《俄藏黑水城文献》中收录的有多篇命名为"呈状"的文书进行一些简单的说明。目前,很多学者都探讨过呈状与申状的区别与联系。孙继民先生在研究西夏汉文南边榷场使文书时说:"第二,佐藤氏复原的书式结束语有'谨状'二字,此二字应是根据俄 Инв. No.347 文书的第 14 行残余之'状'的补足。此处所补'谨'字正确,应无疑问。不过,这里的'谨状'二字之前的缺文还可以再补'右谨具申银牌安排官所'等字句。理由有二:其一,根据 Инв. No.307 首行开头为'南边榷场使　申'和 Инв. No.347 文书第 14 行结束语残字为'状',可知南边榷场使文书的性质为'申状'。……其二,我们已经说明南边榷场使文书呈报的对象是'银牌安排官所',因此,南边榷场使文书的结束语'右谨具申'还应加上'银牌安排官所'。所以,南边榷场使文书完整的结束语应是'右谨具申银牌安排官所',谨状。"②日本学者赤木崇敏在研究黑水城所见元代汉文文书时也曾说:"在文书末尾有'府司,合行具申。伏乞照验施行。须至申者'一句,若与前面引用的'解子首末式'相比较,这件文书应

---

① 史金波、陈育宁主编《中国藏西夏文献》,第 16 册,第 273 页。
② 孙继民《黑水城出土文书研究》,甘肃文化出版社 2021 年,第 232 页。

该是申。"①可见,在文书首称有"某某申"或"申"以及末称中有"右谨具申……"或"须至申者"或"须至申上者"等词句时,我们就可以认定是申状文书。为此,收录在《俄藏黑水文献》中如俄 Инв. No.316 汉文《呈状》、俄 Инв. No.348 汉文《大庆三年(1143)呈状》、俄 Инв. No.352A 汉文《呈状》等,通过文书正文内容和其体式的相关要素的全面比勘,我们认为这几篇所谓"呈状"的文书,其实应该属于"申状"文书。② 另外,关于申状文书的体式,已经有学者做过简单笼统的探讨,③但由于材料有限,得出的结论并不全面,所以,有必要做更深入详尽的考察。

现将内容较丰富、体式较齐全的俄 Дx2957 Дx10280 汉文《光定十三年(1223)千户刘寨杀了人口状》图文移录如下:

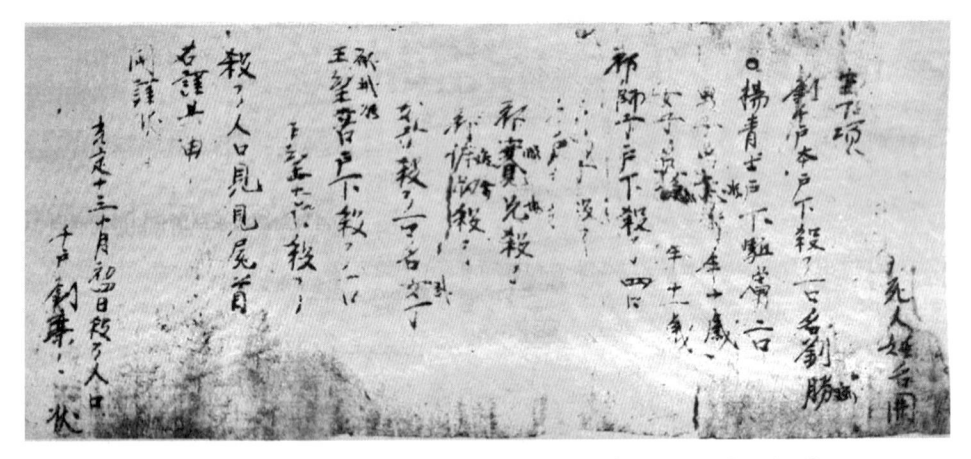

图 2-4 俄 Дx2957 Дx10280《光定十三年千户刘寨杀了人口状》④

……死人姓名,开

坐下项:

刘千户本户下杀了一口,名刘胜

杨青士户下(杀了)⑤驱虏二口:

男子名??,⑥年十岁

---

① 黄正建《中国古文书学研究初编》,上海古籍出版社 2019 年,第 246 页。
② 赵彦龙《西夏公文写作研究》,第 121 页。
③ 赵彦龙、陈文丽《略论西夏公文体式》,《青海民族研究》2012 年第 1 期,第 139—143 页。
④ 史金波、魏同贤、(俄)克恰诺夫主编《俄藏黑水城文献》,第 6 册,第 160 页。
⑤ 注:该处可能漏写"杀了"二字。
⑥ 注:西夏文汉译文书中出现的"?",代表字迹不清或难以翻译的字。因"?"所指可能性较多,为保证译文的客观性,本文沿用史金波先生之法,用"?"表示字迹不清或难以翻译的字,一个"?"代表一个字,依次类推。以下各章节全同。参见史金波《西夏户籍初探——4 件西夏文草书户籍文书译释研究》,《民族研究》2005 年第 5 期,第 64—72 页。

女子名??,年十一岁
祁师子户下杀了四口：
　祁师子杀了
　祁赛兑杀了
　祁伴叔杀了
　女子杀了一口,名女丁
王望喜户下杀了一口：
　王望喜杀了
杀了人口见见尸首
右谨具申
闻谨状
　光定十三①十月初四日杀了人口
　　千户刘寨　　状

上揭文书现存18行,残缺首称及正文前半部分,存留正文后半部分、末称及押署。

正文后半部分内容较为完整：先总叙状况,即"……死人姓名开坐下项"；然后分户记录其下所杀人口或所杀驱虏之总人口数及姓名,如"刘千户本户下杀了一口,名刘胜"。若有被杀女性的话,还要以先男后女依次记录,并注明该户中被杀女性的数量、名或姓名、年龄等,如"祁师子户下杀了四口：祁师子杀了。祁赛兑杀了。祁伴叔杀了。女子杀了一口,名女丁"。再如"杨青士户下(杀了)驱虏二口：男子名??,年十岁。女子名??,年十一岁"。该文书结尾处还特别注明以上被杀或被杀驱虏之人"见见尸首",说明该文书所记录内容的真实性。

末称为该文书的第15至16行,内容简洁明了,为申状惯用套语,即"右谨具申,闻谨状"。

押署是文书的第17至18行,即"光定十三(年)十月初四日杀了人口　千户刘寨　状"。即由年月日＋申状事由＋某官某某＋文书种类(状)构成。

为了更加全面的总结西夏申状的体式,再以俄 Инв. No.316 汉文申状为例。图文如下：

---

① 注：该处应漏写"年"字。

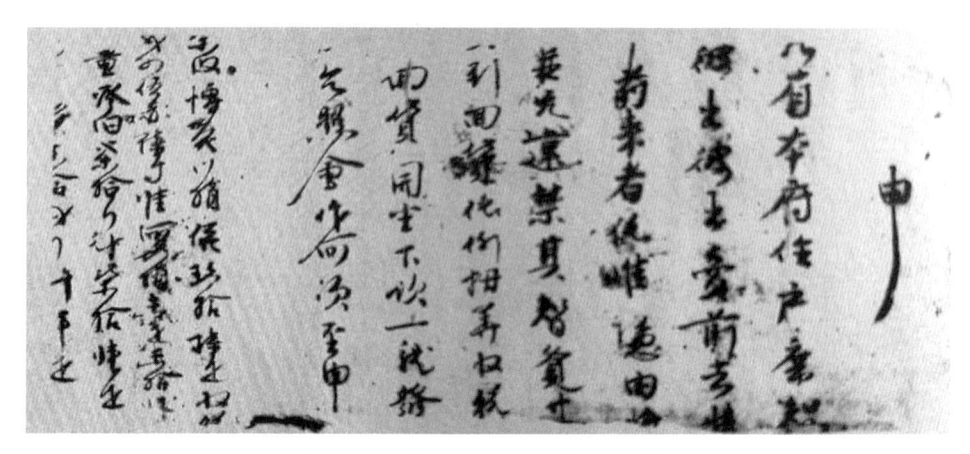

图 2-5　俄 Инв.No.316 汉文《申状》

申
兹有本府住户席智……
彼出彼出卖前去博……
前来者依准凭由将……
并无违禁，其智觉等……
□①到回货依例扭算收税……
回货开坐下项，一就发……
乞照会作何。须至申……
……柒段博买川绢价玖拾肆疋，收税……
……贰拾伍赤陆寸准河北绢壹疋壹拾肆……
……叁佰柒拾斤计柒拾肆疋……
……□□[壹拾贰斤计肆疋]……②

上揭文书共有 12 行，包含首称、正文及末称，残缺押署。

该申状的首称为第 1 行单写一个"申"字。这既可以理解为该文书的标题，也可以理解为该文书的首称。

正文部分为第 2—7 行，即申状之内容，应为本府住户的税收总体概况。

末称为第 8 行，即"(伏)乞照会作何。须至申……"

第 9—12 行应为该文书所附的收税明细。

---

① 注："□"在西夏文书中指确知漏写的字，一个"□"代表一个字，依次类推。以下章节中出现的"□"功用全同。
② 史金波、魏同贤、(俄) 克恰诺夫主编《俄藏黑水城文献》，第 6 册，第 282 页。

再以俄 Инв.No.354 汉文《南边榷场使文书》为例,其首称:"……南边榷场使 申……"末称:"伏乞照会作何……上者"。再结合俄 Инв.No.353 汉文文书的内容,末称应为"须至申上者"。①

中藏 G21·027 汉文《光定二年公文残页》只存留末称和押署部分,残缺首称和正文。其末称:"右谨具申";押署:"……西路乐府签勾官所　光定二年九月　日监乐官□□□□　监乐官府□□□敬礼"。②即押署的体式应为:某某路某官府+年月日+某官某某(或有多位某官某某)+敬礼。可以说该文书的押署部分的要素较为齐全。

西夏申状文书的体式实质上仍然是借鉴学习宋朝的申状。为了更清晰地展示西夏借鉴学习宋朝申状体式的情况,再以出土的宋朝申状俄 Инв.No.211 213 汉文《南宋建炎元年(1127)张德请求改正姓氏的申状》为例进行比较,该文书虽残缺首称,但存有完整末称和押署部分,方便体式的总结。现移录该文书的图文如下:

张德请求改正姓氏的申状

(前缺)

　　□□伏为本姓祁,为年小随母嫁与

　　张全家。先投粮时,只以姓张德充军。今……

　　赦恩,乞认姓祁□。伏乞

　　指挥下所属照会改正施行。未敢专擅,伏候裁旨。

　　　　　　建炎元年七月

兵士张德　　状(签押)

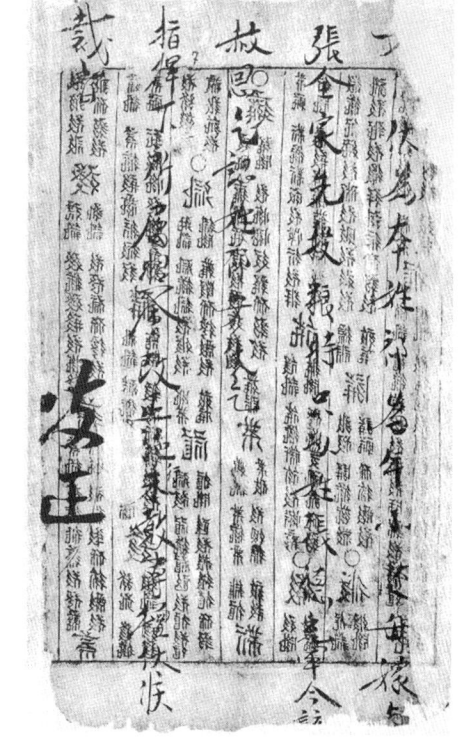

图 2-6　俄 Инв.No.211 213 南宋建炎元年(1127)张德请求改正姓氏的申状③

从上揭申状来看,首称:残;正文:简要说明姓氏变化过程、理由并请求改正

---

① 史金波、魏同贤、(俄) 克恰诺夫主编《俄藏黑水城文献》,第 6 册,第 285—286 页。
② 史金波、陈育宁主编《中国藏西夏文献》,第 16 册,第 273 页。
③ 史金波、魏同贤、(俄) 克恰诺夫主编《俄藏黑水城文献》,第 6 册,第 167 页。

姓氏的具体内容；末称："未敢专擅，伏候裁旨"，语词十分恭敬；押署："建炎元年七月　　兵士张德　　状（签押）"，即年款＋某官职＋某某＋文书类型＋签押。宋朝的这一押署形式被西夏完全学习借鉴。

此外，宋朝苏轼《申省乞罢详定役法状》则可补申状首称之内容，首称："朝奉郎、试中书舍人苏轼状申"。即官职＋姓名＋文书类型；末称："谨具申三省，伏候指挥"。①

由上宋朝申状实物来看，其体式可以总结如下：

首称：某官府＋某官职＋某某＋状申。

正文：申状的具体内容（根据内容多寡，可以一一具其事）。

末称：谨具申某官府，伏候指挥 或伏乞指挥下所属照会改正施行，未敢专擅，伏候裁旨等。

押署：年款＋某官职＋某某＋状（申）＋或有签押。

从上述宋朝申状的体式可以看出，与宋司马光《书仪》②和《庆元条法事类》③中总结的申状体式几乎一致。

由上比较可知，宋朝申状体式和西夏申状体式几乎一致，二者均包含首称、正文、末称及押署四个要素，且各要素的内容基本相同。只是西夏申状的末称则较宋朝申状缺少谦卑之词，言辞更为直接；押署部分与宋朝申状押署相比，则多了事由一项，而宋朝申状多了签押一项。可见，西夏学习借鉴宋朝申状体式的痕迹十分明显。

综上例举和分析，西夏申状的体式可以概括总结如下：

　　首称：申，或某官府某某官＋申（或为文种）。

　　正文：申状的具体内容。（根据内容多寡，可以一一具其事。）

　　末称：右谨具申＋闻谨状，或须至申者，或须至申上者，或伏乞照会作何＋须至申（上）者等。

　　押署：年月日＋事由＋某官府某某＋状（申），或某官府＋年月日＋某官某某（若为两个以上官员，可一一具名）＋（或有"敬礼"）。

总之，西夏申状属于上行文书范畴，是西夏管理社会事务、处理基层具体事宜所用之文书，主要为下级官府（官员）对上级官府（官员）报告有关事项、请求或询问法规政策等所使用，是西夏时期使用较为频繁的文书种类之一。然而，西夏

---

① 曾枣庄、刘琳主编《全宋文》卷1869，第86册，第265页。
② （宋）司马光《书仪》卷1，影印文渊阁《四库全书》本，第142册，第461页。
③ （宋）谢深甫《庆元条法事类》卷16，黑龙江人民出版社2002年，第348页。

申状在借鉴宋朝文书功用及体式的同时,也有着自身的特点。对于其功用,西夏在承袭宋朝文书汇报、提议等功用外,还将申状用于询问;在体式上,西夏同宋朝的申状均含有首称、正文、末称及押署四要素,且各自变化不大,只是宋朝申状的末称部分的用语则显得更为谦卑或恭敬,而西夏申状的末称用语则更加直接简练,有时或以"敬礼"一词显示其礼仪。

二、西夏呈状功用及体式

呈状,也称呈,始用于宋朝,西夏时期其是作为由下级官署向上级官署、属官对长官汇报工作、陈述事宜或报送相关材料、物件等使用的上行文书。赵彦昌和吴蒙蒙曾指出,呈或呈状于明朝时正式产生,多用于陈请,并对其行文格式进行分析。李学泰对俄藏呈状的情况进行了简要介绍,并从农业史、经济史、商业史等方面对其进行深入探讨。江兆涛分析出清朝诉状的体式共有状头、正文、州县官批词、当事人及牵涉人信息及条例五项。赵彦龙先后同陈文丽及吴芊芊合作著文提到西夏呈状的语言准确简洁规范,其抬头格式为空抬一格。① 故学界虽对西夏呈状有所涉及,但对呈状的功用及体式仍未统一论述,故本书根据俄藏、英藏及中藏黑水城文献中的呈状,对呈状的发展演变、功用及体式展开具体探讨。

(一) 西夏呈状之功用

1. 中国古代上行文书呈状产生发展及功用

据有关史料记载,呈状或呈源出于状,状本是汉朝常用的上行文种。宋朝时,状一分为二,一是呈状或呈,二是申状。由此可知,呈状是宋朝时才开始使用的官府上行文种。据《宋人别集叙录》考证:"《杨太后宫词》,汲古阁曾刊入《诗词杂俎》中,其稿本余今始获之,所谓潜夫辑本也。毛子晋云:'旧跋潜夫,不知何许人。'余以稿本核之,其为宋人无疑,纸系宋时呈状废纸,有官印朱痕可证。"②

宋朝时,呈状的功用主要用于下级官府向上级官府呈报有关事项或请示有关工作等,其称谓或称呈、呈状、呈奏、呈稿等。《宋史》载:"绍兴十四年,臣僚又言:'印信事重,凡有官司印记,年深篆文不明,合改铸者,非进呈取旨,不得改铸

---

① 赵彦昌、吴蒙蒙《明代呈文研究——基于辽宁省档案馆藏明代档案》,《秘书》2019 年第 4 期,第 56—65 页;李学泰《俄藏黑水城西夏汉文经济文献研究》,《西北民族大学》2017 年硕士学位论文,第 11—13 页;江兆涛《清代诉状制度研究》,《黑龙江省政法管理干部学院学报》2013 年第 5 期,第 102—105 页;赵彦龙、吴芊芊《西夏公文抬头制度》,《宁夏师范学院学报》2012 年第 4 期,第 77—80 页;赵彦龙、陈文丽《略论西夏公文体式》,《青海民族研究》2012 年第 1 期,第 139—143 页。

② 祝尚书《宋人别集叙录》卷 24,中华书局 1999 年,第 1206 页。

焉。'时更铸者,成都府钱引,每界以铜朱记给之。"①又载:吕公著于宋"元祐元年,拜尚书右仆射兼中书侍郎。三省并建,中书独为取旨之地。乃请事于三省者,与执政同进呈,取旨而各行之。又执政官率数日一聚政事堂,事多决于其长,同列莫得预。至是,始命日集,遂为定制"。②又载:宋乾道"十年,除端明殿学士、签书枢密院事。入奏,控免,上曰:'卿靖重有守,识虑深远,朕欲用卿久矣。'复诏兼参知政事,除参知政事兼同知枢密院事。师点尝同宰相奏事退,复同枢密周必大进呈,上曰:'适一二事卿等各陈所见,甚关大体'"。③又载:"贾似道称病,乞致仕,以要君,有诏不允。天祥当制,语皆讽似道。时内制相承皆呈稿,天祥不呈稿,似道不乐,使台臣张志立劾罢之。"④欧阳修《论韩琦范仲淹乞赐召对事札子》中也载:"自二人到阙以来,只是逐日与两府随例上殿,呈奏寻常公事,外有机宜大处置事,并未闻有所建明,陛下亦未曾特赐召对,从容访问。"⑤宋朝也有传世和出土的呈状实物,《全宋文》中收录有阮逸《呈三鼎鸾刀样奏》、韩琦《郭固以造车式诣阙进呈奏》等以及出土有《某年二月张泽呈状》⑥《宣和七年九月杜林呈状》⑦等。

金朝时呈状功用亦为下属官员向上司汇报工作或有关事项的上行文书,其称谓有呈状、呈等。《金文最》载:"臣等所编成章宗皇帝实录一百卷,并事目二十卷,总计一百二十卷,缮写了毕,谨具进呈状。伏望圣慈曲垂省览。臣文章暧昧,学术空疏,遗美不彰,虽乏三长之妙,直辞无愧,庶伸一得之愚云尔。"⑧黑水城曾出土一呈状实物,即俄 Инв. No.2559《阜昌三年本路第七将呈状》。⑨

元朝时借鉴宋朝呈状之功用,同样用于下属官员向上司请求或告知有关事项等,其称谓主要为呈状。《南村辍耕录》载:"仲谦略不答。徐至本案。书写辞退呈状。压几上而归。使知深悔失言。"⑩《元典章》中亦载:"切见本路经过云南、四川诸部蛮夷官员,管押进呈马匹诸物,于内多有得替或因事赴上官员,将带梯己马匹等物,别赍把解发明文,俱称进呈为名,擅与前路官司呈状,或关牒倒行前路……"⑪元朝传世呈状数量并不多,如许衡《呈丞相乞致仕状》;⑫幸于黑水

---

① (元)脱脱等《宋史》卷154,第3593页。
② (元)脱脱等《宋史》卷336,第10775页。
③ (元)脱脱等《宋史》卷385,第11838页。
④ (元)脱脱等《宋史》卷385,第12534页。
⑤ 郭英德《唐宋八大家散文总集》,河北人民出版社2013年,第1863页。
⑥ 史金波、魏同贤、(俄)克恰诺夫主编《俄藏黑水城文献》,第6册,第171页。
⑦ 史金波、魏同贤、(俄)克恰诺夫主编《俄藏黑水城文献》,第6册,第223页。
⑧ (清)张金吾编纂《金文最》卷13,中华书局1990年,第166页。
⑨ 史金波、魏同贤、(俄)克恰诺夫主编《俄藏黑水城文献》,第6册,第302页。
⑩ (元)陶宗仪《南村辍耕录》卷5,中华书局1959年,第66页。
⑪ 陈高华等编《元典章》,天津古籍出版社2011年,第4册,第1292页。
⑫ 许衡著,王成儒点校《许衡集》,东方出版社2007年,第200页。

城、敦煌等地出土了较多呈状文书实物,如俄 TK249《至顺元年河渠司官为糜粟蚕麦收成事呈状》,①俄 Дx19072R《至正三年请支孤老口粮呈状》。②

明朝是呈状大量规范使用的时期,其功用主要是下属官署或官员向上属官署呈请有关事项或汇报有关工作等,其称谓有呈、呈状、呈稿等,但此时的呈稿或许已经成为所上呈文书的统称了。《明史》载:"通政使司。通政使一人,右通政一人,右参议一人,掌收呈状,付刑部审理。"③如高用厚《呈登州军门状》《呈登州孙军门请差人回船状》,④佚名《乡绅士民公揭呈状》。⑤

清朝呈状的功用仍然为向上属官署或上司呈请或汇报有关事项,其使用范围较为广泛,大体适用于社会生活的各个方面。其称谓也有称呈状、呈文、呈等。《郑板桥全集》载:"当堂具有呈状,焉有不给之理,明系捏词,不准。"⑥《大清律例》也载:"凡有呈状,皆令其照本人情词,据实誊写。"⑦《陈州志》亦载:"幸州首王公讳士麟,甫下车即轸念积弊,会同郡中乡绅士民佥议官买,停止商运,公具呈状,王公俯从下情,转详本道及盐院,详允酌行……"⑧雍正八年(1730)四月《上谕》中载:"若丈量案内百姓果有冤抑下情,准其是熟人通道督府或钦差官员衙门委婉控告,但不许聚众喧嚣其呈状。"⑨清朝呈状存世数量同样并不多,如徐麟牲《捐建呈状》,⑩曹华封《曹华封呈状》。⑪ 清朝时,呈稿仍然沿袭明朝并普遍使用,作为下属官署或官员向上属官署或官员呈送的文书。现存呈稿则主要以内务府呈稿为主,这些呈稿全方位反映了内务府的日常公务活动。⑫

2. 西夏呈状之功用

西夏沿袭中原宋朝的呈状之文种,并将其使用的有关内容和要求均写进了西夏综合性法典。西夏呈状的使用范围涉及西夏社会的军事、官制、宗教管理等各个领域,功用主要为各监军司向经略使或中书省或枢密院报告有关军事事项、汇报有关工作进程、官员袭抄或物品分配等事项。从目前所见西夏呈状实物来

---

① 史金波、魏同贤、(俄)克恰诺夫主编《俄藏黑水城文献》,第 4 册,第 316—318 页。
② (俄)孟列夫、钱伯城等编《俄藏敦煌文献》,上海古籍出版社 2001 年,第 17 册,第 334 页。
③ (清)张廷玉等《明史》卷 75,第 1834 页。
④ 袁晓春编注《朝鲜使节咏山东集录》,黄河出版社 2007 年,第 193—196 页。
⑤ 山右历史文化研究院编《山右丛书·初编》,上海古籍出版社 2014 年,第 61—65 页。
⑥ 卞孝萱、卞岐编《郑板桥全集》卷 10,凤凰出版社 2012 年,第 327 页。
⑦ 田涛、郑秦点校《大清律例》卷 30,法律出版社 1999 年,第 491 页。
⑧ 温敏《〈顺治本〉〈陈州志〉校注》,上海古籍出版社 2016 年,第 113 页。
⑨ (清)允禄、弘昼《清雍正上谕内阁》,《四库提要著录丛书·史部》,北京出版社 2010 年,第 197 册,第 312 页。
⑩ 冯剑辉《篁墩:宗族迁徙的圣地》,合肥工业大学出版社 2013 年,第 155—156 页。
⑪ 中国第一历史档案馆《清代档案史料丛编》,第 8 辑,第 103—104 页。
⑫ 陈晓东《清代内务府呈稿档案文件类型辨析》,《档案学研究》2015 年第 6 期,第 113—116 页。

看,主要内容为西夏榷场管理和官员袭抄等方面。《天盛律令》规定:"监军司大人一年中往接续提举状,及城主司人说聚集状等,监军司当变,每年正月五日以内,当告监军司处,经略使当一并总计而变。正月五日始东南经略使人二十日以内,西北经略使一个月以内,当向枢密送状。"①又载:"前内侍、阁门等有袭抄者时,当与管事人上奏呈状。"②"他国僧人及俗人等投奔来,百日期间当纳监军司,本司人当明晓其实姓名、年龄及其中僧人所晓佛法、法名、师主为谁,依次来状于管事处,应注册当注册,应予牒当予牒。"③"官畜、谷、钱、物、武器、杂物种种权正分领之状文、升册等亡失时,另有相同钞本及无相同本等二种,失之者局分人之罪,依以下所定判断。"④呈状是西夏各官府上行文书的主要类别,从西夏故地出土文书情况来看,其呈状的数量相对较多,《俄藏黑水城文献》《中国藏西夏文献》《英藏黑水城文献》等中均收录有一定数量的呈状,如俄 Инв.No.315 汉文《南边榷场使呈状》、俄 Инв.No.348 汉文《大庆三年(1142)呈状》等。

(二) 西夏呈状之体式

西夏的上行文书呈状基本上为西夏故地黑水城出土,从收录于《俄藏黑水城文献》等中的西夏呈状来看,其数量还是较为可观。黑水城出土的这些西夏呈状主要用汉文字书写,由于是出土文书,所以篇幅大多残缺不全,但这些留存下来的出土汉文呈状,仍可成为我们总结和归纳西夏呈状体式最为可贵的原始史料。因此,为了全面和系统地总结西夏呈状的体式,可以借助西夏故地出土的汉文西夏呈状来研究。现移录汉文《榷场贸易收税呈状》图文于下:

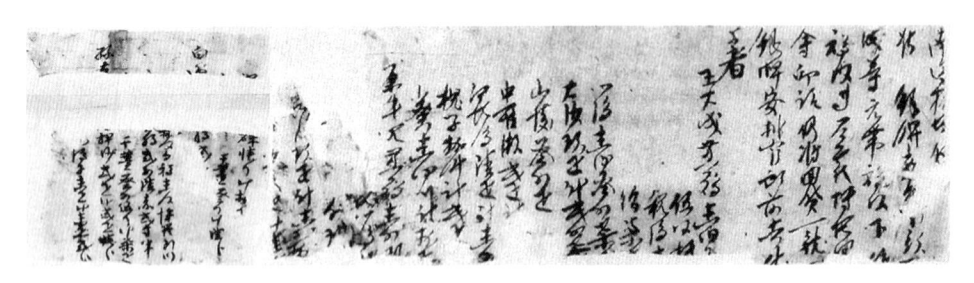

图 2-7 俄 Инв.No.315 汉文《榷场贸易收税呈状》

南边榷场使
　准 银牌安排官头……

---

① 史金波、聂鸿音、白滨译注《天盛律令》卷4,第220页。
② 史金波、聂鸿音、白滨译注《天盛律令》卷10,第355页。
③ 史金波、聂鸿音、白滨译注《天盛律令》卷11,第408页。
④ 史金波、聂鸿音、白滨译注《天盛律令》卷12,第421页。

成等元带丝段下□……
　　褐段等尽卖,博买回货……
　　会印讫,仍将回货,一就……
　　银牌安排官所前去□……
　　上者
　　王大成黄褐壹佰匹……
　　　　伍段□……
　　　　税绢□……
　　　　绢柒□……
　　川绢壹佰叁拾柒……
　　大纱玖匹计贰拾□……
　　小绫叁拾匹……
　　中罗纈贰匹计□……
　　河北绢陆匹计壹□……
　　槐子捌斗计贰匹……
　　蜜壹佰斤计捌□……
　　□□尺黄褐壹拾□……
　　　　□川绢……
　　　　□□……
　　□□玖匹,计壹□……①

上揭呈状是王大成等人在西夏榷场进行贸易后需向官府上交税款的明细账,该文书虽然是黑水城出土的目前所见篇幅较长的西夏汉文呈状,但仍有残缺,仅保留有首称和正文部分,缺了末称及押署。

该呈状首称为"南边榷场使",即官府名称。因存有首称的呈状鲜见,故此应为西夏呈状首称的代表格式之一。

该呈状文书的正文部分就残存部分内容而言,至少应分为两层。第一层从"准　银牌安排官头……"至"上者"。该层首先对"银牌安排官"这一官职予以空抬一字格式,以示尊重。接着陈述榷场贸易的总体情况,即南边榷场使将王大成等人博买回货的大体情况上报给某官府。第二层从"王大成黄褐壹佰匹……"至"□□□壹定计壹定贰分……"。此层内容陈述了王大成博易货物的明细账,按照布匹或其他物品种类逐一列出其数量、收税及换算情况等,可谓详细具体明

---

① 史金波、魏同贤、(俄)克恰诺夫主编《俄藏黑水城文献》,第6册,第281页。

确。西夏对于榷场贸易管理极为严格,商人必须在获得进出口贸易资质时才可在西夏设置在沿边的榷场与外国商人进行贸易。① 这样的贸易活动才符合榷场贸易相关规定,合理合法。

末称:残缺。押署:残缺。

鉴于现存文书中尚无体式完整之呈状,为尽可能全面地获取西夏呈状的体式特征,现以俄 Инв. No.347 汉文《榷场使兼拘榷西凉府签判呈状》为例,以补俄 Инв. No.315 汉文《榷场贸易收税呈状》残缺末称及押署部分之憾。现将俄 Инв. No.347 汉文《榷场使兼拘榷西凉府签判呈状》图文移录如下:

图 2-8　俄 Инв. No.347 汉文《榷场使兼拘榷西凉府签判呈状》②

……
……匹壹赤柒寸伍分
……壹拾陆匹计叁拾贰匹,小绢子……
……贰匹计肆匹,小晕缬贰匹计□……
……叁匹,鹿射箭叁班半计……
……匹计陆匹
……带黄褐肆拾伍段,白褐叁段……
……川绢价伍拾柒匹半,收税川……
……捌赤准河北绢壹匹壹拾伍……
……计贰匹肆分,笔壹仟伍拾管……
……计肆匹捌分,川绢壹拾叁匹……

---

① 李温《西夏赋税制度及其立法》,《西夏研究》2018 年第 2 期,第 55 页。
② 史金波、魏同贤、(俄) 克恰诺夫主编《俄藏黑水城文献》,第 6 册,第 282 页。

第二章 西夏上行文书种类功用及体式研究 95

……□匹半计壹拾叁匹，紫绮壹……
……计壹匹贰分，大匙著壹拾玖……
……壹匹计贰匹
状
……十一月　日　榷场使兼拘榷西凉府签判……

上揭该呈状的首称完全残缺，但从押署部分保留的内容来看，该呈状的首称或为"榷场使兼拘西凉府签判"。

该呈状的正文多有残损，但从整体内容来看，应该是榷场贸易收税具体内容的记录，其书写格式同上揭俄 Инв. No.315 汉文《榷场贸易收税呈状》第二层，均包含有榷场贸易的品种、数量、价格和应上缴的税款等内容，较俄 Инв. No.315 汉文《榷场贸易收税呈状》一文所存之信息相对具体一些。

末称：从"状"到"……十一月　日　榷场使兼拘榷西凉府签判……"。这里的"状"即表明文书的文种，应为呈状。该处的"……十一月　日　榷场使兼拘榷西凉府签判……"为该呈状的押署内容，应由年款＋某官府＋某官等组成，可谓比较完整和规范。

为进一步明确呈状押署之体式，我们再以俄 Инв. No.352B 汉文《榷场使兼拘榷官西凉府签判呈状》为例，以对西夏呈状的体式作进一步完善。现将该呈状图文移录如下：

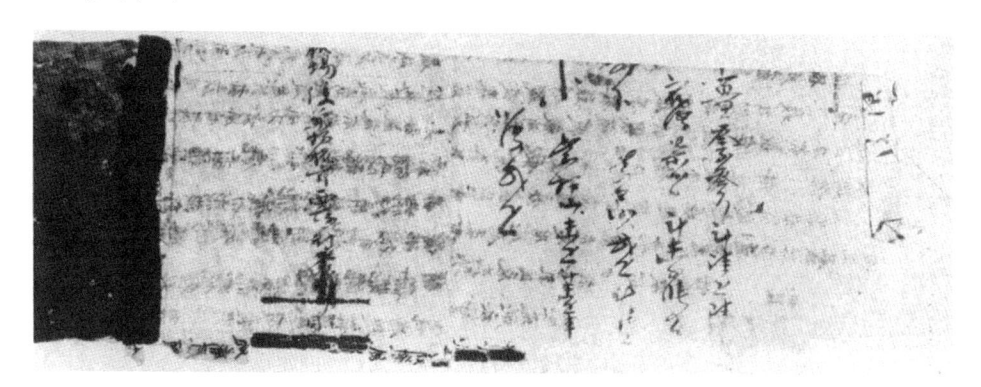

图 2-9　俄 Инв. No.352B 汉文《榷场使兼拘榷官西凉府签判呈状》[①]

……姜叁拾叁斤计陆匹陆……
……□□柒匹计壹拾肆匹……
……贰分，□纱贰匹计肆匹……

---

① 史金波、魏同贤、（俄）克恰诺夫主编《俄藏黑水城文献》，第6册，第285页。

……分,紫干纱壹匹计壹匹半

川绢贰匹

榷场使兼拘榷官西凉府签判　押

上揭该呈状也不完整,残缺了首称及末称,保留了正文的部分和押署的后半部分。正文:榷场贸易收税的具体内容,其格式与上揭前两件西夏呈状之正文基本一致;押署:"榷场使兼拘榷官西凉府签判　押",从这一押署来看,其内容由某官府＋某官＋押等组成,完善了上揭呈状中押署后面无有"押"之体式。但该呈状之押署则较俄 Инв. No.347汉文《榷场使兼拘榷西凉府签判呈状》来看又缺少了年款这一项内容。

西夏官府上行文书呈状的写作体式大多是借鉴学习中原宋朝呈状体式,因现存宋朝和西夏呈状之正文所涉范围和事项不同,不具备极强的可比性。为此,我们重点就首称、末称及押署对宋朝和西夏呈状作比较分析。为了更加明确地了解西夏学习、借鉴宋朝呈状体式这一问题,现移录黑水城出土的宋朝呈状体式较为齐全完整的俄 Инв. No.211 213《宋西北边境军政文书》之《宋朝某年二月张泽呈状》为例进行分析:

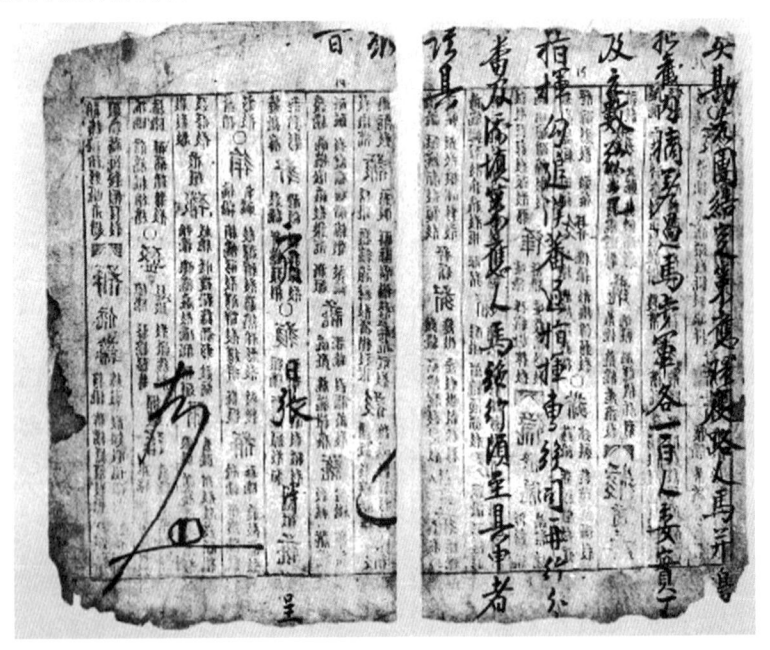

图2-10　宋朝某年二月张泽呈状[①]

[①] 史金波、魏同贤、(俄)克恰诺夫主编《俄藏黑水城文献》,第6册,第171页。

契勘：先团结定策应环庆路人马，并边……
把截内摘差过马步军各一百人，委实不
及元数。欲乞
指挥勾追汉蕃逐指挥曹族司再行分
番及添填策应人马施行。须至具申者，
谨具。
……取
……旨
二月　日张　泽　呈
十九（签押）

上揭宋朝的这份呈状残缺了首称，保留了正文、末称，及押署部分内容。首称：残缺。正文：具体内容，即用于陈述需要汇报的具体事项。末称："须至具申者，谨具。……取……旨。"其中"……取……旨"应为"呈取裁旨"的专用敬语，该专用敬语在宋朝呈状中多处使用，如俄 Инв.No.211 213《宋西北边境军政文书》之《某年正月统制司吴湛状》中的末称也是"……谨具。呈取裁旨"[①]句。押署："二月　日张　泽　呈　十九（签押）"，由年款（或只有月）+某某+呈+具体日期+签押等组成。

为了尽可能全面准确地对宋朝呈状的体式作总结，现将体式较为齐全完整且可与上揭呈状所残缺体式部分进行互补的俄 Инв.No.211 213《宋西北边境军政文书》之《宋朝宣和七年九月杜林呈状》移录如下进行对比分析：

延安府院虞候杜林等
　　当下交领得人下项：
　　　李适女使采连；
　　　专副杨彦第杨积；
　　　脚夫杜顺妻阿冯；
　　　兵士卜喜、王进；
　　　季路李林；
　　　保捷卅一田进；
　　　第子路洵、寮京、大廷哥；
　　　州城兵士薛千、王立、王用、牛□。

---

① 史金波、魏同贤、（俄）克恰诺夫主编《俄藏黑水城文献》，第6册，第255页。

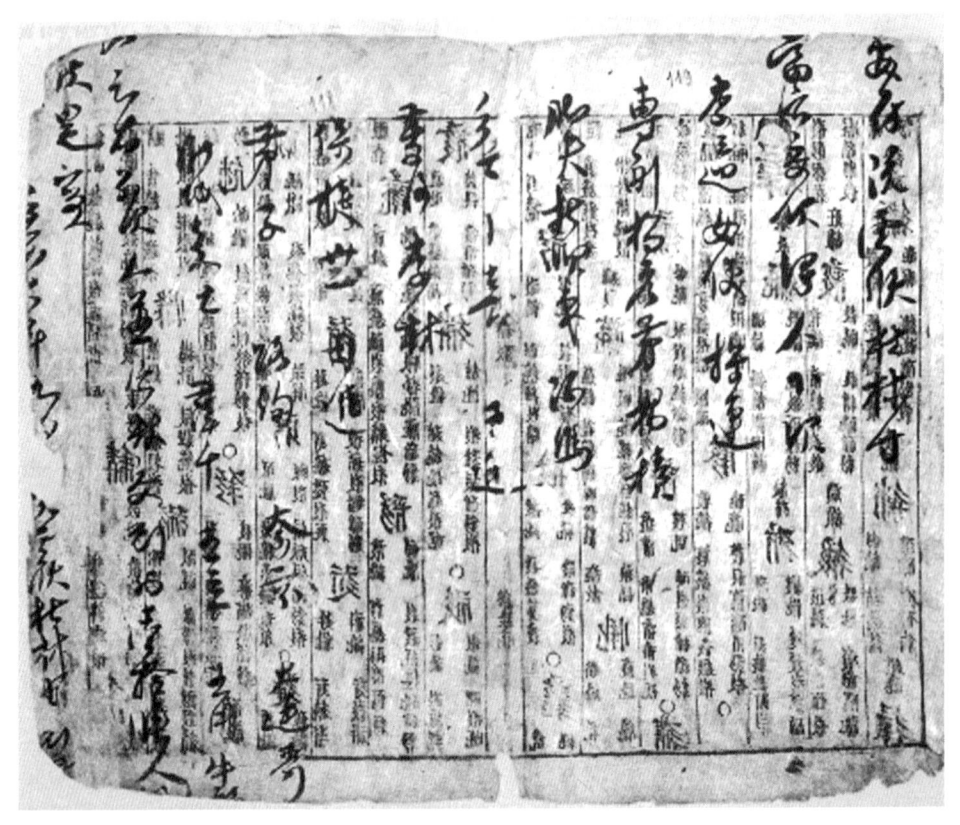

图2-11　宋朝宣和七年九月杜林呈状①

□亡有前项人并依林交到州壹拾肆人□
宣和七年九月□□虞候杜林　□□□

上揭该呈状的结构比较完整,保留了首称、正文及押署,残缺了末称。首称:"延安府院虞候杜林等",即由某官府＋某官某某组成。正文:具体内容。即官员交接人员及其姓名,主要包括三层,第一层只一句"当下交领得人下项",即交代了该呈状所汇报或呈送之总体内容。第二层从"李适女使采连"至"州城兵士薛千、王立、王用、牛□",即职位交接人的具体情况,且此层按照官职进行区分,对于交接人员信息大多择官职、原官员姓名、交接双方关系、交接人姓名等一一进行记录。第三层也只有这一句"□亡有前项人并依林交到州壹拾肆人□",即交接人员总数。末称:残。押署:"宣和七年九月□□虞候杜林　□□□",即由

---

① 史金波、魏同贤、(俄)克恰诺夫主编《俄藏黑水城文献》,第6册,第223页。

年款＋某官府＋某官某某＋(或有签押)等组成。

通过上揭宋朝两份呈状的体式情况,我们可以总结宋朝呈状的体式:

首称:某官府＋某官某某。

正文:具体内容(根据内容多寡一一写明)。

末称:须至具申者,谨具,呈取裁旨。

押署:年款＋某官府＋某官某某＋呈＋(或有签押)。

在总结宋夏呈状体式后可以发现,二者均含有首称、正文、末称及押署,但从具体的书写格式来看,西夏呈状应是在借鉴宋朝呈状的基础上有所简化。就首称而言,西夏呈状所含内容不及宋朝丰富,仅包含官职,但宋朝呈状还详明某官府某官某某。正文部分的内容、范围、对象等似不完全相同,现存的西夏呈状多属于榷场贸易文书,即内容以经济活动为主,且登录信息较具体全面;宋朝呈状则多为日常政务,事项也较清楚明白。对于末称,宋朝呈状均冠以"须至……谨……"的惯用语,但西夏或仅写一"状"字,以标明文书的种类,而这一种类相对来说有其比较大的模糊性,即有"呈状、申状、诉状或状"等义项,相比之下,宋朝呈状则用词更加谦恭准确,如上揭宋朝呈状则有"呈取裁旨"等敬语。在押署部分,西夏呈状亦不及宋朝齐全和具体,仅有年款、官职及签押等;而宋朝呈状则在官职后进行署名,并在此后还写有一"呈"字,清晰明确地标明了文书的种类并显示其行为方向,且不同于西夏将文体置于末称的书写格式。总的来说,就现存西夏呈状来看,其体式无疑是在吸收、学习、融化中原宋朝呈状书写格式的情况下,结合西夏实际情况需要作了一定程度上的简化。

综上所述,呈状作为西夏官府比较重要的上行文书,同其他官府文书所含要素和体式应为基本一致,这样才能显示其庄重、严肃和规范。故通过上述的分析论证和归纳总结,以及俄 Инв. No.348 汉文《呈状》之残缺部分的末称为"须至申……谨状"[1]等,我们认为西夏呈状的要素仍然是齐全完整的,大致由首称、正文、末称及押署等组成。现将西夏呈状的体式归纳总结如下:

首称:某官府＋某官某某。

正文:具体内容。可根据内容多寡一一陈述。

末称:某某状,或须至申者,或须至具申者……或谨状。

押署:年月日＋某官府＋某某官＋签押。

---

[1] 杜建录《西夏史论集》,上海古籍出版社 2016 年,第 567—568 页。

第三节　奏疏类文书功用及体式

通过对传世文献中收录的西夏汉文文书和近年出土的西夏故地汉文、西夏文文书的全面搜集和梳理，发现西夏的奏疏类文书主要有奏、疏、表等类别。

一、西夏奏之功用及体式

"奏"作为文书种类始于秦朝，是大臣向皇帝陈述、批评、建议或弹劾等时所用的一种上行文书。奏在具体的实施过程中，因所奏事项不同或因某些官员奏事时的个人倾向等因素，导致其文种称谓则比较多样，如称奏、上疏、奏疏、奏状、奏议、奏表、奏札等，这些称谓众多的文书名称，实质上都是奏文的变体，而且这些众多的称谓从汉朝之后分化出来一直被沿袭至唐宋元时期。

（一）中国古代奏文发展演变及功用

上古三代没有"奏"，但此时已有陈奏或告知等这样的行为动作出现，最早见于《尚书》。《尚书·舜典》载："敷奏以言，明试以功，车服以庸。"①许慎的《说文解字》对"奏"的解释为："奏，奏进也。从𠬞从廾从中。中，上进之义。"②徐望之《公牍通论》论述更为具体："奏者，进也，情进于上之谓。其字始见于《尧典》所谓敷奏以言也，《史记》引之作遍告以言，是奏即告也，并非达于天子之言为奏。秦初改书为奏，遂为人臣上书于君主之专用文书，而文不可见，汉世始多用之。由是以迄于清，代沿其用，民国成立始废。"③

商周时期，随着文字载体的大量使用，写在另一种载体上的文献也逐渐丰富起来，且大多有陈告、教导、告诫之意。吴讷在《文章辨体序说》中说得十分透彻："唐虞禹皋称谟之后，至商伊尹、周姬公，遂有《伊训》《无逸》等篇，此文辞告君之始也。"④当然，这时期的告奏文书种类可能并不明确，但事实是这时已经用文书向君主提供相关建议或意见等。

---

① 《尚书正义》卷3，（清）阮元校刻《十三经注疏》，第127页。
② （汉）许慎《说文解字》，中华书局1978年，第215页。
③ 徐望之《公牍通论》，第14页。注：该书中所谓的"敷奏以言"出自《尧典》则有误，应出自《舜典》。
④ （明）吴讷《文章辨体序说》，第39页。

秦始皇统一中国后,对包括文书制度在内的各种制度都进行了改革和统一,当然,这时也是"奏"文正式产生并确立奏文制度的时期。《文心雕龙》载:"昔唐虞之臣,敷奏以言,秦汉之辅,上书称奏。陈政事,献典仪,上急变,劾愆谬,总谓之奏。……秦始立奏,而法家少文。观王绾之奏勋德,辞质而义近;李斯之奏骊山,事略而意[径]诬;政无膏润,形于篇章矣。"①可见,奏从秦朝产生之时其功用就比较宽泛,有陈政事、献典仪、上急变、劾愆谬等,而且奏文的一个十分明显的特征是"若乃按劾之奏,所以明宪清国。昔周之太仆,绳愆纠谬;秦之御史,职主文法……"。②如李斯等《刻诏书奏文》:"丞相臣斯、臣去病、御史大夫臣德昧死言:臣请具刻诏书,金石刻因明白矣。臣昧死请。"③

汉朝时不仅继承秦朝"奏"文种类,而且也沿袭其奏文的功用,使其成为十分规范的大臣上行文书。蔡邕的《独断》载:"凡群臣上书于天子者有四名:一曰章,二曰奏,三曰表,四曰驳议。"而且对"奏"的行文体式也有比较具体的交代:"奏者,亦需头,其京师官但言稽首,下言稽首以闻。其中者所请,若罪法劾案,公府送御史台,公卿校尉送谒者台也。"④关于汉朝奏文的功用,史书多有记载。《汉书》载:汉朝"建元元年冬十月,诏丞相、御史、列侯、中二千石、二千石、诸侯相举贤良方正直言极谏之士。丞相绾奏:'所举贤良,或治申、商、韩非、苏秦、张仪之言,乱国政,请皆罢。'奏可"。⑤又载:贾"谊以为汉兴二十余年,天下和洽,宜当改正朔,易服色制度,定官名,兴礼乐。乃草具其仪法,色上黄,数用五,为官名悉更,奏之"。⑥"时,昭帝幼,大将军霍光秉政,恶之,下其书廷尉。奏赐、孟安设妖言惑众,大逆不道,皆伏诛。"⑦《后汉书》载:"时,彭宠反于渔阳,帝欲自征之,湛上奏谏曰:'今京师空匮,资用不足,未能服近而先事边外;且渔阳之地,逼接北狄,黠虏困迫,必求其助……复愿远览文王重兵博谋,近思征伐前后之宜,顾问有司,使极愚诚,采其所长,择之圣虑,以中土为忧念。'帝览其奏,竟不亲征。"⑧等。汉朝留存下来的奏文数量比较庞大,内容也较为丰富,如杨敞、霍光等《奏废昌邑王》,贾谊《又共为荐杨兴奏》,赵充国《上屯田便宜十二事奏》,申屠嘉《奏议孝文为太宗庙》,吴雄、赵戒《请于孔庙置百石卒史奏》,孔光《奏罢减乐人员》,陈平《奏议定列侯功次》,张苍《奏论淮南王长罪》等。

---

① (梁)刘勰著,周振甫注《文心雕龙注释》,第252页。
② (梁)刘勰著,周振甫注《文心雕龙注释》,第252页。
③ (清)王昶《金石萃编》卷4,经训堂藏板,第2—3页。
④ (汉)蔡邕《独断》卷上,影印文渊阁《四库全书》本,第850册,第78—79页。
⑤ (汉)班固《汉书》卷6,第155—156页。
⑥ (汉)班固《汉书》卷48,第2222页。
⑦ (汉)班固《汉书》卷75,第3154页。
⑧ (南朝宋)范晔《后汉书》卷26,第967页。

魏晋南北朝时期沿袭前朝奏的功用和名称。《三国志·魏书》载:"……秋七月,上始亲临朝,听公卿奏事。八月,大赦。冬十月,以镇南将军黄权为车骑将军。"①又载:"济才兼文武,服勤尽节,每军国大事,辄有奏议,忠诚奋发,吾甚壮之。"②又载:"时新都洛阳,制度未备,而宗庙主祐皆在邺都。暨奏请迎邺四庙神主,建立洛阳庙,四时蒸尝,亲奉粢盛。"③《三国志·蜀书》载:"维外宽内忌,意不能堪,军还,有司承旨奏戏,免为庶人。"④《晋书》载:"魏文帝黄初二年六月戊辰晦,日有蚀之。有司奏免太尉,诏曰:'灾异之作,以谴元首,而归过股肱,岂禹汤罪己之义乎!其令百官各虔厥职。后有天地眚,勿复劾三公。'三年正月丙寅朔,日有蚀之。十一月庚申晦,又日有蚀之。五年十一月戊申晦,日有蚀之。明帝太和初,太史令许芝奏,日应蚀,与太尉于灵台祈禳。"⑤《宋书》载:"明年,车驾谒陵,司马懿奏诛曹爽等,天子野宿,于是失势。"⑥《南齐书》载:"王朗奏议,属霸国之初基;陈矫增曹,由军事而补阙。"⑦《陈书》载:"太子中庶子虞荔、御史中丞孔奂以国用不足,奏立煮海盐赋及榷酤之科,诏并施行。"⑧《魏书》载:"……百官有司,其祇奉胤子,以答天休。宣布宇内,咸使闻悉。'于是群公奏曰:'昔三皇之世,澹泊无为,故称皇。是以汉高祖既称皇帝,尊其父为太上皇,明不统天下。今皇帝幼冲,万机大政,犹宜陛下总之。谨上尊号太上皇帝。'"⑨《北齐书》载:"又诏皇太子妃斛律氏为皇后。于是群公上尊号为太上皇帝,军国大事咸以奏闻。"⑩《文心雕龙》也有载:"自汉以来,奏事或称上疏,儒雅继踵,殊采可观。"⑪《典论·论文》也载:"夫文本同而末异,盖奏议宜雅,书论宜理,铭诔尚实,诗赋欲丽。此四科不同,故能之者偏也,唯通才能备其体。"⑫等。魏晋南北朝时期也留存下来了很多奏文,如曹操《奏定制度》《奏上九酝酒法》、刘义恭《奏徙彭城王义康》、孔晏乂《奏谏齐王》、华核《奏荐陆胤》、卫瓘《奏免山涛》、孙楚《奏废九品为大小中正》、王弘《奏弹谢灵运》、孔稚珪《奏劾王奂》、高祐《奏请修国史》、韩褒《奏请放还俘贼》、桓阶《奏改服色牺牲》等。

---

① (晋)陈寿《三国志》卷4,第118页。
② (晋)陈寿《三国志》卷14,第453页。
③ (晋)陈寿《三国志》卷24,第678页。
④ (晋)陈寿《三国志》卷46,第1077页。
⑤ (唐)房玄龄等《晋书》卷12,第337—338页。
⑥ (梁)沈约《宋书》卷23,第688页。
⑦ (梁)萧子显《南齐书》卷16,中华书局1972年,第311页。
⑧ (唐)姚思廉《陈书》卷3,第54页。
⑨ (北齐)魏收《魏书》卷6,第131—132页。
⑩ (唐)李百药《北齐书》卷7,第94页。
⑪ (梁)刘勰著,周振甫注《文心雕龙注释》,第252页。
⑫ (梁)萧统编,(唐)李善注《文选》卷52,中华书局1977年,第720页。

唐朝时期仍然沿袭前朝奏文的功用和名称，但此时的奏文变体则比前朝更加丰富。《旧唐书》载："天宝十三载正月，安禄山来朝，上尝密奏，云禄山有反相，玄宗不听。十四载十一月，禄山果叛，称兵诣阙。"[1]又载："乙未，徐泗王智兴请置僧尼戒坛，浙西观察使李德裕奏状论其奸幸。"[2]"至是，宰臣奏议请量国力颁赏，故差减于先朝，物议是之。群臣五上章请听政，从之。"[3]"俭闻之，惧怀恩为逆，乃密令亲信刘世让以怀恩之谋奏闻。适遇王行本以蒲州归降，高祖将入其城，浮舟至中流，世让谒见，高祖读奏，大惊曰：'岂非天命也！'"[4]"喧然如市，旁若无人，权动寰中，势倾天下。及绚罢相作镇之日，便令滴纳卷贡闻。岂可以父在枢衡，独挠文柄？请下御史台按问文解日月者。'奏疏不下。"[5]《新唐书》载："安禄山之乱，尺简不藏。元载为相，奏以千钱购书一卷，又命拾遗苗发等使江淮括访。"[6]又载：尉迟"敬德晚节，谢宾客不与通。饬观、沼，奏清商乐，自奉养甚厚"。[7] 等等。唐朝时也留存下来很多著名奏文，如张说《郊祀燔柴先后奏》、张九龄《谏废黜三王奏》、陆贽《奏议窦参等官状》、令狐楚《奏太原府资望及官吏选数状》、韩愈《奏韩宏人事物状》、柳宗元《奏荐从事表》、李翱《百官行状奏》、张崇训《禁私盐用新旧法上请奏》、阙名《请贵籴便农奏》、权德舆《徐州事宜奏》、吕温《请立舜庙奏》、孙樵《复佛寺奏》等。

宋朝奏文仍然沿袭前朝功用和名称，且又分化出一个称谓，即"奏札"。《续资治通鉴长编》载：雍熙二年"五月庚午，中书门下奏，谪官在外而累经赦宥者，欲令归阙，责其后效"。[8] 又载："知谏院包拯、陈旭、吴奎……又言：'臣等自去冬力争此事，幸赐开纳，天下皆仰圣度能虚怀而纳谏也。今来重申前命，所以不即论列乞行追夺者，盖为朝廷曲全事体尔！其如大恩不可频假，群心不可固违，假之频则损威，违之固则兆乱。伏望以国家至计为念，检会臣等前后奏札，必赐施行，不胜恳激之极。'"[9]《宋史》载：建隆二年"二月丙寅，幸飞山营阅炮车。壬申，疏五丈河。癸酉，有司奏进士合格者十一人"。[10] 又载：嘉定元年"夏四月丙辰，诏后省科别群臣奏疏可行者以闻。……"[11]又载：宣和二年，"是岁，开封尹宗泽

---

[1] （后晋）刘昫等《旧唐书》卷10，第240页。
[2] （后晋）刘昫等《旧唐书》卷17上，第513页。
[3] （后晋）刘昫等《旧唐书》卷17上，第507页。
[4] （后晋）刘昫等《旧唐书》卷58，第2306页。
[5] （后晋）刘昫等《旧唐书》卷172，第4468页。
[6] （宋）欧阳修、宋祁《新唐书》卷57，第1423页。
[7] （宋）欧阳修、宋祁《新唐书》卷89，第3755页。
[8] （宋）李焘《续资治通鉴长编》卷26，第596页。
[9] （宋）李焘《续资治通鉴长编》卷171，第4107页。
[10] （元）脱脱等《宋史》卷1，第8页。
[11] （元）脱脱等《宋史》卷39，第750页。

奏疏请北伐,且言乞遣辩士西说夏国,东说高丽,俾出助兵"。① 宋朝留存下来的奏文数量十分庞大,如尹拙《妇为舅姑服周奏》、张昭《加估折纳奏》、薛居正《请举乐奏》、赵普《论彗星奏》、钱若水《乞访求阙闻补太宗实录奏》、夏竦《募士兵奏》、范仲淹《奏乞救济陕西饥民》、晏殊《张耆不可为枢密使奏》、宋祁《论以尺定律奏》、包拯《请选雄州官吏奏》、欧阳修《论奖谕叔韶奏》、司马光《乞赐谏院新修唐书奏》、王安石《言司马光不当居高位奏》、沈括《乞令衡朴参校新历奏》、苏轼《奏劾巡铺内臣陈惓》等。

此外,元朝沿袭前朝奏的功用及名称,明清则在奏文名称上又有了更进一步的改革,称奏本、题本、奏折等。

(二) 西夏奏之功用

西夏奏仍然沿袭中原唐宋朝奏文名称和功用,关于此,相关史书和法典都有记载。《续资治通鉴长编》载:"鄜延钤辖张崇贵先遗阿移书,得其报,称未葬难发表章,乞就便具奏。崇贵因请遣使吊问,仍令大臣至边,召贼所亲信张浦面议事宜。"②西夏第三代皇帝秉常于夏大安九年(1083)在给宋朝的《贡宋表》中就有"秉常辄罄丹衷,仰尘渊听,不避再三之干渎,贵图溥率之和平。况夏国累得西蕃木征王子差人赍到文字,称南朝与夏国交战岁久,生灵受苦,欲疑说话,却今两下依旧通和。缘夏国先曾奏请所侵过疆土,朝廷不从,以此未便轻许。……"③《宋史》载:西夏第四代皇帝乾顺"遂遣令能、嵬名济等进誓表曰:'臣国久不幸,时多遇凶,两经母党之擅权,累为奸臣之窃命。频生边患,增怒上心,衅端既深,理诉难达。幸凶党伏诛,稚躬反正。遐驰恳奏,陈前咎之所归……'"④《西夏书事》载:宋绍圣四年(1097)"八月,夏州被围,复遣使如辽乞援……近累使奏告,被南朝侵夺地土……"⑤《天盛律令》规定:"诸人原罪虽应获死,但若应赎,若至减罪应减等,依律法不应斩杀时,不奏而作斩杀判断者,局分大小是谁之罪,当与有意杀人罪情相同。"⑥又规定:"在京师各司问习事中……为之转司□何应,当奏报于中书、枢密所管事处,赐予谕文。""不系属于经略之啰庞岭监军司者,自杖罪至六年劳役于其处判断。获死罪、长期徒刑、黜官、革职、军等行文书,应奏报中书、

---

① (元)脱脱等《宋史》卷486,第14022页。
② (宋)李焘《续资治通鉴长编》卷56,第1228页。
③ (宋)李焘《续资治通鉴长编》卷350,第8384页。
④ (元)脱脱等《宋史》卷486,第14018页。
⑤ (清)吴广成《西夏书事》卷30,《续修四库全书》本,第334册,第533页。
⑥ 史金波、聂鸿音、白滨译注《天盛律令》卷2,第151页。

枢密,回文来时方可判断。"①"诸有所奏者,允许经局分处奏,不许不经局分处而自贪自奏。若违律无理奏报时徒一年。"②"诸大小臣僚任职中,年高、有疾病及未能任职求续转等,有告者,视其年纪、疾病轻重,是否实为未能任职等衡量,奏报实行。"③"诸人不寻谕文,不许胡乱来帐下。……当奏局分处,然后当由局分人引导往帐下,转告毕时,与引导同时退出。若应奏报局分处而不报,及应来人不待谕文随意进入等,一律徒二年。"④但是,从目前所见传世和出土的西夏文书来看,奏文数量显然偏少,只见到了夏仁宗时的《使诣金贺万寿节附奏》。

(三) 西夏奏之体式

目前我们所见西夏奏文只有传世史籍中收录的一篇,为了掌握西夏奏文体式,先移录西夏的这篇奏文如下:

使诣金贺万春节附奏
仁孝(夏天盛十六年,1164)

众军破荡之时,幸而免者十无一二,继以冻馁死亡,其存几何。兼夏国与宋兵交,人畜之被俘戮亦多,连岁勤动,士卒暴露,势皆胶削。又坐为宋人牵制,使忠诚之节无繇自达,中外咸知,原止约理索,听纳臣言,不胜下国之幸。⑤

上揭西夏的这篇奏文,只保留了奏文的正文部分,残缺首称、末称甚至还有押署。

我们知道,西夏的各项制度大多学习借鉴自中原唐宋之制,而文书制度也自然不会例外。所以,本书借鉴唐宋保留下来的体式比较齐全完整的奏文,补全西夏奏文的体式。

先例举唐朝的奏文来总结其体式:

贺张待宾奏克捷状
张九龄(唐)

右。高力士宣示臣等张待宾表:臣等前因奏事,亲承圣旨,悬料数日当有捷书,及此使至,皆如睿略。但狂胡背诞,围逼军州,凶力固已困穷,边城

---

① 史金波、聂鸿音、白滨译注《天盛律令》卷9,第317页。
② 史金波、聂鸿音、白滨译注《天盛律令》卷9,第345页。
③ 史金波、聂鸿音、白滨译注《天盛律令》卷10,第350页。
④ 史金波、聂鸿音、白滨译注《天盛律令》卷12,第434页。
⑤ (元) 脱脱等《金史》卷134,第2868—2869页。

一无所损。臣等伏料此贼,早是破伤,大众远来,踰月乃去,马羸则多死,人苦则计生,本是乌杂之徒,足征破亡之渐,此皆皇威远詟。氛祲坐销,岂伊边人,所能自保。臣等幸忝枢近,承奉圣谟,边捷有符,不胜庆悦,谨奉状陈贺以闻,仍望宣付史馆。谨奏。①

此外,韩愈《奏韩宏人事物状》、②李翱《百官行状奏》③等的体式与上揭张九龄之奏状完全相似。

另,也有与上揭体式不同的奏文:

为留守奏庆山醴泉表
张说(唐)

臣某言。臣闻至德洞微,天鉴不远,休征秘景,时和则见,是知绵代旷历,庆牒祥经。帝王有必感之符,神灵无虚应之瑞。伏惟天册金轮圣神皇帝陛下金镜御天……

彰贲亿龄,愉衍万宇。臣辱司京尹,忝寄留台,牧西夏之疲人,荷东蕃之余宠。游泳鸿露,震悚明神,禧祉有归,光启兹部,喜睹殊观,实百恒流,踊跃一隅,驰诚双阙。伏请宣付史馆,颁示朝廷,无任兔藻之至。谨遣某官绘图奉进。④

由上唐朝奏文可以总结其大概体式:首称:"右……"或"臣某言"等;正文:奏文的具体内容;末称:"谨奏"或"谨遣某官绘图奉进"等;未见押署部分的体式。

我们再来看宋朝奏文的体式:

覆议册四庙奏
张昭(宋)

臣前月中预都省集议宗庙事,伏见议状,于亲庙外请别立始祖一庙。近奉中书门下牒,再令百官于都省议定闻奏者。臣读十四代史书,见二千年故事。观诸家宗庙,都无始祖之称。惟殷、周二代,以稷、契为太祖。《礼记》曰:"天子七庙。三昭三穆,与太祖之庙而七。"郑元《注》云:"此周制也。七者,太祖后稷及文王、武王与四亲庙也。"又曰:"殷人六庙,契及汤与二昭二穆也。夏后氏立五庙,不立太庙。唯禹与二昭二穆而已。"据《王制》郑玄所释,即殷周以稷、契为太祖,夏后氏无太祖,亦无追谥之庙,自殷、周以来,时

---

① (清)董诰等《全唐文》卷288,第2930页。
② (清)董诰等《全唐文》卷549,第5563页。
③ (清)董诰等《全唐文》卷634,第6399—6400页。
④ (清)董诰等《全唐文》卷222,第2241—2242页。

更十代,皆于亲庙之中,以有功者为太祖,无追崇始祖之例。共引今古,即恐词繁,事要证明,须陈梗概。汉以高祖父太上皇执嘉无社稷功,不立庙号,高帝自为高祖。魏以曹公相汉垂三十年,始封于魏,故为太祖。晋以宣王辅魏室有功,立为高祖。以景帝始封于晋,故为太祖。宋氏先世,官阀卑微,虽追崇帝号,刘裕自为高祖。南齐高帝之父,位至右将军,生无对爵,不得为太祖,高帝自为太祖。梁武帝父顺之,佐祐齐室封侯,位至领军、丹阳尹,虽不受封于梁,亦为太祖。陈武帝父文赞,生无名位,以武帝功,梁室赠侍中,封义兴公。及武帝即位,亦追为太祖。周闵帝以父泰相西魏,经营王业,始封于周,故为太祖。隋文帝父忠,辅周室有大功,始封于隋,故为太祖。唐祖神尧祖父虎,为周上柱国,隋代追封唐公,故为太祖。唐末梁氏朱氏有帝位,变四庙。朱公先世无名位,虽追册四庙,不立太祖,朱公自为太祖。此则前代追册太祖,不出亲庙之成例也。王者祖有功而宗有德,汉、魏之制,非有功德不得立为祖宗。殷、周受命,以稷、契有大功于唐、虞之际,故追尊为太祖。自秦、汉之后,其礼不然。虽祖有功,乃须亲庙。今亦粗言往例,以取证明。秦称造父之后,不以造父为始祖。汉称唐尧、刘累之后,不以尧、累为始祖。魏称曹参之后,不以参为始祖。晋称赵将司马卬之后,不以卬为始祖。宋称汉楚元王之后,不以元王为始祖。齐、梁皆称萧何之后,不以何为始祖。陈称太邱长陈寔之后,不以寔为始祖。元魏称李陵之后,不以陵为始祖。后周称神农之后,不以神农为始祖。隋称杨震之后,不以震为始祖。唐称皋陶、老子之后,不以皋陶老子为始祖。唯唐高宗皇帝则天武后临朝,革唐称周,更立七庙,仍追册周文王姬昌为始祖。此盖当时附丽之徒,不谙故实。武立姬庙,乖越以来,曲台之人,到今嗤诮。臣远观秦、汉,下洎周、隋,礼乐衣冠,声名文物,未有如唐室之盛也。武德议庙之初,英才间出。温、魏、颜、虞通今古,封、萧、薛、杜达礼仪。制度宪章,必有师法。夫追先祖之仪,起于周代。据《史记》及《礼》经云:"武王缵太王、王季、文王之绪,一戎衣而有天下,尊为天子,宗庙享之。周公成文、武之德,追王太王、王季,祀先公以天子之礼。"又曰:"郊祀后稷以配天。"据此言之,周武虽祀七世,追为王号者,但四世而已。故自东汉以来,有国之初,多从四庙,从周制也。况殷因夏礼,汉习秦仪。无劳博访之文,宜约已成之制。请依隋、唐有国之初,创立四庙,推四世之中名位高者为太祖。谨议以闻。①

另外,田锡《上太宗条奏事宜》的首称:"臣……";正文:具体事宜;末称:"臣

---

① 曾枣庄、刘琳主编《全宋文》卷9,第1册,第209—210页。

屡陈鄙见,烦黩圣听,臣不任惶恐战栗之至。"①王钦若《请修葺及不得占射文宣王庙奏》首称:"诸道州府军监……"正文:奏文具体内容;末称:"修敕旨。"②夏竦《抑仙释奏》首称:"臣闻舜禹商周之有天下……"正文:奏文的具体内容;末称:"区区之言,伏待裁择。"③范仲淹《再奏乞蒋偕转官知原州》首称:"臣等窃见泾原路……"正文:奏文具体内容;末称:"臣范仲淹、臣韩琦。"④宋祁《请严缉捕盗贼奏》首称:"臣伏见近年……"正文:奏文具体内容;末称:"取进止。"⑤包拯《请谥王明奏》首称:"臣窃观……"正文:奏文具体内容;末称:"谨具状缴连上进。"⑥

由上揭所引几例宋朝奏文来看,其体式可以总结如下:

首称:"臣因某事……"或"某官府"或"臣闻某事"等;正文:奏文的具体内容;末称:"谨议以闻"或"臣不任惶恐战栗之至"或"修敕旨"或"区区之言,伏待裁择"或"臣某某"或"取进止"等;未见押署体式。

由上可以看出,唐宋奏文的体式也不完全相同,所以,我们总结唐宋奏文体式,以补充西夏奏文的体式。我们推测西夏"奏"体式也可能存在多种形式:

首称:右……或臣某言,或臣因某事……或某官府,或臣闻某事,或臣伏见……或臣窃观……等。

正文:奏文的具体内容。

末称:谨奏,或谨遣某官绘图奉进,或谨议以闻,或臣不任惶恐战栗之至,或修敕旨,或区区之言,伏待裁择,或臣某某,或取进止,或谨具状缴连上进等。

押署:或有押署和年款部分内容。

二、西夏疏之功用及体式

"疏"是古代重要的上行文书种类之一,是"奏"这种文书的别称,也是古代各类上奏文书的泛称,其功用为我国封建社会大臣用于向皇帝陈述政见、谏言献策等,属于古代传统的、使用频率较高的文书文种。正因为如此,西夏也学习借鉴了古代疏文种类和功用,在境内普遍使用。

---

① 曾枣庄、刘琳主编《全宋文》卷85,第5册,第99—102页。
② 曾枣庄、刘琳主编《全宋文》卷191,第9册,第317—318页。
③ 曾枣庄、刘琳主编《全宋文》卷346,第17册,第72—73页。
④ 曾枣庄、刘琳主编《全宋文》卷375,第18册,第177—178页。
⑤ 曾枣庄、刘琳主编《全宋文》卷494,第23册,第325页。
⑥ 曾枣庄、刘琳主编《全宋文》卷539,第25册,第324页。

（一）中国古代疏之产生发展及功用

根据史籍记载，疏这一文种始于汉朝，是"奏"的别称，其功用是大臣向皇帝陈述有关事项、表明政见、说明看法或有所匡谏等。《文心雕龙·奏启》载："自汉以来，奏事或称上疏，儒雅继踵，殊采可观。"①《汉书》颜注曰："疏者，疏条其事而言之。"②明吴讷《文章辨体序说》云：汉文帝时"开广言路，于是贾山献《至言》，贾谊上《政事疏》。自时厥后，进言者日众。或曰上疏，或曰上书，或曰奏札，或曰奏状"。③ 疏的使用范围涉及国家各项具体事务，《汉书》载："至宣帝时，琅邪王吉为谏大夫，又上疏言：'欲治之主不世出，公卿幸得遭遇其时……'"④又载：贾"谊数上疏陈政事，多所欲匡建……"⑤又载："方进内惭，上疏谢罪乞骸骨。"⑥又载："哀帝于是免新成侯赵钦、钦兄子成阳侯䜣，皆为庶人，将家属徙辽西郡。时议郎耿育上疏言：'臣闻继嗣失统，废适立庶……'"⑦汉朝留存下来的疏文很多，著名的疏文如贾谊《论积贮疏》、晁错《言兵事疏》《论贵粟疏》、班昭《为兄超求代疏》等。

魏晋南北朝时期，疏的功用几乎沿袭汉代。《三国志·魏书》载："青龙中，又封后从兄子毅及像弟三人，皆为列侯。毅数上疏陈时政，官至越骑校尉……黄初三年，将登后位，文帝欲立为后，中郎栈潜上疏曰：'在昔帝王之治天下，不惟外辅，亦有内助，治乱所由，盛衰从之……'"⑧《三国志·蜀书》载："时后主颇出游观，增广声乐。周上疏谏曰：'昔王莽之败，豪杰并起，跨州据郡，欲弄神器，于是贤才智士思望所归……'"⑨《三国志·吴书》载：太平二年"五月，魏征东大将军诸葛诞以淮南之众保寿春城，遣将军朱成称臣上疏，又遣子靓、长史吴纲诸牙门子弟为质"。⑩ 又载：孙"皓凶暴骄矜，政事日弊。邵上疏谏曰：'古之圣王，所以潜处重闱之内而知万里之情……'"⑪《晋书》载："刘裕之北征也，帝上疏，请帅所莅，启行戎路，修敬山陵。朝廷从之，乃与裕俱发。及有司以即戎不得奉辞陵庙，

---

① （梁）刘勰著，周振甫注《文心雕龙注释》，第 252 页。
② （汉）班固《汉书》卷 87 下，第 3571 页。
③ （明）吴讷《文章辨体序说》，第 39 页。
④ （汉）班固《汉书》卷 22，第 1033 页。
⑤ （汉）班固《汉书》卷 48，第 2230 页。
⑥ （汉）班固《汉书》卷 84，第 3421 页。
⑦ （汉）班固《汉书》卷 97 下，第 3996 页。
⑧ （晋）陈寿《三国志》卷 5，第 163—165 页。
⑨ （晋）陈寿《三国志》卷 42，第 1027 页。
⑩ （晋）陈寿《三国志》卷 48，第 1154 页。
⑪ （晋）陈寿《三国志》卷 65，第 1456 页。

帝复上疏曰:'臣推毂阃外……'"①《宋书》载:"成帝咸康三年,国子祭酒袁环、太常冯怀又上疏曰:'臣闻先王之教也,崇典训,明礼学……'"②《南齐书》载:"元徽初,褚渊参朝政,引(何)戢为侍中,时年二十九。戢以年未三十,苦辞内侍,表疏屡上,时议许之。"③《梁书》载:"吴兴郡屡以水灾失收……中大通二年春,诏遣前交州刺史王弁假节,发吴郡、吴兴、义兴三郡民丁就役。太子上疏曰:'伏闻当发王弁等上东三郡民丁,开漕沟渠,导泄震泽……'"④《陈书》载:"李、蔡所不能记者,贵妃并为条疏,无所遗脱。"⑤《魏书》载:"时文明太后为王叡造宅,故亦为丕造甲第……太后亲造劝戒歌辞以赐群官,丕上疏赞谢。"⑥《北齐书》载:可朱浑"元既早被高祖知遇,兼其母兄在东,尝有思归之志,恒遣表疏与高祖阴相往来。"⑦《周书》载:"天和中,(褚该)著诗预论周、隋废兴及皇家受命,并有征验。性尤不信释教,尝上疏极论之。"⑧魏晋南北朝时期也留存有数量比较可观的疏文,如诸葛亮《街亭自贬疏》、李安世《请均田疏》、陆逊《上疏请缓征公孙渊》等。

唐朝疏文的功用仍为大臣向皇帝陈述政事、建议和意见,有所匡谏等。《旧唐书》载:"皇帝御延喜门观灯纵乐,凡三日夜。左拾遗严挺之上疏谏之,乃止。"⑨又载:"……将作大匠韦凑上疏,请迁孝敬神主,别立义宗庙。"⑩"帝以问宰相陆贽,贽上疏请厘革其甚害者,大略有六:其一曰……"⑪又载:狄仁杰"转文昌右丞,出豫州刺史。时越王兵败,支党余二千人论死。仁杰释其械,密疏曰:'臣欲有所陈,似为逆人申理……'"⑫唐朝也留存有数量较多的疏文,著名疏文有魏徵《谏太宗十思疏》、王义方《劾李义府疏》、狄仁杰《谏造大像疏》等。

宋朝疏文沿袭唐朝疏文之功用和使用范围。《宋史》多处有记载。如太平兴国"九月乙未朔,日有食之。甲辰,左拾遗田锡上疏极谏,诏嘉奖之"。⑬ 绍兴元年三月"庚子,张浚以富平之败上疏待罪,诏免"。⑭ 端平三年七月"戊辰,监察御

---

① (唐)房玄龄等《晋书》卷10,第268页。
② (梁)沈约《宋书》卷14,第362页。
③ (梁)萧子显《南齐书》卷32,第583页。
④ (唐)姚思廉《梁书》卷8,第168页。
⑤ (唐)姚思廉《陈书》卷7,第132页。
⑥ (北齐)魏收《魏书》卷14,第358页。
⑦ (唐)李百药《北齐书》卷27,第376页。
⑧ (唐)令狐德棻等《周书》卷47,第851页。
⑨ (后晋)刘昫等《旧唐书》卷7,第161页。
⑩ (后晋)刘昫等《旧唐书》卷8,第178页。
⑪ (宋)欧阳修、宋祁《新唐书》卷52,第1353页。
⑫ (宋)欧阳修、宋祁《新唐书》卷115,第4208页。
⑬ (元)脱脱等《宋史》卷4,第66页。
⑭ (元)脱脱等《宋史》卷26,第486页。

史杜范、吴昌裔以言事不报,上疏乞罢官,诏改授范太常少卿,昌裔太常卿"。①"初,知并州韩琦上疏曰:'州县生民之苦,无重于里正衙前……'"②等。著名疏文有范仲淹《奏上时务疏》、司马光《上皇帝疏》、王安石《上时政疏》、宗泽《乞毋割地与金人疏》等。

元、明、清三朝疏之功用几如沿袭前朝,只是其上疏对象不仅仅局限于皇帝,而是扩大至皇太子。史载:元朝陈"祖仁上疏皇太子言:'御史纠劾橐驝、不花奸邪等事……'"③等。

(二) 西夏疏之功用

西夏疏的称谓稍有变化,并不完全拘泥于"疏",有"上言""上疏""言"等称谓,其功用几乎沿袭中原唐宋之法,主要是西夏大臣向皇帝陈述有关重要事项、表明政见、说明看法或有所匡谏等时所用,而且内容涉及西夏国各项重要事项,具体如下。

第一,上疏请求创建或废除学校事宜的疏文。史载:"自曩霄创建蕃学,国中由蕃学进者诸州多至数百人,而汉学日坏。士皆尚气矜,鲜廉耻,甘罹文网,乾顺患之。御史中丞薛元礼上言……"④又载:任"得敬凌虐朝士,见仁孝尊崇儒学,深恶之。上言:'经国在乎节俭……'"⑤

第二,应皇帝求直言而大臣上疏。史载:夏贞观十二年"夏六月朔,白虹贯日。乾顺命诸臣直言得失,御史大夫谋宁克任疏言:'法治之要,不外兵刑……'"⑥又载:夏乾定三年"夏六月,太白昼见。与日争明,德旺求直言。殿中御史张公辅疏陈经国七事:'一曰收溃散以固人心……'"⑦

第三,因自然灾害导致国家和人民利益受损而大臣向皇帝谏议等的疏文。史载:夏大庆四年"夏四月,夏州地裂泉涌。……御史大夫苏执义言:'自三畿地震……'"又载:同年八月行赈法,"郡县连章告急,诸臣请兵讨击。枢密承旨苏执礼言:'此本良民,因饥生事,非盗贼比也……'"⑧

第四,上言皇帝劝阻或罢斥朝中戚臣擅权之疏文。史载:任"得敬在镇日事

---

① (元) 脱脱等《宋史》卷42,第811页。
② (元) 脱脱等《宋史》卷177,第4297页。
③ (明) 宋濂等《元史》卷186,第4266—4274页。
④ (清) 吴广成《西夏书事》卷31,《续修四库全书》本,第334册,第544页。
⑤ (清) 吴广成《西夏书事》卷36,《续修四库全书》本,第334册,第588页。
⑥ (清) 吴广成《西夏书事》卷32,《续修四库全书》本,第334册,第552—553页。
⑦ (清) 吴广成《西夏书事》卷42,《续修四库全书》本,第334册,第634—635页。
⑧ (清) 吴广成《西夏书事》卷35,《续修四库全书》本,第334册,第579页。

诛杀,僚佐有谏者勿听,自以有大功,冀与国政,使人上表请入觐,仁孝欲许之,御史大夫热辣公济言:'窃见戚臣任得敬……'"①又载:御史中丞热辣"公济骨鲠有风裁,见得敬专恣日甚,抗疏言:'得敬为国懿亲……'"②

第五,大臣向皇帝进言得失的疏文。史载:"蒙古兵虽退,国中荒羸殆甚,遵项犹集十二监军司兵图金巩州。德懿上言:'天人之道……'"③

由上可见,西夏疏文的功用沿袭学习中原唐宋,而且几乎渗透到西夏国从上到下的各项具体事务之中。从史籍记载来看,西夏也留存了一些疏文,比较有名的疏文如谋宁克任《陈得失疏》、热辣公济《谏阻权臣任得敬入朝疏》、张公辅《陈经国七事疏》等。

(三) 西夏疏之体式

疏从汉朝始出,就已经有比较固定的体式,如首称:"某官(臣)某昧死再拜言……"或"臣(闻)……"正文:疏文具体内容,且因内容多寡而层次不同;末称:"昧死再拜上某某事"或"昧死上狂言,唯陛下采择"或"臣某昧死再拜,以闻皇帝陛下"等。期间经历了魏晋南北朝、唐、宋、元、明、清等朝代,其体式有变化,但变化并不是很大。如清代疏文体式,首称:"某官臣谨奏(题)……""臣闻……"或"伏见(乞)……"或"题为……"或"窃惟……";正文:疏文具体内容;末称:"伏乞圣明采择(皇上睿鉴)""……则天下幸甚"或"……伏祈敕部议复施行"或"……恭候圣裁"或"伏冀睿鉴施行"或"臣无任悚息待命之至"等。可见,疏文体式各朝代虽稍有不同,但总体规律仍然是比较规范和固定。

西夏疏文的体式又是如何呢?从目前所见西夏疏文来看,几乎收录在清代学者的如《西夏书事》《西夏书》等著作之中,而且几乎均为正文部分,缺载疏文的首称、末称部分。与西夏有关的宋、辽、金的史籍中未见有具体疏文的收录,所以,要想归纳总结西夏疏文的体式,也就只好借助唐宋疏文的体式来进行推测,因为西夏文书的写作大多学习借鉴唐宋文书之制,故西夏疏文的体式也有可能借鉴学习唐宋疏文体式。

为了更加直观地了解西夏疏之体式,先移录御史大夫谋宁克任于夏贞观十二年(1112)的上疏《陈得失疏》如下:

> 治法之要,不外兵刑;富国之方,无非食货。国家自青、白两盐不通互

---

① (清)吴广成《西夏书事》卷36,《续修四库全书》本,第334册,第582—583页。
② (清)吴广成《西夏书事》卷37,《续修四库全书》本,第334册,第595页。
③ (清)吴广成《西夏书事》卷41,《续修四库全书》本,第334册,第632页。

市,膏腴诸壤浸就式微,兵行无百日之粮,仓储无三年之蓄,而惟恃西北一区,与契丹交易有无,岂所以裕国计乎! 自用兵延、庆以来,点集则害农时,争斗则伤民力,星辰示异,水旱告灾,山界数州非侵即削,近边列堡有战无耕,于是满目疮痍,日呼庚癸,岂所以安民命乎? 且吾朝立国西陲,射猎为务。今国中养贤重学,兵政日弛。昔人云"虚美薰心,秦乱之萌"。又云"浮名妨要,晋衰之兆"。臣愿主上,既隆文治,尤修武备,毋徒慕好士之虚名,而忘御边之实务也。①

上揭御史大夫谋宁克任的疏文只有正文,缺载首称、末称。
再移录西夏御史大夫热辣公济于人庆四年(1147)《谏阻权臣任得敬入朝疏》如下:

窃见戚臣任得敬上表请朝,其心盖为干政地也。从古外戚擅权,国无不乱。得敬虽属懿亲,非我族类,能保其心之不异乎? 惟陛下察之。②

上揭御史大夫热辣公济的疏文,虽然篇幅短小,但保存了疏文的正文和末称部分。正文从"窃见戚臣任得敬……"至"能保其心之不异乎?"末称则为最后一句话:"惟陛下察之。"

为了全面掌握西夏疏文的体式,我们选择唐宋疏文中体式比较齐全的例文,补全西夏疏文的体式。如唐朝褚遂良《谏魏王泰物料逾东宫疏》全文如下:

谏魏王泰物料逾东宫疏

臣遂良言:昔圣人制礼,尊嫡卑庶,谓之储君,道亚睿极,其为崇重,用物不计,泉货财帛,与王者共之。庶子体卑,不得为例。所以塞嫌疑之渐,除祸乱之源,而先王必本人情……日驰千里,既教之以谦俭,又劝之以文学,惟忠惟孝,因而奖之。道德齐礼,乃为良器。此所谓圣人之教,不肃而成者也。臣以不才,叨居谏职,甘从鼎镬,轻敢以闻。烦黩之愆,伏增战慄。③

由上揭唐朝褚遂良的疏文来看,其首称:"臣遂良言";正文:疏文的具体内容;末称:"烦黩之愆,伏增战慄"。

此外,唐朝王勃《上百里昌言疏》的首称:"勃言",正文:具体内容;末称:"谨奉言疏不备,勃再拜。"④张说《谏避暑三阳宫疏》首称:"右补阙臣说言";正文:具

---
① (清) 吴广成《西夏书事》卷32,《续修四库全书》本,第334册,第552—553页。
② (清) 吴广成《西夏书事》卷36,《续修四库全书》本,第334册,第582—583页。
③ (清) 董诰等《全唐文》卷149,第1507—1508页。
④ (清) 董诰等《全唐文》卷177,第1820—1821页。

体内容;末称:"轻触天威,伏地待罪"。① 孔璋《理李邕疏》首称:"山东布衣臣某言";正文:具体内容;末称:"臣璋死罪死罪"。② 魏謩《谏纳李孝本女疏》首称:"臣闻治国家者……"正文:具体内容;末称:"伏地叩头,昧死陈达。"③司空图《为东都敬爱寺讲律僧惠确化募雕刻律疏》首称:"窃以化化无穷……"正文:具体内容;末称:"……谨疏。"④

宋朝疏文的体式同样借鉴学习唐朝,但也有变化的部分。如司马光《上皇帝疏》首称:"月日,具位臣司马光昧死再拜,上疏皇帝陛下";正文:具体内容;末称:"……臣光昧死再拜上疏。"⑤宗泽《乞毋割地与金人疏》首称:"臣闻天下者,我太祖、太宗肇造一统之天下也……"正文:具体内容;末称:"臣衰老,不胜感愤激切之至。"⑥

结合上述唐宋疏文之体式和西夏疏文的体式,我们补充完善西夏"疏"之体式如下:

首称:臣闻,或臣某某言,或某某言,或某官臣某某言,或某地布衣臣某言,或窃以为,或某月日某官某某谨昧死顿首上疏皇帝陛下等。

正文:疏文的具体内容或谏议事项等,因内容多寡而确定层次。

末称:谨以(奉)……或昧死上奏以闻;或臣某某死罪死罪;或伏乞(闻)……或伏深惶悚;或谨疏;或臣不胜忧愤激切之至;或惟陛下察之;或烦黩之愆伏增战慄;或谨奉言疏不备,某某再拜,或轻触天威,伏地待罪;或伏地叩头,昧死陈达等。

综上,目前并未见传世或出土的保存完整的西夏疏文,故借助唐宋疏文的体式,补充完善了西夏疏文的体式。当然,要想推断出比较规范和完整正确的西夏疏文的体式,则还需等待比较丰富的、完整齐全的传世或出土的西夏疏文。

三、西夏表文之功用及体式

"表"是中国古代重要的陈情言事的文种之一,是我国封建社会设置的用于臣下对君主陈情、谢恩、劝进、庆贺等的上奏文书文种。表文的撰拟者多为朝臣,

---

① (清) 董诰等《全唐文》卷 223,第 2256 页。
② (清) 董诰等《全唐文》卷 375,第 3812—3813 页。
③ (清) 董诰等《全唐文》卷 766,第 7963 页。
④ (清) 董诰等《全唐文》卷 808,第 8494—8495 页。
⑤ 曾枣庄、刘琳主编《全宋文》卷 1184,第 54 册,第 307—308 页。
⑥ (宋) 宗泽《宗忠简公集》卷 1,(上海) 商务印书馆,中华民国二十四年十二月初版,第 26—27 页。

但有时皇帝也拟表文,"若乃天子之于天,故宜用表称臣"。① 关于表的用途,《文选》李善注曰:"表者,明也,标也,如物之标表。言标著事序,使之明白,以晓主上,得尽其忠,曰表。"②《文体明辨序说》云:"汉定礼仪,乃有四品,其三曰表,然但用以陈情而已。后世因之,其用浸广。"③可见,表主要用于陈情,但除此之外,还有许多其他用途,通观历朝表文,有许多文情并茂的经典佳作。为此,有必要对古代表文的发展演变、功用及体式进行比较深入地研究。

(一)中国古代上行文表文发展演变及功用

上古三代无表。查阅目前传世的文书档案汇编可知,夏、商、周三代并无"表"这一文书种类。据《文选》李善注:"表,三王已前,谓之敷奏,故《尚书》云'敷奏以言',是也。"④上古三代无表,而用敷奏来代替表文的功能。但查阅传世的文书档案汇编,也无敷奏实物文书,故对敷奏这种文书的功用无法确知。

秦统一中国后,"表"正式成为文书种类,"至秦并天下,改为表。总有四品,一曰章,谢恩曰章。二曰表,陈事曰表。三曰奏,劾验政事曰奏。四曰驳,推覆平论有异事进之曰驳。六国及秦汉兼谓之上书,行此五事"。⑤ 故秦朝兼用上书行表文功能,如李斯《谏逐客书》、邹阳《上书吴王》《狱中上书》等。

汉朝相沿袭用秦制,"凡群臣上书于天子者有四名,一曰章,二曰奏,三曰表,四曰驳议"。⑥ 并且,汉代对表的规定更为明确,"至汉魏已来,都曰表。进之天子称表"。⑦ 汉以后历代相沿,并伴随封建社会之始终。汉代最早见到的以"表"为标题的文书是李陵的《表》。⑧ 另汉朝有"表奏令"连用的情况,如魏相《表奏采易阴阳明堂月令》;有"表诏"连用的情况,如汉安帝《赈贫民表贞妇诏》;有"表状"连用的情况,如公孙瓒《表袁绍罪状》。汉朝表的陈情功用涉及多方面,有陈述冤情的,如段孝直《上表讼冤》;有弹劾他人的,如名字不详的李某的《表劾裴茂之》;有上呈谏言的,如窦武《上表谏宦官封侯》;有嘱托遗愿的,如来歙《被刺自书遗表》;有陈言政事的,如梁商《招降匈奴表》;有请罪辞官的,如蔡邕《巴郡太守谢表》;有荐人为官的,如刘焉《荐任安表》等。

---

① (明)徐师曾《文体明辨序说》,第172页。
② (梁)萧统编,(唐)李善注《文选》卷37,第515页。
③ (明)徐师曾《文体明辨序说》,第122页。
④ (梁)萧统编,(唐)李善注《文选》卷37,第515页。
⑤ (梁)萧统编,(唐)李善注《文选》卷37,第515页。
⑥ (汉)蔡邕《独断》卷上,影印文渊阁《四库全书》本,第850册,第78页。
⑦ (梁)萧统编,(唐)李善注《文选》卷37,第515页。
⑧ (清)严可均辑《全上古秦汉三国六朝文·全汉文》卷28,第281页。

魏晋南北朝、隋朝沿袭汉朝的表文功用并有了进一步的拓展。正如刘勰《文心雕龙·章表》中所谓"表体多包",①"于是有论谏,有请劝,有陈乞,有进献,有推荐,有庆贺,有慰安,有辞解,有陈谢,有讼理,有弹劾,所施既殊,故其词亦异。"②如进献类的有诸葛亮《出师表》,推荐类的有曹植《求自试表》,论谏类的有隋文帝《禁绝言封禅表》,陈乞类的有李密《陈情表》,请劝类的有刘琨《劝进表》,陈谢类的有曹植《封鄄城王谢表》,弹劾类的有齐高帝《上表诛黄回》,庆贺类的有庾信《贺传位于皇太子表》等。

唐朝时表文功用仍沿袭前朝,但唐朝的古文运动给表文的写作带来了新的活力,一反南朝后期的追逐华丽辞藻的浮华文风,出现了不少文风古朴的表文。如论谏类的有韩愈《论佛骨表》,庆贺类的有白居易《为宰相贺赦表》,辞解类的有张说《为郭振让官表》,推荐类的有李白《为宋中丞自荐表》,进献类的有杜甫《进三大礼赋表》,劝进类有李百药《劝封禅表》,陈谢类的有柳宗元《柳州谢上表》等。其他作者如李商隐、陈子昂、李善、苏颋等也都留下了优秀的表文。

宋朝时表的用途与"奏"文种交叉重叠,且表与奏相比,提请君主决断的程度相对较弱,于是逐渐被奏排挤出庶政领域,主要局限于谢、贺用途。此外,与章的用途又相重合,致使章的使用范围自然也日趋缩小。如王禹偁《谢赐御草书诗表》、苏轼《谢量移汝州表》、范仲淹《饶州上谢表》、曾巩《贺克伏交阯表》等。只有数量很少的表文,才涉及庶政,如司马光《奏弹王安石表》、吕海《奏乞致仕表》、王安石《进字说表》等,还有个别表文只是怀念亲情,并不涉及其他事项,如欧阳修《陇冈阡表》等。

辽、金、元时期沿袭中原唐宋的表文,但功用进一步缩小,以谢贺为主。如辽天祚帝《谢免罪表》《谢封海滨王表》、金元望《贺俘宋主表》、元好问《拟贺登宝位表》等。

元、明、清之时,表文的功用更加狭窄,大概只用于庆贺,偶有涉及庶政之用,且程式用语也越加刻板,华而不实,多为四六骈体文。表文这一官府上行文种随着清朝的灭亡而自然消亡。

(二) 西夏表文之功用

西夏沿袭中原唐宋"表文"文书名称,有供佛、称臣、乞降、陈言、慰问、发誓、陈谢、定疆界、入京城等多种功用。关于此,西夏史籍多有记载。《西夏书事》载:

---

① (梁) 刘勰著,周振甫注《文心雕龙注释》,第 244 页。
② (明) 徐师曾《文体明辨序说》,第 122 页。

西夏天授礼法延祚元年春正月,李元昊"表请供佛五台山"。① 西夏天授礼法延祚七年六月,"遣使入献,始上誓表称臣"。② 西夏天祐垂圣元年十二月,"奉表乞臣于契丹,不答"。西夏福圣承道元年九月,"进降表于契丹"。西夏福圣承道二年冬十月,"进誓表于契丹"。③ 西夏拱化三年"二月,上表自陈"。④ 西夏天赐礼盛国庆三年八月,"使谢岁赐。梁氏复得岁赐,遣使入谢,而表不依式,不设誓,又不言诸路地界事"。⑤ 西夏天祐民安元年"八月,上表请定疆至"。⑥ 西夏人庆四年"夏五月,西平公任得敬表请入朝"。⑦ 等等。西夏传世的汉文表文数量比较可观,如元昊《于宋请称帝改元表》、秉常《谢宋恩表》、乾顺《贺金正旦表》等,出土的如嵬名地暴等西夏文《天盛律令·颁律表》等。

(三) 西夏表文之体式

西夏上行文表文虽有传世的汉文表文和出土的西夏文表文,但其体式却不都完整齐全,所以,我们还需要借助若干份表文从中总结和归纳。下面所列举的西夏表文都比较有代表性,现一一移录全文如下。

遣使于宋乞夏州表
李继迁(宋至道元年)

怀携柔远,王者之洪规;裕后光前,子臣之私愿。臣先世自唐初向化,永任边陲;迨僖庙勤王,再悉国姓;历五代而恩荣勿替,入本朝而封爵有加。德并戴天,情深拱极,兹以家庭多难,骨肉相仇,遂致帐属流离,箕裘陨越。庭坚之宗,忽焉不祀;若敖之鬼,嗟其馁而。臣虽拓跋小宗,身是苾臣后裔。十世之宥,义在褒忠;三代之仁,典昭继绝。聿维夏州荒土,羌户零星,在大宋为偏隅,于渺躬为世守。祖先灵爽,应恋首丘;明发私怀,敢忘宗土? 恭惟皇帝陛下,垂天心之慈爱,舍兹弹丸,矜蓬梗之飘零,俾以主器。诚知小人无厌,难免僭越之求。伏祈圣主宽仁,远降哀全之诏,曲成靡既,再造莫酬。

臣不胜惶悚恐惧。⑧

李继迁的这份表文残留正文和末称。正文:乞求得到夏州故地的相关内

---

① (清)吴广成《西夏书事》卷12,《续修四库全书》本,第334册,第391页。
② (清)吴广成《西夏书事》卷17,《续修四库全书》本,第334册,第430页。
③ (清)吴广成《西夏书事》卷19,《续修四库全书》本,第334册,第446—448页。
④ (清)吴广成《西夏书事》卷21,《续修四库全书》本,第334册,第460页。
⑤ (清)吴广成《西夏书事》卷23,《续修四库全书》本,第334册,第480页。
⑥ (清)吴广成《西夏书事》卷28,《续修四库全书》本,第334册,第519页。
⑦ (清)吴广成《西夏书事》卷36,《续修四库全书》本,第334册,第582页。
⑧ (清)吴广成《西夏书事》卷5,《续修四库全书》本,第334册,第333页。

容;末称:"臣不胜惶悚恐惧云云。"

于宋请称帝改元表
元昊(天授礼法延祚二年)

臣祖宗本后魏帝赫连之旧国,拓跋之遗业也。远祖思恭,当唐季率兵拯难,受封赐姓。臣祖继迁,大举义旗,悉降诸部,收临河五镇,下缘境七州。父德明,嗣奉世基,勉从朝命。

而臣偶以狂斐,制小蕃文字,改大汉衣冠。革乐之五音为一音,裁礼之九拜为三拜。衣冠既就,文字既行,礼乐既张,器用既备,吐蕃、达靼、张掖、交河,莫不服从。军民屡请愿建邦家,是以受册即皇帝位。伏望陛下许以西郊之地,册为南面之君。

谨遣弩涉俄疾、你斯闷、卧普令济、嵬伽崖奶奉表诣阙以闻。①

元昊的这份表文残缺首称,只有正文和末称。正文:元昊称帝改元的具体内容;末称:"谨遣弩涉俄疾、你斯闷、卧普令济、嵬伽崖奶奉表诣阙以闻。"残缺年款和押署。

遣使诣金上誓表
乾顺(夏元德六年)

臣乾顺言:

今月十五日,西南、西北两路都统遣左谏议大夫王介儒等赍牒奉宣,若夏国追悔前非,捕送辽主,立盟上表,仍依立国旧制及赐誓诏,将来或有不虞,交相救援者。臣与辽国世通姻契,名系藩臣,辄为援以启端,曾犯威而结衅。既速违天之咎,果罹败绩之忧。蒙降德音以宽前罪,仍赐土地用广藩篱,载惟含垢之恩,常切戴天之望。自今已后,凡于岁时朝贺、贡进表章、使人往复等事,一切永依臣事辽国旧例。其契丹昏主今不在臣境,至如奔窜到此,不复存泊,即当执献。若大朝知其所在,以兵追捕,无敢为地及依前援助。其或征兵,即当依应。至如殊方异域朝观天阙,合经当国道路,亦不阻节。

以上所叙数事,臣誓固此诚,传嗣不变,苟或有渝,天地鉴察,神明殛之,祸及子孙,不克享国。②

乾顺的这份表文有首称、正文,残缺末称、年款和押署。首称:"臣乾顺

---

① (宋)李焘《续资治通鉴长编》卷123,第2893—2894页。
② (元)脱脱等《金史》卷134,第2866页。

言……"正文：上誓表的具体内容。

西夏表文的体式同样借鉴学习自中原唐宋。我们以比较典型的唐宋表文为例，了解和掌握唐宋表文对西夏表文的影响。

进五经正义表
长孙无忌（唐）

臣无忌等言：

臣闻混元初辟，三极之道分焉。醇德既醨，六籍之文著矣。于是龟书浮于温洛。爰演九畴，龙图出于荣河。以彰八卦，故能范围天地。埏埴阴阳，道济四溟，知周万物，所以七教八政，垂炯诫于百王。五始六虚，贻徽范于千古，咏歌明得失之迹，雅颂表兴废之由，实刑政之纪纲，乃人伦之隐括。……翦古文之烦乱，探曲台之奥趣，索连山之元言。囊括百家，森罗万有，比之天象，与七政而长悬。方之地轴，将五岳而永久。笔削已了，缮写如前。臣等学谢伏恭，业惭张禹，虽罄庸浅，惧乖典正。

谨以上闻，伏增战越。谨言。

永徽四年二月二十四日。太尉扬州都督上柱国公臣无忌等上。①

唐朝长孙无忌的这份表文体式要素十分齐全，首称："臣无忌等言"；正文：进五经正义表的具体内容；末称："谨以上闻，伏增战越。谨言。"押署："永徽四年二月二十四日。太尉扬州都督上柱国公臣无忌等上。"

此外，唐朝张九龄《让起复中书侍郎同平章事表》②的首称："草土臣九龄言……"正文：让起复中书侍郎同平章事者的具体内容；末称："臣诚哀诚惧顿首顿首死罪死罪。谨言。"押署："开元二十二年正月二十七日。草土臣张九龄上表。"

上说文解字表
徐铉（宋）

银青光禄大夫、守右散骑常侍、上柱国、东海县开国子、食邑五百户臣徐铉等：

伏奉圣旨，校定许慎《说文解字》一部。伏以振发人文……其书十五卷，以编秩繁重，每卷各分上下，共三十卷。

谨诣东上阁门进上。谨进。

---

① （清）董诰等《全唐文》卷136，第1374—1375页。
② （清）董诰等《全唐文》卷288，第2921页。

雍熙三年十一月日翰林书学臣王惟恭、臣葛湍等状进。奉直郎、守秘书省著作郎、直史馆臣句中正,银青光禄大夫、守右散骑常侍、上柱国、东海县开国子、食邑五百户臣徐铉。①

宋朝徐铉《上说文解字表》也是一份有代表性的体式齐全的表文,首称:"银青光禄大夫、守右散骑常侍、上柱国、东海县开国子、食邑五百户臣徐铉等";正文:上说文解字的具体内容;末称:"谨诣东上阁门进上。谨进。"押署:"雍熙三年十一月日,翰林书学臣王惟恭、臣葛湍等状进。奉直郎、守秘书省著作郎、直史馆臣句中正,银青光禄大夫、守右散骑常侍、上柱国、东海县开国子、食邑五百户臣徐铉。"

此外,宋朝柳开《上言时政表》也极具代表性。其首称:"臣开言";正文:上言时政的具体内容;末称:"谨奉表以闻。臣开诚惶诚惧顿首顿首。谨言。"②

由上揭所有西夏汉文表文和嵬名地暴等于夏天盛年间(1149—1169)撰写的俄 Инв. No.2570 西夏文《天盛律令·颁律表》③以及和唐宋朝表文的体式对比而看,西夏"表"文的体式可以总结如下:

首称:臣某某(等)言,或某官臣某某,或其他首称。

正文:表文的具体内容,根据内容多少而设置层次。

末称:臣不胜惶悚恐惧云云;或谨遣某某等奉表诣阙以闻;或谨以上闻,伏增战越,谨言;或臣诚哀诚惧顿首顿首死罪死罪,谨言;或其他。

押署:某年月日+某官府某官某某等上,或其他押署。

综上,西夏表文的体式几如唐宋表文,只是在某种情况下,可能比唐宋表文的体式简约而已。可见,唐宋表文的体式对西夏表文体式的影响和渗透是深刻的。当然,这也说明西夏文书写作有意识地学习中原唐宋先进文化的状况。

---

① 曾枣庄、刘琳主编《全宋文》卷19,第2册,第161—162页。
② 曾枣庄、刘琳主编《全宋文》卷119,第6册,第268—270页。
③ 史金波、聂鸿音、白滨译注《天盛律令》卷首,第107页。

第三章　西夏平行文书种类功用及体式研究

西夏的平行文书种类主要用于平行或互不隶属的官府之间因商量、协调、沟通、解决和处理某事而形成的书面文字材料。西夏的这一类文书，根据实际情况，大概是西夏皇帝或西夏地方高级官府因某事而致宋、辽、金地方官府之间的文书以及西夏国内各州府衙门之间因某事而传行的文书，主要有牒文（移牒）、移文（移书）、檄文等。

第一节　牒文功用及体式

一、西夏牒文的功用

（一）中国古代牒文产生、发展演变及功用

平行牒文主要用于内外不相统摄的官府之间就某事进行具体协商、讨论或安排等的往来文书。

古代平行牒文大约始创于汉朝，其功用为就某事进行具体协商。《汉书·薛宣传》载："宣察（杨）湛有改节敬宣之效，乃手自牒书，条其奸臧，封与湛曰：'吏民条言君如牒，或议以为疑于主守盗。冯翊敬重令，又念十金法重，不忍相暴章。故密以手书相晓，欲君自图进退，可复伸眉于后。即无其事，复封还记，得为君分明之。'湛自知罪臧皆应记，而宣辞语温润，无伤害意。湛即时解印绶付吏，为记谢宣，终无怨言。"[①]

魏晋南北朝时期，牒成为规范的平行文书，其功用则为官府间就某事而进行咨谋。《文心雕龙·书记》载："牒者，叶也，短简编牒，如叶在枝。……议政未定，

---

① （汉）班固《汉书》卷83，第3387页。

故短牒咨谋。"①

唐朝时,平行的牒文发展更加成熟,其功用为官府间就某事相互进行协商以及与周边少数民族国家就边界、人口等进行商谈和交涉等。《旧唐书》载:杜"暹不得已受之,埋幕下,既去出境,乃移牒令收取之。蕃人大惊,度碛追之,不及而止"。②又载:"遂移牒留守及河南尹并留司官、坊市居人,出城避寇,空其城,率军士运油铁诸物,以为战守之备。"③又载:王"翃请曰:'大夫如未暇出师,但请移牒诸州,扬言出千兵援助,冀藉声势成万一之功。'勉然之"。④《唐会要》载:"璘虽有窥江左之心,未露其事,吴郡采访使李希言乃平牒璘,大署其名。璘遂激怒,牒报曰:寡人上皇天属,皇帝友于,地尊侯王,礼绝寮佐,而简书来往,应有常仪。今乃平牒抗威,落笔署字。"⑤平行牒文如敦煌伯三八九九背马社文书中悬泉府行文于敦煌县的《悬泉府牒》。⑥

宋朝不仅沿袭唐朝平行牒文种类和其功用,而且体式也已定型。《宋史》载:"嘉定元年春正月戊寅,右谏议大夫叶时等请枭韩侂胄首于两淮以谢天下,不报。辛巳,下诏求言。壬午,王柟还自河南,持金人牒,求韩侂胄首。"⑦"内契丹、渤海、日本外国人虑无所归,且依旧。仍令所至州郡并与总管、钤辖阅验,连书其状,具当去留之数,及引视军校之不任职者,附驿以闻。其当从隶军额,即就配近便州郡;缘边者,徙于内地,并与本州官吏移牒转送……"⑧"熙宁二年,其国礼宾省移牒福建转运使罗拯云:'本朝商人黄真、洪万来称……'"⑨南宋法律汇编《庆元条法事类》在介绍平行牒文的体式之时,载:"牒,某司牒某司或某官。某事云云。牒云云。谨牒。年月日。具官姓书字。内外官司非相统摄者,相移则用此式。"⑩即牒用作平行官署或不相统摄的官府衙门间的平行文书。随后平行牒文也逐渐用于宋、辽、金、西夏、高丽、日本等国家之间的往来文书,大事用国书,小事用牒。⑪ 如欧阳修《与某牒》、宋靖康元年《宋宣抚司致金朝牒》等。

辽、金朝也沿袭中原平行牒文种类及功用,也称"公牒",又叫"移牒"。《辽

---

① (梁)刘勰著,周振甫注《文心雕龙注释》,第280页。
② (后晋)刘昫等《旧唐书》卷98,第3076页。
③ (后晋)刘昫等《旧唐书》卷110,第3307页。
④ (后晋)刘昫等《旧唐书》卷157,第4144页。
⑤ (宋)王溥《唐会要》卷5,中华书局1960年,第61页。
⑥ 注:《悬泉府牒》为《唐玄宗开元十四年二至四月沙洲敦煌县勾征开元九年悬泉府马社钱案卷》中的最后一部分,详细录文见卢向前著《唐代政治经济史综论》,商务印书馆2012年,第224—243页。
⑦ (元)脱脱等《宋史》卷39,第749页。
⑧ (元)脱脱等《宋史》卷189,第4641页。
⑨ (元)脱脱等《宋史》卷487,第14046页。
⑩ 杨一凡、田涛主编,戴建国点校《庆元条法事类》卷16,第349页。
⑪ 陶晋生《宋辽金史论丛》,中研院2013年,第73页。

史》载：辽会同四年"五月庚辰,吐谷浑夷离堇苏等叛入晋,遣牒蜡往谕晋及太原守臣"。① 《西夏书事》载：宋元丰五年春正月,"辽燕京留守司委涿州牒雄州云'夏国来称,南朝兵起无名……'"② 《金史》载：金至宁二年"十一月丁卯,以御史大夫仆散端为尚书左丞相,曲赦山东路。辛未,诏赐卫绍王家属既禀。诏有司答夏国牒"。③ 又载："经略宋事,驻军睢阳,都元帅忠义居南京,节制诸军。宋将黄观察据蔡州,杨思据颍昌。志宁使完颜王祥复取蔡州,黄观察遁去。完颜襄攻颍州,拔之,获杨思。乃移牒宋枢密使张浚,使依皇统以来旧式,浚复书曰：'谨遣使者至麾下议之。'"④ 辽朝有《永清县都监移宋霸州牒》《行遣违禁商旅移宋牒》,金朝有《移宋宣抚司问罪牒》《都部署司回宋宣抚司牒》等。

元至明、清时不仅沿袭前朝牒之下行文和上行文的功用,同时也沿袭平行文书牒的功用。

（二）西夏牒文之功用

西夏袭用前朝平行文书"牒"之名称,其功用仍然为不同隶属的官府之间就某项具体事项进行协商、洽谈、告知或证明等,其使用频率极高。《续资治通鉴长编》载：宋元祐八年春正月,"宥州牒保安军言：'本国准北朝札子……'"⑤ 又载："自去年七月遣使赴阙,乞换所赐城寨,蒙降诏不许。寻与延州经略司议分画疆界,当时议定依绥州例分划,向方面各打量二十里,内十里安置堡铺耕牧,外十里拍立封堠,空作草地。得保安军牒称：奉延州指挥,其城寨虽定二十里,至今诸城相望取直分画。夏国不敢违,黾勉奉行。其南界诸路地分官,只要依绥州例打量二十里,不肯依绥州例于内十里修筑堡铺耕牧,于外十里拍立封堠,空作草地,以辨汉、蕃出入,绝交斗之端。累令宥州移牒保安军,终不明示可否。"⑥ 《宋史》载：宋熙宁"八年三月,夏人以索蕃、汉部盗人畜投南界者,牒熙河经略司请高太尉赴三岔堡会议,牒称大安二年。乃诏鄜延经略司,令牒宥州问妄称年号,且牒非其地分边臣会议,皆违越生事,是必夏主不知,请问之"。⑦ 《西夏书事》载：宋熙宁八年"六月,以年号署牒移熙州"。⑧ 宋元丰元年"六月,宥州牒鄜延路,请禁

---

① （元）脱脱等《辽史》卷4,中华书局1974年,第50页。
② （清）吴广成《西夏书事》卷26,《续修四库全书》本,第334册,第496页。
③ （元）脱脱等《金史》卷14,第305页。
④ （元）脱脱等《金史》卷87,第1931页。
⑤ （宋）李焘《续资治通鉴长编》卷480,第11421页。
⑥ （宋）李焘《续资治通鉴长编》卷445,第10717页。
⑦ （元）脱脱等《宋史》卷486,第14009页。
⑧ （清）吴广成《西夏书事》卷24,《续修四库全书》本,第334册,第482页。

侵耕"。元丰二年"冬十一月,移牒河东,请交会人员"。① 西夏综合性法典《天盛律令》中对平行牒文的性质、功用及体式等都有相关的规定。《天盛律令·司序行文门》规定:"上等中书、枢密自相传牒,语尾依牒前同至请等当有,官下当手记,而后各司上当置,在末尾当说,并记上日期。"②《天盛律令·为僧道修寺庙门》规定:"他国僧人及俗人等投奔来,百日期间当纳监军司,本司人当明晓其实姓名、年龄及其中僧人所晓佛法、法名、师主为谁,依次来状于管事处,应注册当注册,应予牒当于牒。……国境内僧人、道士中虽有官,儿子、兄弟曰求袭出家牒等时,不许取状使袭之。"③《天盛律令·失藏典门》规定:"盗隐、损毁、亡失所记文书秘事中……及两国间写牒敕、誓文,接壤邻国分予我等之地……"④西夏汉文史籍及西夏故地出土的文书中也保存有西夏的牒文,如李德明《请蕃部指挥使色木结皆以等还本道牒》、⑤俄 Инв. No.4175《修寺告牒》、⑥俄 Инв. No.8370～8370V《普渡寺告牒》⑦等。

二、西夏牒文体式

西夏平行牒文保留下来的数量并不是很多,但从仅有的几篇平行牒文实物可推知其体式的大概情况。然后,结合宋朝平行牒文实物,补充和完善西夏平行牒文的体式。

于保安军请和牒
乾顺(夏天祐民安四年)

本国准北朝札子,备载南朝圣旨,称夏国如能悔过上表,亦许应接。今既北朝解和,又朝廷素许再上表章,欲遣诣阙。⑧

上揭这篇西夏与宋朝的外交牒文,收录于汉文史籍之中,但其只保留了正文部分,而缺少首称、末称甚至押署部分的内容。

我们可结合宋朝体式比较齐全的平行牒文实物,补全西夏平行牒文的体式。现移录宋朝丁守勋、欧阳修、周敦颐的平行牒文如下:

---

① (清)吴广成《西夏书事》卷24,《续修四库全书》本,第334册,第485—486页。
② 史金波、聂鸿音、白滨译注《天盛律令》卷10,第364页。
③ 史金波、聂鸿音、白滨译注《天盛律令》卷11,第408—410页。
④ 史金波、聂鸿音、白滨译注《天盛律令》卷12,第418页。
⑤ (宋)李焘《续资治通鉴长编》卷64,第1425页。
⑥ 史金波、魏同贤、(俄)克恰诺夫主编《俄藏黑水城文献》,第13册,第193页。
⑦ 史金波、魏同贤、(俄)克恰诺夫主编《俄藏黑水城文献》,第14册,第259页。
⑧ (宋)李焘《续资治通鉴长编》卷480,第11421页。

申大王牒
丁守勋（宋）

右卫都知兵马使丁守勋。

右，守勋伏蒙大王台造，特垂宠唤出蜡。有严命祇候讫，谨具状申谢。谨录状上，牒件状如前。

谨牒。

开宝五年十二月日右卫都知兵马使丁守勋牒。①

与某牒
欧阳修（宋）

具位某。

猪肉一斤。右伏蒙颁赐，领外无任感激，谨具牒谢。

谨牒。

年月日。具位某牒。②

回谒乡官昌州司录黄君庆牒
周惇颐（宋）

承奉郎、守太子中允、签书合州判官听公事周惇实。

右，某谨祇候谢都曹员外，伏听处分。件状如前。

谨牒。

嘉祐元年十一月日具位某牒。③

由上揭宋朝平行牒文实物来看，其体式则可归纳如下：

首称：某官府某官某某。

正文：协商、洽谈或回复的某项具体事件。

末称：谨牒。

押署：年款＋某官府某官＋牒。

以上所归纳的宋朝平行牒文实物的体式，几乎完全符合《庆元条法事类》所总结和规定的平行牒文的体式。

由于西夏借鉴学习中原唐宋文书制度，当然平行牒文的体式也应该是其学习的具体内容之一。故，结合宋朝平行牒文的体式，我们推测和补充西夏平行牒文的体式如下：

---

① 曾枣庄、刘琳主编《全宋文》卷45，第3册，第124页。
② 曾枣庄、刘琳主编《全宋文》卷714，第34册，第19页。
③ 曾枣庄、刘琳主编《全宋文》卷1073，第49册，第274页。

首称：某官府某官某某，或有其他首称。
正文：某官府或官员之间就某事具体协商、洽谈或回复某事的过程。
末称：谨牒（或有其他套语）。
押署：年月日款+某官府某官+牒。

第二节　移檄文书功用及体式

一、西夏移文功用及体式

移文正式成为官府文书始于春秋时期，是用于不相隶属的各衙署或官员之间就某事进行协商、处理、洽谈、沟通或联系等的往来平行文书。

（一）西夏移文之功用

1. 中国古代移文发展演变及功用

就现有文献来看，"移"的解释大致有以下几种：《说文解字》："禾相倚移也。从禾多声。"①《辞海》载："移，逸离切，本作'迻'，徙也。"②《古今韵会举要》载："今迁徙之'迻'借作'移'。"③所以，"移"一词在出现之始当为动词"迁徙"或"致送"之意，并不是文书种类。其字面经历了"贻""遗""移"的转化过程。

西周时致送相关材料时称为"贻"。《史记》载："天降祉福，唐叔得禾，异母同颖，献之成王，成王命唐叔以馈周公于东土，作馈禾。周公既受命禾，嘉天子命，作嘉禾。东土以集，周公归报成王，乃为诗贻王，命之曰鸱鸮。王亦未敢训周公。"④

春秋、战国时发出相关文书材料则称"遗"。《史记》载："'君试遗其女乐，以夺其志；为由余请，以疏其间；留而莫遣，以失其期。戎王怪之，必疑由余。君臣有间闲，乃可虏也。且戎王好乐，必怠于政。'缪公曰：'善。'因与由余曲席而坐，传器而食，问其地形与其兵势尽察，而后令内史廖以女乐二八遗戎王。"⑤又载：

---

① （汉）许慎撰，（清）段玉裁注《说文解字注》，第 323 页。
② 夏征农《辞海》，上海辞书出版社 2009 年，第 2205 页。
③ （宋）黄公绍《古今韵会举要》，中华书局 2000 年，第 34 页。
④ （汉）司马迁《史记》卷 33，第 1518—1519 页。
⑤ （汉）司马迁《史记》卷 5，第 193 页。

惠文王"十六年,秦复与赵数击齐,齐人患之。苏厉为齐遗赵王书曰……"①此时的"遗"均为行为动作,并不是现代意义上的文书种类名称。

"遗"字经过发展演变,到了汉朝时转化为"移"字,并逐渐定型,使其不仅表示行为动作,而且还逐渐演变成为官署或官员之间使用的文书种类名称。据出土史料记载:"建武三年十二月癸丑朔乙卯,都乡啬夫宫以廷所移甲渠侯书召恩诣乡。……十二月己卯,居延令　守丞胜移甲渠侯官……"②说明汉朝时,"移"既可作为行为动作,又已经成为比较定型的平行文书种类名称。其功用则是不相隶属的官署或官员之间协商、沟通、告知、诘责相关具体事宜等,如《汉书》载:"'前弘恭奏望之等狱决,三月,地大震。恭移病出,后复视事,天阴雨雪。由是言之,地动殆为恭等。'师古曰:'移病者,移书言病也,一曰言以病移出,不居官府。'"③又载:"哀帝建平中,立复杀人。天子遣廷尉赏、大鸿胪由持节即讯。至,移书傅、相、中尉曰:'王背策戒,悖暴妄行……'"④"议者以为丞相掾不宜移书督趣司隶。会浩商捕得伏诛,家属徙合浦。"⑤"事下御史中丞,谴责延年何以不移书宫殿门禁止大司农,而令得出入宫。"⑥《后汉书》载:嚣"器乃勒兵十万,击杀雍州牧陈庆。将攻安定。安定大尹王向,莽从弟平阿侯谭之子也,威风独能行其邦内,属县皆无叛者。嚣乃移书于向,喻以天命,反覆诲示,终不从。于是进兵虏之,以徇百姓,然后行戮,安定悉降"。⑦ 又载:"是时武威太守马期、张掖太守任仲并孤立无党,乃共移书告示之,二人即解印绶去。"⑧王先谦在《汉书补注》中说:"凡关曹平等不相临敬,则为移书"⑨等。汉朝时也保留下来了比较多的平行移文,如刘歆《移书让太常博士》,方赏、毕由《移书梁傅相中尉》,薛宣《移书责栎阳令谢游》,寔章《移书劝葛龚》等。

魏晋南北朝时期沿袭汉朝移文的普遍功用和名称,且出现了移文与檄文连用现象,即"移檄""檄移",即移文也有了安抚民众、广而告之的作用。《三国志》载:"东郡太守桥瑁诈作京师三公移书与州郡。"⑩又载:"薛夏为秘书丞,尝以公

---

① (汉)司马迁《史记》卷43,第1817页。
② 甘肃居延考古队简册整理小组《建武三年候粟君所责寇恩事》释文,《文物》1978年第1期,第30—31页。
③ (汉)班固《汉书》卷36,第1931页。
④ (汉)班固《汉书》卷47,第2218页。
⑤ (汉)班固《汉书》卷84,第3413页。
⑥ (汉)班固《汉书》卷90,第3667页。
⑦ (南朝宋)范晔《后汉书》卷13,第519页。
⑧ (南朝宋)范晔《后汉书》卷23,第797页。
⑨ (清)王先谦《汉书补注》,书目文献出版社1995年,第384页。
⑩ (晋)陈寿《三国志》卷1,第6页。

事移兰台。兰台自以为台也,而秘书署耳,谓夏为不得移也,推使当有坐者。夏报之曰:'兰台为外台,秘书为内阁,一也,何不相移之有?'"①《晋书·陆云传》:陆"云爱才好士,多所贡达。移书太常府荐同郡张赡"。②《北齐书·宋世良传》:"寻为殿中侍御史,诣河北括户,大获浮惰。还见汲郡城旁多骸骨,移书州郡,令悉收瘗。"③魏晋南北朝时期保留下来了许多著名的移文,如张华《移书太常荐成公绥》、宜勒库莫提《移书梁益二州》、若库辰树兰《移书豫州》、曹臣《移冀州大中正》、钟会《移蜀将吏士民檄》、虞溥《移告属县》等。

唐朝的移文正式被确定为法定的平行文书,其功用和名称几乎沿袭前朝。《唐六典》载:"诸司自相质问,其义有三,曰:关、移、刺。……移,谓移其事于他司。"④《新唐书·百官志》也有类似记载:"诸司相质,其制有三:一曰关,二曰刺,三曰移。"⑤《旧唐书》载:"武德四年七月,设坛于漳南,祭建德,告以举兵之意,自称大将军。淮安王神通,将军秦武通、王行敏前后讨之,皆为所败。于是移书赵、魏,其建德将士往往杀官吏以应。"⑥又载:"绅、愈性皆褊僻,移刺往来,纷然不止,乃出绅为浙西观察使,愈亦罢尹,为兵部侍郎。"⑦《新唐书》载:"令御史大夫魏方进为置顿使,移书剑南属郡。"⑧"后毛仲移书太原索甲仗,少尹严挺之以闻,帝恐毛仲遂乱,匿其状。"⑨"是时,突厥使者入见,皇太子应朝,有司移文东宫召太子。"⑩唐朝留存下来了数量众多的移文,如郭行余《移刘栖楚书》、刘蜕《移史馆书》、欧阳柜《移陆司勋沔书》、皮日休《移元征君书》等。

宋朝完全沿袭唐朝移文的功用和名称。《宋史》载:"明道二年,尚书议庄献、庄懿太后升祔,省官带内外制、兼三司副使承例移文不赴。"⑪"皇城周回或有垫陷,移文修整。嘉定间,臣僚言:'皇城一司,总率亲从,严护周庐,参错禁旅,权亚殿岩,乞专以知阁、御带兼领。仍立定亲从员额,以革泛滥。'并从之。"⑫"茶之为利甚博,商贾转致于西北,利尝至数倍。雍熙后用兵,切于馈饷,多令商人入刍粮塞下,酌地之远近而为其直,取市价而厚增之,授以要券,谓之交引,至京师给以

---

① (晋)陈寿《三国志》卷13,第421页。
② (唐)房玄龄等《晋书》卷54,第1940页。
③ (唐)李百药《北齐书》卷46,第639页。
④ (唐)李林甫等撰,陈仲夫点校《唐六典》卷1,第11页。
⑤ (宋)欧阳修、宋祁《新唐书》卷46,第1185页。
⑥ (后晋)刘昫等《旧唐书》卷55,第2259页。
⑦ (后晋)刘昫等《旧唐书》卷160,第4203页。
⑧ (宋)欧阳修、宋祁《新唐书》卷82,第3610页。
⑨ (宋)欧阳修、宋祁《新唐书》卷121,第4336页。
⑩ (宋)欧阳修、宋祁《新唐书》卷190,第4097页。
⑪ (元)脱脱等《宋史》卷120,第3822页。
⑫ (元)脱脱等《宋史》卷166,第3935页。

缗钱,又移文江、淮、荆湖给以茶及颗、末盐。端拱二年,置折中仓,听商人输粟京师,优其直,给茶盐于江、淮。"①"迁知制诰、判集贤院,纂西垣集制,刻石记名氏。尝牒御史台不平空,中丞吕文仲移文诘之,往复再三,宗谔执言两省故事与台司不相统摄者凡八。"②"后至者悉令解甲以入,讫无敢犯。移书交阯,谕朝廷威信,将刻日再举。"③"金人以十万众屯河南,声言规两淮,移文索海、泗、唐、邓、商州及岁币。浚言北敌诡诈,不当为之动,以大兵屯盱眙、濠、庐备之,卒以无事。"④"广帅致籝金,九成曰:'吾何敢苟取。'悉归之。桧死,起知温州。户部遣吏督军粮,民苦之,九成移书痛陈其弊,户部持之,九成即丐祠归。"⑤《续资治通鉴长编》载:宋熙宁三年"秋七月辛卯,诏新判太原府欧阳修罢宣徽南院使,复为观文殿学士、知蔡州。先是,修病,辞宣徽使至五六,因论青苗法,又移书责王安石,安石不答而奏从其请"。⑥ 宋朝留存下来的移文较多,如宋庠《乞毁弃元昊僭伪文移》、石介《移府学诸生》、宋白《三山移文》等。

元、明、清朝的移文继承前代制度,但其功用多有变化,名称也有改革。

2. 西夏移文之功用

西夏袭用中原唐宋移文名称,用于平行或不相隶属司署之间的行文,其功用则就某项具体事项的协商、沟通、告知或处理等。《宋史》载:"夏西南都统、昂星嵬名济乃移书刘昌祚曰:'中国者,礼乐之所存,恩信之所出,动止猷为,必适于正。……'"⑦《西夏书事》载:宋元丰四年"五月,统军禹藏花麻移文熙州,请讨梁氏"。⑧ 宋嘉定十一年"三月,遗金书,请复互市,不许"。⑨ 西夏留存下来的移文并不多,如禹藏花麻《移文熙州请讨夏国母子》等。

(二) 西夏移文的体式

从目前史料来看,西夏并未保留下来完整的移文实物,大多都是只保留正文,所以,给我们总结西夏移文的体式带来了障碍。但西夏文书制度大多来自中原唐宋,故,我们以中原唐宋体式比较齐全的移文来补充西夏移文体式,待有西夏移文实物文书时再进行验证和完善。

---

① (元)脱脱等《宋史》卷183,第4479页。
② (元)脱脱等《宋史》卷265,第9141页。
③ (元)脱脱等《宋史》卷304,第10056页。
④ (元)脱脱等《宋史》卷361,第11308页。
⑤ (元)脱脱等《宋史》卷374,第11579页。
⑥ (宋)李焘《续资治通鉴长编》卷213,第5165页。
⑦ (元)脱脱等《宋史》卷486,第14012页。
⑧ (清)吴广成《西夏书事》卷25,《续修四库全书》本,第334册,第489页。
⑨ (清)吴广成《西夏书事》卷41,《续修四库全书》本,第334册,第625页。

移文熙州请讨夏国母子
禹臧花麻（西夏）

夏国主母子以不协，杀其宰相。①

这是夏大安七年（宋元丰四年）五月西夏统军禹臧花麻以西夏第三代皇帝秉常失位而请求宋熙州知州苗授讨伐西夏的移文。这篇西夏移文只保留简单的正文部分，或可只残留部分正文，无法得知其体式的全部。为此，借助于唐宋朝体式较全的移文，补全其体式。如下引唐朝移书：

移元征君书
皮日休（唐）

征君足下：行奇操峻，舍明天子贤宰相，退隐于陵阳，蹈见青山，傲视白云，得丧不可摇其心，荣辱不能动其志。桎拳冠冕，泥滓禄位，甚善甚善。苟与足下同道者，必汲汲自退，名惟恐闻，行惟恐显，老死为山谷人矣。果行是道，罄南山之竹，不足以书足下之功，穷百谷之波，不足以注足下之善。以足下之风，可以知仆之志；以仆之道，可以发足下之文。故不远千里，授书于御者，用以吐仆臆中之奇贮也，仆之取舍，自有方寸。异时无望于足下，发函之后，但起无疑。

不宣。日休再拜。②

上揭唐朝皮日休《移元征君书》首称："征君足下"；正文：移书的具体内容；末称："不宣。日休再拜。"

再如下引唐朝移文：

移蔡帖
颜真卿（唐）

贞元元年正月五日，真卿自汝移蔡。天也，天之昭明，其可诬乎。有唐之德，则不朽耳。

十九日书。③

上揭唐朝颜真卿《移蔡帖》首称：残缺；正文：具体内容；末称："十九日书。"
通过了解唐朝实物移文，我们借此来补充归纳西夏移文的体式：

首称：某某（或某官某某）＋固定套语（或足下或其他）。

---

① （宋）李焘《续资治通鉴长编》卷312，第7578页。
② （清）董诰等《全唐文》卷796，第8348页。
③ （清）董诰等《全唐文》卷337，第3413页。

正文：移文具体内容。（可根据内容多寡设置其层次。）
末称：套语（不宣或其他）＋某某（或某官某某）＋再拜等。
押署：某年月日＋书等。

当然，若要全面准确地总结西夏移文的体式，还需等待规范的西夏实物移文的出现。

二、西夏檄文功用及体式

檄文在古代属于军事文书，也属于平行文书的范畴，适宜于国与国、诸侯与诸侯等之间就军事问题洽谈或声讨或告知等而形成的往来文书，其功用主要用于军事领域的危急事件或其他事项等，其一方告知、晓谕、声讨另一方或征召军兵、鼓舞军队士气的一种军事文书。史载："《释文》云：'檄，军书也。'"①这句话简明扼要地告诉人们檄文是一种军事文书，而且发展历史渊源悠久。西夏的军事文书"檄文"也是在借鉴学习中原唐宋檄文的基础上而来，其功用仍然为告晓、声讨或协商征召军兵等。

（一）西夏檄文之功用

1. 中国古代檄文产生发展及功用

从史籍记载来看，"檄"一词应该始于西周，其功用主要作为战前告谕己方将士的训诫之辞。《国语·周语》载："穆王将征犬戎，祭公谋父谏曰……于是乎有刑罚之辞，有攻伐之兵，有征讨之备，有威让之令，有文告之辞。"②《文心雕龙·檄移》也有类似的记载："至周牧西征，祭公谋父称'古有威让之令，令有文告之辞'，即檄之本源也。"③

战国时期檄文才成为正式的官府文书名称，《文心雕龙·檄移》载："管仲吕相，奉辞先路，详其意义，即今之檄文。暨乎战国，始称为檄。"④其功用为战前告诫对方的军事文书，中国最早的檄文则是《史记·张仪列传》中收录的张仪出任秦国宰相以后写的《为文檄告楚相》。

从汉朝开始，檄文的功用有了扩展，其功用主要有战前征召士兵、告晓、训谕和声讨敌方等。《史记》载："燕、赵郊见之，皆曰此范阳令，先下者也，即喜矣，燕、

---

① 汉语大辞典编纂处编《汉语大辞典》第 4 卷，上海辞书出版社 2007 年，第 6406 页。
② 陈桐生译注《国语》，中华书局 2013 年，第 2—5 页。
③ （梁）刘勰著，周振甫注《文心雕龙注释》，第 226 页。
④ （梁）刘勰著，周振甫注《文心雕龙注释》，第 226 页。

赵城可毋战而降也。此臣之所谓传檄而千里定者也。"①《汉书》载：居摄二年"九月，东郡太守翟义都试，勒车骑，因发奔命，立严乡侯刘信为天子。移檄郡国，言莽'毒杀平帝，摄天子位，欲绝汉室，今共行天罚诛莽。'"②《后汉书》载：耿"恭至部，移檄乌孙，示汉威德，大昆弥已下皆欢喜，遣使献名马，及奉宣帝时所赐公主博具，愿遣子入侍。恭乃发使赍金帛迎其侍子"。③ 汉朝檄文还出现了三种不同的形态：一是羽檄，二是合檄，三是版檄。汉朝留存有很多经典檄文，如隗嚣《移檄告郡国》、司马相如《谕巴蜀檄》等。

魏晋南北朝时期，由于连绵战乱使得檄文的告谕、声讨、征召军兵等功用更加突显。《三国志》载："乃檄告谕诸羌，为光等所诖误者原之；能斩贼帅送首者当加封赏。于是光部党斩送光首，其余咸安堵如故。"④《晋书》载："桓范果劝爽奉天子幸许昌，移檄征天下兵。爽不能用，而夜遣侍中许允、尚书陈泰诣帝，观望风旨。"⑤《宋书》载："元凶弑立，转司徒左长史。世祖入讨，密送檄书与庄，令加改治宣布。"⑥《南齐书》载："义兵檄至，睿率郡人伐竹为筏，倍道来赴，有众二千，马二百匹。"⑦《北齐书》载：王"琳屯兵长沙，传檄诸方，为进趋之计"。⑧《北史》载："于是晋昌太守唐瑶移檄六郡，推昭王为大都督、大将军、凉公，领秦凉二州牧、护羌校尉，依窦融故事。"⑨魏晋南北朝时期也留存下来许多比较著名的檄文，如刘裕《讨桓玄檄》、陈琳《为袁绍檄豫州》《檄吴将校部曲文》、王粲《为荀与孙权檄》、萧颖胄《移檄京邑》、裴子野《喻虏檄文》、任恭孝《为汝南王檄魏文》、魏收《檄梁文》等。

隋唐五代时期檄文仍然沿袭前朝告谕、声讨、征召之功用。《旧唐书》载："以凤翔节度使郑畋守司空、门下侍郎、同平章事，充京西诸道行营都统，与泾原节度使程宗楚、秦州经略使仇公遇、鄜延节度使李孝昌、夏州节度使拓拔思恭等同盟起兵，传檄天下。黄巢遣大将林言、尚让率众数万寇凤翔，郑畋率师逆击，大败贼众于龙尾陂。"⑩《新唐书》载："孝恭军继进，铣大惧，檄召江南兵，不及到，明日降。"⑪《旧五

---

① （汉）司马迁《史记》卷89，第2575页。
② （汉）班固《汉书》卷99上，第4087页。
③ （南朝宋）范晔《后汉书》卷19，第720页。
④ （晋）陈寿《三国志》卷15，第477页。
⑤ （唐）房玄龄等《晋书》卷1，第18页。
⑥ （梁）沈约《宋书》卷85，第2168页。
⑦ （梁）萧子显《南齐书》卷12，第221页。
⑧ （唐）李百药《北齐书》卷32，第433页。
⑨ （唐）李延寿《北史》卷100，第3315页。
⑩ （后晋）刘昫等《旧唐书》卷19下，第710页。
⑪ （宋）欧阳修、宋祁《新唐书》卷93，第3812页。

代史》载：朱"瑄、瑾以帝军士勇悍，私心爱之，乃密于曹、濮界上悬金帛以诱之，帝军利其货而赴者甚众，帝乃移檄以让之"。①《新五代史》载："应顺元年二月，潞王从珂反凤翔，驰檄四邻，言奸臣幸先帝疾病，贼杀秦王而立幼嗣，侵弱宗室，动摇藩方，陈己所以兴兵讨乱之状"。②隋唐五代时期的檄文名篇如魏徵《为李密檄荥阳守郇王庆文》、李商隐《为濮阳公檄刘稹文》、郑畋《讨巢贼檄》、杨师立《数陈敬瑄十罪檄》、狄仁杰《檄告西楚霸王文》、骆宾王《代李敬业讨武氏檄》等。

宋朝仍沿袭唐朝檄文之告谕、声讨、征召等功用。《续资治通鉴长编》载："有诏责杞，杞言彼违约举兵，孟香不可与。因移檄夏人，不偿所掠，则孟香不可得。夏人不肯偿所掠，杞亦卒不与孟香。"③《宋史》载：绍兴三十一年十月乙巳"刘锜引兵次淮阴，金人将自清河口入淮，锜列兵于运河岸以扼之。丁未，命宣抚制置司传檄契丹、西夏、高丽、渤海诸国及河北、河东、陕西、京东、河南诸路，谕出师共讨金人"。④宋朝留存下来的檄文并不多，如胡闳休《代岳制使飞移河南郡县讨刘豫檄》、王铚《靖康讨房檄文》、韩侂胄《北伐檄文》等。

辽、金、元、明、清时期继续沿袭中原唐宋檄文告谕、声讨、征召等功用，且从元朝开始，檄文的发展演进则逐渐走向衰弱，最终于清朝消亡。

2. 西夏檄文之功用

西夏承袭中原唐宋檄文之告晓、声讨、征召等功用。《宋史》载："明年，亮还行在。二月，金帅娄宿连陷长安、凤翔，陇右大震。夏人谍知关陕无备，遂檄延安府言：'大金割鄜延以隶本国，须当理索，敢违拒者，发兵诛讨之。'帅臣王庶檄报曰：'金人初犯本朝，尝以金肃、河清畀尔，今谁与守？国家以奸臣贪得，不恤邻好，遂至于此。贪利之臣，何国无之，岂意夏国躬蹈覆辙……'因遣谍间其用事臣李遇，夏人竟不出。是岁，开封尹宗泽奏疏请北伐，且言乞遣辩士西说夏国，东说高丽……"⑤又载：宋绍兴"三十一年，立翰林学士院，以焦景颜、王金等为学士，俾修实录。金主亮犯四川，宣抚使吴璘檄西夏，俾合兵讨之。三十二年……夏人闻金人南侵，以骑兵二千至蔡园川及马家巘、秃头岭，将分道入攻，宣抚使吴璘命镇戎军守将秦弼说谕之。金兵败，夏人乃还"。⑥西夏留存下来的檄书数量并不多，如李乾顺《檄延安府文》、李仁孝《报吴璘遣使檄夏国书》等。

---

① （宋）薛居正等《旧五代史》卷1，第9页。
② （宋）欧阳修《新五代史》卷33，第359页。
③ （宋）李焘《续资治通鉴长编》卷164，第3945页。
④ （元）脱脱等《宋史》卷32，第603页。
⑤ （元）脱脱等《宋史》卷486，第14022页。
⑥ （元）脱脱等《宋史》卷486，第14025页。

(二) 西夏檄文之体式

不论是汉文史籍中收录的西夏文书还是西夏故地出土的西夏文文书中,檄文的数量屈指可数,到目前为止只发现了3篇西夏檄文,均收录在汉文西夏史籍之中。收录在汉文西夏史籍中的檄文,大部分则只保留了檄文的正文部分而残缺檄文的首称、末称等要素,如乾顺于夏正德二年写的《檄延安府文》、仁孝于天盛十三年写的《报吴璘遣使檄夏国书》等。唯一可庆幸的是收录在宋人徐梦莘《三朝北盟会编》中仁孝写的《回宋刘锜等檄书》则保留了其完整的结构模式,这为我们研究西夏檄文的体式提供了最为坚实的实物依据。为了方便于总结西夏檄文的体式,现移录该檄文如下:

回宋刘锜等檄书
李仁孝(西夏)

西夏国告檄大宋元帅刘侯、侍卫招讨成侯、招讨吴侯,十二月二日承将命传檄书一道:

窃以恩宣大国,滥及小邦,远尔交欢,中外咸庆。孤闻金敌无厌,敢背盟而失信,强邻不道妄称好以和亲,始尚怀柔,渐兴残杀。托禹迹山川之广,覆尧天日月之光,将士衔冤,神人共愤,妄自尊大者三十余载,怙其势力者七八,其人皆天理之所不容,亦《春秋》之所共贬。盖枕戈袵革之众,无阅书隆礼之风,惟务贪残,恣行暴虐,吞侵诸国,建号大金。屈邻壤以称藩,率兆民而贡赋,驱役生灵而恬不知恤,杀伐臣庶而自谓无伤。虽君子之则否,未尝怨也。待文王而兴作,盍归乎来,当中兴恢复之秋,乃上帝悔祸之日,九重巡幸。昔闻太王之居邠,大驾亲征,今见汉文之却敌,诏颁天下,抚慰民心。庶几彼弱而我强,第见兴王而黜霸。其敢与敌而助虐,将为不战而屈人,莫我敢当。可谓因时而后动,其或恣睢不靖,抗衡王师,愿洗涤于兵气,庶荡除于边境,勿令不逞,重更蕃滋,虽貔虎之难摧。亦寇仇之可伐庙堂,御侮有决胜之,深谋帷幄谈兵,复而兴师如孤者,虽处要荒,久蒙德泽,在李唐则曾赐姓,至我宋乃又称臣。项因强敌之冯陵,遂阻输将而纳款。玉关路隔,久无抚慰之来,葱岭山长,不得贡琛而去。怀归弥笃积有岁年。幸逢拨乱反正之秋,乃是斩将搴旗之际,顾惟雄众来逼吾疆,如长驱急骑以争先,终救死扶伤而不暇,使彼望风而遁,败衄而归,岂知敢犯,于皇威遽辱,率兵而大举。期君如管仲,则国人无陷溺之忧,待予若卫公,使边境有长城之倚。神名赞助,草木知名,功勋不减于太公,威望可同于尚父。力同剪灭,无与称将,观彼风声鹤唳之音,当见弃甲曳兵而走,孤敢不荣观天讨,练习武兵,瞻中原皇帝之尊,望东南天子之气,八荒朝贡,愿同周八百国之侯王,四海肃清,再建汉四百年之社稷。伫闻戡定,当贡表笺。

檄至如前,言不尽意。①

上揭《回宋刘锜等檄书》是西夏第五代皇帝李仁孝于夏天盛十三年回复宋朝元帅刘锜等的檄文,这篇檄文的体式比较齐全,可以说是西夏留存下来的唯一最为完整的檄文。首称:"西夏国告檄大宋元帅刘侯、侍卫招讨成侯、招讨吴侯,十二月二日承将命传檄书";正文:回复刘锜等檄书的具体内容;末称:"檄至如前,言不尽意。"

此外,仁孝《报吴璘遣使檄夏国书》的首称:残;正文:仁孝回复宋吴璘檄书具体内容;末称:"使还勉报,旨不及酬。"②

从上述西夏檄文的写作状况和体式来看,明显有学习和借鉴中原唐宋檄文的痕迹。为了更加清晰地了解西夏檄文借鉴学习中原唐宋檄文体式的情况,本书选择比较典型的几篇唐宋檄文来进行简单的对比,从而揭示西夏檄文学习和借鉴唐宋檄文的情况。下面以唐朝体式较为齐全完整的卢思道《为隋檄陈文》为例说明之。现移录其全文如下:

告三江之表伪署君臣将帅州郡邑落士民等:

盖闻上玄垂象,列宿拱辰极之忠,厚载成形,百谷指沧溟之大。是以三五以降,哲王□后,远覃声教,大燀威灵。日月之所照临,俱荷亭育,舟车之所通泊,咸附象鞮。我大隋积德累功,开物成务,光宅寰海,覆帱蒸民……

一隅不庭,宜置天讨。爰诏六军,分阃受钺,西征秦陇之锐,北引燕代之英。五校雄儿,超乘俱起,三河猛士,援距争奋。虎夫万队,豹骑千群,并骨勇肉飞,风骧雾合。憬彼江黄之众,遫矣彭濮之民,巨舰高舻,顺流东指。江都寿春之域,扼喉抚背之兵,飞龙赤马,绝水南越。汉后昆明,未足方其训旅,魏王玄武,不能比其隶师。陈以江湖之泥,短衣祝发……

呼吸则江汉回流,叱咤则衡疑可拔。运岱山而压春卵,引渤海而灌秋萤,当不足等其销灭,譬其薙粉。猥以不武,谬总戎律,上禀庙堂之谋,下资素饱之气,使张悌之魂,先游北斗,吕嘉之级,远至新乡。漂橹溺骖,屡然已至,乱麻积苓,可为寒心。伪主若天诱其诚,去危转祸,审青盖之欲归,知蒋山之应渡,衔璧舆榇,拜手辕门,则上比吴蜀之君,不失公侯之宠。陈之百辟卿士,编户黔庶,有能深识逆顺,因事立功,亦当服冕乘轩,纡青佩紫。疏爵

---

① (宋)徐梦梓《三朝北盟会编》卷233,影印文渊阁《四库全书》本,第352册,第360—361页。
② (清)吴广成《西夏书事》卷36,《续修四库全书》本,第334册,第589页。

酬庸,待以不次,王者之师,全救为本。万姓毫厘,靡所侵轶。勉求多福,无待噬脐。

檄之所到,咸共申省。①

上揭唐朝卢思道《为隋檄陈文》之首称:"告三江之表伪署君臣将帅州郡邑落士民等";正文:该檄文的具体内容;末称:"檄之所到,咸共申省"。

唐朝崔致远《檄黄巢书》的体式与上揭文书体式基本相同,即首称:"广明二年七月八日,诸道都统检校太尉高某告黄巢";正文:该檄文的具体内容;末称:"某告"。②

此外,宋朝檄文的体式较为多样,如胡闳休《代岳制使飞移河南郡县讨刘豫檄》首称:"契戡";正文:该檄文的具体内容;末称:"谨连黄榜在前,各令知悉"。③

将西夏和中原唐宋檄文进行比较后发现,西夏与中原王朝的檄文体式均包含有四个要素,即首称、正文、末称及押署,但西夏的首称与末称的形式不及唐宋王朝丰富。就目前存世的西夏檄文来看,其首称仅有一种形式,即包含檄文的发出者、收檄人及檄文发出时间等要素,这与唐朝及宋朝时期檄文首称的形式大体一致,只是西夏将檄文的发出时间放在收檄官员姓名之后,而中原王朝则将其放置于姓名之前;末称虽然表述有所不同,但同中原王朝一样,均强调了檄文晓谕性特点。通过以上的比较和综合,西夏"檄"文的体式可以总结如下:

首称:某某国(某官府或某官员)+告某某国(某官府)某官员某某,(或有年月日)+传檄书(或有若干道之说)。

正文:檄文的具体内容,其结构层次因内容多寡而不同。

末称:檄至如前,言不尽意;或使还勉报,旨不及酬等;或檄之所到,各令悉知等。

押署:残缺。

综合以上分析,我们对西夏檄文的功用及体式相关内容作一总结。

第一,西夏国普遍使用檄文来发布相关的军事信息,或与他国进行军事方面的联系、沟通、协商并处理某些军事事项,以达到告晓、声讨、征召等功用,成为西夏军事领域使用比较频繁的文书种类之一。

第二,西夏檄文的体式几如中原唐宋檄文。可见,西夏檄文的体式也同样借

---

① (清)严可均校辑《全上古三代秦汉三国六朝文·全隋文》卷16,第4108页。
② (唐)崔致远《桂苑笔耕集》卷11,《丛书集成初编》本,商务印书馆1935年,第1865册,第90—100页。
③ (宋)岳珂《鄂国金佗稡编续编校注》,中华书局1989年,第978—979页。

鉴、学习了中原唐宋檄文的体式。只是其首称、末称等称谓并不完全固定,这也许是西夏时期文书写作的特殊性所决定。另外,由于史籍收录相关檄文的需要,从而导致檄文的押署内容则多有残缺。

第三,西夏檄文的语言基本上以散体为主,兼有骈体。

第四章　西夏官府专门文书种类功用及体式研究

专门文书是用于专业领域或某些管理专门业务的官府为记录某些事项而留存下来的文书,这些文书资料对于研究某一时代的某项专门业务有十分重要的借鉴和利用价值。因此,古代历朝历代的统治者们都十分重视专门文书的记载、收存、保护以及广泛利用。

古代的专门文书种类繁多,如律法文书、军籍文书、户籍文书、人事文书、凭证文书、记注文书、考选文书、祭告文书等。由于资料所限,本章所要探讨的西夏专门文书主要有户籍文书和军籍文书两大类。

第一节　户籍文书功用及体式

西夏户籍文书是专门用于记载西夏国家、各监军司、各郡州县和各家族或家庭人口及物产变化等状况的文书,是西夏国家管理人口和赋役的重要凭证。在目前的学术研究中,有学者也认为"户籍文书"就是"户籍",二者应该为同一概念的不同称谓。实际上,户籍文书和户籍在古代的确混淆使用,二者并无实质性区别,从史籍记载来看也是如此,这也许是由于古代历朝有关户籍制度规定不甚严密和科学合理而导致的结果。所以,就目前见到的西夏户籍文书及《天盛律令》的规定来看,二者在西夏可同指为记载西夏人口、物产等变化信息的文书。敦煌及吐鲁番出土的此类文书也均统称"户籍文书"。可见,"户籍文书"相对于"户籍",或更凸显文本性特点,故本书将其统称为"户籍文书"。

西夏户籍文书于20世纪初被俄、英等国探险队于西夏故地黑水城地区盗掘并运回各自国家,现分藏于今俄罗斯科学院东方文献研究所和英国国家图书馆等处。经过西夏学专家的联合整理、拍摄等工作,已将其基本收录于《俄藏黑水城文献》《英藏黑水城文献》等大型文献之中,据不完全统计,现存西夏户籍文书约110件。截至目前,对于西夏户籍文书的研究成果并不多,但仍对今后的研究产生一定的借鉴和引导作用。如克恰诺夫在《俄Инв.No.8203号西夏文书》中对俄藏第8203号的户籍文书进行译释,探析了文书中的抄、正军、人名、制度等内容,开创了西夏户籍文书研究之先河。史金波于《西夏户籍初探——4件西夏文草书户籍文书译释研究》中展示了其译释的4件户籍文书,并对其反映出的黑水城地区的婚嫁情况、户籍与军抄间的关系及户籍编制制度等进行论证,拓宽了户籍文书的研究视角,也为本文的探讨提供了重要的原材料。赵彦龙《试论西夏的户籍文书——西夏账籍文书研究之一》一文借助户籍实物文书对西夏户口登记制度与程序进行分析,进一步凸显西夏户籍文书的价值。许生根在《英藏黑水城出土西夏户籍租税账册文书初探》中将英藏黑水城文献中西夏户籍租税账册文书进行整理释读后,对西夏社会基层的户籍租税状况进行探讨,反映出当时社会生活中借贷活动的频繁。张煜坤在《西夏户籍档案整理与研究》中对西夏户籍文书进行整理,为户籍文书的研究提供便利。骆详译在《从黑水城出土西夏手实文书看西夏与唐宋赋役制度的关系》一文中论证了唐朝赋役制度对西夏手实文书写作的影响。史金波在《西夏经济文书研究》一书中对户籍文书的种类、户籍文书所涉及内容等进行了全面论述,并有针对性地译释了部分典型的西夏户籍文书作为附录。[1]这为研究西夏户籍文书的体式提供了实物依据,但对西夏户籍文书的体式及功用依旧缺乏系统深入探讨和总结。现借助已译释出的西夏户籍文书,并与唐朝户籍文书比较,以发现西夏户籍文书在结构与内容上较之中原王朝的创新之处,并结合户籍文书的发展演变,探究户籍文书对西夏社会治理之功用。

一、西夏户籍文书的功用

(一) 中国古代户籍文书的产生发展演变及功用

户籍文书,在古代还可称版图,其功用主要是记录国家或地区所辖户口演变的状况。户籍文书的编制大约始于西周,此后各朝沿袭并不断完善,直到当下的

---

[1] Е.И.克恰诺夫著,韩潇锐译《俄藏第8203号西夏文书考释》,载杜建录主编《西夏学》,上海古籍出版社2010年,第5辑,第17—22页;史金波《西夏户籍初探——4件西夏草书户籍文书译释研究》,《民族研究》2004年第5期,第64—72页;赵彦龙《试论西夏的户籍文书——西夏账籍文书研究之一》,《宁夏大学学报(人文社科版)》2007年第6期,第6—11页;许生根《英藏黑水城出土西夏户籍租税账册文书初探》,《西夏研究》2013年第4期,第48—52页;张煜坤《西夏户籍档案整理与研究》,宁夏大学2014年硕士学位论文;骆详译《从黑水城出土西夏手实文书看西夏与唐宋赋役制度的关系》,《中国社会经济史研究》2017年第2期,第1—11页;史金波《西夏经济文书研究》,第53—79页。

户籍制,其历史可谓渊远悠久。为此,古代史籍多有记载,如《周礼·天官冢宰·小宰》载:"……三曰听闾里以版图。……有争讼则以户籍之版、土地之图听决之。"①《周礼·秋官·司民》载:"司民掌登万民之数,自生齿以上,皆书于版。辨其国中与其都鄙及其郊野。异其男女,岁登下其死生。及三年大比,以万民之数诏司寇。司寇及孟冬祀司民之日,献其数于王,王拜受之,登于天府。"②《周礼·夏官·司士》又载:"司士掌群臣之版,以治其政令,岁登下其损益之数,辨其年岁与其贵贱,周知邦国都家县鄙之数,卿大夫士庶子之数。"③

据史籍记载,"户籍"一词最早出现于战国。《管子·禁藏》载:"户籍田结者,所以知贫富之不訾也。"④《史记》也有载:秦"献公立七年,初行为市。十年,为户籍相伍。"⑤ 其后各朝相沿不辍,且不断地发展和完善,直至当下社会。

魏晋南北朝之时户籍制有所发展,已经形成以州郡为单位编制户籍。据《三国志》载:"太祖破袁氏,领冀州牧,辟琰为别驾从事,谓琰曰:'昨案户籍,可得三十万众,故为大州也。'"⑥《晋书》载:"以右常侍霍皓为劝课大夫,与典农使者朱表、典劝都尉陆充等循行州郡,核定户籍,劝课农桑。"⑦《魏书》载:"太和中初立三长,以庄为定户籍大使,甚有时誉。"⑧此外,从有关史料可知,我国最早的"户籍之法"则制定于北魏。北魏时实行均田制,为了方便户籍管理,初次制定了户籍之法,《周书》载:大行台左丞苏"绰始制文案程式,朱出墨入,及计帐、户籍之法……"⑨北魏之后,各朝都在前朝的基础上进行了户籍之法的发展和完善。

唐朝是中国古代户籍之法渐趋完善的时期,其户籍文书内容也比较齐全,体式也相当完整,并有《唐六典》《唐律疏议》等法律制度保证其户籍文书内容的真实慎重和编制的规范性。唐高祖李渊曾颁布《定户口令》,⑩之后逐渐有了规范和完善的户籍管理制度。《旧唐书》载:户部"郎中、员外郎之职,掌分理户口、井田之事……百户为里,五里为乡。两京及州县之郭内,分为坊,郊外为村。里及坊村皆有正,以司督察。四家为邻,五邻为保。保有长,以相禁约。凡男女,始生为黄,四岁为小,十六为中,二十有一为丁,六十为老。每一岁一造计帐,三年一

---

① 《周礼注疏》卷3,(清)阮元校刻《十三经注疏》,第654页。
② 《周礼注疏》卷35,(清)阮元校刻《十三经注疏》,第878页。
③ 《周礼注疏》卷31,(清)阮元校刻《十三经注疏》,第848页。
④ 黎翔凤《管子校注》,中华书局2004年,第1025页。
⑤ (汉)司马迁《史记》卷6,第289页。
⑥ (晋)陈寿《三国志》卷12,第367页。
⑦ (唐)房玄龄等《晋书》卷105,第2741页。
⑧ (北齐)魏收《魏书》卷83上,第1816页。
⑨ (唐)令狐德棻等《周书》卷23,第382页。
⑩ (清)董诰等《全唐文》卷1,第1页。

造户籍。县以籍成于州,州成于省,户部总而领焉。凡天下之户,量其资定为九等,每定户以仲年,造籍以季年。州县之籍,恒留五比,省籍留九比。"①《唐六典》载:"凡男、女始生为黄,四岁为小,十六岁为中,二十有一为丁,六十为老。每一岁一造计帐,三年一造户籍。县以籍成于州,州成于省,户部总而领焉。凡于下之户,量其资产,定为九等。"②可见,唐朝户籍文书的功用就是定期详细登录全国各地人口状况。

宋朝在唐朝户籍制的基础上又一次进行了创造和发展,实现了由唐朝的乡里制过渡到比较完善和科学的保甲制。《宋史》载:"熙宁初,王安石变募兵而行保甲,帝从其议。三年,始联比其民以相保任。乃诏畿内之民,十家为一保,选主户有干力者一人为保长;五十家为一大保,选一人为大保长;十大保为一都保,选为众所服者为都保正,又以一人为之副。"③《宋刑统》有比较详细的户籍编制和登记规定。

宋朝之后一直到清朝,户籍文书的编制也在不断地创新完善中,其功用大致也基本上沿袭前朝。

(二) 西夏户籍文书的功用

西夏作为中古时期西北地区的少数民族割据政权,其户籍文书的功用是记录国家、经略司、监军司、州、县以及宗族、家庭人口总数及变动情况和财产登记等的文书,也是派遣劳役、征收赋税、判罪处罚等唯一可靠的凭证。

西夏户籍文书的编制也有一个从简单到完善的过程。从现在仅有的汉文史籍记载来看,似乎西夏建国前及初期的户籍文书编制相当简单,"其部族一家号一帐,男年十五以上为丁。有二丁者取正军一人,负担一人,为一抄"。④虽从这则史料无法具体得知家庭人口的基本情况,但可以说是一份简单的户籍文书。到了西夏中后期,其户籍文书的编制才真正完善,而且西夏户籍文书的编写借鉴中原王朝,也制定了较为完善的律法对其进行严格规范,如西夏综合性法典《天盛律令》等。

西夏在户籍文书编制时要求从新生子到一定年龄必须登记进入户籍文书,若不登记或隐瞒等情形则要进行严厉的处罚:"上述新生子当注册者中,年十五以上不注册隐瞒时,其正军之罪:隐一至二人者,徒四年;三至五人者,徒五年;

---

① (后晋) 刘昫等《旧唐书》卷43,第1825页。
② (唐) 李林甫等撰,陈仲夫点校《唐六典》卷3,第74页。
③ (元) 脱脱等《宋史》卷192,第4767页。
④ (宋) 曾巩撰,王瑞来校证《隆平集校证》卷20,中华书局2012年,第603页。

六至九人者，徒六年；十人以上，一律八年。及丁籍册上犹著年幼者，当比丁壮不注册罪减一等。彼二种首领、主簿知晓隐言者，则当比正军罪减一等，不知情者不治罪。"①另外，西夏不仅要求男子到十五岁成丁时要在军籍文书上进行登记，而且从新生子到十岁时更要在户籍文书上进行登记上报，否则同样受处罚："诸院军各独诱新生子男十岁以内，当于籍上注册。若违律，年及十至十四不注册隐瞒时，隐者正军隐一至三人者，徒三个月；三至五人者，徒六个月；六至九人者，徒一年；十人以上一律徒二年。首领、主簿等知情，则当比正军罪减一等；不知情者不治罪。"②此外，对人口总数及其变动情况的登录亦极为严格，西夏法典规定："边中、畿内租户家主种地纳租法：年年死亡、外逃、地头无人、依次相卖，所改变之情须有，虚杂不入，典册清洁，三年一番，司干及中书郡县等处所置新册当卷之使牢。"③且就西夏户籍账的体式分析来看，人口登记时需要区分"大""小"，除便于征发徭役外，还可服务于军抄，为战时选出各户应征入伍人员提供了极为可靠的名单。而就西夏户籍手实的体式来看，西夏对于土地极为重视，将土地均放于人口之前，这不仅是历史溯源的影响，也是借鉴唐中后期、以资产为宗特别是以土地为主的赋役制度之后所产生的。④ 此外，在登记之时需要记录每户的所有物资，结合西夏法典所载内容来看，"西夏农户的户籍登记与耕地纳税直接联系"。⑤ 而且西夏户籍文书还用于对触犯律法判定连坐之罪时的依据，如西夏法典载："子、兄弟已为他人养子，在其处有谋逆，其在养处若已袭抄官、军职者，若其人应著于籍上，则养者父母当连坐，养子父母之节亲及原本来处父母节亲等勿连坐……"⑥与此同时，西夏户籍文书的编制层层管辖，"西夏基层社区组织和户籍编制是参照中原地区的乡里组织和北宋变法后的保甲法变通而来"。⑦ 可见，西夏户籍文书编制的目的仍然是为了统治的需要。

现存的西夏户籍文书多用西夏文书写，少部分为汉夏合书，学术界对于俄藏、英藏及中藏的西夏户籍文书各进行了不同程度的译读，其中大多数户籍文书现仅存一份草书，而俄 Инв. No.7629-1 及俄 Инв. No.8203 的户籍手实各存有两份，即楷书和草书各一份，且内容相同，对于户籍文书的书写字体，史金波先生

---

① 史金波、聂鸿音、白滨译注《天盛律令》卷6，第262页。
② 史金波、聂鸿音、白滨译注《天盛律令》卷6，第262页。
③ 史金波、聂鸿音、白滨译注《天盛律令》卷15，第515页。
④ 骆详译《从黑水城出土西夏手实文书看西夏与唐宋赋役制度的关系》，《中国社会经济史研究》2017年第2期，第1—11页。
⑤ 史金波《西夏经济文书研究》，第79页。
⑥ 史金波、聂鸿音、白滨译注《天盛律令》卷1，第112页。
⑦ 史金波《西夏经济文书研究》，第71页。

曾说是因"写作时要求快捷、及时,往往草书立就"。① 就这两份文书可知,编制户籍文书时边问边用草书写就后,还需要再对其用楷体进行誊录。现已翻译出的户籍文书中均未记载其编制时间,使得西夏户籍文书编写制度的演变暂时难以进行总体概括。

二、西夏户籍文书的体式

西夏汉夏文史籍对西夏户籍文书及其制度的记载不多,也不详细,对户籍文书体式的记载更是稀少。黑水城出土的汉夏文户籍文书以西夏文户籍文书为大宗,且已由西夏学专家对部分进行了翻译与公布,给总结归纳西夏户籍文书的体式提供了坚实的实物基础。

西夏户籍文书有户籍账、户籍计账和户籍手实三种,现较之唐朝户籍文书之体式,以对其体式分别进行归纳总结。

(一) 户籍账之体式

西夏的户籍账,从目前出土的实物原件来看,一般都是以"里溜"为单位进行登录,且登录的来源以户籍手实为基础。"里溜是西夏时期基层社会组织,相当于中原地区里甲的'里'。西夏黑水城户籍在里溜下以户登录,每户首先登录户主人名,再记明全户几口,再分行以男、女、大人、小孩登录,各记人名以及和户主的关系。"②这里已经清楚地告知西夏户籍管理的基层组织和户籍文书登录的基本要素和体式。

在已经翻译公布的西夏文户籍文书中,俄 Инв. No. 4991-4 西夏文《户籍账》是一篇内容与体式较为完整的里溜户籍账,直观展现了西夏户籍账的书写程式,为西夏户籍文书体式的归纳总结提供了极为可靠的实物资料。为了更加清晰地反映西夏户籍账的体式,现移其汉译文如下:

里溜鬼移铁明局分:
 黑孤人一,无有畜,先? 陈?
 一户乃福增犬,五口
  男三二

---

① 史金波《西夏户籍初探——4 件西夏文草书户籍文书译释研究》,《民族研究》2004 年第 5 期,第 64—72+109 页。
② 史金波《西夏经济文书研究》,第 54 页。

144　西夏文书种类功用及体式研究

　　　　大一，福增犬
　　　　小二一，子
　　　　　小驴明　吉祥犬
　　女三
　　大二
　　　　妻子梁氏母娘盛
　　　　女□□□
　　　　小一①

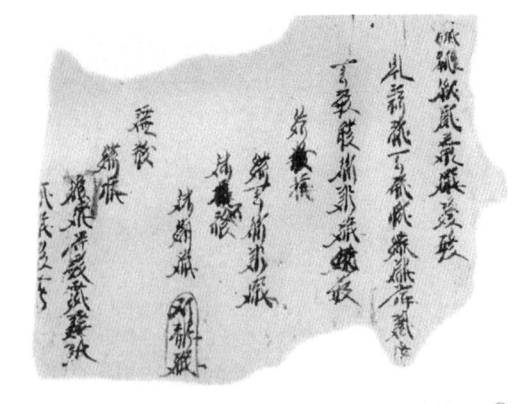

　　上揭俄 Инв. No.4991-4 户籍　　图 4-1　俄 Инв. No.4991-4 西夏文《户籍账》②
文书所示，其结构层次十分明显：

　　第一行顶格书写里溜官员姓名、权限：即里溜嵬移铁明局分；

　　第二行降一格书写户数，含户主姓名、总人口：即一户乃福增犬，五口；

　　第三行降两格书写男人口数：男三二；

　　第四行降三格书写男大人数、人名（一个大人占一行。若有两个以上大人时，再分行降四格书写人名，且写明与户主之关系）：即大一，福增犬；

　　第五行降三格书写男小人数、人名（一个小人占一行。若有两个以上小人时，再分行降四格书写人名，且写明与户主之关系）：小二一，子。小驴明　吉祥犬；

　　第六行（或依次降行）如第三行降两格书写女人口数；

　　第七行降三格书写女大人数、人名（一个大人占一行。若有两个以上大人时，再分行降四格书写人名，且写明与户主之关系）；

　　第八行降三格书写女小人数、人名（一个小人占一行。若有两个以上小人时，再分行降四格书写人名，且写明与户主之关系）。

　　上揭所举俄 Инв. No.4991-4 西夏文《户籍账》的书写体式基本体现了西夏户籍文书的结构层次，即里溜长官、某户的户主及总人口、该户人口的详细信息等。对于某户人口信息的登录，先区分男女，再区分大小，并逐一登录姓名。但从黑水城出土的西夏文其他户籍文书来看，其结构层次似乎并不完全固定，也可能因不同情况有所变化，如俄 Инв. No.6342-1 西夏文《户籍账》，该户籍账是已公布翻译为汉文记载户数最多的一份户籍文书，这份户籍文书集中反映了西夏户籍账对于各户信息登录的程式特征。将这两份户籍账进行比较研究后，发现二者的体式稍有不同。为了区别起见，现移录俄 Инв. No.6342-1 西夏文《户籍

---

　　①　史金波《西夏经济文书研究》，第 55 页。
　　②　史金波、魏同贤、（俄）克恰诺夫主编《俄藏黑水城文献》，第 13 册，第 322 页。

第四章　西夏官府专门文书种类功用及体式研究　　145

账》中完整的两户汉译文为例说明之。

如俄 Инв.No.6342-1 西夏文《户籍账》第四户：

一户律移十月盛三口
　　男二
　　　大一十月盛
　　　小一子福有乐
　　女一
　　　大一妻子耶和般若乐①

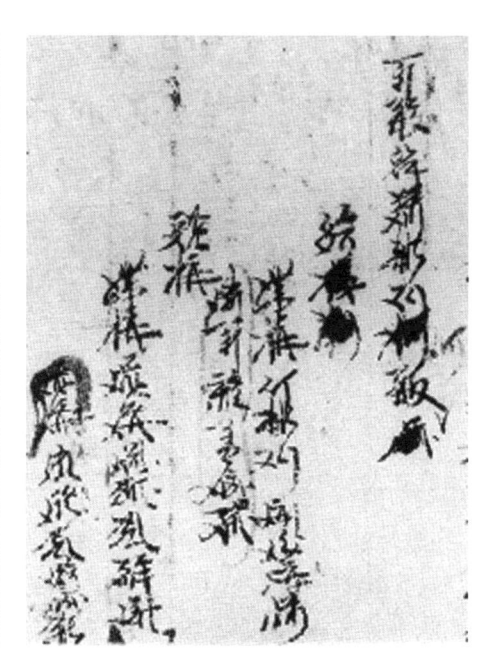

图 4-2　俄 Инв.No.6342-1 西夏文　　图 4-3　俄 Инв.No.6342-1 西夏文
《户籍账》第四户②　　　　　　　　　　《户籍账》第二十三户③

俄 Инв.No.6342-1 西夏文《户籍账》第二十三户：

一户梁吉祥势五口
　　男三
　　　大二吉祥势　弟老房山

---

① 史金波《西夏经济文书研究》，第 58 页。
② 史金波、魏同贤、（俄）克恰诺夫主编《俄藏黑水城文献》，第 14 册，第 118 页。
③ 史金波、魏同贤、（俄）克恰诺夫主编《俄藏黑水城文献》，第 14 册，第 121 页。

　　　　小一子七月犬
　　　女二
　　　　大二妻子拶移氏白乐
　　　　妻子居地氏善？金①

上揭两户户籍账结构层次也很清晰,具体归纳如下:

首先,顶格登录户主姓名及该户总人数:"一户律移十月盛三口""一户梁吉祥势五口"。

其次,分行降四格登录该户中男性总数,再分行降五格先大后小依次登录男大(或男小)总数、各自与户主之关系及姓名。如"男二：大一十月盛,小一子福有乐""男三：大二吉祥势,弟老房山；小一子七月犬"。

最后,分行降四格登录该户中女性总数,再降五格先大后小依次登录女大(或女小)总数、各自与户主之关系及姓名。如"女一：大一妻子耶和般若乐""女二：大二妻子拶移氏白乐,妻子居地氏善？金"。

上揭两户户籍账与俄 Инв. No.4991-4《户籍账》相比,缺少首部"里溜"相关要素,究其原因,可能是俄 Инв. No.6342-1《户籍账》因损毁而残缺其首部内容即"里溜长官"等要素。其余各项内容和体式要素及其登录格式均完全相同,即先登录户主、姓名及家中总人口,再分别登录男、女、大、小、与户主关系及其姓名。此外,中藏 B11·045 汉文《户籍账》②的登录要素和体式与俄 Инв. No.4991-4 和俄 Инв. No.6342-1 户籍账大体相同。

唐朝的户籍文书并未见收录于传世文献中,故无法得知其内容和体式情况。但是,在敦煌吐鲁番出土的文书中则有少量唐朝的户籍手实,如《唐载初元年西州高昌县宁和才等户手实》等,这是目前所能见到的唐朝比较完整的户籍文书,其所登录内容和体式能够反映唐朝户籍文书的基本面貌,为探讨唐朝户籍文书的体式提供了较为可靠的实物资料,真可谓价值珍贵。为了更清晰地同西夏户籍文书的体式进行比较,现将该户籍文书的第一段移录如下:

　　　户主宁和才年拾肆岁
　　　母赵年伍拾贰岁
　　　妹和忍年拾叁岁
　　　　右件人见有籍
　　　姊和贞年贰拾贰岁

---

① 史金波《西夏经济文书研究》,第 62 页。
② 杜建录《中国藏西夏文献研究》,上海古籍出版社 2012 年,第 65 页。

第四章　西夏官府专门文书种类功用及体式研究　　147

姊罗胜年拾伍岁
右件人籍后死

图 4-4　《唐载初元年西州高昌县宁和才等户手实》第一段①

上揭唐朝户籍文书内容应分为两部分：
一为每户应在籍人口，体式为：第一行为户主，书写户主姓名及年龄，接下来则每行一人，登录各户除户主以外的其他人口，内容包括与户主关系、姓名或姓氏、年龄。该部分人口登记结束后，分行空一格书写"右件人见有籍"。
二为每户籍后死之人口，每行书写一人，体式为：与户主关系、姓名、年龄。该部分人口登记结束后，分行空一格书写"右件人籍后死"。
唐朝的户籍手实以户为单位进行登录，依次登录每户在籍人口及籍后死人口，如《唐载初元年西州高昌县宁和才等户手实》即如此：先登录户主、姓名及年龄，接着登录与户主关系、姓名、年龄并注明是否在籍。可以说该户籍手实登录内容简单。
《唐载初元年西州高昌县宁和才等户手实》和西夏文《户籍账》比较，我们以为二者在书写登录时，其内容的划分情况有所不同：唐朝手实则以人口是否在籍划分为在籍和应除籍人口，而西夏手实则主要以性别划分为男性和女性两部分，后再根据大小进行划分。此外，唐朝手实较之西夏缺少每户总人数及男女各性别总人数的登录，而西夏户籍账较之唐朝手实残缺每户人口的年龄和应除籍

---

①　唐长孺《吐鲁番出土文书》叁，文物出版社 1996 年，第 498 页。

人口。

综上,西夏户籍账之体式由首部、主部两部分构成:

首部。主要依次登录户籍所属的"里溜"、里溜官姓名及权限等。①

主部。主部则登录里溜所属的户口及人数信息等。登录方法依次是先登录每户的户主人名,再登录户主家所属人口总数,再分行登录男、女、大人、小孩姓名及与户主的关系。②

(二) 户籍计账的体式

户籍计账应是"户籍的总计,可视为计账之一种"。③ 或者说户籍计账是西夏户籍以"里溜"为单位登录其户口总数、总人数及男、女、大、小总人数等的统计总账,是编制全国总户籍、总人口及男、女、大、小人口数的重要凭证。关于这类户籍计账的体式,我们以俄 Инв. No.6342-2 西夏文《户籍计账》为例,这是俄 Инв. No.6342-1《户籍账》的总计部分。这一户籍计账的内容全面,体式完整,在西夏户籍计账文书中具有一定的典型性。现移录俄 Инв. No.6342-2 西夏文《户籍计账》汉译文如下:

……
二十一(大字,下有画押)
里溜饶尚般百勾管七十九户?? 共二百二十人
　　大一百八十人　小四十人
六十二户原先大小一百四十六人
　　　男八十五人
　　　　大六十一人　小二十四人
　　　女六十一人
　　　　大五十四人　小七人
三十五人单身

---

① 注:西夏户籍账的登录借鉴学习了中原唐朝的经验,以"里溜"为单位登录,如俄 Инв. No.4991-4《户籍账》中第一行所登录的内容"里溜鬼移铁明局分"。西夏在户籍帐中登录里溜长官,再记载其所管辖里溜的户数、人数、男女数、大小数等信息,这应是借鉴了中原王朝有秦以来所采用的责任到人的管理模式,其目的是确保该溜中人口信息登录的准确性。

② 如俄 Инв.No.6342-1 西夏文《户籍账》第 7 户:"一户律依老房山四口。男二:大二老房山、弟般若山。女二:大一妻子讹名氏般若宝,小一妹瑞象宝。"可谓清楚明白,这也为该溜征收赋役提供直接可靠的依据。然而,西夏户籍文书登录中亦存有一个特殊现象:即独户,其登录更为简单,即只写清姓名、人数及财产等则可,如俄 Инв.No.4991-4 西夏文《户籍账》中的第一户"黑孤人一,无有畜,先? 陈?"等。

③ 史金波《西夏经济文书研究》,第 58 页。

第四章　西夏官府专门文书种类功用及体式研究　　149

男三十一人
　　大二十六人　小五人
女四大
十七户？大小四十九人
　　男二十人
　　　　大十八人　小二人
　　女十九人
　　　　大十七人　小二人
原先大小一百八十一人①

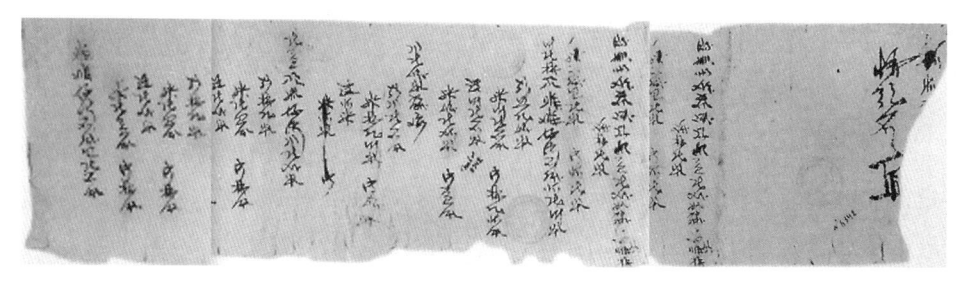

图 4-5　俄 Инв. No.6342-2 西夏文《户籍计账》②

上揭户籍记账是俄 Инв. No.6342-1 西夏文《户籍账》的总计部分，其体式总结如下：

第一，押署。其位置处于俄 Инв. No.6342-1《户籍账》登录完成后和俄 Инв. No.6342-2《户籍账》总计之前，一般要写上查核户籍登录与总计情况的官吏姓名、时间和画押等。如俄 Инв. No.6342-2《户籍账》汉译文中的第一行"……二十一（大字，下有画押）"。

第二，基层里溜、长官姓名、总户数、总人口及大小人口数。如"里溜饶尚般百勾管七十九户??共二百二十人，大一百八十人，小四十人。"

第三，分别不同情况进行总计。

首先是原先登录的总户数、总人数及男、女、大、小总人数。如"六十二户原先大小一百四十六人，男八十五人，大六十一人，小二十四人。女六十一人，大五十四人，小七人"。

其次是原先登录单身总人数及男、女、大小总人数。如"三十五人单身，

---

①　史金波《西夏经济文书研究》，第69页。
②　史金波、魏同贤、（俄）克恰诺夫主编《俄藏黑水城文献》，第14册，第123—124页。

男三十一人,大二十六人,小五人。女四大"。

再次是新入户的总户数、总人数及男、女、大、小总人数。如"十七户？大小四十九人,男二十人,大十八人,小二人。女十九人,大十七人,小二人"。

最后是再次重申原先总人数。如"原先大小一百八十一人"。

由上计账文书的体式可看出,西夏户籍计账文书内容全面,层次清晰,规范具体。该计账文书着重强调每溜中户数及人口等信息的变化,旨在明确该溜现有总户数及总人口数等。对于该溜人数的汇总,则按原有户口和新增户口两类统计,分别登录各类的男、女、大、小人口的总数。如此,则更加确保各户信息登录的准确性,这也与唐朝户籍手实中对每户人口变动情况的登录方式相似,更凸显出西夏户籍计账的原始凭证作用。

(三) 户籍手实的体式

手实是唐宋时期基层居民自行向官府申报自家户口、田地、牲畜等的一种户籍文书。这种户籍文书被西夏借鉴学习而来,同样用于西夏基层居民自行向官府申报户口、田地、牲畜等的文书,西夏故地黑水城出土了若干件户籍手实,这成为研究西夏居民自行申报户口等的重要凭证,也是归纳总结西夏户籍手实体式唯一的、重要的史料。

俄 Инв. No.7893-9 西夏文《户籍手实》呈现了西夏一个较大的中等军官行监的家庭状况,文书中所载内容丰富,包含了资产、人口等方面的信息,且格式较为全面详备,给户籍手实体式的归纳提供了参考依据,为了更清晰地对户籍手实进行归纳总结,现将该户籍手实的汉译文移录如下:

  一户行监梁?? 有畜品业已令明,列如下:
   地四块
    一块接阳渠撒二十石处,与耶和心喜盛(地)边接
    一块接道砾渠撒十五石处,与梁界乐(地)边接
    一块接律移渠撒十石处,与稣讹小姐盛(地)边接
    一块接七户渠撒七石处,与梁年尼有(地)边接
   畜三马中
    一公马有二齿　一母马骡四齿　一幼马
    骆驼三十二　大二十六　小六
   人男女十八中
    男十　心喜犬　三十五　正月犬　三十

第四章　西夏官府专门文书种类功用及体式研究　　151

　　铁吉　四十　势汉金　五十　祥行乐　三十
　　小狗吉　十二　月月犬　四岁　正月吉
　　四月盛　二岁　祥行吉　十五
女八　吉祥乐　六十　水护　五十
……①

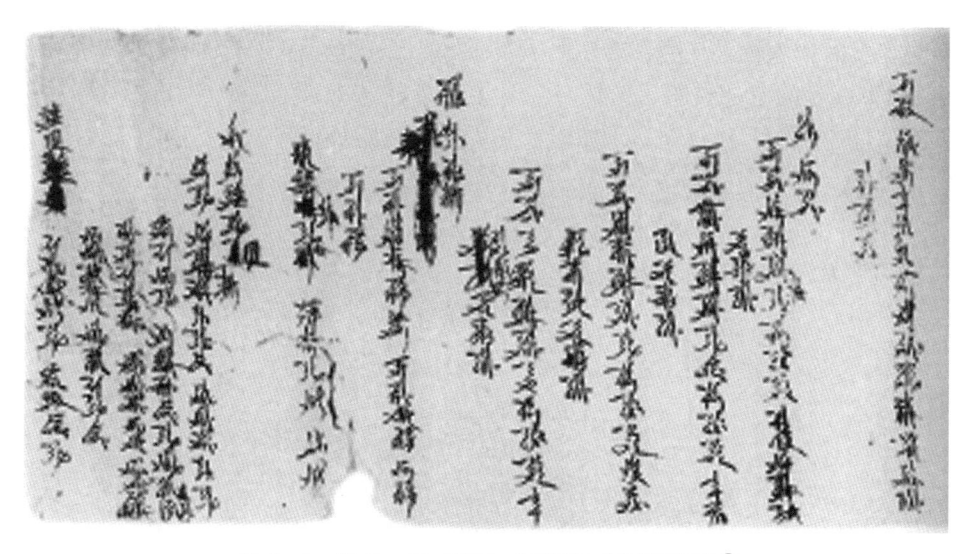

图 4-6　俄 Инв. No.7893-9 西夏文《户籍手实》②

由上揭俄 Инв. No.7893-9《户籍手实》来看，其体式由首部、主部两部分构成。

首部。主要是分户登录户主姓名（或有官职）、总括性资产说明并以"列如下"连接下文，如"一户行监梁?? 有属畜品业已令明，列如下"。

主部。依次分别登录该户主家中土地、牲畜、人口或物品等相关内容。

一是田地。登录其总数及各分块的面积、四至等，如"地四块：一块接阳渠撒二十石处，与耶和心喜盛（地）边接，一块接道砾渠撒十五石处，与梁界乐（地）边接，一块接律移渠撒十石处，与稣讹小姐盛（地）边接，一块接七户渠撒七石处，与梁年尼有（地）边接"。

二是牲畜。登录牲畜名称和总数，再分别登录牲畜名称、公母牲畜的年龄或大小数量等，如"畜三马中：一公马有二齿，一母马骡四齿，一幼马；骆驼三十二，

---
①　史金波《西夏经济文书研究》，第 76—77 页。
②　史金波、魏同贤、（俄）克恰诺夫主编《俄藏黑水城文献》，第 14 册，第 213 页。

大二十六,小六"。

三是人口。登录男女人口总数及男女各自人数及姓名年龄等,如"人男女十八中:男十,心喜犬,三十五;正月犬,三十;铁吉,四十;势汉金,五十;祥行乐,三十;小狗吉,十二;月月犬,四岁;正月吉,四月盛,二岁;祥行吉,十五。女八:吉祥乐,六十;水护,五十……"

与此同时,俄 Инв. No.8203 西夏文《户籍手实》也是一件内容丰富、格式齐全且也具有代表性和典型性的户籍手实,是俄 Инв. No.7893 - 9 西夏文《户籍手实》极为可靠的参照资料。为比较二者之间的体式差异,现将俄 Инв. No.8203 西夏文《户籍手实》汉译文移录如下:

  一人移讹千男原本与前内侍正军移讹吉祥犬兄
   千父等是一抄,先因赢弱,在行
   监嵬移善盛下共旧抄,千父及
   军首领嵬移吉祥山下嵬移般若
   宝三人为一抄,千男现今叔
   执法转运移讹吉祥山死之养
   儿子。所有畜物已明,如下列:
  地
   一块接新渠撒七石处
   一块接律移渠撒六石处
   一块接习判渠撒七石处
   一块场口杂地撒七石处
  人
      年四十 年二十五 年五岁
   男大幼二 祥和吉 成犬   七月乐
         年三岁
         十月犬
   女大
     年五十 年三十 年二十五
     吉妇 吉金 三姐
  畜
   骆驼三 二大 一小
   牛大小十 四大 六小
   羊大小八十

第四章　西夏官府专门文书种类功用及体式研究　　153

物
　　一条毯　二卷纤①

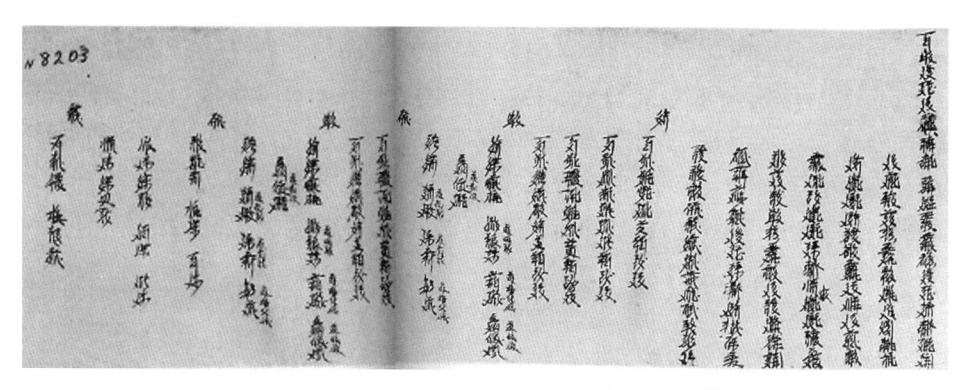

图4-7　俄 Инв. No.8203 西夏文《户籍手实》②

上揭俄 Инв. No.8203《户籍手实》之体式亦由首部和主部两部分构成。

首部。登录户主所属军抄（户）的变动情况。如变动原因及户主身份和资产情况，并以"如下列"连接下文，如"一人移𢈉讹千男原本与前内侍正军移𢈉讹吉祥犬兄千父等是一抄，先因羸弱，在行监嵬移善盛下共旧抄，千父及军首领嵬移吉祥山下嵬移般若宝三人为一抄，千男现今叔执法转运移𢈉讹吉祥山死之养儿子。所有畜物已明，如下列"。

主部。依次登录该户主家中田地、人口、牲畜和物品等相关状况。

一是田地。登录该户所有土地的面积、四至等，如"地：一块接新渠撒七石处，一块接律移渠撒六石处，一块接习判渠撒七石处，一块场口杂地撒七石处"。

二是人口。按照男女性分别登录。内容包括男大（或女大）、男幼（或女幼）人数、姓名及年龄，如"人。男大幼二：　年四十　　年二十五　　年五岁　　年三岁
　　　　　　　　　　　　　　祥和吉　　成犬　　　七月乐　十月犬
　　　　　　　　　　女大：　年五十　　年三十　　年二十五
　　　　　　　　　　　　　　吉妇　　吉金　　三姐"。

三是牲畜。分别登录牲畜种类、总数及大小数量，如"畜：骆驼三：二大、一小；牛大小十：四大，六小；羊大小八十"。这里对羊只登录大小总数，可能因为与大牲畜相比价值相对偏低的原因。

四是物品。登录物品数量及种类，如"一条毯　二卷纤"。

---

① 史金波《西夏经济文书研究》，第74—75页。
② 史金波、魏同贤、（俄）克恰诺夫主编《俄藏黑水城文献》，第14册，第256—257页。

从上揭俄 Инв. No.8203《户籍手实》与俄 Инв. No.7893-9《户籍手实》的对比来看,其体式基本相同,只是二者在首部所载内容及主部中人口与财产的登录次序与详略程度有所不同而已。对于首部,俄 Инв. No.8203《户籍手实》有对家庭人口状况的说明:即户主原抄、旧抄、现抄以及养子等情况。对于主部,二者的登录次序有所不同,如俄 Инв. No.8203《户籍手实》是按照土地、人口、牲畜、物品顺序登录,而俄 Инв. No.7893-9《户籍手实》是按照土地、牲畜、人口顺序登录。就其内容的详略程度来看,俄 Инв. No.8203《户籍手实》缺载土地、人口、牲畜及物品总数的登记,且人口信息是姓名和年龄上下对应,而俄 Инв. No.7893-9《户籍手实》中人口信息是姓名和年龄左右对应。此外,俄 Инв. No.7629-1《户籍手实》[①]的登录要素和体式与上揭西夏文户籍账基本相同。

西夏户籍手实之体式应是学习借鉴中原唐朝户籍文书的体式,为使二者对比更加明晰,现将信息保存较清晰完整的《唐载初元年西州高昌县宁和才等户手实》第八段移录如下:

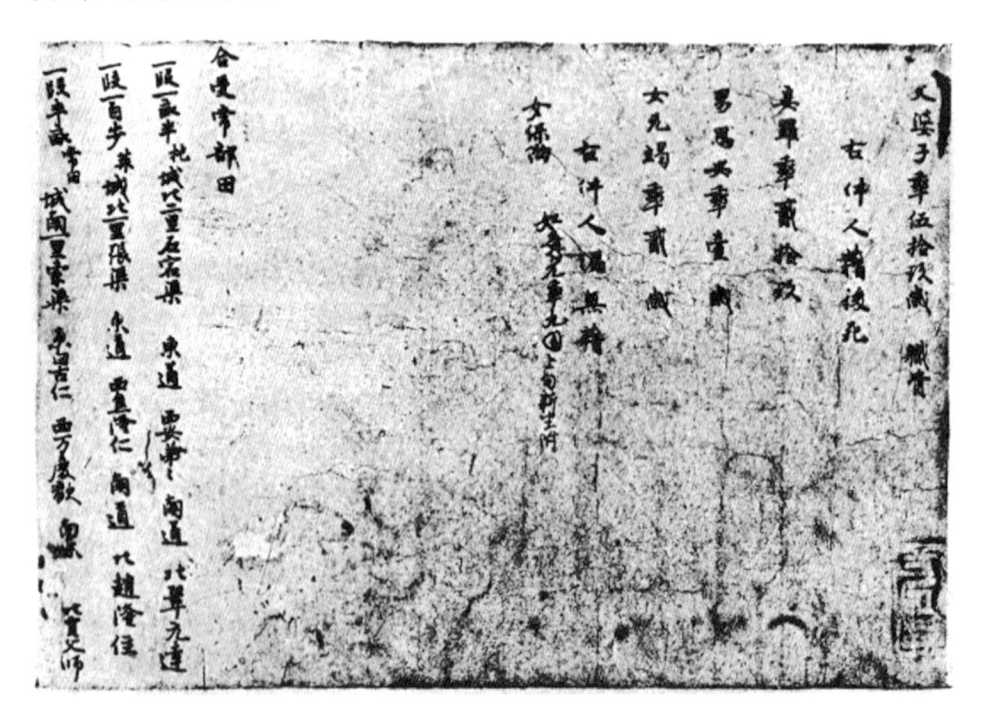

图4-8 《唐载初元年西州高昌县宁和才等户手实》第八段[②]

---

① 史金波《西夏经济文书研究》,第74—75页。
② 唐长孺《吐鲁番出土文书》叁,第510页。

父婆子年伍拾玖岁　职资
　　　右件人籍后死
妾罗年贰拾玖
男思安年壹岁
女元竭年贰岁
　　　右件人漏无籍
女保尚　如意元年九(月)上旬新生附
合受常部田
　一段一亩半桃城北二里石宕渠　东道　西安弟弟南道　北巩元达
　一段一百步菜城北一里张渠　东道　西焦隆仁　南道　北赵隆佳
　一段半亩常田城南一里索渠　东白古仁　西万庆欢南康北贾父师

由上揭唐朝户籍手实第八段来看，其内容分为四部分：

一是每户籍后死人口，每行写一人，体式为：与户主关系、姓名、年龄及官职。该部分人口登记结束后，分行空两格写"右件人籍后死"。

二是每户漏无籍人口，每行写一人，体式为：与户主关系、姓名、年龄。该部分人口登记结束后，分行空两格写"右件人漏无籍"。

三是每户当年新生人口，体式为：与户主关系、姓名、出生时间及注"新生附"。

四是每户田产信息，其体式为：分行登录每段田地面积、位置和里程及四至。

由上揭唐朝户籍手实第八段得知，其登录内容未及俄 Инв. No.8203《户籍手实》丰富，唐朝户籍手实登录内容仅有籍后死、漏无籍、新生附户口及该户所有田地；西夏手实则增加了新旧抄(或户)、养子或另立户籍之说明以及牲畜、土地、物品等信息。可见，西夏用手实自行申报户口时，家中所有财产都要一一登录，不得有任何隐瞒。西夏户籍手实的这一特点同宋朝户籍手实极为相似，宋朝吕和卿所创的手实法中强调要将每户土地、财物及人口信息均视作户籍手实登录的重要内容。[①]

综上，西夏借鉴了中原唐宋户籍手实的体式特征，但有所差异。

第一，从户籍手实的登录顺序和内容来看，西夏将土地置于人口之前，而中原置于人口之后，足以体现西夏对土地的重视。

---

① 骆详译《从黑水城出土西夏手实文书看西夏与唐宋赋役制度的关系》，《中国社会经济史研究》2017年第2期，第1—11页。

第二，就土地登录信息来说，西夏则没有中原唐宋具体详细，唐宋有里程、位置和四至说明，而西夏缺少里程、位置说明。登录土地面积时西夏则以"撒种子"重量来论，中原唐宋以市制土地面积"亩"称谓。

综合以上分析可知，西夏户籍手实的体式由首部、主部两部分构成：

  首部。主要是分户登录户主姓名（或有官职）、总括性资产说明并以"列如下"连接下文。或对家庭人口状况进行说明：即户主原抄、旧抄、现抄以及养子等情况。

  主部。依次分别登录该户主家中土地、牲畜、人口或物品等相关内容。分别是以下三部分：

  一是田地。登录其总数及各分块的面积、四至等。

  二是牲畜。登录牲畜名称和总数，再分别登录牲畜名称、公母牲畜的年龄或大小数量等。

  三是人口。登录男女人口总数及男女各自人数及姓名年龄等。

三、结论

西夏户籍文书属于专门文书的范畴，是西夏人口和财产管理过程中产生的资料，也是西夏用于管理人口及其赋役工作的重要凭证，因此，西夏统治者十分重视户籍文书的登录、管理和利用。通过对比西夏与唐朝的户籍文书后发现，西夏学习借鉴了中原王朝户籍文书的功用和体式，尤其是其体式的借鉴和学习。虽说西夏户籍文书的功用和体式借鉴中原唐朝，但在登录时根据西夏统治需要及国家的实际情况，对于登录内容的划分情况及著录种类有一些完善，进一步体现出户籍文书在征发徭役、征收赋税及处罚连坐罪行等方面的功能。

中国古代的户籍文书编制虽然已有两千多年的历史，而且史籍多有记载，但很可惜，实物原件保存下来的很稀少，比较完整齐全的户籍文书更少。故"西夏文户籍文书的发现，不仅填补了西夏户籍实物的空白，可推动西夏社会、经济研究的进展，并对同时代缺乏这类实物资料宋、辽、金王朝的社会户籍研究也有一定的参照价值"。[①] 因此，西夏户籍文书价值珍贵。

[①] 史金波《西夏经济文书研究》，第53页。

第二节　军籍文书功用及体式

西夏军籍文书是专门用于记载西夏国家军队建制、军抄管理、武器装备配设管理等的文书，是西夏国家军队设置、军抄和武器装备登录管理等的重要凭证，更是研究西夏军事制度等方面的关键史料。

西夏军籍文书出土于西夏故地黑水城，主要为西夏文字书写，大约有300件，现影印收录于《俄藏黑水城文献》《英藏黑水城文献》等大型文献丛书。目前，对于西夏军籍文书的研究成果并不多，只有史金波先生结合俄藏与英藏收录的西夏文军籍文书中的相关内容进行了考释和研究，可见于如《西夏文军籍文书考略——以俄藏黑水城出土军籍文书为例》《英国国家图书馆藏西夏文军籍文书考释》《西夏军抄的组成、分合及除减续补》《西夏文军抄账译释研究》[1]等论文。史金波先生的这些论文对照西夏法典和西夏时期军籍文书，对西夏军籍文书的格式、内容（含西夏基层军事组织以溜为单位的军抄、正军、辅主、负担等人员和年龄以及武器装备等）进行了全方位的探讨，给学界提供了可资借鉴和利用的珍贵史料。尤桦博士曾对《天盛改旧新定律令》中的武器装备条文进行了重新整理和研究，[2]为研究西夏军籍文书的相关内容提供了新的素材。本书将结合汉文史籍的相关记载、西夏法典的有关规定和军籍文书实物，有针对性地探讨西夏军籍文书的功用及体式。

一、西夏军籍文书的功用

（一）中国古代军籍文书的产生及发展演变

军籍文书，亦称卫籍、军帖或军书等，是一种专门文书。从史籍记载来看，大概始于春秋时期，主要功用为记载军人身份、登录军队设置、兵役征收、武器装备等内容。古代统治阶级十分重视军籍文书的创建，以此来达到控制和发展兵员、保证军队稳定和战斗实力的目的。史载："春秋侯国，如晋作二军、三军、三行、新

---

[1]　史金波《西夏文军籍文书考略——以俄藏黑水城出土军籍文书为例》，《中国史研究》2012年第4期，第143—174页；史金波《英国国家图书馆藏西夏文军籍文书考释》，《文献》2013年第3期，第3—19页；史金波《西夏军抄的组成、分合及除减续补》，《宋史研究论丛》2014年，第556—576页；史金波《西夏文军抄账译释研究》，《军事历史研究》2019年第3期，第36—47页。

[2]　尤桦《〈天盛律令〉武器装备条文整理研究》，上海古籍出版社2019年。

军、六军,鲁作三军,皆豫作军籍。人有所隶之军,军有所统之将。则周时亦以养兵而兼征调也。"①宫廷禁卫及六乡军队均有相应的军籍文书,登录内容主要包括名号、年岁、贵贱等,以列明士卒之姓名、编制、武器装备及军队数量等,作为"政令"的凭据。②

秦朝时期,承袭前朝军籍制度,只有服完兵役之人才有军籍,与民籍相区别,成为战时征集兵役的主要依据。③ 汉朝除承袭春秋战国时期的军籍文书之功用外,还有传递军事信息和情报以及军事技法或兵法的军书之功用,《汉书》载:"军书交驰而辐凑,羽檄重迹而押至,小夫懦臣之徒慑眊不知所为。"④又载:"读军书倦,因冯几寐,不复就枕矣。"⑤《后汉书》也载:"或枭克酋健,摧破附落,降俘载路,牛羊满山。军书未奏其利害,而离叛之状已言矣。"⑥

魏晋南北朝时军籍文书之功用并不完全沿袭汉朝,而是有所创新。一是针对有关战争而进行的策划书或设计的计划文书,《晋书》载:"辛毗以为尚未可知。帝曰:'军家所重,军书密计,兵马粮谷,今皆弃之,岂有人捐其五藏而可以生乎?宜急追之。'"⑦《南齐书》也有载:"亡曾祖领军书,右军云:'弟书遂不灭吾。'"⑧《陈书》载:"及子仙为王僧辩所败,僧辩素闻其名,于军中购得之,酬所获者铁钱十万,自是羽檄军书皆出于炯。"⑨二是有关征兵或登录兵役的名册,如《宋书》载:"勔并焚京都军籍,置立郡县,悉属司隶为为民。以前军将军、辅国将军王罗汉为左卫将军,辅国如故,左军王正见为太子左卫率。"⑩北朝古乐府诗《木兰诗》的记载最为典型:"昨夜见军帖,可汗大点兵。军书十二卷,卷卷有爷名。"⑪

隋朝沿袭前朝军籍的相关功用,即军队设置和兵役的账册。《隋书》载:"左右领军府,各掌十二军籍帐、差科、辞讼之事。"⑫唐五代时期军籍文书的功用仍沿袭前朝,一为军队设置或战事策划之功用,如《旧唐书》载:"义师至绛郡,叔达以郡归款,授丞相府主簿,封汉东郡公,与记室温大雅同掌机密,军书、赦令及禅

---

① 孙诒让《周礼政要》,中华书局 2010 年,第 390 页。
② 李严冬《〈周礼〉军制专题研究》,吉林大学 2010 年硕士学位论文,第 126—127 页。
③ 霍世春《横山县军事志》,三秦出版社 2009 年,第 126 页。
④ (汉)班固《汉书》卷 45,第 2181 页。
⑤ (汉)班固《汉书》卷 99 下,第 4186 页。
⑥ (南朝宋)范晔《后汉书》卷 87,第 2900 页。
⑦ (唐)房玄龄等《晋书》卷 1,第 8—9 页。
⑧ (梁)萧子显《南齐书》卷 33,第 597 页。
⑨ (唐)姚思廉《陈书》卷 19,第 253 页。
⑩ (梁)沈约《宋书》卷 99,第 2433 页。
⑪ 朱东润主编《中国历代文学作品选》,上海古籍出版社 1979 年,上编第 2 册,第 391 页。
⑫ (唐)魏徵、令狐德棻《隋书》卷 28,第 779 页。

代文诰,多叔达所为。"①二是兵役征收之账册,史载:于頔于"贞元十四年,为襄州刺史,充山南东道节度观察。地与蔡州邻,吴少诚之叛,頔率兵赴唐州,收吴房、朗山县,又破贼于濯神沟。于是广军籍,募战士,器甲犀利,俨然专有汉南之地"。②《新唐书》载:"行军司马,掌弼戎政。居则习搜狩,有役则申战守之法,器械、粮糒、军籍、赐予皆专焉。"③韩愈《为河南令上留守郑相公启》也有载:"愚以为此必奸人以钱财赂将吏,盗相公文牒,窃注名姓于军籍中,以陵驾府县。"④《旧五代史》载:"袭吉博学多通,尤谙悉国朝近事,为文精意练实,动据典故,无所放纵,羽檄军书,辞理宏健。"⑤又载:"天成初,明宗幸浚郊。时朱守殷婴城拒命,帝从晋高祖一军率先登城。晋祖领副侍卫,以帝长于书计,召置麾下,令掌军籍,前后将臣,无不倚爱。"⑥《新五代史》载:"薛氏,父钊为卒,旻以女妻之,生继恩。汉高祖以钊壻也,除其军籍,置之门下。"⑦

宋朝时沿袭唐五代时期军籍文书所有功用。如《宋史》载:嘉定三年"六月丁巳朔,日有食之。壬戌,命有司举行宽恤之政十有九条。癸亥,遣黄中贺金主生辰。己卯,加杨次山少保,封永阳郡王。诏三卫、江上、四川诸军主帅核实军籍,欺冒者以赃论"。⑧又载:"景德罢兵,耆与曹璨、李神祐、岑保正阅军籍,请汰罢癃者。"⑨《续资治通鉴长编》载:景祐二年十月"丙辰,诏东西班殿侍,自今有逃亡,带甲五班,比禁军条听旨,不带甲七班,比厢军条,决讫,不刺面;其受命以出者,在官以无故亡律论,权管军籍者,从军分将校定罪,主管官物者,比三司大将条"。⑩《建炎以来系年要录》载:"年十八,始隶军籍,挽强驰射,勇冠军中,其制兵器。"⑪曾巩《本朝政要策·训兵》载:"宋兴,益修其法,壮锐者升其军籍,老懦者黜而去之,以至太宗、真宗屡自临试而搜择。"⑫

元朝军籍文书之功用也沿袭宋朝。如《元史》载:"申禁汉人藏执兵仗,有军籍者,出征则给之,还,复归于官。"⑬又载:至元"二十年二月,命各处行枢密院造

---

① (后晋)刘昫等《旧唐书》卷61,第2363页。
② (后晋)刘昫等《旧唐书》卷156,第4130页。
③ (宋)欧阳修、宋祁《新唐书》卷49下,第1309页。
④ (清)董诰等《全唐文》卷554,第5611页。
⑤ (宋)薛居正等《旧五代史》卷60,第801页。
⑥ (宋)薛居正等《旧五代史》卷110,第1448页。
⑦ (宋)欧阳修《新五代史》卷70,第869页。
⑧ (元)脱脱等《宋史》卷39,第755页。
⑨ (元)脱脱等《宋史》卷290,第9710页。
⑩ (宋)李焘《续资治通鉴长编》卷117,第2759页。
⑪ (宋)李心传《建炎以来系年要录》卷162,第2642页。
⑫ (宋)曾巩《曾巩集》卷49,第654页。
⑬ (明)宋濂等《元史》卷29,第658页。

新附军籍册"。① 还载：至元十一年"十一月丙戌,次复州,知州翟贵以城降。诸将请点视其仓库军籍,遣官镇抚,伯颜不听,谕诸将不得入城,违者以军法论"。②

明朝军籍文书仍然沿袭前朝之功用。如《明史》载：洪武"二十年置大宁都指挥使司。是年,命兵部置军籍勘合,载从军履历、调补卫所年月、在营丁口之数,给内外卫所军士,而藏其副于内府"。③ 又载："正统初,令勾军家丁尽者,除籍；逃军死亡及事故者,或家本军籍,而偶同姓名,里胥挟仇妄报冒解,或已解而赴部声冤者,皆与豁免。"④ 又载：朱"燮元长八尺,腹大十围,钦啖兼二十人。镇西南久,军赀赕锾,岁不下数十万,皆籍之于官。治事明决,军书络绎,不假手幕佐"。⑤

清朝军籍文书沿袭前唐朝之功用,即一是兵役征收之账册,如《清史稿》载："进酒《禹甸返通之章》。禹甸返通,周疆远控资良栋。挞伐成功,庭引来仪凤。一解：吾皇端拱,军书方略授元戎,把准夷扩定,更朔漠来同。"⑥ 又载："凡民之著籍,其别有四：曰民籍；曰军籍,亦称卫籍；曰商籍；曰灶籍。"⑦ 又载："佟国珑,字信侯,奉天人,隶汉军籍。"⑧ 二是有关战场军事策划之文书或信息,如《清史稿》载："而贼势猖獗,驿道梗塞,军书不通者旬日。"⑨

(二) 西夏军籍文书的功用

西夏既借鉴学习中原王朝军籍文书之功用,也根据西夏国军事制度的实际情况而有所创新和拓展。西夏实行的是兵民一体的军事管理体制,故军籍文书和户籍文书一般可以合二为一,相互参照,从而全面掌握人口和兵源情况。

西夏军籍文书的功用归纳起来主要有两个方面：一是兵役征收和兵员数量之账册,二是武器装备配设和财产等的记载和登录。

1. 兵役征收和兵员数量之账册

西夏的这类账册大致有"军溜""军抄"和"甲"三种登录方式。西夏史籍对这三种登录方式都有记载。史载："西贼首领,各将种落之兵,谓之'一溜',少长服习,盖如臂之使指,既成行列,举手掩口,然后敢食,虑酋长遥见,疑其语言,其整

---

① （明）宋濂等《元史》卷98,第2518页。
② （明）宋濂等《元史》卷127,第3101页。
③ （清）张廷玉等《明史》卷90,第2194—2195页。
④ （清）张廷玉等《明史》卷92,第2256页。
⑤ （清）张廷玉等《明史》卷249,第6447页。
⑥ （清）赵尔巽等《清史稿》卷98,第2899—2900页。
⑦ （清）赵尔巽等《清史稿》卷120,第3480页。
⑧ （清）赵尔巽等《清史稿》卷476,第12998页。
⑨ （清）赵尔巽等《清史稿》卷525,第14542页。

肃如此。"①又载："其部族一家号一帐,男年十五以上为丁。有二字丁者,取正军一人,负担一人为一抄。负担者,随车杂役也。四丁为两抄,余号空丁。愿隶正军者,得射他丁为负担,无则许射正军之疲弱者为之,故壮者皆战斗,而得军为多。"②西夏法典也对其有规定："守大城者,一城皆放弃时,州主、城守、通判弃城,造意等有官无官,及在城中之正副溜中无官等,一律以剑斩。其中正副溜有官者,官、职、军皆当革除,徒十二年。正首领、权检校等职,军皆革,徒六年。小首领、舍监、末驱等当革职,徒二年,有官则以官品当。其下军卒,正军十三杖,辅主寨妇勿治罪。"③又载："诸种军待命、独诱族式:住八丁以上者,正军亦实不乐在同抄,四丁当合分抄。其中有余,则当留旧抄组,若旧正军自愿,亦可随新抄后……军卒一种孤人,正军本处自愿,当允许二人结合为一抄,何勇健者当为正军……"④又载："各租户家主由管事者以就近结合,十户遣一小甲,五小甲遣一小监等胜任人,二小监遣一农迁溜,当于附近下臣、官吏、独诱、正军、辅主之胜任、空闲者中遣之"⑤等。黑水城出土的相关军籍文书充分证实了西夏采取上述三种军籍文书登录方式,如俄 Инв. No.7760 - 3、- 5《全溜军抄账》,⑥英 Or.12380 - 0222、0222v《军籍文书》,⑦英 Or.12380 - 3865《军籍文书》,⑧俄 Инв. No.4791《应天丙寅元年军籍》,⑨俄 Инв. No.2547 - 2、- 3《军抄账》⑩等。西夏对兵员数量不仅登录成丁的正军、辅主,还登录有新生子及未成丁的孩子。西夏法典规定:新生子及未成年子必须登录户籍和军籍,若不登记或隐瞒等情形则要给予严厉处罚,"诸院军各独诱新生子男十岁以内,当于籍上注册。若违律,年及十至十四不注册隐瞒时,隐者正军隐一至三人者,徒三个月;三至五人者,徒六个月;六至九人者,徒一年;十人以上一律徒二年。首领、主簿等知情,则当比正军罪减一等;不

---

① (宋)李焘《续资治通鉴长编》卷132,第3136页。
② (宋)曾巩撰,王瑞来校证《隆平集校证》卷20,中华书局2012年,第603页。
③ 史金波、聂鸿音、白滨译注《天盛律令》卷4,第197页。
④ 史金波、聂鸿音、白滨译注《天盛律令》卷6,第259—261页。
⑤ 史金波、聂鸿音、白滨译注《天盛律令》卷15,第514页。
⑥ 史金波、魏同贤、(俄)克恰诺夫主编《俄藏黑水城文献》,第14册,第192—196页;史金波《西夏文军抄账译释研究》,《军事历史研究》2019年第3期,第38—39页。
⑦ 李伟、吴芳思主编《英藏黑水城文献》,上海古籍出版社2005年,第1册,第79—80页;史金波《英国国家图书馆藏西夏文军籍文书考释》,《文献》2013年第3期,第6—8页。
⑧ 李伟、吴芳思主编《英藏黑水城文献》,上海古籍出版社2010年,第5册,第194—195页;史金波《英国国家图书馆藏西夏文军籍文书考释》,《文献》2013年第3期,第17—18页。
⑨ 史金波、魏同贤、(俄)克恰诺夫主编《俄藏黑水城文献》,第13册,第289—290页;史金波《西夏军抄的组成、分合及除减续补》,《宋史研究论丛》2014年,第562—563页。
⑩ 史金波、魏同贤、(俄)克恰诺夫主编《俄藏黑水城文献》,第13册,第85—86页;史金波《西夏文军抄账译释研究》,《军事历史研究》2019年第3期,第41页。

知情者不治罪。"①西夏对年满十五周岁及以上的孩子更要登录军籍文书,否则给予更为严重的惩罚,"上述新生子当注册者中,年十五以上不注册隐瞒时,其正军之罪:隐一至二人者,徒四年;三至五人者,徒五年;六至九人者,徒六年;十人以上一律八年。及丁籍册上犹著年幼者,当比丁壮不注册罪减一等。彼二种首领、主簿知晓隐言者,则当比正军罪减一等,不知情者不治罪"。② 西夏还对军籍文书和基层军事组织实行动态管理,使西夏军兵管理比较准确和全面:"种种大小臣僚、待命者、军卒,正军有死、老、病、弱时,以其儿子长门者当为继抄。若年幼,则当为抄宿。辅主强,正军未长大,当以之代为正军,待彼长成,则本人当掌职。"③又载:"诸首领所领军数不算空缺,实有抄六十以上者,掌军首领可与成年儿孙共议,依自愿分拨同姓类三十抄给予。若违律分与外姓类及不足六十抄而分时,则据转院法判断,当回归原军。"④西夏对军溜军抄兵员变动情况进行全方位的动态管理,如俄 Инв. No.2136－1《军抄人员实有实无帐》、⑤俄 Инв. No.5944－2《军抄人员死减续补帐》⑥等出土的军籍文书是其最好的见证。此外,西夏兵民一体的军事管理体制下产生的军抄户籍账,是将军抄与户籍相联系的典型文书类型,用于登录一个军抄范围内的人口信息,虽属户籍文书,但也是军籍文书,如俄 Инв. No.1323－2《军抄户籍账》,虽"……男四。大三:山舅,那征,小狗吉。小一,小吉祥。女一大,祥瑞妇。一抄孛?令男一户……"⑦这份文书虽然后面残缺,但这应为此军抄内户口信息,一方面作为对居民征发徭役赋税的凭证,另一方面又为评估西夏当下的国家军事力量提供依据。

2. 武器装备配设的记载和登录

汉文西夏史籍和西夏法典多处有记载武器装备配设及检校等规定。但汉文史籍对西夏军兵配备武器的相关记载,比较简单和笼统,无法得知除正军之外的相关军兵的武器配备:"凡正军给长生马、驼各一。团练使以上,帐一、弓一、箭五百、马一、橐驼五,旗、鼓、枪、剑、棍棓、秒袋、披毡、浑脱、背索、锹钁、斤斧、箭牌、铁爪离各一。刺史以下,无帐无旗鼓,人各橐驼一、箭三百、幕梁一。兵三人同一幕梁。幕

---

① 史金波、聂鸿音、白滨译注《天盛律令》卷6,第262页。
② 史金波、聂鸿音、白滨译注《天盛律令》卷6,第262页。
③ 史金波、聂鸿音、白滨译注《天盛律令》卷6,第261页。
④ 史金波、聂鸿音、白滨译注《天盛律令》卷6,第265页。
⑤ 史金波、魏同贤、(俄)克恰诺夫主编《俄藏黑水城文献》,第13册,第26页;史金波《西夏军抄的组成、分合及除减续补》,《宋史研究论丛》2014年,第571—572页。
⑥ 史金波、魏同贤、(俄)克恰诺夫主编《俄藏黑水城文献》,第14册,第68页;史金波《西夏军抄的组成、分合及除减续补》,《宋史研究论丛》2014年,第573—574页。
⑦ 史金波、魏同贤、(俄)克恰诺夫主编《俄藏黑水城文献》,上海古籍出版社2006年,第12册,第188页;史金波《西夏文军抄账译释研究》,《军事历史研究》2019年第3期,第36—47页。

梁,织毛为幕,而以木架。"①西夏法典则有更为详细的规定。西夏军籍每年进行登录上报一次:"国内纳军籍法:每年畿内三月一日,中地四月一日,边地六月一日等三种日期当年年交簿。按所属次第由监军司人自己地方交纳籍者,年年依时日相互缚系自□□□。当派主监者使集中出检……"②西夏军兵配设的武器装备必须无一遗漏的登录在册:"正军、辅主、负担之著籍官马、坚甲应依籍点名检校。其中止军、辅主新请领取官马、坚甲,有应注籍而未著籍者,按数有注册则依注册校,无注册则当分析按状上校验……"③西夏的军兵种类主要有各种独诱类属、各个部类、牧农主类、使军类、诸臣僚属类、帐门后宿属、内宿后卫等属、神策内外侍等几大类,而且对不同类属军兵配设的武器装备也不同,这在西夏法典中也有明确规定:"各种独诱类属:战具:正军有:官马、甲、披、弓一张、箭二十枝、枪一枝、剑一把、长矛杖一枝、全套拨子手扣。正辅有:弓一张、箭二十枝、长矛杖一枝、拨子手扣全套。负担有:弓一张、箭二十枝、剑一把、长矛杖一枝等当发给,一样,若发弓箭,则拨子手扣亦当供给。"④总之,《天盛律令》卷五有"军持兵器供给门""季校门"、卷六有"纳军籍磨勘门""抄分合除籍门""官披甲马门"等都是涉及武器装备配设及检校等有关的法律规定。这些法律规定正与西夏故地黑水城等地区出土的西夏军籍文书如俄 Инв.No.4196《军籍文书》、⑤俄 Инв.No.7760《全溜军抄账》、⑥英Or.12380-0316《军抄账》⑦等相关内容几乎完全吻合,验证了西夏有严格的武器装备配设和季校检查、兵役账目的记载、登录以及有意无意损失等的处罚措施。

二、西夏军籍文书之体式

中国古代特别是中古以前有军籍的记载,但并没有见到实物军籍文书,所以,对中国中古时期以前的军籍文书的体式也就无法得知,正如史金波先生所说:"汉文史书中不乏对军籍的记载,但至今未发现过中古时期的军籍,对军籍的

---

① (元)脱脱等《宋史》卷486,第14028页。
② 史金波、聂鸿音、白滨译注《天盛律令》卷6,第255页。
③ 史金波、聂鸿音、白滨译注《天盛律令》卷5,第239页。
④ 史金波、聂鸿音、白滨译注《天盛律令》卷5,第223—228页。
⑤ 史金波、魏同贤、(俄)克恰诺夫主编《俄藏黑水城文献》,第13册,第195页;史金波《西夏文军籍文书考略——以俄藏黑水城出土军籍文书为例》,《中国史研究》2012年第4期,第146—147页。
⑥ 史金波、魏同贤、(俄)克恰诺夫主编《俄藏黑水城文献》,第14册,第192—196页;史金波《西夏军抄的组成、分合及除减续补》,《宋史研究论丛》2014年,第573—574页。
⑦ 李伟、吴芳思主编《英藏黑水城文献》,第1册,第112页;史金波《西夏文军抄账译释研究》,《军事历史研究》2019年第3期,第40页。

具体形式和内容语焉不详。"①可喜的是在 20 世纪初期于内蒙古鄂济纳旗黑水城出土了大量的西夏文文书,其中就有数量比较丰富的军籍文书。也如史金波先生所说:"新发现的这批西夏军籍是中国中古时期唯一存世的军籍文书,是西夏人自己记录的当时当地的军事组织状况,材料真实可靠,是了解西夏军事组织及其作用的宝贵资料,不仅具有重要的文献价值,也具有特别的文物价值。"②为此,我们可以借助黑水城出土的已经被西夏学专家翻译公布的西夏军籍文书来总结归纳西夏军籍文书的体式。

西夏军籍文书从其性质来区分,大体有三种:即军溜军抄账、军抄人员实有实无账和死减续补账。

(一)军溜军抄账的体式

西夏军溜军抄账的登录体式大致有按"溜""抄""甲"登录三种类型。

1. 以"溜"为登录类型的体式

这种登录类型则是对包含多位首领的更大军事组织"溜"的兵丁和装备的登录账目。其体式可以根据俄 Инв. No.7760－3、－5 西夏文《全溜军抄账》来简单归纳。现移录其汉译文如下:

  一溜全
   首领觅移鸟犬　下
    一抄首领鸟犬人员三人全有马有

    ……
   一抄岁兀那盛,人员二人,全有
     正军? 盛
     辅主? 吉
  首领觅明移? 盛下
   一抄首领明? 盛,人员三人,全有
     正军明? 盛
     辅主二岁岁?　　岁岁酉③

---

  ① 史金波《西夏文军籍文书考略——以俄藏黑水城出土军籍文书为例》,《中国史研究》2012 年第 4 期,第 143 页。
  ② 史金波《西夏文军籍文书考略——以俄藏黑水城出土军籍文书为例》,《中国史研究》2012 年第 4 期,第 143 页。
  ③ 史金波《西夏文军抄账译释研究》,《军事历史研究》2019 年第 3 期,第 38—39 页。

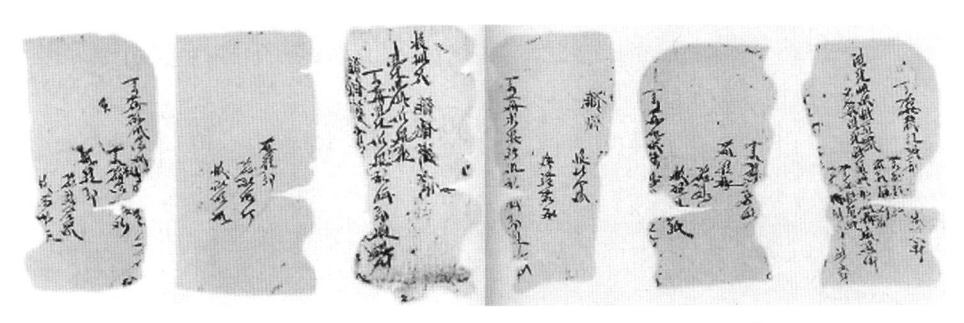

图 4-9　俄 Инв.No.7760-3、-5 西夏文《全溜军抄账》①

通过梳理上揭"军溜"兵丁和装备登录的账目，可以总结西夏军溜军抄账的体式由首部、主部、尾部三大部分构成。具体如下：

  主部。即指某军溜完整程度和军溜首领及其姓名等。如上揭军溜文书中第一、二行的内容："一溜全　首领蒐移乌犬 下"。

  主部。主要登录该军溜属下每位首领所辖各军抄的兵丁和装备的具体账目。如上揭军溜文书中第三行以下的内容："……一抄岁兀那盛，人员二人，全有。正军？盛；辅主？吉……"这只是一个首领所辖下的军抄兵丁和装备等的登录内容。其他各首领下所辖登录内容和形式完全与以"军抄"为类型的登录体式相同。

  尾部。残缺。疑为大首领签署和画押的相关内容。

2. 以"甲"为登录类型的体式

以"甲"为类型的军抄账的登录体式和以"溜"为类型的登录体式完全相同，只是将"溜"改为"十抄甲"字样。如俄 Инв.No.2547-2、-3 西夏文《军抄账》，俄 Инв.No.2851-17 西夏文《军抄账》②等。因此，以"甲"为登录类型的体式可参见"西夏军溜军抄账"的体式，此处不再赘述。

3. 以"抄"为登录类型的体式

这种登录类型是对西夏基层军事组织每一位首领管辖的兵丁和装备进行一年一度的校验和登录。为了更清晰全面地归纳总结西夏军抄账文书的体式，现移录俄 Инв.No.8371 西夏文《天庆戊午五年军抄人马装备账》图版及汉译文如下：

---

① 史金波、魏同贤、(俄)克恰诺夫主编《俄藏黑水城文献》，第 14 册，第 193—194 页。
② 史金波《西夏文军抄账译释研究》，《军事历史研究》2019 年第 3 期，第 41—42 页。

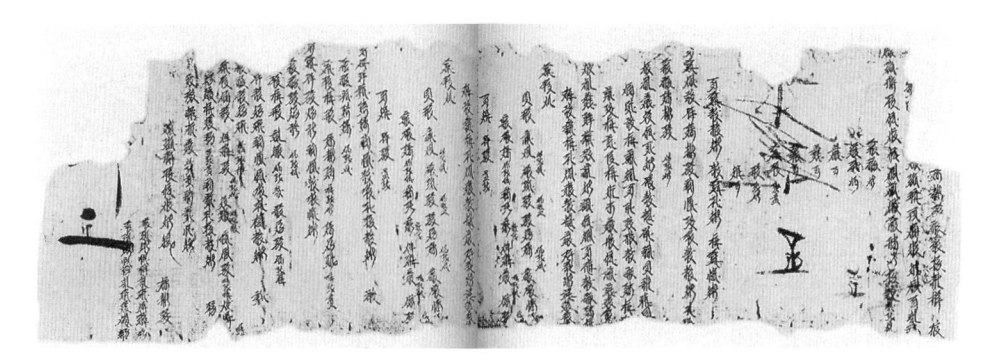

图 4-10　俄 Инв. No.8371 西夏文《天庆戊午五年军抄人马装备账》①

黑水属军首领梁吉祥盛,正军一种纳　告
前自全军籍告纳,天庆丁巳四年六月一日始,至
天庆戊午五年五月底止,无注销。已定。三十种
　　　正军六(始 4 行有首领印)
　　　官马四
　　　甲一
　　　披一
　　　印一
　　　辅主十七
　　　　强十六
　　　　弱一
　　一抄有三种　三抄马有 二抄无有
　　一抄首领梁吉祥盛,人员十人,有三种,马花。
　　正军吉祥盛 六十六
　　番杂甲:胸五、背六、胁三、结连接八、衣襟八……
　　　　四、臂十二、项遮一、独目下三、喉嗓二……
　　　　裙十二、更兜二、关子、铁索五、裹节袋等全。
　　番杂披:红丹色麻六、项五、肩一、胸三、喉嗓二……
　　　　末十、罩二、马头套三、结铁、有毡里裹袋等全。
　　辅主九
　　　　　六十五　四十八　四十九　……
　　　八强　女乐　黑水盛　盛功? 河水山

---

① 史金波、魏同贤、(俄)克恰诺夫主编《俄藏黑水城文献》,第 14 册,第 260—261 页。

第四章　西夏官府专门文书种类功用及体式研究　　167

　　　　　　　　　　　三十　　二十九……
　　　　　　　河水吉　四十五　成酉金　心喜铁　善盛
　　　　一弱　梁盛　七十
一抄梁恩兴吉,人员三人,有马一种,栗。
　　　　正军恩兴吉　四十九
　　　　辅主二强　吉祥势　二十六　吉功宝　二十七
一抄梁盛功酉,人员三人,无有。
　　　　正军盛功酉　四十五
　　　[辅]主二强　舅右　四十三　子功盛　四十二
[一抄]梁盛功犬,人员五人,有马一种？？
　　　　正军盛功犬　三十二
　　　　　　　　五十九　二十三　　　　　　二十？
　　　　辅主四强　心喜盛　千幢　五月盛　二十二　老房
[一抄]？？小狗奴,四十七,单人,有马一种,青(骡)。
[一抄]道须操移铁,九十七,单人,无有、
　　　　　　天庆戊午五年六月　　　吉祥盛……
　　　　　　　　　　黑水属主簿命屈心喜奴
　　　　　　　　　　黑水属主簿命屈犬疤奴

背面签署:
检毕(大字)(画押)
都案(画押)
案头？？？？？(画押)
？？者？显令？(画押)①

　　由上揭西夏军抄账来看,西夏以"抄"为登录类型的军抄账的体式由首部、主部、尾部三部分构成。列示如下:

　　首部。即指某军抄整体情况和兵丁及武器装备等的登录。该部分又由两项内容组成:

　　一是某军首领某某所属军队从某年月日始至某年月日止军籍整体情况的记述。如俄 Инв. No.8371《天庆戊午五年军抄人马装备账》中"黑水属军首领梁吉祥盛,正军一种纳 告前自全军籍告纳,天庆丁巳四年六月一日始,

---

① 史金波《西夏文军籍文书考略——以俄藏黑水城出土军籍文书为例》,《中国史研究》2012 年第 4 期,第 166—168 页。

至庆戊午五年五月底止,无注销。已定。"再如俄 Инв. No.4196《应天丙寅元年(1206)军抄人马装备档案》中的记述也如前,即"黑水属军首领律移吉祥 有,正军一种纳……告 前自全簿告纳 天 庆乙丑十二年 六 月一日始,至应天 丙 寅元年五月底 止,无注销。已定。"①英 Or.12380-0222～0222V《军籍文书》②的首部登录内容和形式皆如前者。

二是某军首领所属军队军兵人数(正军和辅主)和官马、甲、披等合计总数,即军兵人数和武器装备配备情况说明。如俄 Инв. No.8371《天庆戊午五年军抄人马装备账》中"三十种。正军六(始 4 行有首领印),官马四,甲一,披一,印一,辅主十七:强十六,弱一。一抄有三种 三抄马有 二抄无有。"再如俄 Инв. No.4196《应天丙寅元年(1206)军抄人马装备档案》中"十一。正军四,官马二,甲一,披一,印一,辅主二强。一抄三种,一抄马有,一抄无 有 "③还有英 Or.12380-1813 和 3521《军籍文书》,④英 Or.12380-3865《军籍文书》⑤即如是。

主部。具体登录某军首领所辖下的各个军抄兵丁和武器配备情况。具体有两部分内容:

一是逐一登录各军抄首领及其兵丁、武器配备等情况。如俄 Инв. No.8371《天庆戊午五年军抄人马装备账》中"一抄首领梁吉祥盛,人员十人,有三种,马花。……一抄梁恩兴吉,人员三人,有马一种,栗。……一抄梁盛功酉,人员三人,无有。……[一抄]梁盛功犬,人员五人,有马一种??……"再如俄 Инв. No.4196《应天丙寅元年(1206)军抄人马装备档案》中" 一抄 首领律移吉祥有,单人,有三种 马?……"⑥英 Or.12380-1813 和 3521《军籍文书》中"一抄首领鬼移拉灌黑,人员三人,三种有 马灰……"⑦等均为如此登录。

二是依次具体登录每抄正军和辅主姓名、年龄、武器配备名录和数量等。如俄 Инв. No.8371《天庆戊午五年军抄人马装备账》中各抄下"正军吉祥盛,六十六。番杂甲:胸五、背六、胁三、结连接八、衣襟八……四、臂十

---

① 史金波《西夏文军籍文书考略——以俄藏黑水城出土军籍文书为例》,《中国史研究》2012 年第 4 期,第 146 页。
② 史金波《英国国家图书馆藏西夏文军籍文书考释》,《文献》2013 年第 3 期,第 6—7 页。
③ 史金波《西夏文军籍文书考略——以俄藏黑水城出土军籍文书为例》,《中国史研究》2012 年第 4 期,第 146—147 页。
④ 史金波《英国国家图书馆藏西夏文军籍文书考释》,《文献》2013 年第 3 期,第 14 页。
⑤ 史金波《英国国家图书馆藏西夏文军籍文书考释》,《文献》2013 年第 3 期,第 17—18 页。
⑥ 史金波《西夏文军籍文书考略——以俄藏黑水城出土军籍文书为例》,《中国史研究》2012 年第 4 期,第 147 页。
⑦ 史金波《英国国家图书馆藏西夏文军籍文书考释》,《文献》2013 年第 3 期,第 14 页。

第四章　西夏官府专门文书种类功用及体式研究　　169

二、项遮一、独目下三、喉嗓二……裙十二、更兜二、关子、铁索五、裹节袋等全。番杂披：红丹色麻六、项五、肩一、胸三、喉嗓二……末十、罩二、马头套三、结铁、有毡里裹袋等全。辅主九：八强，女乐，六十五。黑水盛，四十八。盛功？四十九。河水山……河水吉，四十五。成酉金，三十。心喜铁，二十九。善盛……　　一弱，梁盛，七十。"再如俄 Инв.No.5944-1《天庆乙丑十二年军抄人马装备账》、①国家图书馆藏060号(7.13X-7)《军抄人员装备文书》②均与上述登录一致。

尾部。押署部分，也由两部分内容构成：

一是军抄文书所属官吏的押署。由登录军抄文书年款、所属军首领签名、军首领所在监军司主簿、案头等官吏的审核签名，有的还签署具体审核时间。如俄 Инв.No.8371《天庆戊午五年军抄人马装备账》结尾部分："天庆戊午五年六月，吉祥盛……黑水属主簿命屈心喜奴，黑水属主簿命屈犬疤奴"。③再如英 Or.12380-1813 和 3521《军籍文书》结尾部分："天庆乙丑十二年六月，拉灌黑。黑水属主簿命屈犬疤奴"。④俄 Инв.No.4196《应天丙寅元年(1206)军抄人马装备档案》结尾部分："应天丙寅元年六月，吉 祥有 。黑水属主簿命屈犬 疤奴 ，黑水属主簿命屈心 喜奴 ，??-??，案头命屈有长"。⑤俄 Инв.No.5944-1 天庆乙丑十二年《军抄人马装备账》结尾部分："天庆乙丑十二年六月。黑水属主簿，???命屈犬疤奴？十八（大字）（画押）"。⑥

二是军抄文书所属上司官吏的押署。这部分内容一般在军抄文书的背面，主要是上司官吏的签署意见、时间和相关官吏的签字画押等。如俄 Инв.No.8371《天庆戊午五年军抄人马装备账》的背面签署："检毕（大字）（画押），都案（画押），案头?????（画押），??者？显令？（画押）"⑦

---

① 史金波《西夏文军籍文书考略——以俄藏黑水城出土军籍文书为例》，《中国史研究》2012年第4期，第171—173页。
② 杜建录、史金波《西夏社会文书研究》，上海古籍出版社2012年，第177—178页。
③ 史金波《西夏文军籍文书考略——以俄藏黑水城出土军籍文书为例》，《中国史研究》2012年第4期，第167页。
④ 史金波《英国国家图书馆藏西夏文军籍文书考释》，《文献》2013年第3期，第15页。
⑤ 史金波《西夏文军籍文书考略——以俄藏黑水城出土军籍文书为例》，《中国史研究》2012年第4期，第148页。
⑥ 史金波《西夏文军籍文书考略——以俄藏黑水城出土军籍文书为例》，《中国史研究》2012年第4期，第173页。注：当然，不是所有军抄账的尾部登录内容是完整的，也有很少部分军抄文书则有缺失。如有的是一名主簿，有的是两名主簿，有的则没有主簿。有的甚至还有案头。有的则缺失军首领的签名。大部分军抄账缺失签署时间。可见，西夏时期的军籍文书的押署并不完全严格遵守西夏法典的规定。
⑦ 史金波《西夏文军籍文书考略——以俄藏黑水城出土军籍文书为例》，《中国史研究》2012年第4期，第167—168页。注：从目前所见黑水城出土西夏军籍文书来看，只有少部分军籍文书才有所属上司官吏的押署，大部分未见上司的押署内容。

（二）军抄人员实有实无账的体式

西夏基层军事组织由于自然和社会等各方面的因素,导致军抄和兵丁经常处于动态之中而形成的一种军籍文书。为了掌握和归纳其体式,我们移录俄 Инв. No.2136 - 1 西夏文《军抄人员实有实无账》图版及汉译文如下：

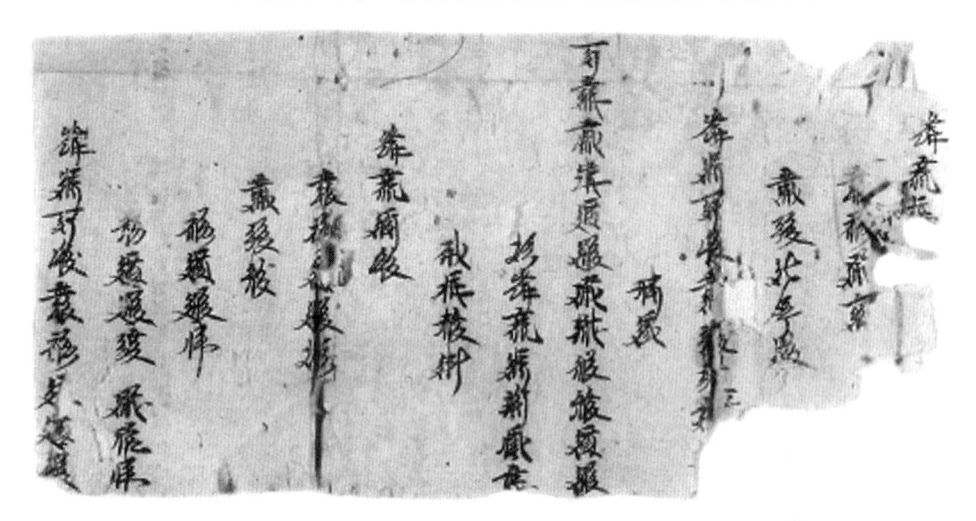

图 4 - 11　俄 Инв. No.2136 - 1 西夏文《军抄人员实有实无账》①

（自第 6 行）
一抄没尚回鹘犬死续子回鹘
　　吉实有无　人员披？
　　马二种有
实有四人
　　正军回鹘吉
　　辅主三
　　正回鹘山
　　超回鹘盛　犬盘山
　　实无一人旧正军回鹘 犬 ……
　　　　……②

上揭军抄账的内容残缺不全,首部及尾部均已佚,仅余部分主部,即详细登

---

① 史金波、魏同贤、(俄) 克恰诺夫主编《俄藏黑水城文献》,第 13 册,第 26 页。
② 史金波《西夏军抄的组成、分合及除减续补》,《宋史研究论丛》2014 年,第 571—572 页。

录军抄中实有实无人员的具体情况以及武器装备等。现总结其体式如下：

首部。残缺。疑为某军溜或某甲整体情况和兵丁及武器装备等的登录。

主部。依次详细登录军抄中兵丁死减续补、兵丁实有实无等情况。分两部分进行登录：

一是登录各抄中死减人姓名、续补人姓名及与死减人之关系、其所属兵丁及武器装备情况，如俄 Инв. No. 2136-1《军抄人员实有实无账》中"一抄没尚回鹘犬死续子回鹘 吉实有无 人员披？，马二种有"。

二是区分实有及实无两部分，先登录实有总人数、正军姓名、辅主总数及各辅主姓名。如俄 Инв. No. 2136-1《军抄人员实有实无账》中"实有四人。正军回鹘吉。辅主三：正回鹘山、超回鹘盛、犬盘山。"再登录实无人数、之前担任职务及实无之人的姓名。如俄 Инв. No. 2136-1《军抄人员实有实无账》中"实无一人旧正军回鹘犬"。

尾部。残缺。疑为军溜或甲所属官吏的押署部分。

（三）军抄人员死减续补账的体式

由于战争死亡、年龄老化等因素，西夏的军抄经常处于一种动态之中，为了保证军抄的稳定性和战斗力，需要对各个军抄在一定的时间范围内进行军抄人数的统计，发现战死、老死等人员缺失情况，要有目地进行续补新的兵员而形成的一种军抄账目，即军抄人员死减续补账。为总结其体式，现移录俄 Инв. No.5944-2 西夏文《军抄人员死减续补账》图版及汉译文如下：

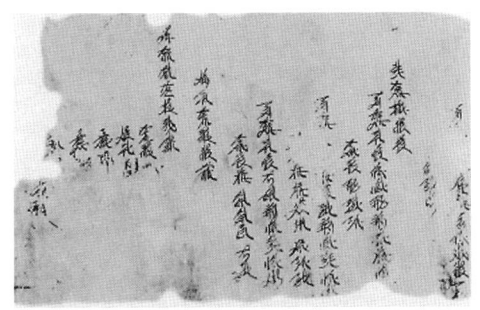

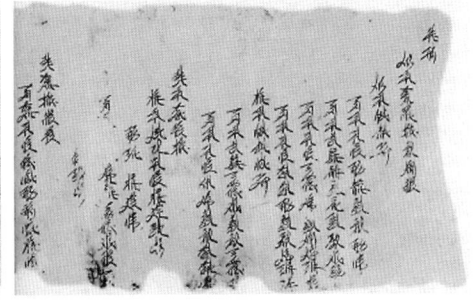

图4-12　俄 Инв. No.5944-2 西夏文《军抄人员死减续补帐》[①]

---

① 史金波、魏同贤、（俄）克恰诺夫主编《俄藏黑水城文献》，第14册，第68页。

除减

　　六人正军死子弟续

四人籍上有

　　一人耶和奴阔何[顶]子奴山

　　□[顶]子宝双[机]

　　一人耶和十月吉何[顶]弟心喜？

　　一人耶和增　奴何[顶]子心喜吉

二人籍上无有

　　一人鲜卑十月宝何[顶]子十月

　　一人耶和　吉顶子增增

三人辅主死

　　二人首领耶和小狗盛属

　　　奴园　小狗山

　　一人……吉？十月宝续？

　　　月盛属

三抄死续绝

　　一抄耶和五月奴人员二无有

　　　　辅主　奴？　黑

　　一抄□□小狗盛人员三无[有]

　　　[辅主]二　小狗？　犬黑盛

　　一抄耶和有？人员三无有

　　　　辅主二　??乐　有盛

四人正军续往

实有数实已？下

　　　正军……

　　　官马……

　　　甲……

　　　披……

　　……①

通过了解俄 Инв.No.5944-2《军抄人员死减续补帐》的整体登录情况后，我们认为其体式仍然由首部、主部、尾部三方面构成。具体如下：

---

① 史金波《西夏军抄的组成、分合及除减续补》，《宋史研究论丛》2014年，第573—574页。

首部。概要说明该账的性质。如俄 Инв.No.5944-2《军抄人员死减续补帐》的第一行,简单明了地只写了两个字:"除减"。

主部。登录军首领辖下各军抄兵丁死减续补整体情况。有五方面的内容:

一是正军死减续补人数及关系、籍上有无人数、姓名及关系等。如俄 Инв.No.5944-2《军抄人员死减续补帐》中第二行至第九行:"六人正军死子弟续……一人耶和 吉顶子增增"。

二是辅主死人数、所属首领及辅主姓名等。如俄 Инв.No.5944-2《军抄人员死减续补帐》中第十行至第十四行:"三人辅主死……月盛属"。

三是死续绝抄数、各抄首领姓名和辅主人数及姓名等。如俄 Инв.No.5944-2《军抄人员死减续补帐》中第十五行至第二十一行:"三抄死续绝……辅主三 ?? 乐 有盛"。

四是正军续往简要说明。如俄 Инв.No.5944-2《军抄人员死减续补帐》中第二十二行:"四人正军续往"。

五是现实有正军、辅主数及武器装备配设。如俄 Инв.No.5944-2《军抄人员死减续补帐》中第二十三行至第二十八行:"实有数实已?下……"

尾部。残。疑为现有军抄所属官吏的押署部分。

综上,俄 Инв.No.5944-2《军抄人员死减续补帐》登录采取以人员信息为主,武器装备为辅的方式,而且是借鉴和学习唐朝户籍手实对"应在籍"及"应除籍"的登录方式。此外,西夏还有所创新,对死减续补账中正军、辅主人员还登录年龄,如英 Or.12380-3343《军抄账》。[1] 如此,更能准确反映出军抄中死减续补人员的真实情况。

西夏军籍文书的体式较中原王朝更加规范,为清晰地展现西夏军籍文书编制的规范性,现以法国巴黎国家图书馆藏唐朝军籍文书编号为 P.3249 背《军籍残卷》为例,简单比较唐朝和西夏时期军籍文书之体式的异同,从而证明西夏军籍文书的登录及其方法有学习借鉴唐朝军籍文书的因素,但也证实西夏军籍登录的创新一面。现移录伯三二四九号《将龙光颜等队下名簿》军籍残卷图版及释文如下:

---

[1] 李伟、吴芳思主编《英藏黑水城文献》,第 4 册,第 146 页;史金波《西夏军抄的组成、分合及除减续补》,《宋史研究论丛》2014 年,第 575—576 页。

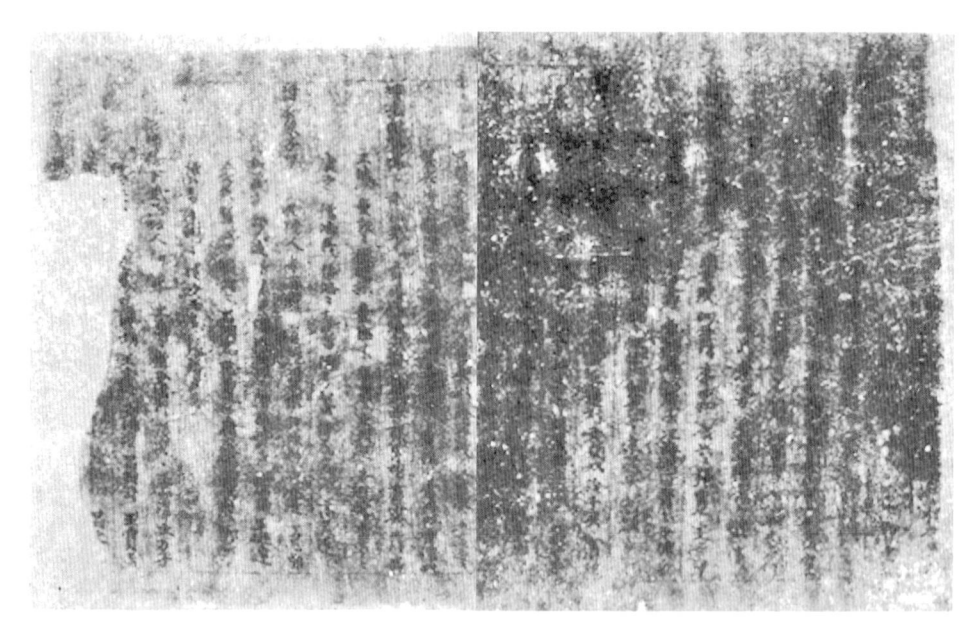

图 4-13　伯三二四九号 汉文《将龙光颜等队下名簿》

　　（前缺）
1　　　　僧曹道 石海奴 石德子 张和毛 曹兴兴 马安七 僧邓惠寂
2　　　　明□□ 鼠藏子 曹　　曹□子 李再荣 吴流流 曹孝义
3　　　　曹粪堆 安晟子 李□华 僧李达
4 将龙光颜队下二十三人 龙海润 马黑黑 王屯屯 李阿金 李篇篇
　……
7 将宋胜君队下二十三人 宋可瘦 何再清 李再和 康兴兴 张曹二
　……
10 将李六娘队下二十二人 宋文文 宋天养 安建奴……阴伯丑
　……
13 将王六子队下二十三人 王神通 王丑奴 卫苟子 僧价明因
　……
16 将李国坚队下二十二人 齐张六 张季林 张加兴 张紧胡 卢小兴
　……
19 将安荣子队下二十六人 索再宾 田进明 氾荣宗 杜汉归 米进达
　　　　　　　　　　　 米毛郎 郭晟子 僧裴云深 僧王段段 僧王神宝 梁小晟
23 将氾怀伟队下二十九人 何猪子 史原原 僧安信行 张贤贤

王小清 史万子
……①

由于伯三二四九号 汉文《将龙光颜等队下名簿》敦煌军籍文书前后都有残损，且底色较深，所以，看不到前面和后面的内容是什么。但从现存军籍文书内容大致推测，其登录内容仍然按照各自"将"官所辖的军兵数量、具体姓名等情况进行登录。如伯三二四九号 汉文《将龙光颜等队下名簿》中"4 将龙光颜队下二十三人　龙海润 马黑黑 王屯屯 李阿金 李篇篇 ……"即先登录将官姓名，再登录其将官之下兵员数额，然后一一登录所属兵员姓名。

该伯三二四九号 汉文《将龙光颜等队下名簿》中比较齐全的第 10 将"将李六娘"、第 23 将"将氾怀伟"的登录顺序和方法完全同第 4 将"将龙光颜"。

从伯三二四九号 汉文《将龙光颜等队下名簿》来看，其登录内容只是将官姓名、队下所属兵员数额和兵员姓名。至于将官、兵员年龄、武器装备等要素全部缺载。这让后人无法得知该军队的战斗实力和武器配备等情况。

从西夏军籍文书如俄 Инв. No.8371《天庆戊午五年军抄人马装备账》、英 Or.12380－1813 和 3521《军籍文书》、俄 Инв. No.4196《应天丙寅元年（1206）军抄人马装备档案》来看，其与唐朝军籍文书登录的形式基本相似，只是西夏军籍文书登录内容则十分清晰、明确、具体和全面，即军抄首领姓名、所属兵员数额、武器（官马、甲、披等）配备总数，然后先正军后辅主的次序登录名字、年龄与武器配备名称、数额等。而且辅主的登录还要说明人数、强弱等情况。从西夏军籍文书登录内容来看就可以比较清楚而准确地推测其战斗力。这样的军籍文书在中国中古时期可说是完美的，典范的，也是后来各朝登录军籍文书时学习和借鉴的典型。

三、结论

西夏军籍作为记载西夏军队建制、军抄管理及武器装备配设等的专门文书，是西夏军队管理的重要工具。其功用基本借鉴中原王朝，用作记载军人身份、登录军队设置、兵役征收、武器装备等，而西夏兵民一体的军事管理体制，使得军抄户籍账虽隶属于户籍文书范畴，但作为与军事有关的文书，具有一定的军籍文书性质。而其体式相较中原王朝更加具体明确，即在部队编制、武器装备及部队的

---

① 唐耕耦、陆宏基《敦煌社会经济文献真迹释录》，全国图书馆文献缩微复制中心 1990 年，第 4 辑，第 521—522 页。注：原件为竖行，现改为横行排写。

战斗力水平等方面更加详细。此外,就目前翻译公布的西夏军籍文书的首部、主部及尾部的登录形式来看,基本体现西夏军籍文书体式的统一性及规范性。

从史籍记载来看,我国最早在唐五代时才有出土的比较简单的军籍文书。从此之后,历代军籍文书或多或少见于相关材料记载并公布于世。而西夏军籍是目前所见中国中古时期内容最完整、形式最齐全、登录最规范的文书,且在继承中原王朝军籍文书编制的基础上有了拓展和创新,是中国中古时期军籍文书编制的典范。史金波先生说:西夏军籍文书"对研究西夏的军事乃至社会都能提供前所未见的、鲜活的真实情况,学术价值非常高"。[①] 可见,西夏军籍文书的出土、整理、翻译和研究,可以说填补了中国中古时期以前未见完整齐全军籍文书的空白,具有很高的学术价值和史料价值。

---

① 史金波《西夏文军籍文书考略——以俄藏黑水城出土军籍文书为例》,《中国史研究》2012年第4期,第162页。

第五章　西夏民间文书种类功用及体式研究

西夏的民间文书一般是指民间普通民众为了联络感情、沟通信息、保护或保障民众利益不受损害、祭奠亡故亲人或友朋、记载或传递有关重要生活事项等所使用的文书种类。这一系列的民间文书，最为真实地反映了普通民众的生活面貌，是研究西夏社会民间大众物质活动和精神文化活动最为原始的史料，具有较高的学术价值、文化价值、文物价值等。

从目前史料所知，西夏的民间文书种类主要有书信文书、契约文书、丧葬文书、序跋碑类文书等。现对其进行分节具体研究。

第一节　书信文书功用及体式

西夏书信文书是一种功用十分重要、使用非常频繁的民间私人文书，主要是为了朋友、故旧、亲戚、臣僚等之间协商解决某事、沟通情谊、交流信息等。西夏书信文书能够直接反映西夏社会人们的各种关系，是了解西夏社会各种错综复杂人际关系的真实史料，具有重要的档案价值和学术研究价值。

西夏书信文书大约有30篇，既有收录于传世汉文史籍《续资治通鉴长编》《涑水纪闻》《宋史》《三朝北盟会编》等中的6篇书信，也有西夏故地出土并被影印收录于《俄藏黑水城文献》《英藏黑水城文献》《斯坦因第三次中亚考古所获汉文文献(非佛经部分)》等文献之中的20多篇西夏文、汉文书信。不论是传世的西夏汉文书信，还是出土的西夏文书信，大多都残损过甚。但无论如何，这些书信文书却成为我们研究其功用和体式十分重要而珍贵的史料。

关于西夏书信文书的研究成果目前所能查检到的只有赵彦龙等学者公开发

表的一篇论文《西夏的书信文书》。① 该篇论文主要探讨了西夏书信文书的内容和相关要素,对西夏书信文书的功用、体式等只是简单地进行概括和总结,并未归纳出其具体的体式规律。当然,这一粗浅的研究为我们今后更加深入全面地探讨提供了借鉴,也给予了启发。为此,我们结合相关汉文史籍中有关书信的记载和实物书信文书,有针对性地探讨西夏书信文书的功用及体式。

一、西夏书信文书的功用

(一) 中国古代书信文书产生发展及功用

书信文书大约始于西周后期,中国古代把书信称作"书"或"书疏"。明朝吴讷《文章辨体序说》云:

> 按:昔臣僚敷奏,朋旧往复,皆总曰书。近世臣僚上言,名为表奏;惟朋旧之间,则曰书而已。盖论议知识,人岂能同?苟不具之于书,则安得尽其委曲之意哉?
>
> 战国、两汉间,若乐生、若司马子长、若刘歆诸书,敷陈明白,辨难恳到,诚可以为修辞之助。
>
> 至若唐之韩柳,宋之程朱张吕,凡其所与知旧、门人答问之言,率多本乎进修之实。读者诚能孰复,以反之于身,则其所得,又岂止乎文辞而已哉?②

吴讷对"书"的功用、发展演变、各朝书之写作要求等进行了全面的探讨。而所谓的"书"即今之"信"或"书信",在明朝以前臣僚上奏、朋旧交往就一个称谓,即"书"。但到了明朝以后,臣僚上奏有了固定的文书种类,不再用"书"来称之,所以,这时的"书"则专指朋友、同僚等沟通信息、交流感情等所常用的一种民间文书。

唐朝敦煌写本 P.3849《黄门侍郎卢藏用仪例一卷》中也有对古代"书"或"书疏"的记载:

> 书疏之兴,其来自久。上皇之世,邻国相闻,人至老死不相往来,则无贵于斯义。降及三五,延于汉魏,宪章道广,残记郁兴,莫不以书代词,因辞见意。《易》曰:书不尽言,言不尽意,盖书之滥觞也。春秋之叶,子产、叔向已有往复。爰及李斯、乐毅、少卿、子长,殆不可胜记,并直陈其旨。至于称谓

---

① 赵彦龙、李晶、江菊玉《西夏的书信文书》,《宁夏社会科学》2009 年第 5 期,第 102—105 页。
② (明) 吴讷《文章辨体序说》,第 41 页。

轻重,阙而不闻。既齐梁诸贤,类立标统,然而古今变迁,文质不同。江南士庶,风流亦异。致今晚生后学,无所取则。聊因暇日,纂述其仪,务从简要,以裨未悟。士大夫之风范,在是矣。将以传语子弟,非敢出于户庭。①

《黄门侍郎卢藏用仪例一卷》中的这段话,同样记载了古代"书"之产生、发展演变、语言要求及称谓等内容,并列举历朝著名的书信作者等。可以说,我国在西周后期就有了"书"或"书疏"的史料记载。

目前史籍留存下来的有关古代最早的书信则在春秋时期,收录在《左传·襄公二十四年》中。这就是著名的郑国子产给晋国子西的书信,现录其原文以示之：

二月,郑伯如晋。子产寓书于子西,以告宣子曰："子为晋国,四邻诸侯,不闻令德而闻重币。侨也惑之。侨闻君子长国家者,非无贿之患,而无令名之难,夫诸侯之贿,聚于公室,则诸侯贰;若吾子赖之,则晋国贰。诸侯贰则晋国坏,晋国贰则子之家坏。何没没也？将焉用贿？

夫令名,德之舆也。德,国家之基也。有基无坏,无亦是务乎？有德则乐,乐则能久。诗云：'乐只君子,邦家之基。'有令德也夫！'上帝临女,无贰尔心。'有令名也夫！恕思以明德,则令名载而行之,是以远至迩安。毋宁使人谓子,子实生我,而谓子浚我以生乎？象有齿以焚其身,贿也。"②

又《左传·昭公六年》也记载了春秋时期叔向给子产的书信："三月郑人铸刑书,叔向使诒子产书。曰：……复书曰：若吾子之言,侨不才,不能及子孙,吾以救世也。既不承命,敢忘大惠？……"③

上揭两则史料中的"书"就是书信。

刘勰在《文心雕龙·书记》篇中对"书"的发展演变过程和功用有具体详实地阐述和评价：

大舜云："书用识哉。"所以记时事也。盖圣贤言辞,总为之书,书之为体,主言者也。扬雄曰："言,心声也；书,心画也。声画形,君子小人见矣。"故书者,舒也。舒布其言,陈之简牍,取象于夬,贵在明决而已。三代政暇,文翰颇疏。春秋聘繁,书介弥盛：绕朝赠士会以策,子家与赵宣以书,巫臣之遗子反。子产之谏范宣,详观四书,辞若对面。又子[服]叔敬进吊书于滕

---

① 上海古籍出版社、法国国家图书馆编《法藏敦煌西域文献》,上海古籍出版社2004年,第28册,第366页。
② 《春秋左传正义》卷35,(清) 阮元校刻《十三经注疏》,第1979页。
③ 《春秋左传正义》卷43,(清) 阮元校刻《十三经注疏》,第2043页。

君,固知行人挈辞,多被翰墨矣。及七国献书,诡丽辐辏;汉来笔札,辞气纷纭。观史迁之报任安,东方[朔]之谓[难]公孙,杨恽之酬会宗,子云之答刘歆,志气盘桓,各含殊采;并杼轴乎尺素,抑扬乎寸心。逮后汉书记,则崔瑗尤善。魏之元瑜,号称翩翩;文举属章,半简必录;休琏好事,留意词翰:抑其次也。嵇康绝交,实志高而文伟矣。赵至叙离,乃少年之激切也。至如陈遵占辞,百封各意;祢衡代书,亲疏得宜:斯又尺牍之偏才也。

详总书体,本在尽言,言以散郁陶,托风采,故宜条畅以任气,优柔以怿怀,文明从容,亦心声之献酬也。若夫尊贵差序,则肃以节文,战国以前,君臣同书,秦汉立仪,始有表奏;王公国内,亦称奏书,张敞奏书于胶后,其义美矣。……①

晋朝时已经有了"书信"一词,专指家书或朋旧之间的信件。由于"书"被使者所携而传,所以有时称"书",有时也称"书信"。如《晋书·陆机传》:"初机有骏犬,名曰黄耳,甚爱之。既而羁寓京师,久无家问,笑语犬曰:'我家绝无书信,汝能赍书取消息不?'犬摇尾作声。机乃为书以竹筒盛之而系其颈,犬寻路南走,遂至其家,得报还洛。"②这里的"书信"和"书"混用,但都为书信之意,也是中国古代"书信"一词之始出。

南北朝时期也已经有了"家信"一词,其内涵更加清晰。如《南齐书·张敬儿传》载:"初得贤子赜疏,云得家信,云足下有废立之事。"③这里的"家信"同样就是书信之意。

古时还把"信"代指"信使""使者"等。如《三国志·魏武帝纪》载:建安十六年秋七月,马"超等屯渭南,遣信求割河以西请和,公不许"。④ 这里的"信"说的就是使者或信使。

从唐朝开始,书信就可直接以"信"称之。如唐白居易《谢李六郎中寄新蜀茶》诗中有"红纸一封书后信,绿芽十片火前春"⑤句,这里就直接以"信"称之了,宋、元、明、清乃至现代则沿袭"信"之称谓。

除以上书信称谓之外,在古代还有许多其他称谓,如书札、手札、书牍、尺牍、尺翰、尺素、笺、函、书简等。对唐以前的名人书信,后人一般都称之为"帖",其原因主要是重视它的书法功用,如故宫博物院所藏镇院之宝《平复帖》,⑥就是西晋

---

① (梁)刘勰著,周振甫注《文心雕龙注释》卷25,第277—278页。
② (唐)房玄龄等《晋书》卷54,第1473页。
③ (梁)萧子显《南齐书》卷25,第467页。
④ (晋)陈寿《三国志》卷1,第34页。
⑤ (清)彭定求等《全唐诗》卷439,中华书局1960年,第4893页。
⑥ 上海书画出版社编《陆机平复帖》影印本,上海书画出版社2001年。

陆机问候患病朋友的书信,只有短短 9 行 84 字的草书,却成为我国存世最早的书法真迹和名人手札。

此外,书信的写作也经历了一个发展演变的过程。书信大致产生于西周后期,到战国时期,书信以论辩为主的特点没有多少改变。书信在汉代得到了较大发展,这些书信仍然主要抒发个人或倾诉个人在政治风云中和社会生活中的各种感受,特别是个人遭遇不幸时的心声和志向。书信在汉代已经形成比较固定、规范的体式和用语,这对后世书信的写作影响深远,如史籍中收录的司马迁《报任安书》、汉代简牍中《宣致妻子的书信》等。

魏晋南北朝时期书信的内容和形式都发生了极大变化,得到了空前繁荣。魏晋时期文人似乎尤其喜欢书信这一特殊文体,也可以说书信写作已经形成一种自觉行为,从先秦战国时的实用性逐渐过渡到实用性与文学性并举,甚至渐渐有了以文学性取代实用性的趋势。如曹植《与杨祖德书》、孔融《论盛孝章书》、嵇康《与山居源绝交书》等。

唐、宋是我国书信发展的重要时期,书信作为实用文书的一种体裁有着一些较大的变化,即不仅用于个人感情的抒发,而且还将其引入到类似于官府的层面上进行交流,发挥了官府文书无法表达的一些见解。但从文字的运用来看,有一部分书信显得完全散体化,体现出了实用性的风格;还有一些书信则仍然文学性很强,具有文字优美、雅致的文学特质,但也映射出了实用的价值。如李白《与韩荆州书》、韩愈《后十九日复上宰相书》、王安石《答司马谏议书》、苏轼《与谢民师推官书》等。

明、清两朝,统治阶级推行极权政治,大兴文字狱,杀戮文人学者。因此,在明清诗文中缺少佳篇这并不奇怪。然而,在书信方面,情况并非完全如此。明清时期的书信,产生不少佳篇,尤其是那种讽世骂时、牢骚不平之作,更足以反映出这个时期的特色。如夏完淳《狱中上母书》、顾炎武《与友人论学书》、郑燮《范县署中寄舍弟墨》、林觉民《与妻书》等。

(二) 西夏书信文书的功用

西夏书信文书仿唐宋而来,既保留了一些中原王朝书信文书的因素,同时也根据本国对书信文书的需要进行了一些完善,使其更适合西夏官民进行交流、商洽和处理事项等的渴望和需要之功用。有研究说:"西夏光定四年(1214),西夏右枢密使、吐蕃路都招讨使万庆义勇以书信约宋夹攻金朝,派去联络的是蕃僧减波把娃,他带着蜡书前往西和州(今甘肃西和县)的宕昌寨进行联络。"[①]

---

① 史金波《西夏社会》,第 556 页。

西夏沿袭中原唐宋对书信的称谓,有时称"书",如俄 Инв. No.1237A 汉文《书信残片》中就有"……贵书披议事绪,早……□子细书 在书 书已讫,稍得些小……详时札目换取可 充 书上 候 到之时□不及……"[①]汉文史籍中大多称"书",如星昂嵬名济乃《西南都统遗卢秉书》、乾顺《破宋金明寨遗宋经略使书》等。有时"书""信"混称,如俄 Инв. No.TK300v 汉文《西夏书启残片》中就有"……□屈你朝中捡会有黑水人来时,有信实之。□□广多物帛,阿屈同共相逐,前业不来。不当山川悠远,云水阻隔,一一修书不及,因人特此面祝"[②]。倘若在"书"中有不敬之词或甚至于污辱性的语言时,这种"书"可称为"嫚书",这也是西夏时期的一种特殊书信,如元昊《遣贺九言赍嫚书》。由上可知,西夏时期"书"或"书信"或"信"这种文书的用途十分广泛。

二、西夏书信文书的体式

中国古代书信在汉代就已经有了比较固定的体式,经过后世不断地发展完善,至西夏时,其书信文书的体式已经相当完备。为了更加清晰地归纳总结西夏书信文书的体式,本书有选择性地移录汉文史籍和《俄藏黑水城文献》中收录的内容完整、结构比较齐全的西夏书信各一篇,探讨和总结西夏书信的体式。

首先,移录西夏大臣星昂嵬名济乃于夏大安八年写给宋卢秉的《西南都统遗卢秉书》于下:

> 十一月八日,夏国南都统星昂嵬名济乃谨裁书致于安抚经略麾下:
>
> 伏审统戎方面,久响英风,应慎抚绥,以副倾注。昨于兵役之际,提戈相轧,今以书问赍信,非变化曲折之不同,盖各忠于所事,不得不如此耳。
>
> 夫中国者,礼义之所从出,必动止献为,不失其正。苟听谗受间,肆诈穷兵,侵人之土疆,残人之黎庶,是乖中国之体,岂不为夷狄之羞哉!
>
> 昨朝廷暴驱甲兵,大行侵讨,盖天子与边臣之议,谓夏国方守先誓,宜出不虞,五路进兵,一举可定,遂有去年灵州之役、今秋永乐之战。较其胜负,与夫前日之议为何如哉? 且中国祖宗之世,于夏国非不经营之。五路穷讨之策既尝施之矣,诸边肆挠之谋亦尝用之矣,知侥幸之无成,故终归乐天事小之道。兼夏国提封一万里,带甲数十万,西连于阗,作我欢邻,北有大燕,为我强援。今与中国乘隙伺便,角力竞斗,虽十年岂得休息哉? 即念天民无

---

① 史金波、魏同贤、(俄)克恰诺夫主编《俄藏黑水城文献》,第 6 册,第 291 页。
② 史金波、魏同贤、(俄)克恰诺夫主编《俄藏黑水城文献》,第 4 册,第 388 页。

辜,被兹涂炭之苦,孟子所谓未有好杀能得志于天下也。况夏国主上自朝廷见伐之后,夙宵兴念,谓自祖先之世,于今八十余年,臣事中朝,恩礼无所亏,贡聘无所怠,何期天子一朝见怒,举兵来伐?令膏血生民,剿戮师旅,伤和气,致凶年,覆亡之由,发不旋踵,朝廷岂不恤哉?盖边臣幸功,上听致惑,使祖宗之盟既沮,君臣之分不交。载省厥由,怅然何已。济乃遂探主意,得移音翰。

伏惟经略以长才结上知,以沉谋干西事,故生民之利病,宗社之安危,皆得别白而言之。至于鲁国之忧不在颛臾,而隋室之变生于玄感,此皆明智已得于胸中,不待言而后谕也。方今解天下之倒悬,必假英才钜德,经略何不进谠言,排邪议,使朝廷与夏国欢和如初,生民重睹太平,宁有意也?倘如此,则非唯敝国蒙幸,实天下之大惠也。

意鲠词直,尘渎安抚经略麾下。①

上揭《西南都统遗卢秉书》的西夏汉文书信可以说是一篇内容完整、体式相当完备的范例,其体式由首称、正文、末称三部分构成,即首称:某年月日+某国某官某某+谨裁书致于某官某某+麾下(或其他);正文:书信的具体内容;末称:"意鲠词直,尘渎安抚经略麾下"或其他套语。

西夏的书信写作及体式应该也是学习借鉴唐宋书信的相关要素和体式,与柳宗元《与韩愈论史官书》、欧阳修《与石推官第二书》等书信的体式几乎一致。现移录唐柳宗元《与韩愈论史官书》如下:

正月二十一日,某顿首十八丈退之侍者前:

获书言史事,云具《与刘秀才书》,及今乃见书稿,私心甚不喜,与退之往年言史事甚大谬。

若书中言,退之不宜一日在馆下,安有探宰相意,以为苟以史荣一韩退之耶?若果尔,退之岂宜虚受宰相荣己,而冒居馆下,近密地,食奉养,役使掌固,利纸笔为私书,取以供子弟费?古之志于道者,不若是。

且退之以为纪录者有刑祸,避不肯就,尤非也。……

凡言二百年文武士多有诚如此者……不勉己而欲勉人,难矣哉!②

柳宗元《与韩愈论史官书》首称:"正月二十一日,某顿首十八丈退之侍者前",即年月日(或月日)+某顿首+某某官员前(或足下);正文:书信的具体内容;末称:残。

---

① (宋)司马光《涑水记闻》卷14,第275—276页。
② (唐)柳宗元《柳宗元集》卷31,中华书局1979年,第807—809页。

再移录宋欧阳修《与石推官第二书》全文如下：

修顿首白公操足下：

前同年徐君行，因得寓书论足下书之怪。时仆有妹居襄城，丧其夫，匍匐将往视之，故不能尽其所以云者，而略陈焉。足下虽不以仆为狂愚而绝之，复之以书，然果未能喻仆之意。……

足下又云："我实有独异于世者，以疾释老，斥文章之雕刻者"，此又大不可也。夫释老，惑者之所为；雕刻文章，薄者之所为。足下安知世无明诚质厚君子之不为乎？足下自以为异，是待天下无君子之与己同也。仲尼曰："后生可畏，安知来者之不如今也。"是则仲尼一言，不敢遗天下之后生；足下一言，待天下以无君子。此故所谓大不可也。夫士之不为释老与不雕刻文章者，譬如为吏而不受货财，盖道当尔，不足恃以为贤也。属久苦小疾，无意思。

不宣。某顿首。①

欧阳修《与石推官第二书》首称："修顿首白公操足下"，即某某顿首＋某某足下（或前）；正文：书信的具体内容；末称："不宣。某顿首"，即不宣（固定套语）＋某某顿首。

从上两篇唐宋书信的体式来看，几乎和西夏相同。可见，唐宋书信的写作对西夏书信写作的极大影响。

其次，移录《俄藏黑水城文献》中收录的俄 Инв. No.1381B 汉文《遇僧书信残片》全文如下：

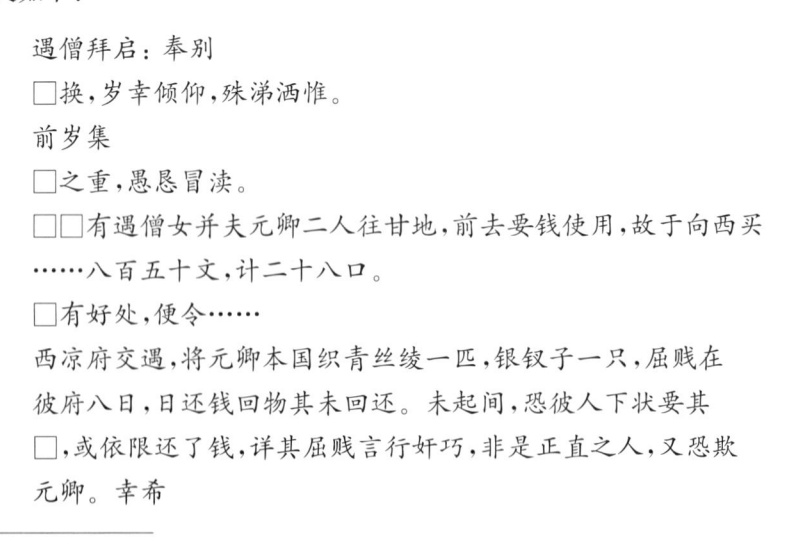

遇僧拜启：奉别
□换，岁幸倾仰，殊涕洒惟。
前岁集
□之重，愚恳冒渎。
□□有遇僧女并夫元卿二人往甘地，前去要钱使用，故于向西买
……八百五十文，计二十八口。
□有好处，便令……
西凉府交遇，将元卿本国织青丝绫一匹，银钗子一只，屈贱在彼府八日，日还钱回物其未回还。未起间，恐彼人下状要其
□，或依限还了钱，详其屈贱言行奸巧，非是正直之人，又恐欺元卿。幸希

---

① （宋）欧阳修《欧阳修全集》卷68，中华书局2001年，第992—993页。

慈愿昔故乡末吏之情,稍与元卿　为主。万幸万感。节届孟
□日。参觐以□

使。至祝不宣。

末吏部祝遇僧再拜。①

由上揭俄 Инв.No.1381B《遇僧书信残片》整体来看,其结构比较完整,也即由首称、正文、末称三部分构成。首称:"遇僧拜启……",即某某+拜启;正文:书信具体内容;末称:"至祝不宣。末吏部祝遇僧再拜"或如俄 Инв.No.1237A 汉文《书信残片》中"不宣。再顿首拜之"②或如俄 Инв.No.1237F 汉文《书信残片》中"……末友郑守信(押印)谨封"。③ 即某某+不宣+某官某某再拜,或不宣+再顿首拜之,或某官或某友某某+(押印)谨封等。

综上,我们可以对西夏书信文书的体式作总结如下:

首称:某年月日(或月日)+某某(或某国某官某某+谨裁书致于某官某某)+麾下(或足下,或前,或拜启)(固定套语)。

正文:书信的具体内容。

末称:意鲠词直,尘渎某某官麾下(或至祝不宣或不宣,某某官某某再拜或再顿首拜之等)+押署即某官府某某(或某朋友某某)+(押印或押字)+谨封(固定套语),等。

总而言之,西夏书信文书的体式已经十分完备,从其体式的整体情况来看,的确没有完全脱离唐宋书信文书体式的套路,可见,中原唐宋书信文书的写作对西夏书信文书的影响之深。

第二节　契约文书功用及体式

一、西夏契约的功用

(一) 中国古代契约产生发展及功用概述

契约在古代又称契券、约、质要、约剂、质剂、合同等等,是为契约当事人设

---

① 史金波、魏同贤、(俄) 克恰诺夫主编《俄藏黑水城文献》,第6册,第297页。
② 史金波、魏同贤、(俄) 克恰诺夫主编《俄藏黑水城文献》,第6册,第291页。
③ 史金波、魏同贤、(俄) 克恰诺夫主编《俄藏黑水城文献》,第6册,第294页。

立、变更和终止民事关系的一种具有凭证性和约束性的法律文书,也是契约当事人权利义务关系的一种设定。明徐师曾《文体明辨序说》载:"按字书云:'约,束也。'言语要结,戒令检束皆是也。古无此体,汉王褒始作僮约,而后世未闻有继者,岂以其文无所施用而略之与? 愚谓后人如乡约之类,亦当仿此为之,庶几不失古间,故特列之以为一体。"①有学者说:"从现存的简牍、敦煌吐鲁番文书、黑水城文书以及明清徽州文书、清水江文书中保存下来的数量庞大的契约就可以看出,在中国古代,包括土地买卖、家产分析、婚姻存续、身份确立以及纠纷解决、赋役分担、地方防卫、结社集会等等,都依靠着各种契约(包括合同)等私文书来维系,契约深入中国人日常生活的方方面面。理解传统中国社会的秩序,契约具有非常重要的意义。"②可见其功用之重要。

与"契约"相关的称谓在我国西周时期的史籍中就有记载,如《周礼·天官·小宰》载:"以官府之八成,经邦治,一曰听政役以比居,二曰听师田以简稽,三曰听闾里以版图,四曰听称责以傅别,五曰听禄位以礼命,六曰听取予以书契,七曰听卖买以质剂,八曰听出入以要会。"③《周礼正义》载:"凡以财狱讼者,正之以傅别、约剂。傅别,中别手书也。约剂,各所持券也。"④这里的"称责"即为借贷,"傅别"则为立契,"质剂""约剂"即契约。这充分证明西周时借贷、买卖活动较为频繁,而且相互间为保证利益则签订有文字性的契约。同时,出土的古代契约也证实了这一点,如陕西省发掘的大批西周中期的铜器铭文就是有文字可证、有实物可考的最早契约之一。⑤ 西周也留存了一些契约,如《西周恭王三年(前919)裘卫典田契约资料》《西周恭王五年(前917)裘卫租田契约》《西周恭王九年(前913)裘卫易林地契约》《西周恭王五年(前917)裘卫租田契约》《西周孝文二年(前883)曶买奴隶契约》⑥等。

春秋战国时期契约活动则更为发展,如史载:"……故党于赵氏,且谓赵盾能,曰:'使能,国之利也'。是以上之。宣子于是乎始为国政。制事典,正法罪,辟刑狱,董逋逃,由质要。(注)质要,券契也。"⑦《周礼正义》载:"左传文六年杜注云:'质要,券契也。'"⑧春秋战国时期也留存下来一定数量的契约,如《东周襄

---

① (明)徐师曾《文体明辨序说》,第129页。
② 阿风《文书与史料》,《中国史研究动态》2017年第5期,第36页。
③ 《周礼注疏》卷3,(清)阮元校刻《十三经注疏》,第654页。
④ (清)孙诒让《周礼正义》卷67,中华书局2015年,第3364页。
⑤ 庞怀清、镇烽、忠如等《陕西省岐山县董家村西周铜器窖穴发掘简报》,《文物》1976年第5期。
⑥ 张传玺主编《中国历代契约粹编》,北京大学出版社2014年。注:以下所引契约未注明出处者均出自该书。
⑦ 《春秋左传正义》卷19上,(清)阮元校刻《十三经注疏》,第1843页。
⑧ (清)孙诒让《周礼正义》卷5,第217页。

王二十年(前六三二)王子虎与诸侯践土会盟》《东周赧王三十八年(前二七七)秦昭王与板楯蛮夷盟约》《东周雇农契约》等。

汉朝以后各朝都沿袭前朝契约凭证性和约束性的功用及称谓。如《汉书》载:"高祖每酤留饮,酒仇数倍。及见怪,岁竟,此两家常折券弃责。……师古曰:'以简牍为契券,既不征索,故折毁之,弃其所负。'"[1]《后汉书》载:"方今大汉收功于道德之林,致获于仁义之渊,忽蒐狩之礼,阙槃虞之佃。闇昧不睹日月之光,聋昏不闻雷霆之震,于今十二年,为日久矣。亦方将刊禁台之秘藏,发天府之官常,由质要之故业,率典刑之旧章。李贤注:左传云:'晋赵盾为国,政由质要。'杜预注曰:'由,用也。质要,契券也。'"[2]袁绍《与公孙瓒书》载:"……而足下二三其德,强弱易谋,急则曲躬,缓则放逸,行无定端,言无质要,为壮士者,固若此乎?既乃残杀老弱,幽土愤怨,众叛亲离。"[3]《册府元龟》也有类似的记载。[4] 汉朝留存下来的契约数量较多,如《西汉神爵二年(前60)广汉县节宽德贳卖布袍券》《西汉神爵三年(前59)资中县王褒僮约》等。

魏晋南北朝时期,继续沿袭前朝契约功用和称谓。如《三国志·魏书》载:"窃见司隶校尉崔林,禀自然之正性,体高雅之弘量。论其所长以比古人,忠直不回则史鱼之俦,清俭守约则季文之匹也。"[5]《三国志·吴书》载:孙"权尝入其堂内,母疏帐缥被,妻妾布裙。权叹其在贵守约,即敕御府为母作锦被,改易帷帐,妻妾衣服悉皆锦绣"。[6]《晋书》载:"既而诏以玄为江州,仲堪等皆被换易,乃各回舟西还,屯于寻阳,共相结约,推玄为盟主。"[7]又载:"爰自终古,有国有家,非盟誓无以昭神祇之心,非断金无以定终始之好。然晋楚之成,吴蜀之约,咸口血未干,而寻背之。"[8]《宋书》载:"……去岁三王出镇,思振远图,兽心易骇,遂生猜惧,背违信约,深构携隙。贪祸恣毒,无因自反,恐烽燧之警,必自此始。臣素庸懦,才不经武,率其管窥,谨撰安边论……其论曰:汉世言备匈奴之策,不过二科,武夫尽征伐之谋,儒生讲和亲之约,课其所言,互有远志。"[9]《梁书》载:"……景使其仪同范桃棒严禁之,昕因说桃棒令率所领归降,袭杀王伟、宋子仙为信。

---

[1] (汉)班固《汉书》卷1上,第2—3页。
[2] (南朝宋)范晔《后汉书》卷60上,第1969页。
[3] (清)严可均校辑《全上古三代秦汉三国六朝文·全后汉文》卷30,第640页。
[4] (宋)王钦若等编纂《册府元龟》卷415,凤凰出版社2006年,第4708页。
[5] (晋)陈寿《三国志》卷24,第681页。
[6] (晋)陈寿《三国志》卷55,第1287页。
[7] (唐)房玄龄等《晋书》卷99,第2588页。
[8] (唐)房玄龄等《晋书》卷130,第3207页。
[9] (梁)沈约《宋书》卷64,第1705—1706页。

桃棒许之,遂盟约,射启城中,遣昕夜缒而入。"①《魏书》载:鹿"忿曰:'金墉汤池,冲甲弥巧,贵守以人,何论险害。'还军,于路与梁话誓盟。契约既固,未旬,综果降"。②《北齐书》载:"长广旦伏家僮数十人于录尚书后室,仍与席上勋贵数人相知。并与诸勋胄约,行酒至憎等,我各劝双盃,彼必致辞。"③魏晋南北朝留存下来数量较为丰富的契约,如《西晋元康(291—299)间石崇买奴券》《北凉建平四年(440)高昌县支生贵卖田券》《高昌延昌三十七年(597)张某赁舍券》《高昌延寿九年(632)范阿僚举钱券》《高昌午岁武城诸人雇赵沙弥放羊券》等。

唐朝仍然沿袭前朝契约功用和称谓。如《旧唐书》载:"……孝忠甚德滔之保荐,以其子茂和聘滔之女,契约甚密,遂合兵破惟岳之师于束鹿,惟岳遁归恒州。"④《全唐文》载:"玺印章号,殷勤识焉。其巧益甚,其讹益繁,盟契质要,朝成夕反,诰誓制令,尾违首言,笺檄奏报,离方就圆。"⑤唐朝留存下来的契约数量比较庞大,如《唐贞观二十三年(649)高昌范欢进买马契》《唐大历(766—779)于阗许十四典牙梳契》《武周长安三年(703)高昌严苟仁租葡萄园契》《唐显庆五年(660)天山县张利富举钱契》等。

宋朝继续沿袭前朝契约功用和称谓,且其增加了"合同"称谓。如《宋史》载:"凡军行计会,不免文牒,或主司遗失惧罪,单使被擒,军中所谋,自然泄露。故每分屯军马之时,与主将密定字号,各掌一通,不令左右人知其义理。但于寻常公状文移内,以此字私为契约,有所施行,依此参验。不得字有重叠,及用凶恶嫌疑之语。"⑥《续资治通鉴长编》载:"御史何郯独言:'方平顷为中丞,当纠正官邪,猥与仪交私,托市女仆,未尝与直。而女仆随身衣装,自直百千,皆仪所办。虽契约有三十千之数,而仪实未尝领,贪污情状,岂不晓然……'"⑦《全宋文》载:"笔含雷雨,演膏润于多方。果值上才,聿光崇简。伏惟舍人气涵先觉,道肖至和。薄三代以搴英,溯九流而质要。奏文阙下,尝被赏于同时……"⑧《宋会要辑稿》载:宋天禧三年三月,"皇帝下诏:'合同、凭由司自今应系传宣差使臣,于诸库务取索金银帛诸物入内,内侍省内印记,置合同、凭由每道各二本,常预先书印下合同,准备传宣取索'"。⑨宋政和三年"十一月壬午,加上神哲宗徽号。癸未,上祀昊

---

① (唐)姚思廉《梁书》卷32,第465页。
② (北齐)魏收《魏书》卷79,第1764页。
③ (唐)李百药《北齐书》卷34,第458页。
④ (后晋)刘昫等《旧唐书》卷141,第3856页。
⑤ (清)董诰等《全唐文》卷801,第8411页。
⑥ (元)脱脱等《宋史》卷154,第3596页。
⑦ (宋)李焘《续资治通鉴长编》卷165,第3962页。
⑧ 曾枣庄、刘琳主编《全宋文》卷509,第24册,第203页。
⑨ (清)徐松辑《宋会要辑稿》卷1098,中华书局1957年,第2480页。

天上帝于圜丘,大赦。龙图阁学士、提举醴泉观蔡攸奏郊祀日,天神地祇现。庚子,更定盐法十六条,始改用钞制,置合同号簿"。①"簿帐之冗者,一切删去。内东门御厨,凡所呼索,省司不敢问,此内臣领之故也。自是始为合同,以检其出入焉。"②宋朝留存下来的契约数量丰富,如《北宋太平兴国七年(982)敦煌吕住盈等卖舍契》《南宋淳祐八年(1248)祁门县胡梦斗卖山赤契》《壬午年(982)敦煌郭定成典身契》《辛酉年(961?)敦煌陈宝山贷绢契》等。

　　金、元时期,契约功用仍如前朝,其称谓也借鉴唐宋。《金史》载:金"正隆间,转同知北京留守事。会游古河阑子山等猛安契丹谋乱,时方发兵讨之,别遣斡里朵挥军南下。至松山县为贼党江哥所执,且欲推为主盟,要以契约,斡里朵怒曰:'我受国厚恩,岂能从汝反耶,宁杀我,契约不可得也。'贼知不可屈,乃困辱之,使布衣草履逐马而行,且欲害之"。③《大金吊伐录》载:"爰命将帅,敦谕盟言,许以自新,终然莫改。偏师傅汴,首恶奔淮,嗣子哀鸣,请复欢好。地画三镇,誓卜万年,凡有质要,悉同父约。"④《全元文》载:"真人乃探道奥以定规模,稽天运以设方略,握真机以洞幽显,秉独断以齐众虑,审人材以叙任使,约□程以限岁月,量费用以谨经度,权轻重以立质要。"⑤《文献通考》载:"唐却容他自迁徙,并得自卖所分之田。方授田之初,其制已自不可久,又许之自卖,民始有契约文书,而得以私自卖易。"⑥元"大德十年五月,中书省。御史台呈:'河南道廉访司申:……礼部议得:典质地产,即系活业。若一面收执文约,或年深迷失,改作卖契,或昏昧条段间座,多致争讼。以此参详,今后质典交易,除依例给据外,须要写立合同文契贰纸,各各画字,赴务投税。典主收执正契,业主收执合同,虽年深,凭契收赎,庶革侥幸争讼之弊。'都省准呈"。⑦ 金、元时期留存下来的契约十分丰富,如《元至治二年(1322)祁门县谢子英卖山地红契》《元至正二十二年(1362)兴州王清甫典地白契》《元虎年(1290或1362)亦集乃路王伦借麦字据》等。

　　明清时期契约功用和称谓都沿袭前朝。如《大明漳州府志》载:"至今民间所执,尚多五代以来契约,模糊不可辨真伪。又多为诡诈谋赖,豪强侵夺,所余无几。"⑧《明代宦官史料长编》载:"……物料贮用亦最繁夥,宜该监与监督共手支

---

① (宋)李埴撰,燕永成校正《皇宋十朝纲要校正》卷17,中华书局2013年,第482—483页。
② (宋)曾巩撰,王瑞来校证《隆平集校证》卷14,第414页。
③ (元)脱脱等《金史》卷90,第2002页。
④ (金)佚名编《大金吊伐录校补》,中华书局2006年,第539页。
⑤ 李修生主编《全元文》卷285,第9册,第53页。
⑥ (元)马端临《文献通考》卷2,中华书局2011年,第49页。
⑦ 方龄贵校注《通制条格校注》卷16,中华书局2011年,第478—479页。
⑧ (明)陈洪谟、(明)周瑛修纂《大明漳州府志》卷21,中华书局2012年,第482页。

用,合同登簿,循环验注,余则储之,乏则取之,并当确著为令。"①《(康熙朝)大清会典》载:"顺治十三年议准:凡恶棍设法索诈内外官民,或书揭张贴,或声言控告,或勒写契约逼取财物,或斗殴拴拿处害者,不分得财与未得财,为首者,立绞;为从者,系民,责四十板,发边卫充军,系旗下人,枷号三个月,鞭一百。"②《日本国志》载:"家资分散之际,有藏匿脱漏其财产,又增加虚伪负债者,处四月以上四年以下重禁锢。知其情而承诺虚伪契约,或为其媒介者,减一等。"③《清史稿》载:光绪十五年冬十月"……丁亥,以江、浙雨水为灾,各拨库储五万,并发内帑五万赈济。以张之洞订购机器,遽立契约,诏切责之,嗣后凡创设之事,未先奏明,毋轻举"。④ 又载:宣统三年三月"乙卯,度支部尚书载泽与英美德法四国银行缔结借款契约"。⑤ 又载:"二十四年,诏设矿务铁路总局于京师,以王文韶、张荫桓主之。奏定章程二十二,准华商办矿,假贷洋款,及华洋合股,设立公司。自是江西萍乡煤矿则借德款,湖北大冶铁矿则借日本款,浙江宝昌公司则借义款,直隶临城煤矿则借比款。当其议定合同,于抵押息金外,辄须延聘矿师,甚者涉及用人管理。"⑥《刘蓉集》载:"陕省殷实之户,向为西、同、凤三府较多,而受回逆之害亦惟西、同、凤为最烈。盖因变起仓卒,几于靡有孑遗。富民之仅以身免者十之二三,略存家赀者更寥寥无几。自本年五月兴办营田,当即通饬郡县清丈叛产,开报亩数,颁给章程执照,广为招募,酌量等则,准俟一年后每亩按则交租,以六年为限,满限交足者换给契约,作为永业。"⑦明清时期留存下来的契约种类繁多,内容丰富,数量最为庞大,如《明洪武八年(1375)祁门县冯喜得卖山田白契》《明万历十四年(1586)祁门县仆人胡喜孙当男契》《明万历五年(1577)安宁州张瑚借银约》《明正统九年(1444)祁门县朱忠伙山地合同》《明弘治六年(1493)祁门县江庭杰等重修房屋合同》《清顺治二年(1645)休宁县许在中卖地契》《清康熙四十一年(1702)北京明良栋转典房白契》《清乾隆二年(1737)徽州汪星聚租厝基地批》《清光绪三十二年(1906)北京正红旗胜魁借银字据》《清嘉庆九年(1804)山阴县张王氏立继子书》等。

(二) 西夏契约的功用

西夏契约仍然沿袭中原唐宋原始凭证和约束之功用以及相关称谓。西夏综

---

① 胡丹辑考《明代宦官史料长编》卷10,凤凰出版社2014年,第2160—2161页。
② (清)伊桑阿等编《(康熙朝)大清会典》卷119,凤凰出版社2016年,第1581页。
③ (清)黄遵宪《日本国志》卷31,中华书局2019年,第2333页。
④ (清)赵尔巽等《清史稿》卷23,第895页。
⑤ (清)赵尔巽等《清史稿》卷25,第990页。
⑥ (清)赵尔巽等《清史稿》卷124,第3669页。
⑦ (清)刘蓉《刘蓉集·奏议》卷14,岳麓书社2008年,第396页。

合性法典明确规定：西夏"诸人将使军、奴仆、田地、房舍等典当、出卖于他处时，当为契约"。① 从20世纪初期至今，西夏故地黑水城、武威等地出土了数量庞大的西夏文和汉文契约。从出土情况来看，其种类、数量都十分可观。这些西夏时期的契约收录于近年出版的西夏大型文献丛书《俄藏黑水城文献》《中国藏西夏文献》《英藏黑水城文献》等之中。西夏契约有400多件汉文、西夏文、汉夏合璧的契约，可谓内容十分丰富："出土的西夏契约真实而深刻地反映出西夏时期的商业、贸易等社会上经常发生的经济行为，是了解西夏社会经济至关重要的原始资料，文献价值很高。"②根据契约的内容性质，可将西夏时期出土的契约分为买卖契约、借贷契约、典押契约、租赁契约、雇佣契约、交换契约等。

1. 西夏买卖契约的功用

从目前所见西夏买卖契约的内容来看，大概有买卖人口契约、买卖土地契约、买卖牲畜契约三种。

（1）西夏买卖人口契约的功用

西夏买卖人口契约是西夏时期比较普遍的一种社会行为，其功用主要用于作为买卖人口双方的重要凭证，以保证双方利益不受损失，从而保证避免民事纠纷，以保障西夏社会秩序的稳定。

从西夏法典的有关规定来看，西夏允许买卖人口，但人口的买卖对象有特别严格的界定，即只能买卖使军或奴仆，而且必须要有书面契约作为原始凭证。法典规定："诸人将使军、奴仆、田地、房舍等典当、出卖于他处时，当为契约。"③"使军大约相当于唐宋时期的部曲。使军、奴仆的来源有犯罪被发配到边远地区的人，有战俘或通过战争掠夺来的人员……使军还可能包括破产的农奴。"④"使军和奴仆是西夏社会中的特殊阶层，他们构成西夏社会的最底层，比普通的'庶民'地位还要低。使军虽有一定财产，可单独立户，但又依附主人，没有完全的人身自由，处于奴隶或半奴隶状态。"⑤西夏故地出土的3件西夏文买卖人口契约，即俄Инв.No.5949-29《乾祐甲辰二十七年卖使军奴仆契》和俄Инв.No.7903《皇建午年苏？？卖使军契》⑥与俄Инв.No.4597《天庆未年卖使军契》⑦正好验证了西夏法典的规定。我们可从以下三个方面来具体说明。

---

① 史金波、聂鸿音、白滨译注《天盛律令》卷11，第390页。
② 史金波《西夏经济文书研究》，第204页。
③ 史金波、聂鸿音、白滨译注《天盛律令》卷11，第390页。
④ 史金波《黑水城出土西夏文卖人口契研究》，《中国社会科学院研究生院学报》2014年第4期，第126页。
⑤ 史金波《西夏经济文书研究》，第222页。
⑥ 史金波、魏同贤、（俄）克恰诺夫主编《俄藏黑水城文献》，第14册，第91、221页。
⑦ 史金波、魏同贤、（俄）克恰诺夫主编《俄藏黑水城文献》，第13册，第223页。

首先,从是否向官府缴纳契税区分,有红契和白契。红契者,即买卖双方向官府缴纳了相应的契税,官府在契约上加盖税印,从而使其成为合法的买卖行为,并同时得到官府和法律的保护。白契者,即在契纸上未加盖官府的任何印章,也就是说未向官府缴纳契税,因此,并不受官府和法律的保护。从目前所见到的3件西夏文买卖人口契约原件页面来看,契文上没有官府买卖税院印章,只有立契参与人的押署,由此可以推测这3件西夏文买卖人口契约应都为白契。再结合黑水城及武威出土的所有西夏契约来看,加盖买卖税院印章的契约数量并不是很多。可见,西夏民间普遍流行白契,其目的也是逃避向官府缴纳契税,私人则多得一些利润而已。

其次,从标的物所属权来区分,可分为官契和私契。官契者,即所出卖的人口为官府或寺院所属,这种买卖人口契约自然也要征得相关官府或寺院同意并向官府缴纳契税而后加盖官府印章。私契者,即所出卖的人口为私人所属。从西夏3件买卖人口契约来看均为私契。看来,西夏虽然制定有比较完备的有关人口买卖的法律制度,但私契依然在社会上流行。

再次,从买卖人口的性质来区分,可分为绝卖契和活卖契。绝卖契又称"永卖契"或"卖断契",即卖主放弃赎回权、一次性卖断的契约。活卖契即所规定的时间区段卖主丧失使用权,但保留所属权和赎回权,而超过了规定的时间区段卖主则恢复相应的使用权。西夏3件买卖人口契约属于绝卖契。

(2) 西夏买卖土地契约的功用

西夏时期的买卖土地契约的功用主要作为买卖土地双方的重要原始凭证,是维系双方利益关系的有效保证,有力地保障了西夏买卖土地程序的规范与内容的合法。西夏时期的买卖土地契约数量不多,但"内容丰富,信息量大,是研究西夏黑水城地区买卖土地十分重要的资料,弥足珍贵"。①

西夏买卖土地契约目前所能见到的共有13件,其中西夏文12件,汉文1件,收录于《俄藏黑水城文献》第十三至十四册以及《中国藏西夏文献》第十六册。

西夏买卖土地契约的功用,仍然可以从三方面来理解:一是从是否向官府缴纳契税来看,有红契和白契。从目前所见13件西夏买卖土地契约来看,有4件是红契,其余均为白契。可见,西夏民间买卖土地同样以白契为主;二是从买卖标的物来看,有官地和私地之分,但从所见13件买卖土地契约来看全部为私地。看来私地可以自由买卖,但必须要在有文字凭证的情况下进行;三是从土地使用所有权来看,有绝卖契和活卖契。现存13件西夏买卖土地契约均属绝卖契

---

① 史金波《西夏经济文书研究》,第250页。

的范畴。

（3）西夏买卖牲畜契约的功用

西夏买卖牲畜契约数量并不多，但其所含信息较为丰富，反映了西夏买卖牲畜、农牧业生产、社会经济等方面的具体内容，其功用主要作为买卖牲畜的重要凭证，以维系或保障双方的既得利益，同时也规范了官府或民间买卖牲畜的秩序。西夏买卖牲畜契约目前所能见到的有15个编号共22件，均为西夏文书写，收录于《俄藏黑水城文献》第十二至十四册、《中国藏西夏文献》第十六册以及《英藏黑水城文献》第一册和第四册中。

西夏买卖牲畜契约以白契为主，红契为辅。因为目前所见22件契约中只有1件即俄 Инв. No.7630-2《光定酉年（1213）卖畜契》为红契，其余均为白契。另外，西夏买卖牲畜契约均为绝卖契。

2. 西夏借贷契约的功用

西夏时期的借贷契约的功用是作为借贷双方的原始凭证，以保证借贷双方的既得利益不受损失。它"不仅可以保护债权人的利益，同时也能起到规范民间经济事务、避免民事纠纷、保持社会稳定的作用"。[①]

西夏借贷契约现收录于《俄藏黑水城文献》《中国藏西夏文献》《英藏黑水城文献》《俄藏敦煌文献》等之中。根据借贷契约的内容性质，西夏借贷契约可分为借贷粮食、借贷钱款、借贷物品三种。

西夏借贷粮食契约共有300多件，这些契约以西夏文为主，汉文次之，收录于《俄藏黑水城文献》第十二至十四册、《中国藏西夏文献》第十六至十七册以及《英藏黑水城文献》第一至五册中。其功用主要为双方借贷各种粮食的重要凭证，以保证各自利益不受损失。

西夏借贷钱款契约有10件，既有西夏文，也有汉文，收录于《俄藏黑水城文献》第六和十二至十三册、《中国藏西夏文献》第一册以及《俄藏敦煌文献》第十七册中。其功用为双方借贷钱款的原始凭证，以防止双方利益受到损害。

西夏借贷物品契约有1件，即俄 Инв. No.955 西夏文《光定巳年（1221）贷物契》。[②] 其功用主要作为契约双方就某一物品使用时所议定的相关事项，保证其能够顺利使用完成相关任务并按期归还。

西夏借贷是西夏社会基层最为普遍的一种经济现象，印证了西夏社会基层高利盘剥的实质和老百姓的穷苦生活，也反映出了西夏借贷契约的性质：以私

[①] 史金波《西夏经济文书研究》，第209页。
[②] 史金波、魏同贤、（俄）克恰诺夫主编《俄藏黑水城文献》，第12册，第146页。

契为主,官契为辅,有时还可理解为借贷契约底账。

3. 西夏典押契约的功用

典押业大约肇始于东汉时代,据《后汉书》载:"虞所赏赉典当胡夷,瓒数抄夺之。"[①]然后历经魏晋南北朝、隋唐、宋元的发展演变,最终兴盛于明清时期而消亡于清末。典押业的发展和兴盛为封建国家敛财的一种工具,受到国家相关法律制度的保障。

西夏时期的典押业受到唐宋典押业的影响,在西夏国内比较兴盛,而且种类也比较齐全,有典押畜产品、典押牲畜、典押地产三种契约,其数量有80多件(含残片),收录于《俄藏黑水城文献》《日本藏西夏文文献》等之中。其中典押畜产品契约有60多件(含残片),典押牲畜契约有18件(含残页),典押地产契约有4件(含残片)。

西夏典押契约的数量并不算多,但种类相对齐全,而且既有西夏文典押契约,也有汉文典押契约,这些典押契约均反映了西夏境内的经济、农牧民受剥削等状况,不论是典押畜产品契约还是典押牲畜契约或是典押地产契约,其功用均为双方就某一典押标的物所议定相关事项而写就的重要原始凭证,成为约束双方行为规范的重要保障。

4. 西夏租赁契约的功用

西夏租赁契约是就当事人双方财产租赁中的权利、义务关系所达成的共识并最终形成的书面协议,其功用仍为租赁双方作为权利义务关系的原始凭证,从而保证双方利益不受意外损失。同时,以保证西夏租赁业的正常和有序发展。

目前所发现的西夏租赁契约有10余件,既有西夏文,也有汉文,收录于《俄藏黑水城文献》《俄藏敦煌文献》中。数量并不多的租赁契约,却清晰明白而真实地反映了西夏境内社会生活和经济关系的状况,是研究西夏租赁业发展的重要史料和凭证,其档案价值珍贵。

西夏的租赁契约均为私契,其标的物也同样因其种类不同而各异。

5. 西夏雇佣契约的功用

雇佣契约是西夏时期比较常见的一种契约形式,主要有雇工契和雇畜契两类,共有6件,均为西夏文。其中雇工契只有一件,雇畜契有5件,收录在《俄藏黑水城文献》第十二至十四册中。

西夏雇工契约则是雇主就受雇者从事某一劳动并对其所从事劳动应具备的

---

① (南朝宋)范晔《后汉书》卷73,第2356页。

条件和劳动薪酬,经双方协商议定而形成的书面契约。西夏雇畜契约则是雇主向受雇者就所雇牲畜为其服务或劳作而付出劳动进行协商议定相关事项的书面文字。西夏雇佣契约的功用主要是作为双方权利义务关系的原始凭证,以保证双方利益不受损失。

6.西夏交换契约的功用

西夏的交换契约,是指双方当事人就自己当前所急需标的物而与另一方进行协商交换某一标的物,以达到各自所需之目的,就此而议定双方权利义务关系的书面文字。西夏的交换契约主要是换畜契,即双方互相交换牲畜,并清楚明白地写出牲畜质量差的一方补偿给牲畜质量好的一方以粮食等。换畜契大约有4件,均为西夏文,即俄 Инв. No.4195《天庆午年换畜契》、俄 Инв. No.2851-1《天庆亥年换畜契》、俄 Инв. No.2851-33《天庆亥年换畜契》、[①]俄 Инв. No. 5120-2《天庆子年换畜契》[②]等。

西夏交换契约的功用主要是保证交换标的物双方所议定的事项能够得以顺利完成或实现并使双方利益不受损失的原始凭证,这样就基本保障了交换牲畜秩序的规范和基本公平等。

二、西夏契约的体式

为了更方便探讨西夏契约的体式,我们仍然将其按照上述介绍其功用时所分类别之顺序进行总结其体式,虽然表面上看有些烦琐和细碎,但这样会显得更为清晰和全面。

(一) 西夏买卖契约的体式

西夏买卖契约有买卖人口、买卖土地、买卖牲畜三种。

1. 西夏买卖人口契约的体式

西夏完整齐全的买卖人口契约的体式:契首+主体+契尾。

现以体式较为齐全的俄 Инв. No.5949-29 西夏文《乾祐甲辰年(1184)卖使军奴仆契》为例,该文书共有西夏文20行,其中正文14行,签押6行。下面附该契约的影印件和汉译文:

---

① 史金波、魏同贤、(俄)克恰诺夫主编《俄藏黑水城文献》,第13册,第195、119、135页。
② 史金波、魏同贤、(俄)克恰诺夫主编《俄藏黑水城文献》,第14册,第8页。

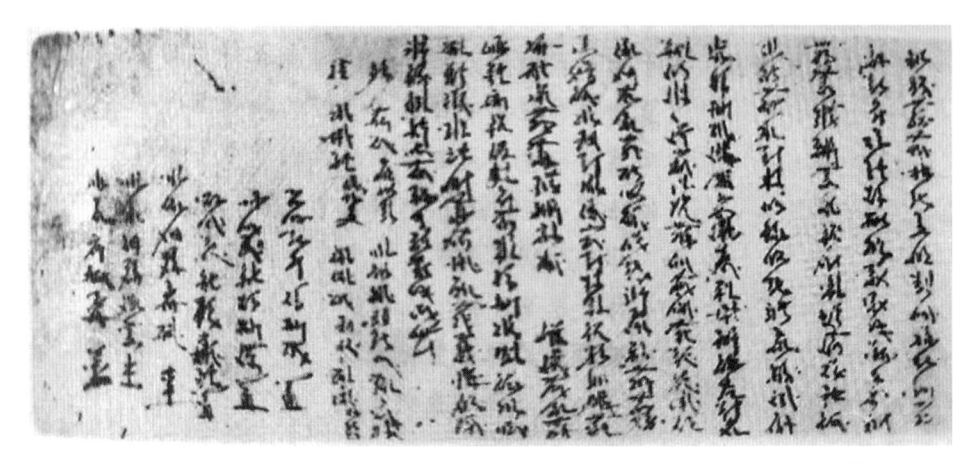

图 5-1 俄 Инв.No.5949-29 西夏文《乾祐甲辰年(1184)卖使军奴仆契》①

乾祐甲辰二十七年三月二十四日,立
契者讹一吉祥宝,自愿今将自属
使军、奴仆、军讹六人,卖与讹移法
宝,价四百五十贯铁钱已说定。
其吉祥宝原先自领顷主麻勒那征酉为与
无中？衣服手入告？仅？入？
常？？人自四百五十贯铁钱持,正军
手择法宝被检视。价、人等即日先已
互转。其各使军、奴仆若有官私诸人同抄
子弟等争讼者时,吉祥宝管,法宝不
管。反悔时,所属监军司判断,不仅罚交
五百贯钱,其罪还按《律令》判,心服。
　男：成讹,年六十；觅？犬,三十九；？？,二十八
　女：犬母盛,五十七；犬妇宝,三十五；增犬,二十三
　　　　　　　立契者吉祥宝(押)
　　　　　　　同立契子吉祥大(押)
　　　　　　　同立契子？？盛(押)
　　　　　　　知人每遛慧聪(押)
　　　　　　　知人每遛乐军(押)

① 史金波、魏同贤、(俄)克恰诺夫主编《俄藏黑水城文献》,第14册,第91页。

知人梁晓慧(押)①

(1) 契首

西夏买卖人口契约契首的体式：立契时间＋立契者(＋姓名)。

① 立契时间

西夏买卖人口契约的立契时间是必选要素，大致有以下两种类型。

一是皇帝年号—干支纪年—月—日。如上揭俄 ИHB. No.5949-29 西夏文《乾祐甲辰年(1184)卖使军奴仆契》立契时间："乾祐甲辰二十七年三月二十四日。""乾祐"为西夏仁宗李仁孝年号。"甲辰"为天干中第一干和地支中第五支的顺序组合。"二十七年三月二十四日"为买卖人口契约的具体签订时间。

二是皇帝年号—支纪年—月—日。如俄 ИHB. No.4597 西夏文《天庆未年卖使军契》立契时间："天庆未年三月二十四日。"②"天庆"为西夏桓宗李纯祐年号，"未年"是地支中的第八支，"三月二十四日"为签订契约的具体时间。还有如俄 ИHB. No.7903 西夏文《皇建午年苏?? 卖使军契》立契时间："皇建午年二月三日"，③与前一契约的立契时间书写形式完全一致。

上揭 3 件买卖人口契约中的立契时间基本相同，唯一不同的是俄 ИHB. No.5949-29 中的立契时间比另两件多了干支纪年后面的具体年份"二十七年"。这种立契时间当然是沿袭了中原唐宋传统的纪年方式。可见，中原唐宋契约文化对西夏的影响颇深。

② 立契者(＋姓名)

立契者是买卖人口契约成立最为关键的要素，居于立契时间之后。立契者在契约中的表述直接、简单和准确，即"立契者＋姓名"。如上揭俄 ИHB. No.5949-29 西夏文《乾祐甲辰年(1184)卖使军奴仆契》中立契时间之后直接写"立契者讹一吉祥宝"。另上揭俄 ИHB. No.4597《天庆未年卖使军契》立契时间后直接表述为"立契者嵬移软成有"，上揭俄 ИHB. No.7903《皇建午年苏?? 卖使军契》立契时间后表述为"立契者地勿苏足??"等。

西夏买卖人口契约中的立契者一般只有一人，少有两人者。当然，这是就仅有的这 3 件契约而言。

(2) 主体

西夏买卖人口契约主体的体式：标的物及属权＋价格支付方式＋违约责

---

① 史金波《西夏经济文书研究》，第 317—318 页。注：西夏乾祐仅 24 年，无 27 年。乾祐甲辰为乾祐十五年(1184)。
② 史金波《西夏经济文书研究》，第 318 页。
③ 史金波《西夏经济文书研究》，第 320 页。

任+立契者态度等。

① 标的物及属权

标的物是西夏买卖人口契约中买卖双方或多方权利义务关系所指向的具体对象，在这类契约中即指人，就是使军或奴仆等已经丧失人身自由的人。

据目前所见3件西夏买卖人口契约内容分析，标的物的构成要素主要是指其权属问题、身份、姓名、数量、性别、年龄等内容。如俄 Инв. No.4597 西夏文《天庆未年（1199）卖使军契》记载："今自属使军五月犬等二老幼，按文书语，自愿卖与哆讹金刚盛，价五十石杂粮已付。"①这里的"自属"交代了买卖人口的权属问题，属合法的自有财产或合法公正的交易对象；"使军"即交代被卖人口的身份；"五月犬"为买卖人口的名字，有名无姓；"二老幼"交代了买卖人口的数量和年龄状况；"价五十石杂粮"即买卖人口的价格。如上揭俄 Инв. No.5949-29 记载："今自愿将自属使军、奴仆、军讹②六人，卖与讹移法宝，价四百五十贯铁钱已说定。……男：成讹，年六十；嵬？犬，三十九；??，二十八；女：犬母盛，五十七；犬妇宝，三十五；增犬，二十三。"这件契约的标的物更为清晰准确和全面。

② 价格支付方式

西夏买卖人口契约的价格支付方式从上揭3件契约来看，主要有铁钱和杂粮两种。

第一种是铁钱。如上揭俄 Инв. No.5949-29 西夏文《乾祐甲辰二十七年（1184）卖使军奴仆契》中"价四百五十贯铁钱"，明确告知是铁钱。但俄 Инв. No.7903 西夏文《皇建午年（1210）苏?? 卖使军契》中"价一百贯钱已议定"，③此处则未明确告知是否铁钱，但据史金波先生分析，认为"根据上述规定来看，很有可能也是使用铁钱"。④ 为什么黑水城地区在买卖人口过程中使用铁钱呢？"西夏因缺铜，金朝又实行铜禁，不得不使用宋朝钱币。其实宋朝早就实行铜铁钱并用。宋朝为防止铜钱大量流入西夏，便制作铁钱，在临近西夏的陕西、河东铜铁钱兼用区使用。而西夏人便利用宋朝两种钱币通用的机会，大肆以铁钱兑换铜钱。"而且西夏使用铁钱的范围"包括了西夏北部西北部地区，黑水城地区也应是使用铁钱的范围"。⑤ 西夏买卖人口契约正好出土于黑水城地区，所以，黑水城

---

① 史金波《西夏经济文书研究》，第318—319页。
② 注：这里的"军讹"或许为名字"成讹"，从契约译文后面所卖人口姓名和年龄的介绍来看。
③ 史金波《西夏经济文书研究》，第320页。
④ 史金波《黑水城出土西夏文卖人口契研究》，《中国社会科学院研究生院学报》2014年第4期，第128页。
⑤ 史金波《黑水城出土西夏文卖人口契研究》，《中国社会科学院研究生院学报》2014年第4期，第128页。

地区买卖人口价格用铁钱支付也是自然之事。

第二种是杂粮。西夏时,杂粮主要是指除小麦之外的大麦、谷、糜、荜豆等。如俄 Инв. No.4597 西夏文《天庆未年(1199)卖使军契》中"价五十石杂粮已付",①说明人口买卖价格采取杂粮支付。可见,杂粮也是西夏时期一种重要的货币支付方式,"西夏有些地区买卖时不使用钱,而是实行物物交换……这一方面是西夏的商品经济尚欠发达的表现,另一方面也是西夏地区缺少铜铁矿藏,宋、金朝对西夏又实行铜铁禁运的结果。在西夏晚期社会动乱时期,使用物物交换更为盛行"。② 所以,西夏时期买卖人口时不仅使用铁钱支付,同时也流行杂粮支付。

③ 违约责任

违约责任是买卖人口契约的必选要素,而且在契约中都应作明确具体的表述。从西夏买卖人口契约整体来看,违约责任人均为立契者即卖人口者。违约责任大概有以下三种处罚。

一是立契者当管+按官法处罚。如俄 Инв. No.4597 西夏文《天庆未年(1199)卖使军契》中"若其人有官私诸同抄子弟等他人争讼者时,软成有当管。按官法依罚交三十石杂粮"。③

二是立契者管+依官府罚+依律令罚。如上揭俄 Инв. No.5949-29 中"其各使军、奴仆若有官私诸人同抄子弟等争讼者时,吉祥宝管,法宝不管。反悔时,所属监军司判断,不仅罚交五百贯钱,其罪还按《律令》判"。

三是倍罚+依官法罚。如俄 Инв. No.7903 西夏文《皇建午年(1210)卖使军契》载"若各人有官私争讼者,或有反悔者等时,依卖价不仅一贯付二贯,还依官法罚交五十贯钱"。④

综上,从西夏买卖人口契约的违约责任整体来看,可分为两方面的违约责任:一是就违约责任对象而言,都针对"反悔者";二是就违约责任的处罚手段而言,以民事处罚为主,刑事制裁为辅。

④ 立契者态度

立契者态度往往都置于契约后部,形式比较简洁,主要用于表示买卖双方就契约当中包含的买卖价格、卖主责任以及违约责任等要素达成一致而以书面形式简单陈述"心服""本心服"等字样。这在上揭的 3 件契约当中都比较清晰可

---

① 史金波《西夏经济文书研究》,第 319 页。
② 史金波《西夏社会》,第 183 页。
③ 史金波《西夏经济文书研究》,第 319 页。
④ 史金波《西夏经济文书研究》,第 320 页。

见：俄 Инв. No. 4597 西夏文《天庆未年(1199)卖使军契》中"心服,依情状按文书施行",俄 Инв. No. 5949－29 中"心服",俄 Инв. No. 7903 中"本心服,依情状按文书施行"。由此可见,表示双方合意的书面协议长期以来已成为一种固化的格式,以致对现当代合同的写作都有影响。

(3) 契尾

契尾①十分重要,史金波先生认为,"它标志着契约的正式确立和法律效力的形成,是履行契约的保证"。② 其居于主体要素之后另起行书写,其体式：立契者(＋姓名＋画押)＋同立契者(＋姓名＋画押)＋知人(＋姓名＋画押)等。

立契者(＋姓名＋画押),与契首的立契者书写基本相同,只是比契首多画押要素。如上揭俄 Инв. No. 4597 西夏文《天庆未年(1199)卖使军契》中"立契者嵬移软成有(画押)",属契尾的第一个要素。

同立契者(＋姓名＋画押),相当于中原地区契约中的保人角色,一般为一人至多人,且为必选要素。史金波认为,"卖人口契和卖地契一样在契约中属于重要的契约,为绝卖契的一种,同卖者和证人较多"。③ 如上揭俄 Инв. No. 4597 西夏文《天庆未年(1199)卖使军契》中"同立契嵬移软??、同立契嵬移有子盛(押)、同立契嵬移女易养(押)"有三人。上揭俄 Инв. No. 5949－29 中"同立契子吉祥大(押)、同立契子?? 盛(押)"有二人,上揭俄 Инв. No. 7903 中"同立契妻子俯好(画指)"有一人。这些"同立契者"都要承担买卖人口过程中出现瑕疵的各种责任。

知人(＋姓名＋画押),即证人(还有称为"文书写者"),且一般也为多人。上揭俄 Инв. No. 4597 西夏文《天庆未年(1199)卖使军契》中"知人药乜?? 乐(押)、知人牛离??（押)、知人??? 水?（押)、文书写者"四人。上揭俄 Инв. No. 5949－29 中"知人每浬慧聪(押)、知人每浬乐军(押)、知人梁晓慧(押)"三人。上揭俄 Инв. No. 7903 中"知人、写文书者????（押)、知人?? 嵬名?（押)"二人。"知人"在契约中的功用是起到见证事件的真实存在和督促契约实施。

西夏买卖人口契约中的"同立契者""知人"等有男有女,有妻有子,有汉族有党项族,其代表性比较广泛,也能反映出西夏境内蕃汉杂居的社会现实。

(4) 西夏与宋朝买卖人口契约体式比较

为了更清晰地比较西夏与宋朝买卖人口契约的体式,现以体式比较齐全完

---

① 注：这里所说的"契尾"并不是学界所探讨和界定的粘贴在契约尾部缴纳契税的收据。本书是指买卖土地契约主之后的内容,即契约参与人(含签字画押)。以下所谓的契尾均指此。
② 史金波《西夏经济文书研究》,第 235 页。
③ 史金波《黑水城出土西夏文卖人口契研究》,《中国社会科学院研究生院学报》2014 年第 4 期,第 125 页。

整的《北宋淳化二年(991)敦煌韩愿定卖妮子契》为例,移录原文如下:

> 淳化二年,辛卯,十一月十二日,立契押衙韩愿定,伏缘家中
> 用度不□,欠阙匹帛。今有家妮子名监胜,年可贰拾
> 捌岁,出卖与常住百姓朱愿松妻男等,断偿人女价生
> 熟绢伍匹。当日现还生绢叁匹,熟绢两匹限至来年五
> 月尽填还。其人及价交相分付。自卖已后,任承朱家男
> 女世代为主。中间亲性(姓)眷表识认此人来者,一仰韩愿定
> 及妻七娘子面上觅好人充替。或遇 恩赦流行,亦不在再来
> 论理之限。两共面对商议为定,准格不许翻悔。如若先悔者,
> 罚楼绫壹匹,仍罚大羯羊两口,充入不悔人。恐人无信,故
> 勒此契,用为后凭。(押)其人在患比至十日已后,不用休悔者。(押)
> 　　　　　　买(卖)身女人监胜(押)
> 　　　　　　出卖女人娘主七娘子(押)
> 　　　　　　出卖女人郎主韩愿定(押)
> 　　　　　　同商时人袁富深(押)
> 　　　　　　知见报恩寺僧丑达(押)
> 　　　　　　知见龙兴寺乐善安法律(押)
> 内熟绢壹匹,断出褐陆段,白褐陆段,计拾贰段,各丈(长)一丈二。比至
> 五日(月)
> 尽还也。(押)[①]

上揭宋朝《北宋淳化二年(991)敦煌韩愿定卖妮子契》也由契首＋主体＋契尾三部分构成,而且三部分的构成要素与目前所见西夏3件买卖人口契约的构成要素基本相同。但从西夏和宋朝契约各要素的细节考察,仍有少许的差异。

第一,从契首来看,西夏缺载立契者身份的界定,而宋朝有,如"押衙韩愿定"。

第二,从主体来看,西夏缺载买卖缘由,而宋朝十分具体,如"伏缘家中用度不□,欠阙匹帛";西夏缺载皇帝恩赦宽免之事,而宋朝则载在契约之中,如"或遇恩赦流行,亦不在再来论理之限",以防止遇到恩赦之后买主利益受到损害。

第三,从契尾来看,西夏缺载被卖人口签字画押,而宋朝书写于契尾的第一位,如上揭"买(卖)身女人监胜(押)";西夏缺载知人身份所属,而宋朝十分明确,

---

[①] 张传玺主编《中国历代契约粹编》,第435页。

如上揭"知见报恩寺僧丑达(押)、知见龙兴寺乐善安法律(押)";西夏缺载补充说明性内容,而宋朝则具体,如上揭"内熟绢壹匹,断出褐陆段,白褐陆段,计拾贰段,各丈(长)一丈二。比至五日(月),尽还也。(押)"。

由上对比可知,西夏买卖人口契约的体式不如宋朝丰富和完善,或者说西夏买卖人口契约的体式则更加简洁。

2.西夏买卖土地契约的体式

西夏买卖土地契约的体式:契首+主体+契尾等。

以俄 Инв.No.4194 西夏文《天庆庚申年小石通判卖地房契》为例,该文书共有西夏文19行,其中正文12行,签押7行。下面附该契约的影印件和汉译文:

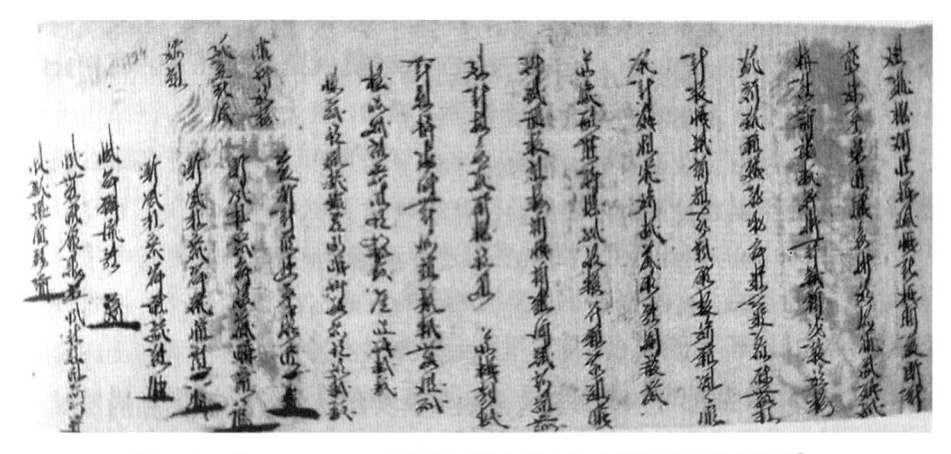

图 5-2 俄 Инв.No.4194 西夏文《天庆庚申年小石通判卖地房契》①

天庆庚申年二月二十二日立契
者小石通判,今将自属地四井坡渠灌
浑女木成边上熟生一百石撒处地一块,
院舍等全,自愿卖与梁守护铁,议定
价二百石杂粮,价、地等并无参
差,此后其地上诸人子弟有
任何官私转贷、乱争诉讼者时,按原
已给价一石偿还二石,返还四百
石,若有人反悔时,依官罚三两
金。本心服。 四至界上已令明:

---

① 史金波、魏同贤、(俄)克恰诺夫主编《俄藏黑水城文献》,第13册,第194页。

东与不变桔？数求学?? 上界　南与官渠为界
西北与律移般若善原有盛有等地为界

(上部)先有地一　　立契者小石通判(押)
　块是七十五　　同立契卖者梁千父内凉(押)
　亩(下部)　　　同立契卖者梁犬羊舅(押)
　　　　　　　　同立契卖者梁麻则盛(押)
　　　　　　知人梁虎孵子(押)
　　　　　知人曹庵斡宝(押)知人貅讹花？势(押)
　　　　　知人陈犬羊双(押)①

(1) 契首

契首的体式：立契时间＋立契者(＋姓名)。

第一，立契时间。

从目前所见西夏买卖土地契约来看，立契时间大致有以下四种类型。

一是皇帝年号—干支纪年—月—日。如上揭俄 Инв. No.4194 西夏文《天庆庚申年小石通判卖地房契》立契时间："天庆庚申年二月二十二日。"这里的"天庆"即西夏桓宗纯祐年号，"庚申"为天干中第七干和地支中的第九支的顺序配合，"二月二十二日"为签订契约的具体时间。同类型的还有俄 Инв. No.4199《天庆丙辰年六月十六日梁善因熊鸣卖地契》②等。

二是皇帝年号—支纪年—月—日。如俄 Инв. No.5124-3(4,5)西夏文《天庆寅年正月二十九日恶恶显令盛卖地契》立契时间："天庆寅年正月二十九日。"③"天庆"为西夏桓宗纯祐年号，"寅年"是地支中的第三支，"正月二十九日"为签订契约的具体时间。

三是支纪年—月—日。如俄 Инв. No.5124-3(6,7)西夏文《(天庆)寅年二月一日梁势乐西卖地契》立契时间："寅年二月一日。"④这里的"寅年"为地支中的第三支，"二月一日"为签订契约的具体时间。

四是皇帝年号—干支纪年—年。如俄 Инв. No.5010 西夏文《天盛二十二年寡妇耶和氏宝引等卖地契》立契时间："天盛庚寅二十二年。"⑤这里的"天盛"为

---

①　史金波《西夏经济文书研究》，第267—268页。
②　史金波《西夏经济文书研究》，第264页。
③　史金波《西夏经济文书研究》，第256页。
④　史金波《西夏经济文书研究》，第258页。
⑤　史金波《西夏经济文书研究》，第251—252页。

西夏仁宗仁孝年号。"庚寅"为天干中第七干和地支中第三支的顺序配合。"二十二年"为具体年份。该契约缺少签订契约的月日,这是西夏卖地契中少有的现象。

第二,立契者(＋姓名)。

立契者(＋姓名)是西夏买卖土地契约成立最为关键的要素,此类契约中的立契者(＋姓名)就是自属土地所有者和出卖者,大多为一人,将姓名直接书写在立契时间之后,以"立契者＋姓名"表述。上揭俄 Инв. No.4194 西夏文《天庆庚申年小石通判卖地房契》中"立契者小石通判"。从目前所见西夏买卖土地契约均为该写法,而且立契者皆为党项族人,如鬼名法宝达、耶和氏宝引、邱娱犬、梁老房酉、恶恶显令盛、梁势乐酉、庆现罗成、梁势乐娱、每乃宣主、平尚岁岁有、梁善因熊鸣、麻则犬、小石通判等。

(2) 主体

西夏买卖土地契约的主体体式:买卖缘由＋标的物及属权＋价格支付方式＋违约责任＋立契者态度＋土地四至＋土地税及水浇地等。

第一,买卖缘由。

买卖缘由为西夏买卖土地契约中的可选要素,如中藏 G11·031 汉文《鬼名法宝达卖地契》中写道:"因生活困顿？举借他人钱债,无物填还？……"①从目前所见西夏买卖土地契约来看,大部分都不写缘由,"但通过卖地时间可以分析卖地原因。……在有具体日期的 11 件契约中,10 件都发生在正月、二月,正是农村青黄不接的时期。这些卖地契约反映出一部分生活困难、缺乏口粮度日的贫民只能靠出卖土地换取口粮"。② 农历的正月、二月贫民不是缺吃就是少种子,不得已只好靠出卖土地以维持生计或耕种。

第二,标的物及属权。

标的物及属权是买卖双方或多方权利义务关系所指向的具体对象,在买卖土地契约中即指土地、等次及其合法性,这是必选要素。

从西夏所有买卖土地契约来看,所卖土地分熟生地、灌溉地两种。何为熟生地？史金波先生认为:"将所卖地记为'熟生'有可能是这些地已开垦 3 年以上,已经纳税,但产量又不太高的次等地,也有可能是买家对耕地质量一种惯用的褒贬术语,并不一定指耕地质量。"或许为半生不熟的次等地。灌溉地即水浇地,这种地比熟生地等次高,但给水受到限制,即黑水城当地依据耕地数量的多寡给

---

① 史金波、陈育宁主编《中国藏西夏文献》,第 16 册,第 46 页。
② 史金波《西夏经济文书研究》,第 268 页。

水,土地数量大的给"日水",土地数量中等的给"细水",土地数量小的给"半细水"。①

另外,有的西夏买卖土地契约标的物中还有附属物,这些附属物也要折合成价格一同出卖,如上揭西夏文俄 Инв. No.4194 及俄 Инв. No.4193《天庆戊午五年正月五日麻则犬父子卖地房契》中有院落、俄 Инв. No.5010《天盛庚寅二十二年寡妇耶和氏宝引等卖地契》中有院落及三间房和二株树、俄 Инв. No.5124-2《天庆寅年正月二十四日邱娱犬卖地契》中有宅舍院全四舍房、俄 Инв. No.5124-1《天庆寅年正月二十九日梁老房西卖地契》②中有院舍并树石墓等。这些附属物主要以房子和院落为主。可见,西夏很多人家的房屋院落建在自属土地上,一旦土地出卖,所有权丧失,再不可能居住在该土地上。

标的物属权即指土地所有权,决定了是否有权出卖的问题,这也是该类契约必需的一个要素。买卖土地契约中标的物属权一般表述为"自属"等,如上揭俄 Инв. No.4194 西夏文《天庆庚申年小石通判卖地房契》中:"今将自属地四井坡渠灌浑女木成边上熟生一百石撒处地一块,院舍等全。"及俄 Инв. No.5010 西夏文《天盛庚寅二十二年寡妇耶和氏宝引等卖地契》中:"今将自属撒二石熟生地一块,连同院落三间草房、二株树等一并自愿卖与耶和米千。"③

第三,价格支付方式。

西夏买卖土地契约的价格支付方式主要是粮食和牲畜。

第一种以粮食为支付方式。如上揭俄 Инв. No.5124-2 西夏文《天庆寅年正月二十四日邱娱犬卖地契》中:"……卖价杂粮十五石、麦十五石,价地两无悬欠";上揭中藏 G11·031 汉文《嵬名法宝达卖地契》中:"举借他人钱债"而卖自属土地"酬定价钱市斗小麦……"④这里的粮食为杂粮、小麦。

第二种以牲畜为支付方式,必须清楚交代支付牲畜的种类、老幼、数量等。如上揭俄 Инв. No.5010 西夏文《天盛庚寅二十二年寡妇耶和氏宝引等卖地契》有"……议定全价二足齿骆驼、一二齿、一老牛,共四头"。

第四,违约责任。

违约责任是买卖土地契约的必需要素,而且在契约中都作了明确具体的表述。从西夏买卖土地契约来看,违约责任人均为立契者即土地出卖者,违约责任大概归纳为以下七种。

---

① 史金波《西夏经济文书研究》,第275页。
② 史金波《西夏经济文书研究》,第251—265页。
③ 史金波《西夏经济文书研究》,第251—266页。
④ 史金波、陈育宁主编《中国藏西夏文献》,第16册,第46页。

一是依律令＋依官府罚。如上揭俄 Инв.No.5124－3(2,3)、5124－4(1)西夏文《(天庆)寅年二月二日梁势乐娱卖地契》中载"……谁人违约不仅按律承罪，还依官府罚交一两金"。

二是倍罚＋依官罚。如上揭俄 Инв.No.4194 西夏文《天庆庚申年小石通判卖地房契》载有"……按原已给价一石偿还二石，返还四百石，若有人反悔时，依官罚三两金"。

三是倍罚＋依文书规定罚。如上揭俄 Инв.No.4193 西夏文《天庆戊午五年正月五日麻则犬父子卖地房契》载有"反悔时，不仅按已取价数一石还二石，还据情状按文书所载实行"。

四是依官法＋依文书规定罚。如上揭俄 Инв.No.5124－4(6)西夏文《天庆寅年二月六日平尚岁岁有卖地契》中载"依官法罚交五石麦，心服。按情节依文据所载实行"。

五是倍罚＋依律令＋依官罚。如上揭俄 Инв.No.5124－2 西夏文《天庆寅年正月二十四日邱娱犬卖地契》中载"不仅以原取地价数一石付二石，服，且反悔者按《律令》承责，依官罚交二两金"。

六是依律令＋依官府＋按文书规定罚。如上揭俄 Инв.No.5010 西夏文《天盛庚寅二十二年耶和氏宝引等卖地契》中载"若有反悔时，不仅依《律令》承罪，还依官罚交三十石麦，情状依文据实行"。

七是依官罚＋倍罚＋依文书规定罚。如上揭俄 Инв.No.4199 西夏文《天庆丙辰年六月十六日梁善因熊鸣卖地契》载有"不仅依官罚交十石杂粮，还以先所取价数，亦一石还二石。本心服。依情状按文书所载实行"。

西夏买卖土地契约中违约的处罚比其他任何契约都要严重，不仅依官罚粮，额外还要倍罚，有的还要罚交"金"。可见，以此限制买卖土地交易的规范和债权人利益。

第五，立契者态度。

西夏买卖土地契约主体中还有一项要素即写清立契者的态度，这也是契约成立并生效的有力证据，表面上体现了买卖双方的平等意愿。西夏买卖土地契约中均以"服""心服""本心服"等表述。如上揭俄 Инв.No.5124－2 西夏文《天庆寅年正月二十四日邱娱犬卖地契》中载"服"、俄 Инв.No.5124－4(6)西夏文《天庆寅年二月六日平尚岁岁有卖地契》中载"心服"、俄 Инв.No.4199 西夏文《天庆丙辰年六月十六日梁善因熊鸣卖地契》中载"本心服"等。

第六，土地四至。

土地四至是古代买卖土地契约的独特标志，也是买卖土地契约必需要素，其目的是清楚明白地界定土地面积，以防出现纠纷或矛盾。土地四至主要用四个方位来表述，如上揭俄 Инв. No.5124-2 西夏文《天庆寅年正月二十四日邱娱犬卖地契》中载"四至界上已令明：东接小狗黑及苏？汗黑地，南接吴老房子地，西接嵬名有宝地，北接梁势？地"。西夏目前发现的买卖土地契约的四至表述几乎皆如上述形式。

第七，土地税及水浇地。

西夏买卖土地契约中有的在土地四至后注明了土地税额和水浇地状况，其税额一般用"有税×斗，其中×斗"形式表述，水浇地一般用"日水、细水、半细水"表述。如上揭俄 Инв. No.5124-2 西夏文《天庆寅年正月二十四日邱娱犬卖地契》载"税五斗中麦一斗有，日水"，俄 Инв. No.5124-3(4,5)西夏文《天庆寅年正月二十九日恶恶显令盛卖地契》载"有税五斗，其中一斗麦，细水"，俄 Инв. No.5124-4(6)西夏文《天庆寅年二月六日平尚岁岁有卖地契》载"有税八斗杂粮、二斗麦，半细水"等。

（3）契尾

西夏买卖土地契约的契尾仍然居于主体要素之后另起行书写，其契尾的体式：立契者（+姓名+画押）+同立契者（+姓名+画押）+知人（+姓名+画押）+或有官府税院印章或收税官吏签押等。

立契者（+姓名+画押）即土地出卖者。西夏买卖土地契约的立契者均为一人，书写在契尾的第一行。如上揭俄 Инв. No.4194 西夏文《天庆庚申年小石通判卖地房契》中的"立契者小石通判（押）"、俄 Инв. No.5124-2 西夏文《天庆寅年正月二十四日邱娱犬卖地契》中"立契者邱娱犬（押）"等。如果立契者是女性，则要写清夫家姓氏和女性的名字，如上揭俄 Инв. No.5010 西夏文《天盛庚寅二十二年寡妇耶和氏宝引等卖地契》中"立契者耶和氏宝引（画指）"等。

同立契者（+姓名+画押）即保人，也是相关连带责任人之一。史金波认为"连带责任人往往是卖主家人中的重要成员，如儿子、妻子、兄弟等，这是为了确认出卖土地不仅是卖主个人行为，而是与家庭重要成员共同所为。这种添加连带责任人的方式，增加了契约的约束力和证明价值，从而使之变得更加有效"。[①] 西夏买卖土地契约中保人大多为两人以上，而且保人中以立契者的弟、妻、子或亲戚以及朋友为多。如上揭俄 Инв. No.5124-3(4,5)西夏文《天庆寅年正月二十九日恶恶显令盛卖地契》载："同立契弟小老房子（画指），同立契妻子计盂氏子答盛（画指）"、俄 Инв. No.5124-3(6,7)西夏文《天庆寅年二月一日梁势乐西卖地契》载："同立契妻子恶恶氏犬母宝（画指），同立契子寿长盛（押），同立契子势

---

① 史金波《西夏经济文书研究》，第286页。

乐宝(押)"、俄 Инв. No.5124-3(1)西夏文《天庆寅年二月一日庆现罗成卖地契》载:"同立契者恶恶兰往金(押),同卖恶恶花美犬(画指)"等。

知人(含写文书者)(+姓名+画押)即证人。西夏买卖土地契约中的知人一般为两人以上。如上揭俄 Инв. No.5124-3(4,5)西夏文《天庆寅年正月二十九日恶恶显令盛卖地契》载有"知人平尚讹山(押),知人梁枝绕犬"、俄 Инв. No.5124-2西夏文《天庆寅年正月二十四日邱娱犬卖地契》载有"知人多移众水？吉(押),知写文书者翟宝胜(押),知人恶恶显啰岁(押)"、俄 Инв. No.4194 西夏文《天庆庚申年小石通判卖地房契》载有"知人梁虎孵子(押),知人曹庵斡宝(押),知人移訛花？势(押),知人陈犬羊双(押)"。

官府税院印章或收税官吏签押等。西夏买卖土地契约中有的契尾有官府税院印章或收税官吏个人签押等。如上揭俄 Инв. No.5010 西夏文《天盛庚寅二十二年寡妇耶和氏宝引等卖地契》中"税已交(押),八？(押)"。

3. 西夏买卖牲畜契约的体式

西夏买卖牲畜契约的体式:契首+主体+契尾三部分。

以俄 Инв. No.2546-2、3 西夏文《天庆亥年卖畜契》为例,该契约共有西夏文12行,其中正文8行,签押4行。下面附该契约的影印件和汉译文:

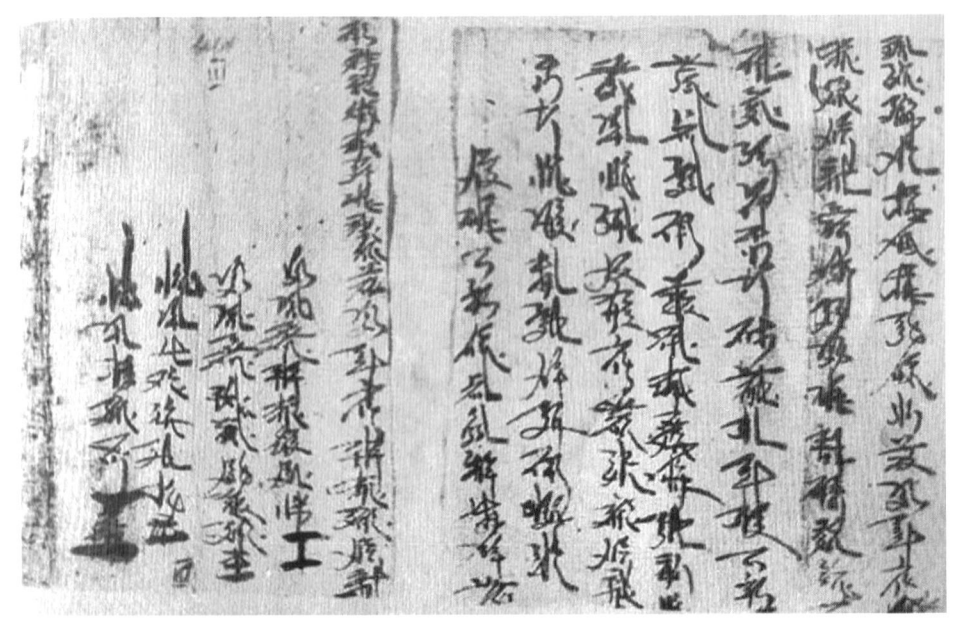

图5-3　俄 Инв. No.2546-2、3 西夏文《天庆亥年卖畜契》①

---

① 史金波、魏同贤、(俄)克恰诺夫主编《俄藏黑水城文献》,第13册,第84页。

天庆亥年二月二十五日,立契者左
移犬孩子,自愿将自属一三齿短?
一红马,卖与梁讹吉,价一石?
斗杂粮议定。若其马有同抄子弟
诸人追争诉讼者时,犬孩子管,
讹吉不管。有心悔反悔时,
　　　依官罚交一石五斗杂粮。本心服。
并据实情按文书所载实行。
　　　　　立契者左移? 承山(押)
　　　　　同立契? 祥瑞犬(押)
　　　　　知人嗲讹小狗宝(押)
　　　　　知人卜犬有(押)[①]

(1) 契首

西夏买卖牲畜契约契首的体式:立契时间+立契者(+姓名)。

第一,立契时间。

西夏买卖牲畜契约的立契时间为必选要素,通过仔细考察和梳理,有以下四种类型。

一是皇帝年号—干支纪年—月—日。如俄 Инв.No.5404-8、9 西夏文《天庆甲子年卖畜契》立契时间:"天庆甲子年十一月十五日。"[②]这里的"天庆"为西夏桓宗李纯祐年号。"甲子年"为天干中的第一干和地支中的第一支的顺序组合。"十一月十五日"为卖畜签订契约的具体时间。

二是皇帝年号—支纪年—月—日。如俄 Инв.No.7630-2 西夏文《光定酉年卖畜契》立契时间:"光定酉年五月三十日。"[③]这里的"光定"为西夏神宗李遵顼年号,"酉年"是地支中的第十支,"五月三十日"为签订契约的具体时间。

三是支纪年—月—日。如俄 Инв.No.5124-3(5,6)西夏文《天庆寅年卖畜契》立契时间:"寅年正月二十九日。"[④]这里的"寅年"为地支中的第三支,"正月二十九日"为具体签订契约日期。

四是日期。如俄 Инв.No.5124-4(5)西夏文《天庆寅年卖畜契》立契时间:

---

① 史金波《西夏经济文书研究》,第296页。
② 史金波《西夏经济文书研究》,第298页。
③ 史金波《西夏经济文书研究》,第301—302页。
④ 史金波《西夏经济文书研究》,第293页。

"同日。"①

第二,立契者(＋姓名)。

立契者(＋姓名)是契约成立最为关键的要素,也是必选要素。买卖牲畜契约中的立契者就是自属牲畜所有者和出卖者,一般为一人,居于立契时间之后,以"立契者＋姓名"表述。如俄 Инв. No.5124 - 4(4)西夏文《天庆寅年卖畜契》载"立契者梁盛犬等"。② 通过查阅所见西夏买卖牲畜契约的立契者均为该写法,而且大都是党项族人,如嵬移氏祥瑞宝、平尚讹山、左移犬孩子、梁那征讹、白清势功水、郝隐藏宝等。

此外,西夏买卖牲畜契约中也偶有立契者不是自属牲畜所有者和出卖者,而是牲畜买入者。如俄 Инв. No.7994 - 14 西夏文《光定亥年卖畜契》载"立契者啰铺博士,今从张顺利处买一六竖牛"。③ 这是目前西夏买卖牲畜契约中的一个新现象,需要在今后的研究中加以注意。

(2) 主体

西夏买卖牲畜契约主体的体式:标的物及属权＋价格支付方式＋违约责任＋立契者态度等。

第一,标的物及属权。

标的物是买卖双方或多方权利义务关系所指向的具体对象,在买卖牲畜契约中即指牲畜,这是必选要素。

通览西夏买卖牲畜契约,牲畜主要有牛、骆驼、马、驴四种,而且契约中对所出卖的牲畜还注明了年龄、颜色、公母、数量等。如俄 Инв. No.5124 - 3(5,6)西夏文《天庆寅年卖畜契》载"全齿二牛？生所及一全齿黑牛等出卖",④俄 Инв. No.5124 - 4(4)西夏文《天庆寅年卖畜契》载"出卖全齿母骆驼及一马",⑤中藏 G31 · 002 西夏文《乾定戌年卖驴契》载"出卖一麻黄驴子"⑥等。

标的物属权即指牲畜所有权,即是否有权出卖。买卖牲畜契约中标的物属权一般以"自属"称之,如上揭俄 Инв. No.2546 - 2,3 中"自愿将自属一三齿短？一红马……"及俄 Инв. No.6377 - 15 西夏文《光定子年卖畜契》载"将自属一二竖

---

① 史金波《西夏经济文书研究》,第 295 页。注:该契约的前面有俄 Инв. No.5124 - 4(4)《天庆寅年卖畜契》,其立契时间为"天庆寅年二月三日",故这里的"同日"应为"二月三日"。这应是为了快速写作而简写或省写。以下内容中若再出现类似"同日",均为此种现象,不再作注说明。
② 史金波《西夏经济文书研究》,第 294 页。
③ 史金波《西夏经济文书研究》,第 302 页。
④ 史金波《西夏经济文书研究》,第 293 页。
⑤ 史金波《西夏经济文书研究》,第 294 页。
⑥ 史金波、陈育宁主编《中国藏西夏文献》,第 16 册,第 386 页。

母骆驼、六母骆驼母、一竖、一栗色马",①中藏 G31·003 西夏文《乾定酉年卖牛契》载"今将自属一全齿黑牛自愿卖与……"②等。但有的买卖牲畜契约中并未注明标的物属权,如上揭俄 Инв. No.7994-14《光定亥年卖畜契》等。

第二,价格支付方式。

西夏买卖牲畜契约中价格支付方式为粮食和货币两种。

第一种粮食支付方式。如上揭俄 Инв. No.5124-3(5、6)西夏文《天庆寅年卖畜契》载"价五石麦及二石杂粮,实已付,价畜等并无参差",俄 Инв. No.5124-4(5)西夏文《天庆寅年卖畜契》载"价二石大麦、一石糜等已付,价畜等并无参差"。西夏买卖牲畜契约中粮食则为主要支付方式,粮食主要有麦、杂粮、大麦、糜等。

第二种货币支付方式。如上揭俄 Инв. No.6377-15 西夏文《光定子年卖畜契》有"共价九十两银已议定,价畜等并无参差"、中藏 G11·03 西夏文《乾定酉年卖牛契》载"价六十五贯钱议定,钱畜两不悬欠"。可见,西夏故地黑水城、武威等地均有货币支付的情形。

第三,违约责任。

违约责任是买卖牲畜契约的必选要素,而且在契约中都作了明确具体的表述。从西夏买卖牲畜契约整体来看,违约责任人均为立契者即牲畜出卖者,违约责任大概有以下五种处罚。

一是依官法+依文书规定罚。如上揭俄 Инв. No.5124-3(5、6)西夏文《天庆寅年卖畜契》载"若其畜有其他诸人官私诉讼者时,依官法罚交五石麦,服。情节按文书上实行"。

二是依律令+依官府罚。如上揭俄 Инв. No.5124-4(4)西夏文《天庆寅年卖畜契》载"若其畜有其他诸人、同抄子弟追争诉讼者时,不仅按《律令》承罪,还依官罚交三石麦"。

三是依官罚。如上揭俄 Инв. No.5404-8、9 西夏文《天庆甲子年卖畜契》载"反悔时,依官罚交五石杂粮"。

四是倍罚。如上揭俄 Инв. No.7630-2 西夏文《光定酉年卖畜契》载"价四石杂粮议定……并罚交八石杂粮"。

五是倍罚+反悔者处罚。如上揭俄 Инв. No.7994-14 西夏文《光定亥年卖畜契》载"若其畜有追争诉讼时,前述顺利当管,并追罚一石付二石。若心悔反悔,给不反悔者三石杂粮"。

---

① 史金波《西夏经济文书研究》,第 303 页。
② 史金波、陈育宁主编《中国藏西夏文献》,第 16 册,第 387 页。

西夏买卖牲畜契约中违约处罚仍然比较严重,这种措施有力地保证了买卖牲畜双方的各种利益。

第四,立契者态度。

立契者态度也是契约成立并生效的有力证据,体现了买卖双方的平等意愿。西夏买卖牲畜契约中立契者态度均以"服""心服""本心服"等表述。如上揭俄 Инв.No.5124－3(5、6)西夏文《天庆寅年卖畜契》载"服"、俄 Инв.No.5404－7 西夏文《天庆子年卖畜契》载"心服"、俄 Инв.No.2546－2、3 西夏文《天庆亥年卖畜契》载"本心服"。

当然,有一些买卖牲畜契约中并未注明立契者的态度,如上揭俄 Инв.No.5124－4(5)西夏文《天庆寅年卖畜契》、俄 Инв.No.2546－1 西夏文《天庆亥年卖畜契》等。这就是说在青黄不接之时,立契者不论是否愿意都得将牲畜卖掉,以换取生存所需的粮食。

(3) 契尾

西夏买卖牲畜契约中契尾的体式:即立契者(＋姓名＋画押)＋同立契者(＋姓名＋画押)＋知人(＋姓名＋画押)等。

立契者(＋姓名＋画押)即牲畜出卖者。西夏买卖牲畜契约的立契者均为一人,书写在契尾的第一行。如上揭俄 Инв.No.5124－3(5、6)西夏文《天庆寅年卖畜契》中"立契者嵬移祥瑞宝(押)"、俄 Инв.No.7630－2 西夏文《光定酉年卖畜契》中"立契者小狗西(押)"。从上揭可知,立契者有时也只写名不写姓,而且立契者基本以党项族为主。

同立契者(＋姓名＋画押)即保人。西夏买卖牲畜契约中的保人数量并不固定,而且大都是立契者的子、妻、同族人或亲戚朋友。如上揭俄 Инв.No.5124－3(5、6)西夏文《天庆寅年卖畜契》载"同立契卖者子十月盛(押),同立契卖者尼积力息玉盛(押)"、俄 Инв.No.5124－4(4)西夏文《天庆寅年卖畜契》载"同立契子打子(押)"、俄 Инв.No.5124－4(5)西夏文《天庆寅年卖畜契》载"同立契妻子酪布氏母犬宝(押)"、中藏 G11·03 西夏文《乾定酉年卖牛契》载"同立契者吴茂(押)"、俄 Инв.No.6377－15 西夏文《光定子年卖畜契》载"同立契梁?? 母(押),同立契梁?? 隐藏山(押)"等。

知人(＋姓名＋画押)即证人。西夏买卖牲畜契约均有知人,且人数不固定。如上揭俄 Инв.No.5124－3(5、6)西夏文《天庆寅年卖畜契》载"知人平尚讹山(押),知人嵬名隐藏有(押)"、俄 Инв.No.2546－1 西夏文《天庆亥年卖畜契》载"知人嵬移那征讹(押)"。知人一般应为年资较高或有威望者来承担,其职责只是见证交易,起到公正的作用。

综上,通过对西夏各种买卖契约体式的全面深入探讨,得出如下结论:一是挖掘出了西夏买卖契约体式的规律性及写作技巧和方法;二是通观西夏买卖契约,其体式因买卖对象的不同而略有差异,但共性是其主流;三是契尾参与人的签字画押大都以代签为主,而画押有符号、画指两种,"符号画押是当事人在自己的名字下画上代表自己的特有符号,写画时尽量保持同一形状。不同人有不同的画押符号。……画指也叫作画指模,就是在契约中自己的名字下或名旁比对手指,在指尖和两节指节位置画上横线,以为标记,表示契约由自己签署。中国传统画指一般取男左女右,以画中、食指指节为最多,画两节或三节。西夏契约中的画指多为三节四画";[①]四是参与人以党项族为主,汉族次之。

(二) 西夏借贷契约的体式

西夏借贷契约有贷粮契、贷钱契和贷物契三种,有西夏文、汉文或汉夏合璧三种文字书写。其体式:契首+主体+契尾三部分。

以俄 Инв. No.4762-6(1)西夏文《天庆寅年贷粮契》为例,该契约共有西夏文 31 行,多件契约连写。下面附该契约的影印件和其中之一汉译文:

图 5-4　俄 Инв. No.4762-6(1)西夏文《天庆寅年贷粮契》卷首[②]

天庆寅年正月二十九日立契约者梁功
铁,今从普渡寺中持粮人梁喇嘛等处借十石
麦、十石大麦,自二月一日始,一月有一斗二升利,

---

① 史金波《西夏经济文书研究》,第 241 页。
② 史金波、魏同贤、(俄) 克恰诺夫主编《俄藏黑水城文献》,第 13 册,第 279 页。

至本利相等时还,日期过时按官法罚交十石麦,心
服。　　　　　立契约者功铁(押)
　　　　　　　相接契子般若善(押)
　　　　　　　相接契梁羌德山(押)
　　　　　　　相接契□恧□恧禅定善(押)
　　　　　　　知人平尚讹山(画指)
　　　　　　　知人梁羌？犬(画指)①

再以俄 Инв. No.986－1 西夏文《光定庚辰十年贷钱契》为例,该契共有西夏文 11 行,前八行为光定庚辰十年贷钱契,比较完整。后三行为巳年贷钱契,残损严重。下面附该契约的影印件和汉译文：

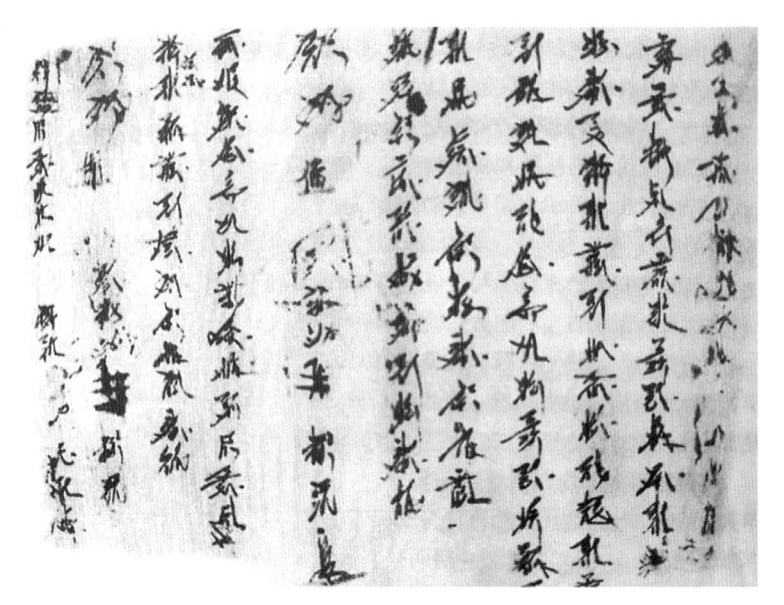

图 5-5　俄 Инв. No.986－1 西夏文《光定庚辰十年贷钱契》②

光定庚辰十年……
朋友中杂者有时,自己以二百数？
边顺？贷七贯钱,此外又十卷数？
为,已得到。十月十五日自己将本？
利当还来,所语一律属实,

---

① 史金波《西夏经济文书研究》,第 547—548 页。
② 史金波、魏同贤、(俄)克恰诺夫主编《俄藏黑水城文献》,第 12 册,第 156 页。

前所说已记于文书中,实行。

师?

　　　　?奴?(押)曹?(押)

巳年正月十日日,大?共勒命相?……
?贯五百钱贷,所言是实,实行行。

　　　　?奴?(押)曹?①

又以俄 Инв. No.955 西夏文《光定巳年贷物契》为例,该契为单页契,共有西夏文 8 行。录其汉译文如下：

光定巳年七月五日,立契者
李??、??? 等,今向梁善宝
借贷七千七百卷[计],期限同月十
五日当聚集还。过期时一[计]
还二计数,共还一万五千四百卷,本
心服。　　　立契者??(押)
　　　　　　立契者??(押)
　　　　　　证人???(押)②

通过梳理和考察以上各类借贷契约的文本内容,归纳总结其体式：契首＋主体＋契尾三部分。

1. 契首

西夏借贷契约的契首体式：立契时间＋立契者(＋姓名)。

(1) 立契时间

从上揭借粮、借钱、借物等三种西夏借贷契约来看,立契时间均为必选要素,书写在契约契首的第一行,而且立契时间也有一些变化。通过总结,大约有以下五种类型。

一是皇帝年号—干支纪年—月—日。如上揭俄 Инв. No.986-1 西夏文《光定庚辰十年(1220)贷钱契》立契时间："光定庚辰十年……"这里的"光定"为西夏神宗遵顼年号,"庚辰"为天干中的第七干和地支中的第五支的顺序配合,"十年"为庚辰的第十年,由于该契有残,故具体月日不得而知。

---

① 史金波《西夏经济文书研究》,第 582—583 页。
② 史金波、魏同贤、(俄) 克恰诺夫主编《俄藏黑水城文献》,第 12 册,第 146 页；史金波《西夏经济文书研究》,第 584 页。

二是皇帝年号—支纪年—月—日。如俄 Инв.No.6377-16(1)《光定卯年(1219)贷粮契》立契时间:"光定卯年三月六日。"①这里的"光定"为西夏神宗遵顼年号,"卯年"是地支中的第四支,"三月六日"即具体签订时间。

三是干支纪年—月—日。如内蒙古 M21.003《乙亥年(1215?)贷粮契》立契时间:"乙亥年二月五日。"②这里的"乙亥年"为天干中第二干和地支中第十二支的顺序配合,"二月五日"即具体签订契约时间。

四是支纪年—月—日。如俄 Инв.No.5870-2(3)《天庆寅年(1194)贷粮契》立契时间:"寅年二月二日。"③这里的"寅年"为地支中的第三支,"二月二日"即具体签订契约时间。

五是直接由"日"构成。如俄 Инв.No.8005-1《光定午寅年(1218)贷粮契》立契时间:"同日。"④当然,这种立契时间是有前提的,即同一纸前面还写有同年月日的其他契约。

(2)立契者(+姓名)

立契者(+姓名)是契约成立最为关键的要素,借贷契约中的立契者就是债务人或借贷者。在立契时间后直接写清姓名,而且大多为一人,偶也有两人者情况。如上揭俄 Инв.No.4762-6(1)西夏文《天庆寅年贷粮契》中"立契者梁功铁"、俄 Инв.No.955 西夏文《光定巳年贷物契》中"立契者李??、???等"、俄 Инв.No.5870-2(2)《天庆寅年(1194)贷粮契》中"立契者梁五月宝及梁盛犬"⑤等。

2.主体

西夏借贷契约主体的体式:借贷缘由+出借者+标的物+借贷时间及期限+利息+违约责任+立契者态度等。

(1)借贷缘由

这是西夏借贷契约中的可选要素。西夏贷粮契基本上都不写借贷缘由,"贷粮契不记贷粮原因。借贷时间大多集中在春季,为青黄不接时期"。⑥ 这时普通老百姓不是缺吃就是少种,不得不以贷而维持生计或耕种。但也有个别借贷契约记载有借贷缘由,如上揭内蒙古 M21.003《乙亥年(1215?)贷粮契》中写道:"今因需要麦……"

---

① 史金波《西夏经济文书研究》,第211页。
② 史金波《西夏经济文书研究》,第580页。
③ 史金波《西夏经济文书研究》,第569页。
④ 史金波《西夏经济文书研究》,第571页。
⑤ 史金波《西夏经济文书研究》,第568页。
⑥ 史金波《西夏经济文书研究》,第245页。

(2) 出借者

出借者是借贷契约中的被动者，更是高利盘剥者，即债权人。其写作形式：地名(或寺名)＋出借者姓名(或姓和身份或姓名)，这里的"地名(或寺名)"为可选择项。如上揭俄 Инв. No.4762－6(1、2、3)《天庆寅年贷粮契》的三件契约中均写作"普渡寺中持粮人梁喇嘛等处"，这里的"普渡寺"为寺名，"梁喇嘛"则为出借者的姓和身份；上揭俄 Инв. No.6377－16(1)《光定卯年贷粮契》中写作"兀尚般若山自本持者老房势处"。"兀尚般若山"为地名，"老房势"为出借者的姓名；俄 Инв. No.4762－7《贷粮契》第二件写作"今向使军老房？处"。① "使军"为其身份，"老房？"出借者的姓名。有的借贷契约并不写出借者地名或身份等，而是直接写出姓名，如俄 Инв. No.5870－2《天庆寅年贷粮契》写作"梁那证盛及喇嘛处""梁喇嘛、那征茂等处"② 等。

(3) 标的物

标的物是借贷双方或多方权利义务关系所指向的具体对象，在西夏借贷契约中即指粮食、钱款或物品等。

上揭俄 Инв. No.4762－6(1)西夏文《天庆寅年贷粮契》、俄 Инв. No.986－1西夏文《光定庚辰十年贷钱契》、俄 Инв. No.955 西夏文《光定巳年贷物契》等三件契约分别为贷粮、贷钱、贷物契，是西夏借贷契约的典型代表。

贷粮的种类从上揭贷粮契约及其他相关契约来看，主要有麦、大麦、杂粮、粟、谷、糜等。

贷钱的种类从上揭贷钱契和俄 Инв. No.7779A 汉文《天盛十五年王受贷钱契》③ 来看并未交代清楚其载体，但从出土西夏钱币情况来看，铜钱和铁钱都有，且以铜钱为主。

贷物品的种类从上揭契约来看，似乎是一种以"卷"计量的物品，这种物品到底为何物，目前不得而知。

(4) 借贷时间及期限

西夏借贷粮食契约的时间即立契时间，期限即指立契时间至归还日期。如俄 Инв. No.4526(1)《贷粮契》中载："同日立契约……限期八月一日当还。"④ 还有一种借贷期限的写法比较特别，即从借日始计算利息，直至本息相等则是最后借贷期限，如上揭俄 Инв. No.4762－6(1)《天庆寅年贷粮契》中载："自二月一日始，

---

① 史金波《西夏经济文书研究》，第 563 页。
② 史金波《西夏经济文书研究》，第 566—568 页。
③ 史金波、魏同贤、(俄)克恰诺夫主编《俄藏黑水城文献》，第 6 册，第 321 页。
④ 史金波《西夏经济文书研究》，第 573 页。

一月有一斗二升利,至本利相等时还。"

西夏贷钱契由于残缺严重,借贷时间和期限并不明确,但从上揭俄 ИнВ. No.986－1 西夏文《光定庚辰十年贷钱契》来看,其中一个残片的借贷时间是"巳年正月十日",还款时间"十月十五日自己将本？利当还来",这一还款期限约九个月,可谓还款期限较长之一。贷钱契中还有一种还款期限写作也比较特殊,即从贷钱之日起至满多少夜时必须还清本息,如上揭俄 ИнВ. No.7779A 汉文《天盛十五年王受贷钱契》载:"天盛癸未十五年正月十六日……壹佰叁拾夜满。"即以"夜"为时间单位,而过一夜即为一天,即四个多月时间。

西夏借贷物品的时间和期限不太固定,即因需要而决定,需要时借,用完即还,如上揭俄 ИнВ. No.955 西夏文《光定巳年贷物契》中载:立契时间"光定巳年七月五日",还物时间"期限同月十五日",①即物品借贷期限仅为十日。当然,这种物品可能并不是什么重要物品,出借者也许不太急需使用而已,或出借者已经使用完毕或还不到使用之时等。

(5) 利息

利息是借贷粮食契约必选要素,也是出借者最为关注的内容。从目前所见西夏借贷粮食契约来看,大约有三种计息方式:一是以月计息,如上揭俄 ИнВ. No.4762－6(1,2)《天庆寅年贷粮契》中"每月有一斗二升利";二是以年计息,如上揭俄 ИнВ. No.6377－16(1)《光定卯年贷粮契》中贷粮时间为三月六日,"借一石五斗麦,每石有五斗利,共算为二石二斗五升,期限同年八月一日"。有的本息一起书写,如俄 ИнВ. No.4762－7《贷粮契》中"……借一石麦,本利为一石五斗麦";②三是以日计息,如俄 ИнВ. No.5812－3《贷粮契》中"……石上每日一升利"。③

借贷钱款契约由于残损内容信息太多,看不出利息的具体利率,但作为必需要素还是存在的。如上揭俄 ИнВ. No.986－1 西夏文《光定庚辰十年贷钱契》中有"……贷七贯钱……十月十五日自己将本？利当还来……"俄 ИнВ. No.7779A 汉文《天盛十五年王受贷钱契》中有"……每贯日生利□……"

借贷物品契约数量最少,目前只见到一份,即上揭俄 ИнВ. No.955 西夏文《光定巳年贷物契》,该份契约并未记载有利息之条款。看来借贷物品或许不存在利息,只是相互使用不要损坏并按期归还则可。

(6) 违约责任

违约责任也是西夏借贷契约的必需要素,而且在契约中都作了明确具体的

---

① 史金波《西夏经济文书研究》,第 584 页。
② 史金波《西夏经济文书研究》,第 580 页。
③ 史金波《西夏经济文书研究》,第 232 页。

记载。从目前所见西夏借贷契约来看,违约责任人均为立契者,大概有以下四种处罚方式。

一是"依官法"处罚。如上揭俄 Инв. No.4762－6 西夏文《天庆寅年贷粮契》中载"日期过时按官法罚交十石麦"、俄 Инв. No.7741《天庆寅年贷粮契》中载"期限过时依官法罚交三石麦"①和中藏 G31·004 西夏文《乾定申年没瑞隐隐狗贷粮契》中载"若过期不还来时,先有糜数偿还以外,依官法罚交七十缗钱"②等。

二是倍罚。如上揭俄 Инв. No.6377－16(1、2、3)《光定卯年贷粮契》中载"日过时,一石还二石"、俄 Инв. No.4762－7《贷粮契》中载"日过不还时,按一石二石数算聚集还给"、俄 Инв. No.955 西夏文《光定巳年贷物契》中载"过期时一[计]还二计数"等。

三是按文书规定处罚。如上揭俄 Инв. No.986－1《光定庚辰十年贷钱契》中载:"十月十五日自己将本？利当还来,所语一律属实,前所说已记于文书中,实行。"

四是倍罚＋同借者(保人)。如上揭俄 Инв. No.6377－16(1、2、3)《光定卯年贷粮契》中载"若日过不来时,一石还二石数,使同借能还之人还"、内蒙古 M21.003《乙亥年贷粮契》中载"借者、相借者及担保者应交人当聚集本利还,已说定"等。

(7) 立契者态度

西夏借贷粮食和物品契约还要清楚地注明立契者的态度,如"服""心服""本心服"等字样,这是契约能否成立并生效的有力证据。虽然是表面现象,但必须书写于契约之上。如上揭俄 Инв. No.4762－6(1)西夏文《天庆寅年贷粮契》中载"心服"、俄 Инв. No.955 西夏文《光定巳年贷物契》中载"本心服"等。

借贷钱款契约中立契者态度的表述则较为特殊,如上揭俄 Инв. No.986－1《光定庚辰十年贷钱契》中载"所语一律属实,前所说已记于文书中,实行"等。但有的贷钱契约中并未注明立契者的态度,如上揭俄 Инв. No.7779A 汉文《天盛十五年王受贷钱契》就是如此。当然,由于借贷钱款契约数量少,所以,是否还有其他的记载方式目前则不得而知。

3. 契尾

西夏借贷契约契尾的体式:即立契者(＋姓名＋画押)＋同立契者(＋姓名＋画押)＋知人(＋姓名＋画押)等。

立契者(＋姓名＋画押)即债务人,借贷契约中的必选要素。从所见西夏各种借贷契约来看,立契者大多为一人,书写在契尾的第一行或前两行,可以写姓

---

① 史金波《西夏经济文书研究》,第 557 页。
② 史金波《西夏经济文书研究》,第 578 页。

名,也可只写名。如上揭俄 ИНВ.No.4762-6(1)西夏文《天庆寅年贷粮契》中"立契者功铁(押)"以及俄 ИНВ.No.6377-16(1,2,3)西夏文《光定印年贷粮契》中"立契约者梁十月犬(押)""立契者梁铁功宝(押)""立契者扇显(押)"[①]等。如果立契者是女性的话,也要标注清楚,如上揭俄 ИНВ.No.4762-6(2)西夏文《天庆寅年贷粮契》中"立契者吉祥氏子引(押)"、俄 ИНВ.No.7741 西夏文《天庆寅年贷粮契》中"立契者嵬移氏女虎(押)"等。

同立契者(+姓名+画押)即保人。西夏借贷契约中的同立契者大多都是两人或两人以上,一人的情况比较少。同立契者中以立契者的子、妻或亲戚或朋友为多,如上揭俄 ИНВ.No.4762-6(1、2)西夏文《天庆寅年贷粮契》中第一份"相接契子般若善、相接契梁羌德山、相接契□恶□恶禅定善"、第三份"相接契妻子苏氏胜乐、相接契子禅定宝、相接契????"[②]俄 ИНВ.No.7779A 汉文《天盛十五年王受贷钱契》中"同立文字人小受、同立文字人周遇僧",[③]中藏 M21.003《乙亥年粮契》中"相借麦子乐意小?(押)、担保者律移慧照(押)"[④]等。当然,西夏借贷契约中也只有立契者而缺少同立契者,如上揭俄 ИНВ.No.955 西夏文《光定巳年贷物契》就是如此。

知人(+姓名+画押)即证人。知人有一人、两人或多人的情况。有的借贷契约还写作"证人"。如上揭俄 ИНВ.No.955 西夏文《光定巳年贷物契》中"证人???(押)",俄 ИНВ.No.6377-16(1、2、3)《光定卯年贷粮契》第二份"证人嵬移老房犬(押)、证人杨罗山(押)"等。西夏借贷契约中也有个别契约无证人,如上揭中藏 M21.003《乙亥年贷粮契》即如此。

综上,西夏借贷契约契尾参与人的签字画押有符号、画指和指押三种。符号和画指已在"西夏买卖契约"中做了介绍。指押应为在指头上粘上颜料摁压在被人代写的自己名字上或后面,以示契约由自己签署之意愿,如俄 ИНВ.No.7741《天庆寅年贷粮契》第三份中"立契者嵬移氏女虎(指押)"[⑤]等。

(三) 西夏典押契约的体式

西夏典押契约的体式:契首+主体+契尾三部分。

以保存比较完整的俄 TK49P 汉文《西夏天庆年间裴松寿典麦契》(7-2)为例,下面附该契约的录文:

---

① 史金波《西夏经济文书研究》,第 551—555 页。
② 史金波《西夏经济文书研究》,第 548—550 页。
③ 史金波、魏同贤、(俄)克恰诺夫主编《俄藏黑水城文献》,第 6 册,第 321 页。
④ 史金波《西夏经济文书研究》,第 580 页。
⑤ 史金波《西夏经济文书研究》,第 560 页。

第五章　西夏民间文书种类功用及体式研究　　221

加五利(押)

天庆六年四月十六日立文人胡住儿□

裴松寿处取到大麦六斗加五利,共本利……

其大麦限至来八月初一日交还,如限日不见交

还之时,每一斗倍罚一斗……①

再以史金波整理的比较完整的英 Or.8212－727 汉文《西夏天庆年间裴松寿典麦契》(15－1)为例：

天庆十一年五月初三日立文人兀女浪粟今将自己□□袄子裘一领,

于裴处典到大麦五斗,加三利,小麦五斗加四利,共本利大麦一石三斗

五升,其典不充,限至来八月一日不赎来时,一任出卖,不词。

　　　　　立文人兀女浪粟(押)

　　　　　知见人 讹静 (押)②

又以俄 Инв. No.2996－1 西夏文《未年贷粮押畜契》为例,该契约为一单页,存西夏文 11 行。下面附该契约的影印件和汉译文：

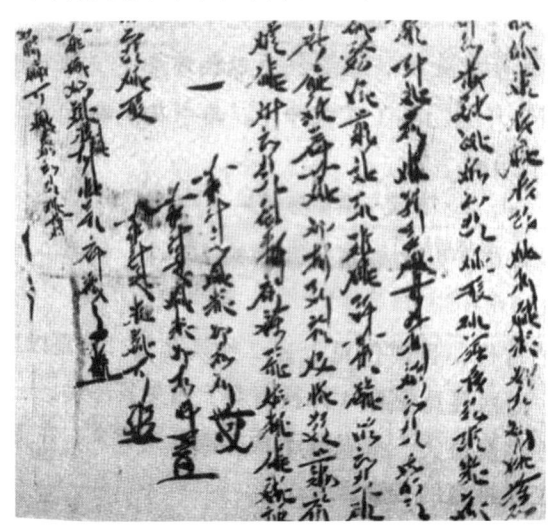

图 5－6　俄 Инв. No.2996－1 西夏文《未年贷粮押畜契》③

---

①　史金波、魏同贤、(俄) 克恰诺夫主编《俄藏黑水城文献》,上海古籍出版社 1996 年,第 2 册,第 37—38 页。

②　史金波《西夏经济文书研究》,第 414 页;陈国灿《西夏天庆间典当残契的复原》,《中国史研究》1980 年第 1 期;陈炳应《西夏文物研究》,宁夏人民出版社 1985 年,第 274—281 页;沙知、吴芳思编《斯坦因第三次中亚考古所获汉文文献》(非佛经部分),第 1 册,第 197—204 页。

③　史金波、魏同贤、(俄) 克恰诺夫主编《俄藏黑水城文献》,第 13 册,第 161 页。

天盛 未年二月二十九日,律移吉祥势今自?
　　? 小狗处因借四石麦本,抵押二齿公骆驼
　　日限为同年七月一日聚齐,当还付六石麦
　　?? 若日过时,以先抵押牲畜顶六石麦
　　?? 吉祥势等认可。若 改口
　　时,依官法罚交六石麦,按情势依文书施行。
　　　　　贷者律移吉祥势
　　　　　贷者律移吉祥山势
　　　　　贷者卜? 有
　　　　　知人梁……①

还以俄 Инв.No.4079－2 西夏文《贷粮押畜契》为例,该契约共有西夏文 10 行。以下移录汉译文:

　　腊月三日,立契者卜小狗势先??
　　自梁势功宝处借贷五石麦十一石杂
　　共十六石,二全齿公母骆驼、一?
　　齿母骆驼抵押。日期定为九月一日
　　还付。日过不付时,先有抵押
　　骆驼数债实取,无异议。有争议反悔时
　　依官罚交杂粮、麦十五石。
　　　　立契者卜小狗势
　　　　　同立契梁回鹘泥
　　　　　证人梁? 辰戌②

通过考察以上所举西夏文、汉文典押契约和其他相关典押契约,我们对其体式进行分析和总结。

1. 契首

西夏典押契约的契首体式:立契时间＋立契者(＋姓名)。

(1) 立契时间

通过对上揭各种类型典押契约的分析,立契时间大致有以下五种情形。

一是皇帝年号—干支纪年—年—月—日。如日 12－03b《夏汉合璧典谷文

---

① 史金波《西夏经济文书研究》,第 377 页。
② 史金波、魏同贤、(俄) 克恰诺夫主编《俄藏黑水城文献》,第 13 册,第 182 页;史金波《西夏经济文书研究》,第 378 页。

书》立契时间:"光定乙亥五年五月十八日。"①"光定"为西夏神宗遵顼年号,"乙亥"为天干中第二干和地支中第十二支的顺序组合,"五年五月十八日"为签订典押契约的具体时间。

二是皇帝年号—地支纪年—月—日。如上揭俄 Инв.No.2996-1 西夏文《未年典畜贷粮契》立契时间:"天盛未年二月二十九日。""天盛"为西夏仁宗仁孝年号,"未年"为地支中第八支,"二月二十九日"为签订典押契约的具体时间。

三是皇帝年号—年—月—日。如上揭俄 TK49P 汉文《西夏天庆年间裴松寿典麦契》(7-2)立契时间:"天庆六年四月十六日。""天庆"为西夏桓宗纯祐年号,"六年四月十六日"为签订典押契约的具体时间。

四是月—日。如上揭俄 Инв.No.4079-2 西夏文《贷粮押畜契》立契时间:"腊月三日。"直接书写签订典押契约的具体时间。

五是同日。如俄 Инв.No.4079-3 西夏文《贷粮押畜契》立契时间:"同日,没藏吉人……"②等。

(2) 立契者(+姓名)

立契者(+姓名)是典押契约成立最为重要的要素之一,典押契约中的立契者(+姓名)就是典押物品者(含牲畜等),一般为一人,书写在立契时间之后,以"姓名"或"立契(文)者(人)+姓名"表述。如上揭俄 Инв.No.2996-1 西夏文《未年典畜贷粮契》:"律移吉祥势……"、俄 TK49P 汉文《西夏天庆年间裴松寿典麦契》(7-2)"立文人胡住儿□"、英 Or.8212-727 汉文《西夏天庆年间裴松寿典麦契》(15-1)"立文人兀女浪粟"等。

2. 主体

西夏典押契约主体的体式:标的物及属权+支付方式+典押时间及期限+违约责任等。

(1) 标的物及属权

标的物是典押契约双方权利义务关系所指向的具体对象,在典押契约中即指畜产品、牲畜、土地、使军、奴仆以及粮食等,这是必选要素。

典押契约中标的物的书写要清楚、具体、明确,这是决定事后双方利益不受损失的一个十分重要的环节。如上揭俄 Инв.No.2996-1 西夏文《未年典畜贷粮契》中标的物:"? 小狗处因借四石麦本,抵押二齿公骆驼。"再如英 Or.8212-727 汉文《西夏天庆年间裴松寿典麦契》(15-5)中标的物:"旧皮毯一领,苦皮四

---

① 武宇林、荒川慎太郎主编《日本藏西夏文文献》下册,中华书局 2011 年,第 338 页。
② 史金波《西夏经济文书研究》,第 379 页。

张,于裴处典……三利,共本利大麦一石七斗二升。"①俄 Инв. No.7779 C 汉文《典田地文书》中标的物:"南至……地为界,西至……地为界,北至道……地为界。右前项田地四至囗地一个并……"②由上可知,标的物不论是畜产品、牲畜还是不动产土地等,都需要写得明确、具体、清楚,不存在任何歧义。

标的物属权即指典押物的所有权,或者说其典押物是否合法。关于此,西夏法典有明确规定:"诸当铺诸人放物典当取钱时,十缗以下,识未识一律当典给,是盗物亦不予治罪,物应还回,钱当取。……是盗物时,限三个月期限当还,当寻盗者。……"③可见,盗物不许典押。典押契约中标的物属权的表述一般以"将自己"等称之。如俄 TK49P 汉文《西夏天庆年间裴松寿典麦契》(7-4):"立文字人夜夷讹令嵬今将自己旧黄马毯二条"、④英 Or.8212-727 汉文《西夏天庆年间裴松寿典麦契》(15-4):"……将自己旧皮毯一领"⑤等。

(2) 价款支付方式

西夏典押契约中的价款支付方式都是物物交换,即以典押物换回所需物。

物物交换的价款支付方式则以畜产品、牲畜、土地为典押物,典押商人或当铺估价后给以等量的不同种类的被典押物,主要是粮食。如英 Or.12380-3771 汉文《西夏天庆年间裴松寿典麦契》(4-1)中立文字人兀哆遇令山将自己"……褐一段,次银钏子一对、旧被毡一片、旧炉……鞍一具,苫参线二块,于裴松寿处典到……麦一石五斗",⑥上揭俄 Инв. No.4079-2 西夏文《典畜贷粮契》中立契者卜小狗势先??用"二全齿公母骆驼、一?齿母骆驼"做抵押,换回"五石麦十一石杂共十六石"粮食。

(3) 典押日期及期限

典押日期及期限仍然是典押契约最为重要、必需的要素,这也是双方中某一方违约进行追究民事或刑事责任的依据之一。各种类型的典押契约都明确签订了典押的具体日期及期限。如上揭俄 Инв. No.4079-2 西夏文《典畜贷粮契》载:"腊月三日……日期定为九月一日还付"、俄 Инв. No.2996-1 西夏文《未年典畜贷粮契》载:"天盛 未年二月二十九日……日限为同年七月一日聚齐"、英 Or.12380-3771汉文《西夏天庆年间裴松寿典麦契》(4-1)载:"……年三月初九日……当年八月一日……"俄 TK49P 汉文《西夏天庆年间裴松寿典麦契》(7-2)

---

① 沙知、吴芳思编《斯坦因第三次中亚考古所获汉文文献》(非佛经部分),第1册,第199页。
② 史金波、魏同贤、(俄)克恰诺夫主编《俄藏黑水城文献》,第6册,第323页。
③ 史金波、聂鸿音、白滨译注《天盛律令》卷3,第186页。
④ 史金波、魏同贤、(俄)克恰诺夫主编《俄藏黑水城文献》,第2册,第38页。
⑤ 沙知、吴芳思编《斯坦因第三次中亚考古所获汉文文献》(非佛经部分),第1册,第198页。
⑥ 谢玉杰、吴芳思主编《英藏黑水城文献》,第5册,第87—89页。

载:"天庆六年四月十六日……其大麦限至来八月初一日交还",英 Or.8212-727 汉文《西夏天庆年间裴松寿典麦契》(15-1)载:"天庆十一年五月初三日……限至来八月一日不赎来时"等。

(4) 违约责任

违约责任也是典押契约的必需要素,且在契约中都作了明确清晰的表述。从目前所见西夏典押契约来看,违约责任人均为立契者即典押物者。

通过仔细考察和梳理,典押契约中违约责任大概有以下三种情形。

一是超期罚典押物。如上揭英 Or.8212-727 汉文《西夏天庆年间裴松寿典麦契》(15-4)载:"……月初一日不赎来时,一任出卖。"

二是超期倍罚典押物。如上揭俄 TK49P 汉文《西夏天庆年间裴松寿典麦契》(7-3)载:"限至来八月一日交还,如限日……还之时,每一斗倍罚一斗,与松寿受用,不词……"

三是超期罚典押物+反悔时依官罚。如上揭俄 Инв.No.4079-2 西夏文《典畜贷粮契》载:"日过不付时,先有抵押骆驼数债实取,无异议。有争议反悔时依官罚交杂粮、麦十五石。"

3. 契尾

西夏典押契约契尾的体式:即立契(文)者(人)(+姓名+画押)+同立契(文)者(人)(+姓名+画押)+知(见)人(+姓名+画押)+书契人(书契、书契知见人)(+姓名+画押)等。

立契(文)者(人)(+姓名+画押)即典押物(畜)者。从目前所见西夏典押契约来看,立契(文)者(人)(+姓名+画押或有未画押者)一般为一人,偶有两至三人者,书写在契尾的第一行或前两行、前三行,以"立契(文)者(人)(+姓名+画押)"或"贷者+姓名"表述。如上揭俄 Инв.No.4079-2 西夏文《贷粮押畜契》中"立契者卜小狗势"、俄 Инв.No.2996-1 西夏文《未年典畜贷粮契》中"贷者律移吉祥势、贷者律移吉祥山势、贷者卜？有"、日 12-07b《西夏典谷文书》中"立文字人祝日坏(画押)、立文字人祝玉令屈(画押)"[①]等。

同立契(文)者(人)(+姓名+画押)即保人,该条款或为可选要素,因为有的典押契约中有同立契者,且多为一人,也有两人者,书写在契尾立契者(人)之后,以"同立契+姓名"或"同典人+姓名"表述。如上揭俄 Инв.No.4079-2 西夏文《贷粮押畜契》载"同立契梁回鹘泥",英 Or.8212-727 汉文《西夏天庆年间裴松

---

① 武宇林、荒川慎太郎主编《日本藏西夏文文献》下册,第 359 页。

寿典麦契》(15-8)载:"同典人夜……同典人……"①俄 Инв. No.4079-1 西夏文《贷粮押畜契》载"同立契嵬移心喜铁、同立契使军犬父"。② 有的典押契约中没有同立契者,如上揭英 Or.8212-727 汉文《西夏天庆年间裴松寿典麦契》(15-1)、俄 Инв. No.4079-3 西夏文《贷粮押畜契》③等。

知人(证人、知见人)(+姓名+画押)即为中间人,其起到典押过程中见证交易、议定价格的作用。④ 一般以"知(见)人+姓名"或"证人+姓名"等表述,书写在同立契者之后。如上揭俄 Инв. No.4079-2 西夏文《典畜贷粮契》载"证人梁？辰戌"、英 Or.8212-727 汉文《西夏天庆年间裴松寿典麦契》(15-2)载"知见人马能嵬"、⑤日 12-07b《西夏典谷文书》载"知见人袁玉令布(画押)"。⑥

书契人(书契、书契知见人)(+姓名+画押)不仅是中间人角色,同时也是"专门负责起草书写契约的人。黑水城出土的西夏文契约文献中有许多是连在一起的契约长卷,之上有数十件契约,契约字体相同,而且连契约结尾立文人、同立文人、知人的姓名签字都是相同的笔迹,说明契约是由专人书写,借、典、卖者只是画押"。⑦ 若有书契人的话,则以"书文契人+姓名+画押"或"书契+姓名+画押"或"书契知见人+姓名+画押"等表述,书写在知见人之后。如俄 TK49P 汉文《西夏天庆年间裴松寿典麦契》(7-5)载"书文契人张□□(押)"、⑧英 Or.8212-727 汉文《西夏天庆年间裴松寿典麦契》(15-8)载"书契智……"、⑨英 Or.12380-3771 汉文《西夏天庆年间裴松寿典麦契》(4-3)载"书契知见人李惠……"⑩等。

总之,通过对西夏典押契约体式的全面系统总结和归纳,揭示出西夏典押契约体式的规律性及其写作方法,有利于现今合同撰写的借鉴和学习。

(四) 西夏租赁契约的体式

西夏租赁契约的体式:契首+主体+契尾三部分。

以俄 Инв. No.5124-2(2)西夏文《天庆寅年苏老房子包租地契》为例,该文书共有西夏文 9 行。下面附该契约的影印件和汉译文:

---

① 沙知、吴芳思编《斯坦因第三次中亚考古所获汉文文献》(非佛经部分),第 1 册,第 200 页。
② 史金波《西夏经济文书研究》,第 377 页。
③ 史金波《西夏经济文书研究》,第 379 页。
④ 于光建《〈天盛律令〉典当借贷门整理研究》,上海古籍出版社 2018 年,第 212—213 页。
⑤ 沙知、吴芳思编《斯坦因第三次中亚考古所获汉文文献》(非佛经部分),第 1 册,第 198 页。
⑥ 武宇林、荒川慎太郎主编《日本藏西夏文文献》下册,第 359 页。
⑦ 于光建《〈天盛律令〉典当借贷门整理研究》,第 216 页。
⑧ 史金波、魏同贤、(俄) 克恰诺夫主编《俄藏黑水城文献》,第 2 册,第 37—38 页。
⑨ 沙知、吴芳思编《斯坦因第三次中亚考古所获汉文文献》(非佛经部分),第 1 册,第 200 页。
⑩ 谢玉杰、吴芳思主编《英藏黑水城文献》,第 5 册,第 88 页。

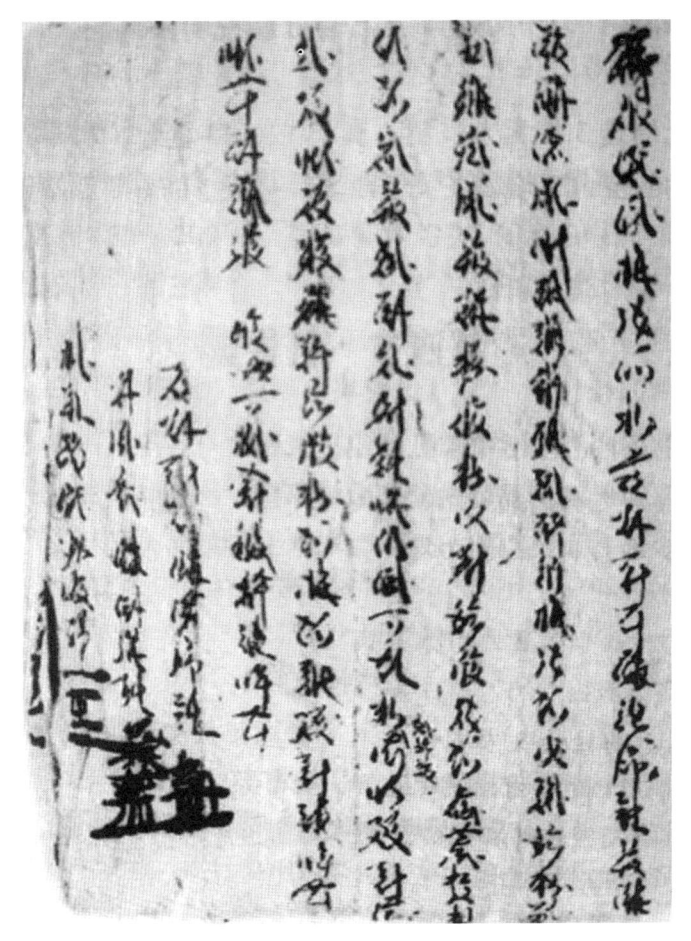

图 5-7　俄 Инв.No.5124-2(2)西夏文《天庆寅年苏老房子包租地契》①

寅年正月二十四日，立契者苏老房子等今
普渡寺属渠尾左渠接熟生二十石撒处地一块，
院宅院舍等全，一年包租，地租十石五斗麦及
五石杂粮等已议定，日限九月一日当备好偿还。
日过不还时，先有地租一石还二石。实心服
不服反悔时，依官罚交一两金，实心服。
　　　　　　立契者苏老房子(押)
　　　　　　同立契者苏泉源盛(押)

---

① 史金波、魏同贤、(俄)克恰诺夫主编《俄藏黑水城文献》，第14册，第14页。

知人

……①

再以俄 Дх.18993 汉文《光定十二年正月李春狗等赁租饼房契》为例,该文书共有汉文 22 行。下面附该契约的影印件和录文:

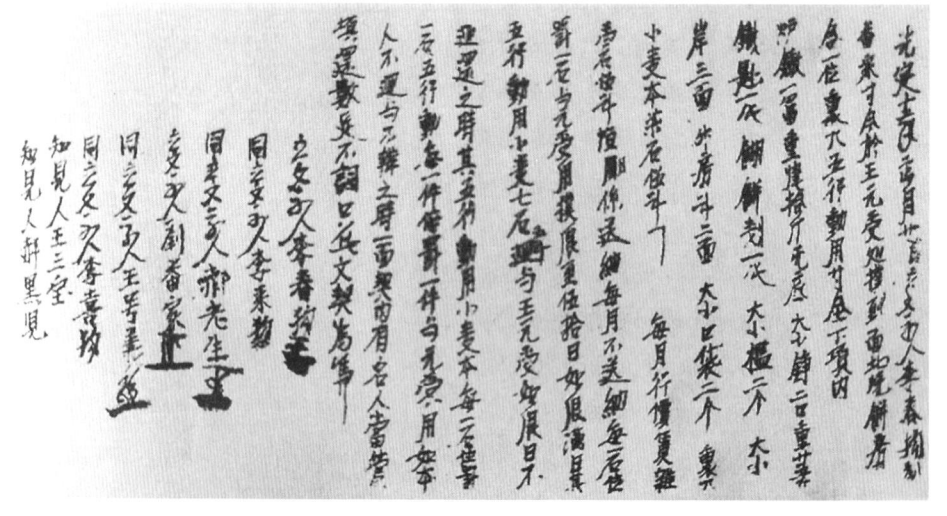

图 5-8　俄 Дх.18993 汉文《光定十二年正月李春狗等赁租饼房契》

光定十二年正月廿一日立文字人李春狗、刘
番家等,今于王元受处扑到面北烧饼房
舍一位,里九五行动用等全,下项内
　炉　一富,重四十斤,无底。大小铮二口,重廿十五斤。
铁匙一张,糊饼划一张,大小槛二个,大小
岸三面,升房斗二面,大小口袋二个,里九
小麦本柒石五斗。　　每月行价赁杂
壹石五斗,恒月②系送纳。每月不送纳,每一石倍
罚一石与元受用。扑限至伍拾日,如限满日,其
五行动用,小麦七石五斗,回与王元受。如限日不
回还之时,其五行动用,小麦本每一石倍罚
一石;五行动用每一件倍罚一件与元受用。如本

---

① 史金波《西夏经济文书研究》,第 332—333 页。
② 注:恒月即指二月初八、三月初八。

人不还与不办之时,一面契内有名人当管
填还数足,不词。只此文契为凭。
  立文字人李春狗(押)
  同立文字人李来狗
  同立文字人郝老生(押)
  立文字人刘番家(押)
  同立文字人王号义(押)
  同立文字人李喜狗
  知见人王三宝
  知见人郝黑儿①

1. 契首

契首的体式:立契时间+立契者(+姓名)。

(1) 立契时间

通过对目前所见西夏租赁契约进行分析,立契时间大致有以下三种情形。

一是地支纪年—月—日。如上揭俄 Инв. No. 5124 - 2(2)西夏文《天庆寅年苏老房子包租地契》立契时间:"寅年正月二十四日。"这是简化了的立契时间,原因是"西夏文租地契在契约长卷前面中往往有一卖地契,租地契所租耕地正是前一卖地契中的土地,所以契约中的立契时间往往简化,记为'寅年'某月某日。'寅年'即为天庆甲寅年(1194)"。②"寅年"为地支中第三支,"正月二十四日"为具体签订契约的时间。又如俄 Инв. No. 5124 - 3(3)西夏文《天庆寅年梁老房势等包租契》、俄 Инв. No. 5124 - 3(5)西夏文《天庆寅年梁老房酉等租地契》③等均为这种立契时间的书写形式。

二是皇帝年号—年—月—日。如上揭俄 Дх.18993 汉文《李春狗等赁租饼房契》立契时间:"光定十二年正月二十一日。""光定"为西夏神宗遵顼年号。"十二年正月二十一日"为签订租赁契约的具体时间。

三是同一日。如俄 Инв. No. 5124 - 3(8)西夏文《天庆寅年梁老房茂租地契》立契时间:"同一日。"④也即和前一契约为同年同月同日,故可简写为如此。

---

① (俄)孟列夫、钱伯城等编《俄藏敦煌文献》,第 17 册,第 310 页。
② 史金波《西夏经济文书研究》,第 339 页。
③ 史金波《西夏经济文书研究》,第 333 页。
④ 史金波《西夏经济文书研究》,第 335 页。注:有的如俄 Инв. No.5949 - 4(3)西夏文《天庆寅年梁势乐茂包租地契》的立契时间为"同日二月二日",书写时间重复,可能想简省,但已经写成习惯了。

(2) 立契者(＋姓名)

立契者(＋姓名)是租赁契约成立最为重要的要素,租赁契约中的立契者(＋姓名)即为承租者,一般为一人,也有多人的情形,书写在契首立契时间后,以"姓名"或"立契(约)者(人)＋姓名"或"文状立契约者＋姓名"或"立文字人＋姓名"等表述。如上揭俄 Инв. No.5124-2(2)西夏文《天庆寅年苏老房子包租地契》中载"立契者苏老房子等"、俄 Дx.18993 汉文《光定十二年正月李春狗等赁租饼房契》中载"立文字人李春狗、刘番家等"以及俄 Инв. No.5124-3(2)西夏文《天庆寅年麻则羌移盛包租地契》中载"麻则羌移盛"、俄 Инв. No.5124-3(3)西夏文《天庆寅年梁老房势等包租契》中载"立契人梁老房势等"、俄 Инв. No.5124-3(8)西夏文《天庆寅年梁老房茂租地契》中载"文状立契约者梁老房茂"①等。

2. 主体

西夏租赁契约主体的体式:标的物及属权＋价款支付方式＋典押时间及期限＋违约责任＋立契者态度等。

(1) 标的物及属权

标的物是契约双方权利义务关系所指向的具体对象,在租赁契约中即指所租赁的房屋、土地等。

租赁契约中标的物的书写要清楚、具体、明确,哪怕是标的物之附属物也要具体和清楚,否则会造成事后出现纠纷的节点,并成为任何一方利益遭受损失的凭据。如上揭俄 Дx.18993 汉文《光定十二年正月李春狗等赁租饼房契》标的物:"面北烧饼房舍一位,里九五行动用等全,下项内炉鏊一富,重四十斤,无底……里九小麦本柒石五斗"、俄 Инв. No.5124-3(5)西夏文《天庆寅年梁老房势等租地契》标的物:"八石撒处地一块包租"。②

标的物属权是指标的物是否为出租人合法拥有,若不合法则不能对外租赁。一般以"某某属"或"某某处"等表述。如上揭俄 Инв. No.5124-2(2)西夏文《天庆寅年苏老房子包租地契》中载:"今普渡寺属……"、俄 Дx.18993 汉文《李春狗等赁租饼房契》中载:"今于王元受处……"以及俄 Инв. No.5124-3(5)西夏文《天庆寅年梁老房酉等租地契》中载:"今将普渡寺中梁喇嘛属……"、俄 Инв. No.5124-4(3)西夏文《天庆寅年梁势乐茂包租地契》中载:"今自普渡寺属……"③等。

(2) 价款支付方式

西夏租赁契约的价款支付方式均为物物交换,即承租人承租的房屋或土地

---

① 史金波《西夏经济文书研究》,第333—335页。
② 史金波《西夏经济文书研究》,第334页。
③ 史金波《西夏经济文书研究》,第335—337页。

等,支付给出租人商定的粮食(含杂粮和小麦)。如上揭俄 Дx.18993 汉文《李春狗等赁租饼房契》中李春狗等承租"面北烧饼房舍一位,里九五行动用等全……每月行价赁杂一石五斗,恒月系送纳"、俄 Инв.No.5124-4(7)西夏文《天庆寅年梁小善麻等包租地契》承租人"……包种五石撒处地一块,地租七斗麦及三石六斗杂粮等已议定"①等。

(3) 租赁时间及期限

租赁时间及期限是承租房屋或土地的具体时间和期限长短,该要素必须明确写入契约,这也是出现纠纷时追究责任的重要依据之一。

租赁时间及期限的书写有两种形式。

一是具体写清楚租赁时间及承租期限。如上揭俄 Дx.18993 汉文《李春狗等赁租饼房契》中立契时间及承租时间:"光定十二年正月廿一日……扑限至五十日。"

二是具体写清立契时间及承租人偿还地租的时间,如俄 Инв.No.5124-4(1,2)西夏文《天庆寅年梁老房茂包租地契》中立契时间"同日二月二日",承租人最后偿还地租时间"……日限八月一日当备齐还租"②等。

(4) 违约责任

违约责任是租赁契约的必选要素。从西夏租赁契约整体来看,违约责任人即承租人,要求明确写入契约。从目前所能见到的西夏租赁契约考察,其违约责任大概有以下四种情形。

一是超期倍罚。如俄 Инв.No.5124-3(3)西夏文《天庆寅年梁老房势等包租契》中载:"过期不还时,一石还二石还为。"③

二是超期倍罚+保人(或有名人)代偿。如上揭俄 Дx.18993 汉文《李春狗等赁租饼房契》中载:"每月不送纳,每一石倍罚一石与元受用……如限日不回还之时,其五行动用,小麦本每一石倍罚一石;五行动用每一件倍罚一件与元受用。如本人不还与不办之时,一面契内有名人当管填还数足,不词。"

三是超期倍罚(或反悔时+依官罚金)。如上揭俄 Инв.No.5124-2(2)西夏文《天庆寅年苏孝房子包租地契》中载:"日过不还时,先有地租一石还二石。实心服。不服反悔时,依官罚交一两金,实心服。"

四是依律承罪+倍罚。如俄 Инв.No.5124-4(1,2)西夏文《天庆寅年梁老房茂包租地契》中载:"日过不还时,不仅依律令承罪,还应一石还二石。本心服。"④

---

① 史金波《西夏经济文书研究》,第339页。
② 史金波《西夏经济文书研究》,第336页。
③ 史金波《西夏经济文书研究》,第333页。
④ 史金波《西夏经济文书研究》,第336页。

(5) 立契者态度

西夏租赁契约中还要清楚地注明立契者的态度,一般以"服""实心服""本心服"等字样表述,这也是租赁契约能否成立并生效的有力证据。如上揭俄 Инв. No. 5124-2(2)西夏文《天庆寅年苏老房子包租地契》中载"实心服"以及俄 Инв. No.5124-3(2)西夏文《天庆寅年麻则羌移盛包租地契》中载"服"、俄 Инв. No.5124-3(3)西夏文《天庆寅年梁老房势等包租契》中载"本心服"[①]等。

3. 契尾

西夏租赁契约契尾的体式:立契(文字、约或文状为)者(人)(+姓名+画押)+同立契者(相接契、接状、相包租者、同立字人)(+姓名+画押)+知(见)人(+姓名+画押)等。

立契(文字、约或文状为)者(人)(+姓名+画押)即租赁契约中的承租者。西夏租赁契约的立契者一般为一人,偶有两人者,书写在契尾的第一行,以"立契者(人)+姓名"或"立文字人+姓名"或"立契约者+姓名"或"文状为者+姓名"等表述。如上揭俄 Инв. No. 5124-2(2)西夏文《天庆寅年苏老房子包租地契》中载"立契者苏老房子(押)"、俄 Дx.18993汉文《李春狗等赁租饼房契》中载"立文字人李春狗(押)……立文字人刘番家(押)"以及俄 Инв. No.5124-3(5)西夏文《天庆寅年梁老房西等租地契》中载"立契人梁老房西(押)"、俄 Инв. No.5124-3(8)西夏文《天庆寅年梁老房茂租地契》中载"立契约者梁老房茂(押)"[②]等。

同立契者(同立契、相接契、接状相、包租者、相包租者、同立文字人)(姓名+画押)即租赁契约的保人。同立契者是租赁契约的必需要素,且多有两人以上者,书写在契尾立契者之后,以"同立契者+姓名"或"相接契+姓名"或"同立文字人+姓名"等表述。如上揭俄 Инв. No. 5124-2(2)西夏文《天庆寅年苏老房子包租地契》中载"同立契者苏泉源盛(押)"、俄 Дx.18993汉文《李春狗等赁租饼房契》中载"同立文字人李来狗、同立文字人郝老生(押)……同立文字人王号义(押)、同立文字人李喜狗"以及俄 Инв. No.5124-3(3)西夏文《天庆寅年梁老房势等包租契》中载"同立契子势乐茂(押)"、俄 Инв. No.5124-3(8)西夏文《天庆寅年梁老房茂租地契》中载"相接契梁鬼名宝(押)、相接契梁势乐茂(押)"、俄 Инв. No.5124-3(2)西夏文《天庆寅年麻则羌移盛包租地契》中载"包租者平尚讹山(押)"、俄 Инв. No.5124-4(1、2)西夏文《天庆寅年梁老房茂包租地契》中载"接状相梁势乐酉"、俄 Инв. No.5124-4(7)西夏文《天庆寅年梁小善麻等包租地

[①] 史金波《西夏经济文书研究》,第333—335页。
[②] 史金波《西夏经济文书研究》,第334—335页。

契》中载"相包租者平尚讹山(押)"①等。

知(见)人(＋姓名＋画押)即证人。西夏租赁契约中的知人一般为两人,也有三人的情形。知人的功能同样是见证交易、议定价格等。书写在同立契者之后,一般则以"知(见)人＋姓名"表述。如上揭俄 Дx.18993 汉文《李春狗等赁租饼房契》中载"知见人王三宝、知见人郝黑儿"以及俄 Инв.No.5124‐3(8)西夏文《天庆寅年梁老房茂租地契》中载"知人平尚讹山(画指)、知人梁老房酉(画指)"、俄 Инв.No.5124‐4(1,2)西夏文《天庆寅年梁老房茂包租地契》中载"知人梁盛铁(押)、知人梁吉??（押)"②等。

综上,通过对西夏租赁契约体式的全面系统研究,总结出了西夏租赁契约的体式规律及写作方法,或许对当下合同、协议等的写作者有所借鉴。

(五) 西夏雇佣契约的体式

西夏雇佣契约的体式:契首＋主体＋契尾三部分。

以俄 Инв.No.5949‐32 西夏文《光定卯年(1220)腊月雇工契》为例,该文书为单页契纸,共有西夏文 15 行。下面附该契约的影印件和汉译文:

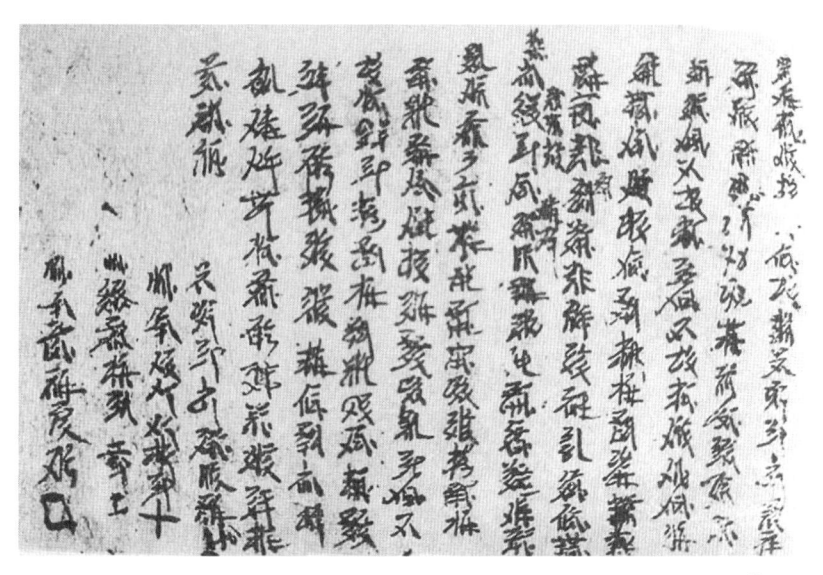

图 5‐9　俄 Инв.No.5949‐32 西夏文《光定卯年(1220)腊月雇工契》③

---

① 史金波《西夏经济文书研究》,第 333—339 页。
② 史金波《西夏经济文书研究》,第 334—337 页。
③ 史金波、魏同贤、(俄)克恰诺夫主编《俄藏黑水城文献》,第 14 册,第 164 页。注：拟题中若为光定卯年的话,应为 1219 年。但从史金波先生括号中标注的年度和正文来看应为光定辰年,即 1220 年。

光定辰年腊月五日,立契者播盂犬
粪茂,今自愿到为宁离青?处,自
正月一日起至十月一日九个月出雇
工,力价五石中二石现付,秋上
三石,夏衣三丈白布。自己种五斗
二升杂粮、三斗麦,明确有。犬粪茂当努力出工。
其无谎诈、推诿,若任意往行,忙日旷工时,一日
当还二日。工价末所剩遗数十月一日
不还给,一石当还二石。谁反悔改口时,
按官法罚交五石杂粮,不仅本
心服,还依情节按文书所
记实行。　　立契者犬粪茂(押)
　　　　　知人千玉吉祥酉(押)
　　　　　知人麻则犬男(押)
　　　　　知人杨那证增(押)①

又以俄 Инв. No.5124-3(6)西夏文《天庆寅年(1194)雇畜契》为例,该文书长卷有3件雇畜契,此为其中之一,有西夏文10行。下面附该契约的影印件和汉译文:

同日,立契者尼积力仁有及梁铁盛
等,今将梁喇嘛属生用二牛及一全齿黑牛等
雇用,力价三石五斗麦及一石二斗杂粮已议定,日
期八月一日聚集力价给付。日过时一石付二石,
原畜等亦当付。服。

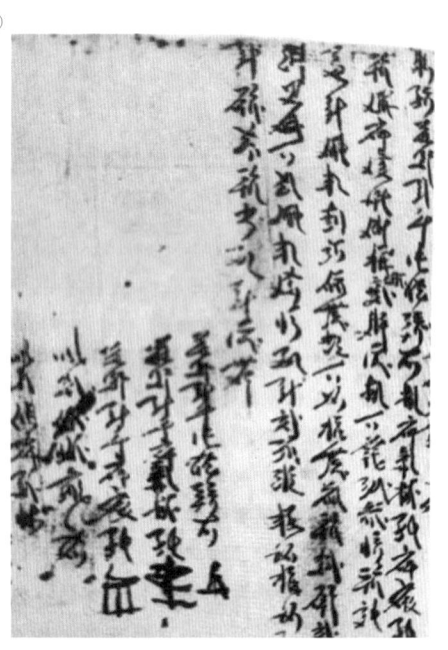

图 5-10　俄 Инв. No.5124-3(6)西夏文《天庆寅年(1194)雇畜契》②

---

① 史金波《西夏经济文书研究》,第 350—351 页。
② 史金波、魏同贤、(俄)克恰诺夫主编《俄藏黑水城文献》,第 14 册,第 17 页。

第五章　西夏民间文书种类功用及体式研究　235

　　　　　立契者积力仁有(押)
　　　　　立契者梁长寿盛(押)
　　　　　立契者梁铁盛(押)
　　　　　知人蒐名隐藏有(画指)
　　　　　知人平尚讹山(画指)①

1. 契首

契首的体式：立契时间＋立契者(＋姓名)。

(1) 立契时间

西夏雇佣契约的立契时间大致有以下三种情形。

一是干支纪年—年—月—日。如俄 Инв. No. 2996-3 西夏文《十八年雇畜契》立契时间："□□十八年二月二十八日。"②"□□十八年"，据史金波先生考证认为应是"天盛丙戌十八年(1166)或乾祐丁未十八年(1187)"。③ 若如此，那么该契约中的"□□"应为"丙戌"或"丁未"。"丙戌"是天干中第三支和地支中第十一支的顺序组合，"丁未"则是天干中第四支和地支中第十一支的顺序组合；"十八年二月二十八日"则为签订雇畜契的具体时间。

二是皇帝年号—地支纪年—月—日。如上揭俄 Инв. No. 5949-32 西夏文《光定卯年(1220)腊月雇工契》立契时间："光定辰年腊月五日。""光定"为西夏神宗遵顼年号。"辰年"为地支中第五支，"腊月五日"为签订雇工契约的具体时间。

三是同日。如上揭俄 Инв. No. 5124-3(6)西夏文《天庆寅年雇畜契》立契时间则省写为"同日"。

(2) 立契者(＋姓名)

立契者(＋姓名)是雇佣契约成立最为重要的要素，雇佣契约中的立契者(＋姓名)即为被雇佣工或被雇牲畜者，书写在立契时间后，以"立契者＋姓名"或"文状为者＋姓名"等表述。如上揭俄 Инв. No.5949-32 西夏文《光定卯年(1220)腊月雇工契》中载"立契者播盉犬粪茂"、俄 Инв. No.5124-3(6)西夏文《天庆寅年雇畜契》中载"立契者积力仁有及梁铁盛等"以及俄 Инв. No.5124-4(4)西夏文《天庆寅年雇畜契》中载"文状为者平尚讹山"④等。

2. 主体

西夏雇佣契约主体的体式：标的物及属权＋力价支付方式＋雇佣时间及期

---

① 史金波《西夏经济文书研究》，第 682—683 页。
② 史金波《西夏经济文书研究》，第 339 页。
③ 史金波《西夏经济文书研究》，第 362 页。
④ 史金波《西夏经济文书研究》，第 364 页。

限＋对受雇者的条件＋违约责任＋立契者态度等。

（1）标的物及属权

标的物是雇佣契约双方权利义务关系所共同指向的具体对象。若是雇工契约的话，标的物则是受雇佣人员；若是雇畜契约的话，标的物则是受雇牲畜。

雇工契约中的标的物实际上仍然是立契者。如上揭俄 Инв. No.5949-32 西夏文《光定卯年(1220)腊月雇工契》中载："立契者播盉犬粪茂，今自愿到为宁离青？处……"做雇工。西夏对受雇者的条件也有相关的法律规定："使军之外，诸人自有妻子及辅主之妻子等、官人妇男，使典押他人处同居及本人情愿等，因官私语，允许使典押。"① 即受雇者必须是符合法律规定的人员，同时也是家庭或家族同意或受雇者本人自愿，这也就是标的物的权属问题。

雇畜契约中的标的物必须在契约中写清楚牲畜的种类、年龄、颜色、数量等，否则，会造成事后出现纠纷并成为任何一方利益遭受损失的凭据。如上揭俄 Инв. No.5124-3(6)西夏文《天庆寅年(1194)雇畜契》中载："……属生用二牛及一全齿黑牛雇用"以及俄 Инв. No.5124-4(4)西夏文《天庆寅年(1194)雇畜契》中载："……等处租雇一母马"、俄 Инв. No.5124-4(5)西夏文《天庆寅年(1194)雇畜契》中载："……等处租雇一二齿公骆驼"②等。标的物的属权则主要是指所租雇的牲畜是否合法、是否能做劳力。这在雇畜契约中大抵用"某某属""某某等处"表述。如上揭俄 Инв. No.5124-3(6)中载："今将梁喇嘛属……"、俄 Инв. No.5124-4(4)中载"自梁那征茂梁喇嘛等处……"以及俄 Инв. No.2996-3 中载"今将通判?? 小狗属……"③等。

（2）力价支付方式

西夏雇佣契约的力介支付方式均为人物交换或畜物交换。雇佣契约的双方即雇主与受雇者(人或畜)经协商议定而支付给受雇者或受雇畜者一定的报酬或力价，即支付粮食(细杂分别说明)、布匹(品种、颜色)等。如上揭俄 Инв. No.5949-32 西夏文《光定卯年(1220)腊月雇工契》中载："力价五石中二石现付，秋上三石，夏衣三丈白布。"俄 Инв. No.5124-3(6)西夏文《天庆寅年雇畜契》中载："力价三石五斗麦及一石二斗杂已议定。"以及俄 Инв. No.5124-4(5)西夏文《天庆寅年(1194)雇畜契》中载："力价一石八斗杂粮"④等。

---

① 史金波、聂鸿音、白滨译注《天盛律令》卷11，第388页。
② 史金波《西夏经济文书研究》，第364—365页。
③ 史金波《西夏经济文书研究》，第362页。
④ 史金波《西夏经济文书研究》，第365页。

（3）雇佣时间及期限

雇佣时间及期限是指雇佣人力或畜力的具体时间及期限长短，该要素必须明确写入契约，这也是雇佣期间出现纠纷时追究责任的重要依据之一。

雇佣时间及期限的写作有两种形式。

一是雇工契约具体写清楚受雇时间及雇佣期限。如上揭俄 Инв. No.5949－32 西夏文《光定卯年（1220）腊月雇工契》中载："自正月一日起至十月一日九个月出雇工。"这一受雇时间并不是立契时间，而是在立契时间之后的一段时间。

二是雇畜契约的受雇时间与立契时间同一，同时还要写清还畜和力价时间。如上揭俄 Инв. No.5124－3(6) 西夏文《天庆寅年雇畜契》中还畜和力价的时间："日期八月一日畜和雇力价当聚集来付。"以及俄 Инв. No.5124－4(5) 西夏文《天庆寅年（1194）雇畜契》中还畜和力价的时间："议定日期九月一日付原畜和力价等"①等

（4）对受雇者的条件

这一要素主要针对西夏雇工契约，即对受雇者在受雇期间需按契约要求努力出工，不得有误和有意推诿，若出现任意往行之类耽误出工则要加倍偿还。如上揭俄 Инв. No.5949－32 西夏文《光定卯年（1220）腊月雇工契》中载："犬粪茂当努力出工。其无谎诈、推诿，若任意往行，忙日旷工时，一日当还二日。"

（5）违约责任

违约责任是雇佣契约的必选要素，违约责任主要指受雇者或受雇牲畜所属主人因违反契约要求而受到相应的处罚。这一要素要求明确写入契约。从目前所能见到的西夏雇佣契约来看，其违约责任大概有以下三种情形。

一是超期倍罚＋还原畜。如上揭俄 Инв. No.5124－3(6) 西夏文《天庆寅年雇畜契》中载："日过时一石付二石，原畜等亦当付。"

二是超期倍罚＋依官府罚。如俄 Инв. No.2996－3 西夏文《十八年雇畜契》中载："若日过不来时，一石付二石。本心服。若不付时，依官贷麦罚交。"②

三是超期倍罚＋反悔依官法罚＋按文书所记罚。如上揭俄 Инв. No.5949－32 西夏文《光定卯年（1220）腊月雇工契》中载："工价未所剩遗数十月一日不还给，一石当还二石。谁反悔改口时，按官法罚交五石杂粮，不仅本心服，还依情节按文书所记实行。"

---

① 史金波《西夏经济文书研究》，第 365 页。
② 史金波《西夏经济文书研究》，第 363 页。

(6) 立契者态度

西夏雇佣契约中还要清楚地注明受雇者或受雇畜者主人的态度，一般以"服""本心服"等字样表述，这也是雇佣契约能否成立并生效的有力证据。如上揭俄 Инв. No.5949－32 西夏文《光定卯年(1220)腊月雇工契》中载："本心服。"以及俄 Инв. No.2996－3 西夏文《十八年雇畜契》中载："若日过不来时，一石付二石。本心服。若不付时，依官贷麦罚交。服。"①

3. 契尾

西夏雇佣契约契尾的体式：立契者(＋名或姓名＋画押)＋同立契者(同立契＋身份)(名或姓名＋画押)＋知人(＋姓名＋画押)等。

立契者(＋名或姓名＋画押)即雇佣契约中的受雇者或受雇畜者之主人，是必需要素。西夏雇佣契约的立契者一般为一人，偶有三人者，书写在契尾的第一行或三行，以"立契者＋名"或"立契者＋姓名"等表述。如上揭俄 Инв. No.5949－32 西夏文《光定卯年腊月雇工契》中载"立契者犬粪茂(押)"、俄 Инв. No.5124－3(6)西夏文《天庆寅年(1194)雇畜契》中载"立契者平尚讹山(押)、立契者梁长寿盛(押)、立契者梁铁盛(押)"以及俄 Инв. No.5124－4(4)西夏文《天庆寅年(1194)雇畜契》中载"立契者平尚讹山(押)"②等。

同立契者(同立契＋身份)(名或姓名＋画押)即雇佣契约的保人。同立契者是雇佣契约的可选要素，有的契约无同立契者，有的只有一人，书写在契尾立契者之后，以"同立契者＋(身份)名"或"同立契＋姓名"等表述。如上揭俄 Инв. No.5949－32 西夏文《光定卯年腊月雇工契》中没有同立契者、俄 Инв. No.2996－3 西夏文《十八年雇畜契》中载"同立契儿子？头铁盛(押)"、俄 Инв. No.5124－4(4)西夏文《天庆寅年雇畜契》中载"同立契梁驴子母(押)"③等。

知人(＋姓名＋画押)即证人。西夏雇佣契约中的知人有一人者，也有两人或三人的情形。知人的功能即见证交易、议定价格等。书写在同立契者之后，一般则以"知人＋姓名"等表述。如上揭俄 Инв. No.5949－32 西夏文《光定卯年腊月雇工契》中载"知人千玉吉祥酉(押)、知人麻则犬男(押)、知人杨那征增(押)"、俄 Инв. No.5124－3(6)西夏文《天庆寅年雇畜契》中载"知人嵬名隐藏有(画指)、知人平尚讹山(画指)"以及俄 Инв. No.5124－3(6)西夏文《天庆寅年有学畜契》、俄 Инв. No.2996－3 西夏文《十八年雇畜契》中载"知人梁善戌犬(押)"④等。

---

① 史金波《西夏经济文书研究》，第363页。
② 史金波《西夏经济文书研究》，第364页。
③ 史金波《西夏经济文书研究》，第362—367页。
④ 史金波《西夏经济文书研究》，第363—366页。

第五章　西夏民间文书种类功用及体式研究　239

综上,通过对西夏雇佣契约体式的全面系统研究,总结出了西夏雇佣契约的体式规律及写作方法,对后世学习合同写作的学者或许能有帮助。

(六) 西夏交换契约的体式

西夏交换契约的体式:契首＋主体＋契尾三部分。

以内容和形式比较完整的俄 Инв.No.4195 西夏文《天庆午年(1198)换畜契》为例,该契约为单页契纸,共有西夏文 12 行。下面附该契约的影印件和汉译文:

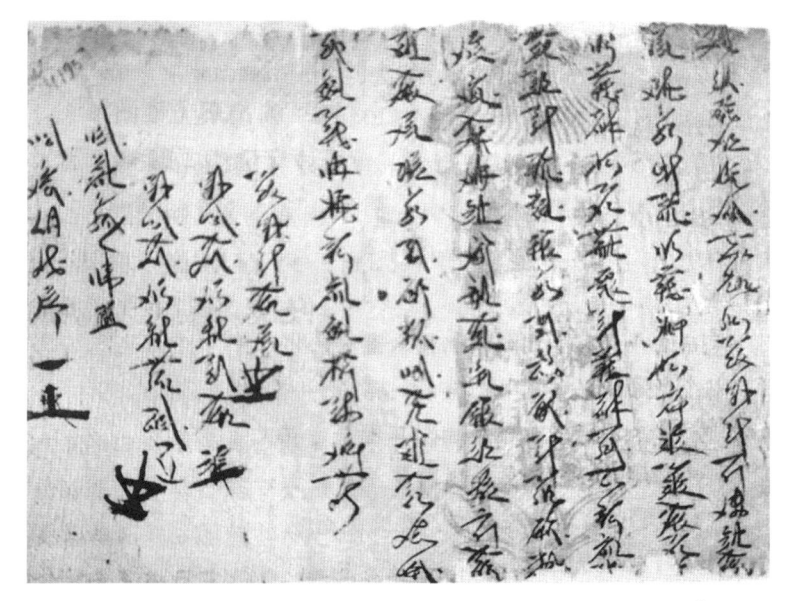

图 5-11　俄 Инв.No.4195 西夏文《天庆午年(1198)换畜契》[①]

天庆午年正月十日,立契者没哆铁
乐,将原自属一全齿花牛与梁守护铁讹
一全齿白牛互换,白牛增加一石杂
粮。畜谷各自并无悬欠。若畜谷有
官私同抄子弟其余诸人等诉讼者
时,铁乐管。个人有反悔不实时,
罚交二石杂粮。本心服。
　　立契者铁乐(押)
　　同立契儿子盛铁(押)

---

① 史金波、魏同贤、(俄)克恰诺夫主编《俄藏黑水城文献》,第 13 册,第 195 页。

　　　　同立契儿子显令(押)
　　　　知人吴隐藏山(押)
　　　　知人移契老房(押)①

1. 契首

西夏交换契约(换畜契约)契首的体式：立契时间＋立契者(＋姓名)。

(1) 立契时间

由于目前所见西夏交换契约数量极为有限,所以,西夏换畜契的立契时间的书写也就比较单一,即只有一种情形。

皇帝年号＋地支纪年—月—日。如上揭俄 Иив.No.4195 西夏文《天庆午年(1198)换畜契》立契时间:"天庆午年正月十日。""天庆"为西夏桓宗纯祐年号。"午年"为地支中第七支。"正月十日"为签订换畜契的具体时间。再如俄 Иив.No.2851－1 西夏文《天庆亥年(1203)换畜契》立契时间:"天庆亥年正月十九日"、俄 Иив.No.2851－33 西夏文《天庆亥年换畜契》立契时间:"天庆亥年二月十八日"、俄 Иив.No.5120－2 西夏文《天庆子年(1204)换畜契》立契时间:"天庆子年二月二十四日"②与上揭换畜契的立契时间的写作形式完全一致,只是地支顺序和具体签订契约的时间有变化而已。

(2) 立契者(＋姓名)

立契者(＋姓名)是换畜契约成立最为重要的必需要素,换畜契约中的立契者即为一方换畜者,也即牲畜质量好但缺少粮食或布匹的一方换畜者,书写在立契时间之后,以"立契者＋姓名"表述。如上揭俄 Иив.No.4195 西夏文《天庆午年(1198)换畜契》中:"立契者没移铁乐"以及俄 Иив.No.2851－1 西夏文《天庆亥年(1203)换畜契》中:"立契者梁……?"、俄 Иив.No.2851－33 西夏文《天庆亥年(1203)换畜契》中"立契者?? 母蛙等"、俄 Иив.No.5120－2 西夏文《天庆子年(1204)换畜契》中"立契者酩布驴子盛等"③等。

2. 主体

西夏换畜契约主体的体式：标的物及属权＋牲畜与差价支付方式＋违约责任＋立契者态度等。

(1) 标的物及属权

标的物是换畜契约双方权利义务关系所指向的具体对象,只是换畜契约的

---

① 史金波《西夏经济文书研究》,第370页。
② 史金波《西夏经济文书研究》,第370—372页。
③ 史金波《西夏经济文书研究》,第370—373页。

标的物与买卖、借贷、典押、租赁等的标的物有些不同,即换畜契约中不仅关注牲畜的质量,也关注换畜之补差价。换畜的目的是"换畜的一方需要得到更好的役力,而愿意将质量好的牲畜换出的另一方则是需要补差的粮食"。西夏人交换牲畜"反映的应是民间一种自愿的经济调剂行为,能各取所需,达到互利互补的效果"。① 西夏换畜契中的标的物是有条件的,不能随意交换。关于此,西夏法典有明确规定:"诸人不许自相调换优劣二种官畜。倘若违律调换时,以调换当时之价值几何,当计量二者,畜价值等,则记名人、调换者等一律徒一年。若畜计价高低不同,则计所超之价,当比偷盗之罪减一等,若受贿则与枉法贪赃罪比较,从重者判断。其中有相议,则依次当减一等,原畜依旧彼此交还。"②看来,换畜契中的牲畜必须是合法、正当的,不能采取违法行为而获得。换畜契约中标的物的书写特别需要清楚、具体,特别是补差价的粮食种类、数量等。标的物的属权是指换畜契中之标的物是否属于自己或合法所得,在交换之后会不会引起没必要的权属纠纷。在换畜契中一般以"自属"等表述。如上揭俄 Инв. No.4195 西夏文《天庆午年(1198)换畜契》中标的物:"将原自属一全齿花牛与梁守护铁讹一全齿白牛互换,白牛增加一石杂粮"以及俄 Инв. No.5120-2 西夏文《天庆子年(1204)换畜契》中标的物:"将自属一齿马与律移？铁善自属一骆驼贷换,上增？铁善养,取五石杂粮"③等。

(2) 牲畜与差价支付方式

西夏换畜契约的牲畜与差价支付方式仍然为物物交换,即一畜换另一畜并加相应种类和数量的粮食或其他物品的差价等。如俄 Инв. No.2851-1 西夏文《天庆亥年(1203)换畜契》中"……今买鲁卧显令畜之一马、一骡……价一粟马加一石杂粮已付",俄 Инв. No.2851-33 西夏文《天庆亥年(1203)换畜契》中"今将自属一全齿黑公骆驼自愿卖与药乜心喜盛,价一全齿公驴子、一庹花褐布、一石五斗杂粮等"。④

(3) 违约责任

违约责任是换畜契约的必选要素,违约责任人即换畜者,要求明确写入契约。从目前所能见到的西夏换畜契约来看,其违约责任有以下三种情形。

一是立契者管＋反悔倍罚。如上揭俄 Инв. No.4195 西夏文《天庆午年(1198)换畜契》中载:"若畜谷有官私同抄子弟其余诸人等诉讼者时,铁乐管。个

---

① 史金波《西夏经济文书研究》,第 374 页。
② 史金波、聂鸿音、白滨译注《天盛律令》卷 19,第 584 页。
③ 史金波《西夏经济文书研究》,第 372 页。
④ 史金波《西夏经济文书研究》,第 370—371 页。

人有反悔不实时,罚交二石杂粮。"

二是立契者管+反悔依官倍罚麦。如俄 ИНВ. No.5120-2 西夏文《天庆子年(1204)换畜契》中载:"其马若有诸人同抄子弟争议争讼者,及差异心悔反悔时,依官罚交十石麦。"①

三是立契者管+反悔三倍罚粮。如俄 ИНВ. No.2851-1 西夏文《天庆亥年(1203)换畜契》中载:"……及诸人同抄子弟等,追争(有时)……?? 当管,此后个人心悔,反悔时向不悔者(赔偿)三石……"②

(4) 立契者态度

立契者态度是指立契者对换畜及其差价补偿是否愿意和满意,并将其态度直接书写于契约上,大致以"服"或"本心服"等术语表述。其作用就是表明该行为并非强迫所为。如上揭俄 ИНВ. No.4195 西夏文《天庆午年(1198)换畜契》中载"本心服"以及俄 ИНВ. No.5120-2 西夏文《天庆子年(1204)换畜契》中载"本心服"③等。

3. 契尾

西夏换畜契约契尾的体式:立契者(+名或姓名+画押)+同立契(者)(+身份+名或姓名+画押)+知人(证人)(+姓名+画押)等。

立契者(+名或姓名+画押)即换畜者。西夏换畜契约的立契者一般为一人,书写在契尾的第一行,以"立契者+名或姓名+画押"表述。如上揭俄 ИНВ. No.4195 西夏文《天庆午年(1198)换畜契》中载"立契者铁乐(押)"以及俄 ИНВ. No.5120-2 西夏文《天庆子年(1204)换畜契》中载"立契者酩布驴子盛(押)"④等。

同立契(者)(+身份+名或姓名+画押)即换畜契约的保人。同立契(者)应是换畜契约的必需要素,且多有两人以上者,大多与立契者是子、妻、家人等的关系,书写在契尾立契者之后,以"同立契(者)+名或姓名+画押"表述。如上揭俄 ИНВ. No.4195 西夏文《天庆午年(1198)换畜契》中载"同立契儿子盛铁(画押)、同立契儿子显令(画押)"以及俄 ИНВ. No.5120-2 西夏文《天庆子年(1204)换畜契》中载"同立契者酩布翁大盛(画押)、同立契酩布?? 火(画押)"⑤等。

知人(+姓名+画押)即证人。西夏换畜契约中的知人一般为两人,也有三人及以上之情形。知人为换畜之见证人,起到见证事实客观和公平之作用。知

---

① 史金波《西夏经济文书研究》,第372页。
② 史金波《西夏经济文书研究》,第370页。
③ 史金波《西夏经济文书研究》,第372页。
④ 史金波《西夏经济文书研究》,第372页。
⑤ 史金波《西夏经济文书研究》,第373页。

人书写在同立契者之后,一般则以"知人(或证人)+姓名+画押"表述。如上揭俄 Инв. No.4195 西夏文《天庆午年(1198)换畜契》中载"知人吴隐藏山(押)、知人移契老房(押)"及俄 Инв. No.5120-2 西夏文《天庆子年(1204)换畜契》中载"知人萧替十月讹(押)、知人萧替寿长讹(押)、知人浑吉祥宝(押)、知人耶和乐宝(押)"[1]等。

综上,通过对西夏换畜契约体式的全面系统研究,总结出了西夏换畜契约的体式规律及写作方法,对今后类似如合同这样的文书种类的写作提供有益的借鉴。

第三节 丧葬文书功用及体式

西夏丧葬文书,是指西夏统治下的民众在丧葬活动中处理助丧、送葬事务过程中形成的文字记录。西夏丧葬文书属于民间文书或专门文书范畴,也是西夏民间比较流行的一种很重要的文书种类。通过查阅目前所能见到的相关西夏文书档案汇编资料,发现西夏丧葬文书主要有水陆法会发愿文、冥契、祭文、墓志(墓志铭)四种。

一、西夏水陆法会发愿文之功用及体式

(一) 水陆法会发愿文发展演变及功用

水陆法会大约始于南北朝时期,是佛教中最为隆重的一种仪式,又称水陆道场、悲济会等,其功用主要是追荐、超度亡灵并保佑人间平安。

宋朝宗鉴所编《释门正统》记载,梁武帝萧衍夜梦神僧告诉他"六道四生,受苦无量,宜建水陆大斋以普济之"。[2] 又史载:"梁高祖即位,下诏曰:'志公迹拘尘垢,神游冥寂,水火不能燋濡,蛇虎不能侵惧。语其佛理,则声闻以上。谭其隐沦,则遁仙高者。岂以俗士常情,空相拘制!何其鄙陋,一至于此!自今勿得复禁'……帝叹曰:'大师不复留矣,烛者,将以后事嘱我乎!'因厚礼葬于钟山独龙阜,仍立开善精舍,敕陆倕制铭于冢内,王筠勒碑于寺门,处处传其遗像焉。"[3]

---

[1] 史金波《西夏经济文书研究》,第695页。
[2] (宋)宗鉴《释门正统》卷4,收录于《大日本续藏经》,台湾新文丰影印本。
[3] (宋)道原著,顾宏义译注《景德传灯录译注》卷27,上海书店出版社2009年,第2144—2145页。

《元史辞典》载:"佛教法事中最隆重的一种。也叫水陆法会、水陆道场、水陆佛事。起于南朝梁武帝时。相传梁武帝曾梦一神僧相告:'六道四生,受苦无量,何不作水陆(大斋)普济众灵。'他遂于润州(治今江苏镇江)金山寺修设作会,以后相沿流行。元也时常作此佛事,有的场次规模很大。如延祐三年(1316)朝廷在金山寺设会,命江南教、禅、律三宗诸师说法,一千五百余僧众参加。而至治二年(1322)所修水陆法会规模更大。"①为广大众生普度忏罪的水陆法会于各朝盛行,一直延续至清晚期才消亡。

(二)西夏水陆法会发愿文之功用

西夏作为一个信奉佛教的国家,当然也盛行水陆法会,其功用仍然沿袭前朝,主要为超度亡灵、禳灾祈福等。在举办水陆法会过程中撰写的有关禳灾祈福的文书之一就有水陆法会发愿文,近年出土的西夏文水陆法会发愿文即为实证。西夏文水陆法会发愿文为抄本,1976年出土于甘肃景泰县。据孙寿岭介绍:"经翻阅,确是西夏文手抄文书,共装裱了四大张。按装裱痕迹看,原件有15页,其中1至3张,每张4小页,第4张3小页。上下边缘破损严重,有些缺头少尾,有些头尾均无。"同时又说:"这是迄今发现的第一本非常珍贵的西夏时民间宗教生活中举办水陆法会的祭祀文,即发愿文。水陆法会源于印度,后传入中国,始于南朝梁武帝。历经隋唐五代、宋(西夏)至元明两代兴盛发展起来,清代晚期衰落。西夏时最为兴盛。"而且还说:"西夏时,水陆法会已是儒、释、道三家合一了。"②可见,西夏时民间水陆法会之盛。

(三)西夏水陆法会发愿文之体式

目前发现的西夏水陆法会发愿文只有一份,又未找到其他朝代的类似发愿文,故现根据这一份水陆法会发愿文归纳其体式。

现移录西夏文《水陆法会发愿文》汉译文③如下:

第1页:
　　我等待着神灵金口开始说法
　　请来元始四大天王
　　慈心的圣灵显化出美妙

---

① 邱树栋主编《元史辞典》,山东教育出版社2002年,第170页。
② 孙寿岭《西夏文水陆法会祭祀文考析》,杜建录主编《西夏学》第1辑,宁夏人民出版社2006年,第87—89页。
③ 注:按照孙寿岭先生译释的发愿文来看共四大张15页。现按其译释顺序依次移录。

十方百亿的诸位贤圣

　　身内显化三皇身

第2页：

　　五仙王子舍生施众生

　　受佛光普照的法界众生等待佛祖快来救助

　　叫邪灾鬼怪快快离开我的身骨

　　原来的旧地方是吉祥之地

第3页：

　　沙漠众神皆得到了安稳

　　守家门神还能听到什么呢

　　把守卫我家的龙神盖地请进来

第4页：

　　十月一日开始，我家有众神保佑，过上安稳的日子，这是我的心愿

　　我心中是知道的、觉悟的

　　寿无三宝胜三宝哞

　　我代表受灾难的拉佘月发愿、祝告

第5—8页：

　　(傅家)我家经十九年的坎坷行程，才登上了功名之路——云衢

　　功名已就，足登官靴，白昼黑夜沉眠于甜蜜的音乐声中，如同神仙似地快乐

　　云宝殿上生有端端正正的八万子

　　女子经常围绕着我，使我心内烦乱纷纷

　　我等待着元始天尊金口说法

　　四大天王慈悲心高高照耀，祝我全家平安，这是我的心愿

　　鼠年三月廿五日

　　寿无三宝能粗食需

　　需要粗食在拉佘月处

　　一斗麦子、二斗麸子奴仆与我同食

第9页：

　　令其无处还腿城北

　　见一永行游艺和尚

　　男令相昔日何处同人

　　是男人每晚问皇天

是雰之薄宅舍沙门
　　日急速来男我裕恭
第10页：
　　所说纳牟释迦牟尼
　　和尚表演说人何怕鬼魔
　　不怕春季阴魔多险
　　风云雨露美同大儿
　　闻后过家无来相集
　　□□城量身直部
第11页：
　　□夜息城中□□
　　纳牟释迦牟尼
　　纳牟释迦牟尼啊纳牟维摩诘佛
　　大成大沙尊年何维摩诘
　　佛门妙游行终□
第12页：
　　亲自鄂首小观箭疯城
　　时如小云实坠年内时匝处
　　无如始中马动巧行令
　　晚呼西门远道边之
　　进出见骨肉分离
第13页：
　　假日时中到栅王处
　　家远需求南无阿弥陀佛
　　南无维摩诘佛、维摩诘佛南无陀佛
　　训指马尾令游先驮东方
　　元道门内见彼人白发计□
第14—15页：
　　□行令直身显□□□
　　□日南门远大闻苦途
　　病从嫉妒缘故藏经咒净补
　　病吟草屋卧车晚先行

此根存者慧德①

上揭西夏文《水陆法会发愿文》汉译文篇幅虽然比较长,而且该发愿文的逻辑也并不是十分严谨,但从字里行间所写整体内容来看,还算完整。这充分证明了西夏时撰写水陆法会发愿文作者的真实水平。但不管怎么说,这篇水陆法会发愿文的结构还是比较完整的,包括了首称、正文、末称三部分。现归纳总结西夏水陆法会发愿文的体式如下:

首称:发愿者或其他对象。

正文:诸佛神仙等+发愿之内容+实现心愿之时间+具体心愿+敬献诸佛神仙之祭品+道场颂经(或夹杂有发愿时之相关礼仪)。

末称:或为祈福或为祝福等。

二、西夏冥契功用及体式

(一) 冥契之发展演变及功用

冥契是墓主子女或亲友或家属等通过一定的宗教礼仪程序为墓主在阴间购买住房或土地而撰写的凭证性文书,也称为阴契。这也是子女或亲友或家属等表达对墓主的一片孝心或纪念哀悼之情的集中表现。

史籍对冥契这一文书最初的记载并不十分清楚,但从目前所能见到的古代留存下来的冥契实物来看大约在东汉时期就有,如《东汉永平十六年(73)偃师县姚孝经买地砖券》《东汉建初六年(81)武孟靡婴买冢田玉券》②等,最晚的如《民国十年(1921)南通县张謇赠女美术家沈雪宧墓地券》③等。而且从《中国历代契约粹编》所编选古代各朝契约来看,隋唐宋元时期留存的冥契数量则很多,证明这一时期的宗教祭祀礼仪活动十分频繁。由此可知,宗教祭祀礼仪活动一直沿袭发展至民国时期才消亡。

(二) 西夏冥契之功用

西夏沿袭、借鉴和学习中原唐宋时期的祭祀礼仪活动,冥契的使用更是这一活动中不可缺少的一环,其功用同样是为了表达墓主子女一片孝心或亲友或家

---

① 孙寿岭《西夏文水陆法会祭祀文考析》,杜建录主编《西夏学》第 1 辑,宁夏人民出版社 2006 年,第 87—89 页。
② 张传玺主编《中国历代契约粹编》,第 44 页。
③ 张传玺主编《中国历代契约粹编》,第 1903 页。

属的纪念哀悼之情。

从西夏故地出土的冥契实物来看,西夏人的确十分重视这一宗教祭祀活动,而且留存有汉文冥契。目前出土的西夏冥契有 2 件:一件是 1997 年出土于武威西夏砖墓中的大夏乾祐十六年岁次乙巳六月壬子朔十九日庚午的冥契:"该冥契柏木质,汉文,朱砂楷书,自右至左书写,共 15 行 232 字……"另一件是 1998 年出土于武威西郊双人合葬墓室中的大夏乾祐廿三年岁次壬午二月□□□二十九日壬寅:"该冥契汉文朱书,松木质,长 31.5 厘米,宽 17.5 厘米,竖写 16 行。"①

(三) 西夏冥契之体式

西夏冥契目前所能见到的只有武威西关西夏墓出土的这 2 件汉文冥契,现为了更加方便归纳其体式,将 2 件汉文冥契移录如下:

第一件为西夏乾祐十六年汉文冥契:

> 维大夏乾祐十六年岁次乙巳六月壬子朔十九日庚
> 午,直祭主曹铁驴次乙巳年四月内殁父亲,龟筮
> 协徒,相地袭吉,宜于西城郭外厝宅兆。谨用(钱)九万
> 九千九百九十九贯文兼五彩信币买地一段。东西七
> 步,南北九步。东至青龙,西至白虎,南到朱雀,北至真
> 武。内分勾陈,分掌四域。丘丞墓伯,封步界畔。道路
> 将军、亭长,发付河伯。今次牲牢酒饭,百味香
> 新,共为信契,财地交相分付。工匠修营安厝已
> 后,永保吉利。
>   知见人:岁月主。
>   保人:今日直符。
> 故气邪精,不得忏咎。先有居者,永避万里。主人
> 内外存亡悉皆安吉。
> 急急如五帝使者女青律令。

第二件为西夏乾祐廿三年汉文冥契:

> 维大夏乾祐廿三年岁次壬午二月□□□
> 二十九日壬寅,直祭主男窦依凡遣于西苑
> 外咩布勒觅买地一段,殁故。龟筮□,

---

① 于光建、徐玉萍《武威西夏墓出土冥契研究》,《西夏研究》2010 年第 3 期,第 39—40 页。

相地袭吉,安厝宅兆。谨用银□九万九千九百九十九贯文兼五彩信币买地一段。

东西七步,南北七步。东至青龙,西至白虎,南到朱雀,北至玄武。内分勾陈,分掌四域。丘丞墓伯,封畔。道路将军,□千秋百万岁永无殃咎,□□于河禁者。将军、亭长,收付河伯。今以牲 牢酒饭,百味 香新,共为信契,财地交于分付。工匠修营,安厝宅兆,以后永保休吉。

　　知见人:岁一。

　　保人:今日直符。

故气邪精,不得忏咨,先有居者,永避万里。若违此新地府主,使自当其祸。主人内外存亡悉皆吉□。

总如五帝使者(女)青律令。①

上揭2件西夏汉文冥契结构十分齐全完整,虽然是冥契,但和正常的普通契约的体式基本一致。所以,现据上揭录文总结其体式:契首+主体+契尾。②

1. 契首

契首体式可归纳为:维+国别或地区名称+立契时间+立契者(姓名)等。

(1) 维+国别或地区名称

这是古代冥契一般都必须有的要素,西夏冥契也不例外。从上揭2件西夏汉文冥契来看,均载有:"维大夏……"这里的"维"是发语词,并无实质性意义。"大夏"即指国名,即西夏国。

(2) 立契时间

立契时间也是西夏冥契的必需要素,更是准确了解和掌握冥契签订的具体日期。一般写作形式:皇帝年号—某年岁次干支—死亡月及干支—亡日及干支等。

如上揭第一件汉文冥契中载:"乾祐十六年岁次乙巳六月壬子朔十九日庚午。""乾祐"为西夏第五代皇帝仁宗李仁孝年号。"十六年岁次乙巳",某年岁次

---

① 于光建、徐玉萍《武威西夏墓出土冥契研究》,《西夏研究》2010年第3期,第39—43页。
② 注:冥契的体式与人间各种契约的体式类似,故该部分内容还可参见本书第五章第二节《西夏契约的功用及体式》。

干支。"六月壬子朔十九日庚午",是死亡月及死亡日之干支。第二件汉文冥契的立契时间之写作形式与第一件完全一致。

(3) 立契者(姓名)

立契者(姓名)是西夏冥契中的必需要素,表明该墓地的购买者或权利人,一般以"直祭主×××"的形式表述。如上揭第一件汉文冥契中载:"直祭主曹铁驴";第二件中载:"直祭主男窭依凡"等。

2. 主体

西夏冥契的主体体式:包括购买缘由、标的物及方位、墓地价格、墓地四至、掌管墓地和祭品要求、祈福等。

(1) 购买缘由

从上揭第一件汉文冥契来看,购买缘由:"次乙巳年四月内殁父亲";第二件汉文冥契的购买缘由:"……殁故"等。看来,购买墓地的缘由均为亲人亡故而为其购买阴宅。

(2) 标的物及方位

冥契中的标的物则是为亡者购买的墓地,至于墓地面积多大,并未清楚地交代,只是一般以"一段"表述。如上揭第一件汉文冥契标的物:"买地一段";第二件汉文冥契的标的物:"买地一段"。标的物一般都比较清楚地标明方位和墓地的地理优势,如第一件汉文冥契中标的物位置:"龟筮协徒,相地袭吉,宜于西城郭外厝宅兆。"第二件汉文冥契中标的物位置:"遣于西苑外咩布勒嵬买地一段",其地"龟筮□,相地袭吉,安厝宅兆"。

(3) 墓地价格

西夏民间购买墓地一般都采用虚拟价格或称冥币,而且冥契中写入的购买墓地的价格一致,如上揭第一件汉文冥契中载:"谨用(钱)九万九千九百九十九贯文兼五彩信币";第二件汉文冥契中载:"谨用银□九万九千九百九十九贯文兼五彩信币"。

(4) 墓地面积及四至

冥契中墓地面积及四至要明确进行界定,虽然是一种虚拟的表达形式,但也是冥契必须存在的要素,一般均以"东西几步,南北几步"和"东至××,西至××,南到××,北至××"等表述。如上揭第一件汉文冥契中载:"东西七步,南北九步。东至青龙,西至白虎,南到朱雀,北至真武";第二件汉文冥契中载:"东西七步,南北七步。东至青龙,西至白虎,南到朱雀,北至玄武"。

(5) 掌管墓地和祭品要求、祈福

掌管墓地是指所购买的墓地由何人(神)来掌管,从而保证墓地的完整安全以及墓主在阴间的平安和幸福等。关于这方面的内容,在冥契中都要明确记载。上揭第一件汉文冥契中载:"内分勾陈,分掌四域。丘丞墓伯,封步界畔。道路将军、亭长,发付河伯。"第二件汉文冥契中载:"内分勾陈,分掌四域。丘丞墓伯,封畔。道路将军、□千秋百万岁永无殃咎,□□于河禁者。将军、亭长,收付河伯。"

祭品是墓主之子女或亲友等表达孝心或纪念的一种虚拟形式,也在冥契中明确写入。上揭两件汉文冥契中几乎均表述为:"今次牲牢酒饭,百味香新,共为信契,财地交相分付"等。

祈福则是指墓主之子女或亲友等祈求神明降福或希望得到神明庇佑等。这部分内容在西夏汉文冥契中都比较简单,如第一件汉文冥契中载:"工匠修营安厝已后,永保吉利。"第二件汉文冥契中载:"工匠修营,安厝兆宅,以后永保休吉。"

3. 契尾

西夏冥契的契尾体式:知见人+保人+违约责任+咒语等。

知见人+保人。西夏冥契的契尾仿照普通契约的契尾,仍然有知见人和保人要素。西夏冥契中知见人的位置在保人之前,这正好与普通契约中保人位置在知见人之前是相反的,这也许又是冥契与普通契约的区别之一。而西夏冥契中的知见人和保人均为虚拟的诸神,并且同是一个神仙,其作用大概是降妖伏魔、避邪保吉等。西夏冥契中的知见人和保人均各自为一人,其位置居于契尾的第一行和第二行,以"知见人+姓名"和"保人+姓名"的形式表述。如上揭第一件汉文冥契中载:"知见人:岁月主。"第二件汉文冥契中载:"知见人:岁一。"第一件和第二件汉文冥契中均载有相同名字的保人:"保人:今日直符。"

违约责任。西夏冥契与普通契约一样,也有违反契约规定和要求如何处罚的措施,而这种处罚措施大致都以某种咒语所替代,达到处罚的效果。其位置居于保人之后。如上揭第一件汉文冥契中载:"故气邪精,不得忏咨。先有居者,永避万里。主人内外存亡悉皆安吉。"第二件汉文冥契中载:"故气邪精,不得忏咨,先有居者,永避万里。若违此新地府主,使自当其祸。主人内外存亡悉皆吉□。"其中第二件汉文冥契中的违约责任比第一件多了一条,即"若违此新地府主,使自当其祸",可见,第二件冥契中的违约责任更为严厉。

咒语。这在西夏冥契中也为必需体式,其目的是加强冥契中涉及的墓地的权属性更加稳固,从而保证了冥界的执行力。如上揭第一件汉文冥契中载"急急如五帝使者女青律令",第二件汉文冥契中载"总如五帝使者(女)青律令"。其写作形式基本一致。

通过认真考察中原唐宋冥契,我们发现西夏冥契的体式并非独创,而是借鉴,学习中原唐宋冥契的体式。以体式齐全的《唐大历四年(769)天山县张无价买地木契》《北宋至和二年(1055)瑞昌县君孙四娘子买地木券》等为例作为对比的对象,简单分析其体式情况。

唐大历四年(769)天山县张无价买地木契

维大历四年,岁次己酉,十二月乙未朔,廿日
甲寅,西州天山县南阳张府君张无
价,俱城安宅兆。以今年岁月隐便,今龟
筮协从,相地袭吉。宜于州城前庭县界西北
角之原,安厝宅兆。谨用五彩杂信,买地一
亩。东至青龙,西至白虎,南至朱雀,北至玄武。
内方勾陈,分掌四域。丘丞墓伯,封步界
畔,道路将军,整齐阡陌。千秋万岁,永无咎
殃。若辄干犯诃禁者,将军、庭帐(长)收付河伯。
今已牲牢酒饭,百味香新,共为信契。安厝已
后,永保休吉。
　　知见人:岁月主者;保人:今日直符。
故气邪精,不得干扰。先来居,永避万里。若
违此约,地府主吏自当其祸。主人内外安吉。
急急如律令。①

北宋至和二年(1055)瑞昌县君孙四娘子买地木券

维皇宋至和二年,岁次乙未,
殁故瑞昌县君得寿年六十一,
于三月二十日终于家。取当年七月
二十九乙酉,化龙乡祖茔四厌,用价
钱九万九千九百九十九文,买得吉地
壹段,东止甲乙青龙,西止庚辛白虎,南
止丙丁朱雀,北止壬癸玄武。其他各分封
步内明。或有四畔封疆道路之神,不
得占吝,整齐阡陌,丘丞之神,今宜日
符,分明收掌。

---

① 张传玺主编《中国历代契约粹编》,第233—234页。

急急如律令敕。①

从上揭 2 件中原唐宋冥契来看,写作的内容和结构模式几乎与西夏冥契的内容和体式一致,只是在文字的使用上有些微的差别。正因为如此,目前有学者在对西夏与唐宋朝冥契特别是宋朝冥契的整体情况进行了比较全面的对比和论述之后,认为"北宋《重校正地理新书》中的这篇冥契范文行文流畅,结构严谨,与武威出土的西夏冥契如出一辙。西夏冥契与北宋冥契范文比较,存在文字上的细微出入,但这里可以断定,西夏冥契显然是以北宋时流行的冥契为蓝本的,其内容主要包括死者的名讳、籍贯、生卒年月、买地区域、买地钱款、地界的四至、见证人、保证人和咒语等"。② 由此可知,西夏冥契的撰写完全照搬了中原唐宋冥契的体式。可见中原丧葬习俗对西夏影响之深,"夏之境土,方二万余里,其设官之制,多与宋同。朝贺之仪,杂用唐宋,而乐之器与曲则唐也……"③这充分验证了西夏设官之制以及相关习俗多学习借鉴自唐宋的事实。

综上,将西夏冥契与中原唐宋冥契实物进行简单对比和分析,发现其有很多共同的内容和体式,现归纳总结西夏冥契体式如下:

契首:维+国别或地区名称+立契时间+立契者。

主体:购买缘由+标的物及方位+墓地价格+墓地面积及四至+掌管墓地及祭品要求和祈福等。

契尾:知见人+保人+违约责任+咒语等。

三、西夏祭文的功用及体式

(一) 祭文发展演变及功用

据相关史籍记载,祭祀活动在原始社会后期黄帝时代就已经有了,《竹书纪年》载:"黄帝既仙去,其臣有左彻者,削木为黄帝之像,帅诸侯朝奉之。"④祭祀活动中内容和仪式众多,其中对于祭祀对象致以哀悼或祷祝所诵读的祭文则是一种十分重要的祭祀仪式。《文体明辨序说》载:"祭文者,祭奠亲友之辞也。古之祭祀,止于告飨而已。中世以还,兼赞言行,以寓哀伤之意,盖祝文之变也。其辞有

---

① 张传玺主编《中国历代契约粹编》,第 509 页。
② 于光建、徐玉萍《武威西夏墓出土冥契研究》,《西夏研究》2010 年第 3 期,第 43 页。
③ (元)脱脱等《宋史》卷 486,第 14028 页。
④ 范祥雍订补《古本竹书纪年辑校订补》,上海古籍出版社 2011 年,第 2 页。

散文,有韵语;而韵语之中,又有散文、四言、六言、杂言、骚体、俪体之不同。"[①]自原始社会后期祭祀活动的出现以及大约在汉朝时出现了祭文,之后在唐宋之时的兴盛和发展,一直沿袭到明清,祭祀活动以及创作祭文这一祭奠仪式一直十分活跃。由此,古代各朝出现了很多的写作祭文的大家,留存了众多的祭文名篇。

当然,从传世和出土的众多祭文名篇来看,其功用大都是为了表达作者对亡故亲友的深深哀悼和想念之情。

(二) 西夏祭文的功用

西夏是中古时期一个善于学习和借鉴先进经验和知识的割据政权,当然,对于中原王朝合理、科学、先进的祭祀礼仪以及祭文写作的学习和借鉴也不例外。

西夏学习借鉴中原祭祀活动以及祭文的写作,不仅仅是为了"慎终追远",更多的是为了西夏的统治和发展,所以,祭祀活动和祭文写作在西夏比较流行。西夏故地出土的汉文祭文就是最为明显的证据。由此,我们以为,西夏祭文的功用,主要是在"慎终追远"的前提下,同样是为了表达作者对亡故亲友的沉痛哀悼和深深的思念之情。

目前所能见到的西夏祭文主要有两篇,均为出土汉文祭文,收录于《俄藏黑水城文献》第 6 册和《斯坦因第三次中亚考古所获汉文文献(非佛经部分)》第 2 册之中。总体来看,祭文数量很少,但这 2 篇西夏汉文祭文为我们研究其功用和体式提供了一定的史料基础,其价值较为重大。

(三) 西夏祭文之体式

为了总结归纳西夏祭文的体式,我们先移录俄 Инв. No.3775 汉文《光定七年祭文》如下。

第一张残片内容如下:

(前缺)
更是黑流同由,内外隔截,引
存据□也。是好□之旅,祸同贰
土,诸兽落还,登□六,□□
上□。且只接对外,兼有所象,他
处初者,尽□诸分。□□□乃,□□施□,
哭之,人□前哥引。铙钹

[①] (明)徐师曾《文体明辨序说》,第 154 页。

引路,催□孝子后随,儿□泪,
六亲儿女痛哀哉。至卜其□宅吉
位,哭不哀礼化六□□□,闻乐不
　　(后缺)

第二张残片内容如下:
　　　　(前缺)
只愿偈力于家者,□
灵前中祭畔亡魂,礼酒浇
茶都不闻。头边献下百味
饭,不见亡灵近□食。痛哉!
……
光定七年七月十六日记①

另有英 Or.8212 - 1267 汉文《祭文》残片内容如下:
　　　　(前缺)
寿□□辞　第二杯
孝子齐将百□□,头边浇
祭心魂。玛瑙盘中定玉盏,催人哀
……魂。只知一死无再面,更
……思。在生恩义何日
……断了踪春祭日
　　(后缺)②

　　上揭 2 篇西夏汉文祭文残缺首称、末称,就连其正文也都残缺较多,但却保留了该祭文的押署部分内容,如"光定七年七月十六日记",即年月日＋记。当然,西夏祭祀活动和祭文的写作均学习和借鉴了中原唐宋祭祀活动的有关礼仪和祭文写作的体式,所以,我们可以中原唐宋祭文体式来推测西夏祭文体式。下面例举中原唐宋著名而体式齐全的祭文补全西夏祭文体式。

祭十二郎文
韩愈(唐)

　　年、月、日,季父愈闻汝丧之七日,乃能衔哀致诚,使建中远具时羞之奠,

---
① 史金波、魏同贤、(俄)克恰诺夫主编《俄藏黑水城文献》,第 6 册,第 302 页。
② 沙知、吴芳思编《斯坦因第三次中亚考古所获汉文文献(非佛经部分)》,第 2 册,第 124 页。

告汝十二郎之灵：

呜呼！吾少孤，及长，不省所怙，惟兄嫂是依。中年兄殁南方，吾与汝俱幼，从嫂归葬河阳，既又与汝就食江南；零丁孤苦，未尝一日相离也。吾上有三兄，皆不幸早世。承先人后者，在孙惟汝，在子惟吾。两世一身，形单影只。嫂尝抚汝指吾而言曰："韩氏两世，惟此而已！"汝时尤小，当不复记忆；吾时虽能记忆，亦未知其言之悲也。

吾年十九，始来京城。其后四年，而归视汝。又四年，吾往河阳省坟墓，遇汝从嫂丧来葬。又二年，吾佐董丞相幕于汴州，汝来省吾；止一岁，请归取其孥。明年丞相薨。吾去汴州，汝不果来。是年，吾又佐戎徐州，使取汝者始行，吾又罢去，汝又不果来。吾念汝从于东，东亦客也，不可以久；图久远者，莫如西归，将成家而致汝。呜呼！孰谓汝遽去吾而殁乎！吾与汝俱少年，以为虽暂相别，终当久与相处。故舍汝而旅食京师，以求升斗之禄……

呜呼！汝病吾不知时，汝殁吾不知日；生不能相养于共居，殁不得抚汝以尽哀，敛不凭其棺，窆不临其穴。吾行负神明而使汝夭，不孝不慈，而不得与汝相养以生，相守以死。一在天之涯，一在地之角，生而影不与吾形相依，死而魂不与吾梦相接。吾实为之，其又何尤！彼苍者天，曷其有极！自今已往，吾其无意于人世矣！当求数顷之田于伊颍之上，以待余年，教吾子与汝子，幸其成；长吾女与汝女，待其嫁，如此而已。呜呼，言有穷而情不可终，汝其知也邪？其不知也邪？

呜呼哀哉！尚飨！①

上揭唐韩愈《祭十二郎文》的首称："年、月、日，季父愈闻汝丧之七日，乃能衔哀致诚，使建中远具时羞之奠，告汝十二郎之灵"，即年月日+某亲（友）人某某+祭品+告某某之灵位；正文：祭文的具体内容，且分为多层进行撰写；末称：基本为固定套语"呜呼哀哉！尚飨"。

此外，宋欧阳修《祭石曼卿文》首称："维治平四年七月日，具官欧阳修，谨遣尚书都省令史李易，至于太清，以清酌庶羞之奠，致祭于亡友曼卿之墓下。"②即年月日+某官某某遣某官某某+祭品+致祭于某某（亲友）之墓；正文：分层写清赞颂石曼卿的声名、墓地的荒芜、推想后来以及叙及二人交情和怀念之情；末称：固定套语"尚飨"。

由上唐宋朝祭文的体式来看，首称、正文、末称的体式完整，各部分内容中的

---

① （清）董诰等《全唐文》卷568，第2544—2545页。
② 曾枣庄、刘琳主编《全宋文》卷760，第36册，第42页。

基本要素俱全,只是个别固定套语可以根据情况灵活运用,或多或少。因为这样的固定套语的多少并不影响文意,如首称中的"维"、末称中的"呜呼哀哉"等。由此可以补充总结西夏祭文体式如下:

  首称:年月日+某亲人(官或友)某某+祭品+告(致祭)于某某亲人(官或友)之灵位(或墓下)。
  正文:亲友(或祭祀者)致祭死者生前的简单状况、祭祀的简单过程、祭祀者表达的哀思和纪念……
  末称:呜呼哀哉!尚飨!或尚飨!或其他固定套语。
  押署:押署,即祭祀时间+记。

四、西夏墓志(或墓志铭)之功用及体式

(一) 墓志(墓志铭)之发展演变及功用

  墓志(墓志铭)是指埋于墓中刻有墓主事迹的石刻文字,是一种悼念性的文书,在古代使用频率较高。墓志(墓志铭)一般情况下大致由志和铭两部分组成。志多用散文撰写,主要叙述逝者的姓名、籍贯、生平事迹、寿年、卒葬年月及子孙基本情况等,铭则用韵文概括全篇,主要是对逝者一生的评价,当然主要是歌功颂德,少有不足或缺陷等。

  墓志(墓志铭)最早称墓记,大约始于汉朝,"至于石刻铭文上直接称墓志,那已经是晋代以后的事了"。[①] 有学者考证后认为:"欧阳修《集古录》于西汉刻石无著录,并慨叹'到后汉以后,始有碑文,欲求前汉时碑碣,卒不可得'。"[②] 史载:"志者,记也;铭者,名也。古之人有德善功烈可名于世,殁则后人为之铸器以铭,而俾传于无穷,若《蔡中郎集》所载《朱公叔鼎铭》是也。至汉,杜子夏始勒文埋墓侧,遂有墓志,后人因之。盖于葬时述其人世系、名字、爵里、行治、寿年、卒葬年月,与其子孙之大略,勒石加盖,埋于圹前三尺之地,以为异时陵谷变迁之防,而谓之志铭。"[③]毛远明通过对大量墓志的研究之后得出结论,说道:"到了东汉,国家相对稳定,经济一度出现繁荣景象,为碑刻的发展准备了物质条件。经过西汉'废黜百家,独尊儒术',儒家思想取得独尊地位,儒家提倡孝道,助长了厚葬之风,建立墓碑、建筑石祠堂以纪念亲人,显扬亲人的辉光,成了孝道的重要体现。修桥

[①] 毛远明《碑刻文献学通论》,中华书局2009年,第105页。
[②] 毛远明《碑刻文献学通论》,第15页。
[③] (明)徐师曾《文体明辨序说》,第148页。

筑路,祭祀先望,崇祀山川神灵,都要刻碑纪念,使得碑刻得到了大发展……"①可见,汉朝时墓志(墓志铭)的功用主要是记述其墓主简历、生平事迹、卒葬年月日及子孙基本情况并赞颂的文字材料,其目的是纪念亲人、激励后人等。汉朝也留存有较为著名的墓志铭,如东汉《贾武仲妻马姜墓记》《杨德安墓记》《王孝渊墓铭》等。

魏晋南北朝时,墓志铭的功用仍然承袭东汉遗风并不断地发展,并且"因为统治阶级禁碑政策的影响,又促使了幽埋志墓铭刻的发展,墓志从形制和内容上逐渐被固定下来。造像题记、墓志铭成为该时期数量最多、最有特色的两种碑刻文献"。②此时的墓志(墓志铭)有自撰和他撰之分,从此以后,各朝代都沿袭墓志铭的这种自撰和他撰墓志铭的情况。《宋书》载:"宏少而多病,大明二年疾动,求解尚书令,以本号开府仪同三司,加散骑常侍,中书监如故。未拜,其年薨,时年二十五。追赠侍中、司徒,中书监如故,给班剑二十人。上痛悼甚至,每朔望辄出临灵,自为墓志铭并序。"③《梁书》载:"视事三年,征为给事黄门侍郎,领国子博士,未及起。普通元年,卒于郡,时年五十九。尚书右仆射徐勉为之墓志,其一章曰:'东区南服,爰结民胥,相望伏阙,继轨奏书。或卧其辙,或扳其车,或图其像,或式其闾。思耿借寇,曷以尚诸。'"④《魏书》载:"初,寿兴为中庶子时,王显在东宫,贱,因公事寿兴杖之三十。及显有宠,为御史中尉,奏寿兴在家每有怨言,诽谤朝廷。因帝极饮无所觉悟,遂奏其事,命帝注可,直付寿兴赐死。帝书半不成字,当时见者亦知非本心,但惧晖等威,不敢申拔。及行刑日,显自往看之。寿兴命笔自作墓志铭曰:'洛阳男子,姓元名景,有道无时,其年不永。'"⑤《南史》载:"子野少时集注《丧服》、《续裴氏家传》各二卷,抄合后汉事四十余卷。又敕撰《众僧传》二十卷、《百官九品》二卷、《附益谥法》一卷、《方国使图》一卷、文集二十卷,并行于世。又欲撰《齐梁春秋》,始草创,未就而卒。及葬,湘东王为之墓志铭,陈于藏内。邵陵王又立墓志,埋于羡道。"⑥《北史》载:"时人以为实录。及疾,内外多为求医,行之曰:'居常待终,士之道也。贫既愈富,何知死不如生?'一皆抑绝。临终,命家人薄葬,口授墓志以纪其志曰:'陇西李行之,以某年某月终于某所。'"⑦除了史书记载,魏晋南北朝也留存有一定数量的墓志铭,如晋朝《王

---

① 毛远明《碑刻文献学通论》,第15—16页。
② 毛远明《碑刻文献学通论》,第16页。
③ (梁)沈约《宋书》卷72,第1860页。
④ (唐)姚思廉《梁书》卷53,第776页。
⑤ (北齐)魏收《魏书》卷15,第377页。
⑥ (唐)李延寿《南史》卷33,第867页。
⑦ (唐)李延寿《北史》卷100,第3321页。

浚妻华芳墓志》、南朝《刘怀民墓志》、任昉《刘先生夫人墓志》、北魏《刘贤墓志》《冯邕妻元氏墓志》等。

唐朝时并未沿袭魏晋南北朝时期禁碑之法令,而是将墓碑直竖于地上,故墓志铭最为繁盛。唐朝时墓志铭之功用则基本沿袭前朝。《旧唐书》载:"元载欲用为京兆尹,未拜而卒。自知死日,预为墓志。"①又载:王绩"少与李播、吕才为莫逆之交。隋大业中,应孝悌廉洁举,授扬州六合县丞,非其所好,弃官还乡里……贞观十八年卒。临终自克死日,遗命薄葬,兼预自为墓志"。②《新唐书》载:"真卿度必死,乃作遗表、墓志、祭文,指寝室西壁下曰:'此吾殡所也。'"③唐朝留存下来的墓志铭数量更多,名篇云集,如《李简亡女荥阳夫人王氏墓志》《薛重晟墓志》《高玄墓志》《井真成墓志》等。

宋、元、明、清沿袭前朝墓志铭功用、形制以及相关的内容,但相比前几朝来看墓志铭数量则大幅度减少。《宋史》载:陈"塪家居,时自娱于泉石,四方学者踵至。轻财急义,明白洞达,一言之出,终身可复。忽卧疾,戒其子抽架上书占之,得《吕祖谦文集》,其墓志曰:'祖谦生于丁巳岁,没于辛丑岁'"。④又载:陈充"性旷达,善谈谑,澹于荣利,自号'中庸子'。上颇熟其名,以疾故不登词职。临终自为墓志"。⑤《金史》载:党"怀英能属文,工篆籀,当时称为第一,学者宗之。大定二十九年,与凤翔府治中郝俣充《辽史》刊修官,应奉翰林文字移剌益、赵沨等七人为编修官。凡民间辽时碑铭墓志及诸家文集,或记忆辽旧事,悉上送官"。⑥《明史》载:曹元"大宁前卫人……元无子,病中自作墓志,叹曰:'我死,谁铭我者!'"⑦宋、元、明、清留存和出土的墓志铭数量不是很多,但也有较为著名者,如宋朝《王韶前妻杨氏墓志》《游师雄墓志》《吴玠墓志》、元朝《故隐士汪君墓志铭》、明朝归有光《寒花葬志》、清朝《李景庵墓志铭》《皇清诰封夫人墓志铭》等。

(二) 西夏墓志(墓志铭)之功用

存世西夏墓志(墓志铭或墓志文)的数量比较多,从目前所见出土的西夏墓志铭情况来看,主要包括西夏前身夏州拓跋政权时期及其西夏后裔之墓志铭,而并未发现完全属于西夏建国后至灭亡前的墓志铭,但西夏前身和其后裔撰写的

---

① (后晋) 刘昫等《旧唐书》卷165,第4313页。
② (后晋) 刘昫等《旧唐书》卷192,第5116页。
③ (宋) 欧阳修、宋祁《新唐书》卷153,第4860页。
④ (元) 脱脱等《宋史》卷423,第12641页。
⑤ (元) 脱脱等《宋史》卷441,第13040页。
⑥ (元) 脱脱等《金史》卷125,第2726—2727页。
⑦ (清) 张廷玉等《明史》卷306,第7838页。

墓志铭同样都属于西夏党项族的墓志铭，所以，我们认为这些墓志铭也属于西夏的墓志铭。从目前所见西夏前后墓志铭情况来看，其功用显然基本上沿袭了中原王朝，普遍使用于记述墓主简历、生平事迹及其子孙相关情况等，以宣扬先辈功绩、激励后人志气之作用。目前出土的保留下来较为完整的西夏建国前后的墓志铭数量较多，而且大多都语言精致、流畅，体式完整，如《唐静边州都督拓跋守寂墓志铭并盖》《宋故定难军节度使李光睿墓志铭并盖》等。

(三) 西夏墓志(墓志铭)之体式

墓志铭在东汉时期产生，经过魏晋南北朝、隋唐的发展，到西夏时期墓志铭的形制已经十分规范合理，当然，墓志铭的体式也就完全固定下来。现结合出土和留存的党项西夏墓志铭，对其体式进行简单分析和总结。我们以结构体式完整齐全的汉文《大唐故特进右监门卫大将军兼静边州都督赠灵州都督西平郡开国公拓跋公墓志文并序》为例，下面附该墓志铭的影印件和录文如下：

图 5-12 《大唐故特进右监门卫大将军兼静边州都督赠灵州都督西平郡开国公拓跋公墓志铭并盖》(或又名唐静边州都督拓跋守寂墓志铭)部分图片

大唐故特进右监门卫大将军兼静边州都督
赠灵州都督西平郡开国公拓跋公墓志文并序

朝散大夫使持节都督夏州诸军事、守夏州刺史、上柱国郑宏之撰

公讳寂，字守寂。出自三苗，盖姜姓之别。以字为氏，因地纪号，世雄西平，遂为郡人也。

国连要服,气蕴金行,俗尚首豪,力恃刚悍,载炳前史,详于有随。名王弥府君洎附,授大将军。宁府君矣,时逢季代,政乱中原,王教不宣,方贡殆绝。天降宝命,允归圣唐。迨仪凤年,公之高祖立伽府君,委质为臣,率众内属。国家纳其即叙,待以殊荣。却魏绛之协和,美由余之入侍。拜大将军兼十八州部落使。徙居圁阴之地,则今之静边府也。曾祖罗冒府君,不殒其名,昭乎前烈,亢宗守业,保族勤邦。拜右监门卫将军、押十八州部落使,仍充防河军大使。祖后那府君,信以出言,功高由志。莫非嘉绩,褒德备洽于朝恩,抚有余人,建牧以崇其都府。拜静边州都督,押淳、恓等十八州部落使兼防河军大使、赠银州刺史。考思泰府君,文武通才,帅师为任,光有启土,莫之与京。拜左金吾卫大将军兼静边州都督防御使、西平郡开国公。会朔方不开,皇赫斯怒,周处则以身殉节,毕万乃其后克昌,赠特进、左羽林军大将军。

公即西平公之元子也。丕承遗训,嗣有令绪,造次必形于孝悌,成功不倦于诗书。起家袭西平郡开国公,拜右监门卫大将军,使持节淳、恓等十八州诸军事兼静边州都督,仍充防御部落使。寻加特进,干父蛊也。性无伐善,乐在交贤,果于用兵,敏于从政,立礼成乐,殚见洽闻,固不学而生知,岂师逸而功倍。方将藩屏王室,缉熙帝载,此志不就,彼苍谓何?春秋卅,以开元廿四年十二月廿一日寝疾,薨于银州敕赐之第。诏赠使持节都督灵州诸军事、灵州刺史,赙物一百五十段,米粟一百五十石,应缘丧葬所在官供,遵朝典也。粤明年八月十八日,护葬于银州儒林县新兴乡招贤里欢乐平之原,安吉兆也。

亲太原郡太夫人王氏,居妇则智,在母能贤,秉义申黄鹄之诗,均养布鸤鸠之德。礼存暮哭,表敬姜以无私,痛结夜台,知元伯之有待。弟游骑将军、守右武卫翊府右郎将、员外置宿卫、赐紫金鱼袋、助知检校部落使守礼。为子以孝,为弟以恭,禀教义而修身,践忠信而为宝。岳舆列侍,鸿雁断联翩之行;肱被不同,鹡鸰绝急难之望。嗣子朝散大夫,守殿中省尚辇奉御员外置同正员,使持节淳、恓等十八州诸军事兼静边州都督,防御部落使,赐紫金鱼袋,西平郡开国公曰澄澜,年在童卯,藐是诸孤,匪莪伊蒿,衔恤何怙。有异母女弟,未行他族,贞心如玉,秀色方春。临兄之丧,过制成毁,前凶谅只,后祸仍臻,一夕之间,二旐齐举,友爱天至,感伤人伦。叔父朔方军节度副使兼防河使、右领军卫大将军兼将作大匠兴宗,材略纵横,器宇环硕,强学由其待问,制胜所以绥边。入总工徒,出司戎旅,位将时并,名与功偕。及公之病告驰闻,而叔以星言庚止,窥其阃户,气尽良图,抚柩长号,庚衮切成人之念;

披林罢啸,阮咸谢贤士之俦。悲夫,兄之云亡,或徵兰梦;妹也何酷,凋兹蕣华。虽古之一似重忧,曷加于此?宏之以义则长为邪。且邻他日推怀,相期有素。东道为主,尝接二疏之游;西候聆音,遽轸九原之叹。孰传不朽,是托斯文。

铭曰:三苗之胤,惟姜有光。五代返本,复昌于唐。高门长戟,列土封疆。引续不替,嘉谟孔彰。其一;世笃忠良,施于孙子,玉质豪族,金章贵仕,允武乃文,藏晖通理。如何不淑,宛其死矣。其二;亲哀子夭,弟痛兄亡,妹也灭性,叔分增伤,连枝溢尽,异史齐芳,有美不颂,其名孰扬。其三。

洛阳县尉郑嵎为之书。①

上揭《唐静边州都督拓跋守寂墓志铭》的体式包括标题+撰者+正文+铭文+押署等。

标题:"大唐故特进右监门卫大将军兼静边州都督赠灵州都督西平郡开国公拓跋公墓志文并序",即某朝代+故+某官府某官+某某公+墓志文并序。

撰者:"朝散大夫使持节都督夏州诸军事守夏州刺史上柱国郑宏之撰",即某官府某官某某+撰。

正文:具体阐述墓主情况,共分三层阐述拓跋守寂之政绩。第一层从"公讳寂"至"赠特进、左羽林军大将军",叙述其名字、爵里及世系简况;第二层从"公即西平公之元子也"至"安吉兆也",叙述其行谊治绩、卒葬年月、葬地及朝廷对其诏赠等;第三层从"亲太原郡太夫人王氏"至"是托斯文",叙述其弟、妹、叔父等功绩。

铭文:从"铭曰"至"其名孰扬。其三",分层颂扬其家族来历、政绩以及对亲属之情等。该铭文骈体写作,对仗工整,充满感情色彩。

押署:"洛阳县尉郑嵎为之书",书法录文之官吏,即某官府某官某某+书。

此外,移录其结构体式完整齐全的汉文《大宋故定难军节度使检校太尉赠侍中李公墓志铭并序》如下。

大宋故定难军节度使检校太尉赠侍中李公墓志铭并序

夏州观察判官承奉郎试大理司直兼监察御史赐绯鱼袋郭贻撰

盖闻至高者天,环两曜而列群星,昭其象也。至厚者地,立五岳而分四渎,彰其仪也。是故英灵下降,感之者称帝称王,精气上腾,应之者为公为伯哉。公盖禀此义而生,为时而出也。本后魏之华胄,朔野之大族。曾祖

---

① 史金波、陈育宁主编《中国藏西夏文献》,第18册,第19—25页;杜建录《党项西夏碑石整理研究》,上海古籍出版社2015年,第81—82页。

讳　，字　，皇任　。曾祖母　郡　氏。祖讳仁福，字　，皇任夏州节度使、韩王。祖母，列考讳彝殷，字　，皇任夏州节度使、西平王。母　郡渍氏，见封秦国太夫人。一门之贵，数世相沿，或承家而建武功，或因地而封王爵。领繁剧之镇，居廉察之司，绵历数朝，将余百载。乃于昭代，又降哲人。此所谓根固叶繁，源深流远者哉。

公讳光睿，字　，即西平王之令子也。神传贵绪，天付宏才。岳耸千峰，高示参天之状，河分五色，雄流贯海之波。爰自戏童，便怀异识。志公摩顶，为天上石麟，相者试声，乃人中英物。乡间共许，咸属相推，尔后暗蕴壮心，不拘小节。每见高山广泽，谓若军营，终期大戟长幡，必光庭户。

时大周广顺元年，府主大王以郡邑封疆，开拓几数千里，戎夷帐族，交杂踰百万家，户口雄豪，人心径直，每思共理，须藉奇人，因补公夏州管内蕃部越名都指挥使，奏授银青光禄大夫、检校尚书、右仆射兼御史大夫、上柱国。公承训鲤庭，事父之名早著，分司戎部，奉公之节尤坚。固晓变通，颇闲韬略，莫不明申赏罚，严示宪章。往年悖乱之徒，咸令屏迹，昔日奸凶之党，罔不悛心，致边境之无虞，俾群生之遂性。王见公之操持有则，划制多谋，谓必构之才，可以付于大事，乃奏授节度行军司马。佩紫腰金，荷明朝之盛秩，亲戎御武，壮列土之雄名。至于首厉宾阶，位参使府，上则副贤君之委寄，下则分慈父之忧勤。外作忠臣，内为孝子，芳猷令德，美熟甚焉。

无何，大宋乾德五年，西平王遐龄不享，大限告终，河朔之间，人民之主。高祖知公素怀贞节，凤抱纯诚，智善安边，谋能却敌。况夏台高地，秦土余封，非公果毅英明，莫能制也，特授公定难军节度、夏、银、绥、宥、静等州观察处置押蕃落等使，起复云麾将军、右金吾卫大将军、员外置同正员、检校太保、使持节都督夏州诸军事、夏州刺史兼御史大夫、上柱国、陇西县开国子，食邑五百户。兴嗣赏劳，国之盛典。

公自军列陟将坛，释缞服以继弓裘，舍哀杖而持节钺，虽当人不让，而受宠若惊，深增惕砺之怀，用副倚毗之念。但以勤官之道，恤物为先，惠爱所临，浇风尽格，仁慈所及，异政克新。朝庭飞驲骑以推恩，降天书而褒美，就加推忠保义翊戴功臣，定难军节度、夏银绥宥静等州观察处置押蕃落等使、特进检校太傅、使持节都督夏州诸军事、行夏州刺史兼御史大夫、上柱国、陇西郡开国公，食邑三千户，食实封八百户。

公履先良之任，居辅翼之资，位贯诸侯，秩崇五等，益多恭恪，惟务茸绥。皂盖朱轮，彰太守行春之德，红旌白羽，绾将军治乱之权。帝赖浚深，民谓愈甚。皇上运属休平，礼终告谢，方须好爵，遍及尤勋，又加推忠保顺翊戴功臣、检校太尉,名高四世,望重三公。俨万乘之皇威,总八方之戎事,仍封阶品,渐峻井田。公累其受深恩,旋膺大用,非尽治民之术,奚伸报主之门。于是,征妙道于袁黄,法玄能于廉贾。则兽渡河而蝗越境,未可言其政也,金作粟而马为羊,不足语其清也。仁风大扇,疲俗顿苏,爵有令名,光乎信史。公,陟极塞,镇名都,控群胡,御敌侵,隼舆熊轼,久彰求瘼之功,而旐矢彤弓,未尽专征之志。不意上天降祸,妖竖为灾,疾卧,明时宁止,嗟乎之恨,魂归厚夜,徒怀□下之悲耶。以戊寅年四月二十七日,薨于私地,享年四十有四矣。主上闻良帅之云亡,动皇情而兴叹,追封甚速,赗赠尤丰。卜明年岁次己卯八月二十五日,归葬于夏州朔方县仪凤乡奉政里之礼也。马立佳城,自应千年之限;龟分吉地,将延百世之期。于戏,日暗千山,云遮远天,寒风萧瑟,流水潺湲。嘉树参参兮夜猿鸣,衰草芊芊兮秋露圆,筑孤坟于兹地,享千年兮万年。

公婚濮阳郡吴氏,见封本郡夫人。次婚破丑氏,道义服家,贤明训子。宝琴弦绝,宫商之韵已乖,素脸泪浸,桃李之容永谢。元昆二人,长曰光普,见任定难军节度行军司马。次曰光新,见任管内蕃汉都军指挥使。宠弟五人,长曰光文,衙前都知兵马使。次曰光宪,见任绥州刺史。次曰光美,见任衙内都虞侯。次曰光遂,见任管内蕃部越名都指挥使。次曰光信,见任马军都指挥使。或司戎职,或典郡符。赵璧隋珠,乃人间之异宝,祥麟彩凤,为天下之殊灵。男二人,长曰继筠,次公而亡,次曰继捧,见权知夏州军府事。少贵承家,得凤毛而不悉,衷诚许国,持龙节以非遥。勇列有闻,恭和不挠,克践构堂之业,定昌祚土之荣。女三人,长适苏越罗,先公而亡。次适渎罗駅。次在室。朱门禀气,甲族联姻。优闲之德颇高,顺穆之情备显。伟矣哉!枝流相继,莫之与京,略而述焉,不可尽也。

公生自朔陲,长于王室,抱风云之气,怀日月之光,声若洪钟,眼如严电,以至宣威外阃,规节明庭,爱民忧物之情,立事成功之道,无以加也。达兴亡之理,阐教化之源,以温、良、恭、俭、让之风,自谨于己,以仁、义、礼、智、信之道,不欺于心。尽其能,可以经天地而泣神鬼,究其妙,可以静邦国而定人民,有以见公为文之道也。历韩、彭之任,踵颇、牧之能,计设六奇,谋深三覆。剑挥秋水,橇枪殄而妖孽除,弦激清风,社稷安而奸臣灭。铭钟镂鼎,未足以尽其勋,有以见公为武之道也。上遵皇化,下抚黔民,威肃百城,风行千里。仁及于物,嘉禾异亩而同芳,德感于天,膏雨随轩而洒润。既持满盈之诚,岂逾宽猛之规,有以见公为牧之能也。富贵在天,不可长保,金玉满堂,莫之能守。事君有礼,执法无私,独霸一方,平观万国。于是乎,燕台将筑,弘阁常开,来英彦于九州,纳贤才于四野。黄金白璧,乃是众资,肥马轻裘,

第五章　西夏民间文书种类功用及体式研究　265

未尝独有。说魏游秦之士，雨集庭闱，论天对日之徒，云臻户牖。常曰：座上客长满，罇中酒不空，复何忧哉，有以见公延纳之道。公帝祚传芳，侯门积庆，享寿年钟于四纪，增封户及于万余。异爵洪勋，已标竹帛，华资峻级，永焕图书。崇高之望足焉，修短之期定矣。贻叨依俭幕，久厕原宾，遽承见托之私，俾叙无穷之绩。援毫述事，忧心徒积于厚颜，变谷为陵，他日宁进于拊掌。强搜鄙思，勉勒贞珉。

谨为铭曰：

玄天罔侧，大道宁知。降乎精粹，产作英奇。波澄器量，岳立风仪。公侯绍业，将相传基。银河胤流，玉树分枝。挺生俊德，出佐明时。为国之宝，作帝之师。分忧塞境，察俗边陲。白旄黄钺，虎节龙旗。宣扬号令，慴伏羌夷。化民有法，约己无私。抑遏强暴，矜恤孤危。仁沾物类，道合神祇。珠还合浦，麦秀两歧。行轩所到，甘雨相随。人知礼让，路绝奸欺。专心翼辅，竭力匡持。文从天受，武乃神资。毫飞舞凤，箭发飞鸿。志轻邓艾，胆大姜维。布政六条，均裴之德。运筹千里，越信奚为。龟城一任，凤历十移。雄藩结好，信不可骤。邻封慕义，寇不敢窥。言于至道，事合恒规。□延□□，养育报节。勋庸克著，贵达犹宜。景分盈昃，寿有盛衰。疾生晋竖，药误秦医。逝波不返，幽魄难追，将昭具美，用纪荒词。孤坟一掩，万古成悲。

太平兴国四年岁次己卯八月二十一日
定难军押衙兼观察押司官　郑继隆书，石匠都料娥敬万镌。①

上揭《大宋故定难军节度使检校太尉赠侍中李公墓志铭并序》（或《宋故定难军节度使李光睿墓志铭并盖》）的体式包括标题＋撰者＋正文＋铭文＋押署等。

标题："大宋故定难军节度使检校太尉赠侍中李公墓志铭并序"，即某朝代＋故＋某官府某官某某公＋墓志铭并序。

撰者："夏州观察判官承奉郎试大理司直兼监察御史赐绯鱼袋郭贻撰"，即某官府某官＋赐某鱼袋＋某某撰。

正文：具体阐述墓主相关情况，分四层进行说明。第一层从"盖闻至高者天"至"源深流远者哉"，赞颂其家族的伟绩、爵里并简述其世系；第二层从"公讳光睿"至"国之盛典"，叙述其名字、身世，赞颂其祖辈开土拓疆之政绩、宋赐职官和封户状况；第三层从"公自军列陴将坛"至"享千年兮万年"，叙述其政绩、卒葬年月日、葬地等；第四层从"公婚濮阳郡吴氏"至"勉勒贞珉"，叙述其婚姻和兄弟

---

① 史金波、陈育宁主编《中国藏西夏文献》，第18册，第69—75页；杜建录《党项西夏碑石整理研究》，第137—140页。

姊妹状况、赞颂其人格品德。

铭文：从"谨为铭曰"至"万古成悲"，极力赞颂其能力、品行以及建功立业之光辉政绩等。基本以骈体写作，语言整齐，对仗工整，铿锵有力，感情充沛，有很强的亲感力。

押署："太平兴国四年岁次己卯八月二十一日，定难军押衙兼观察押司官郑继隆书，石匠都料娥敬万镌"，即"太平兴国四年岁次己卯八月二十一日"，书写和镌刻该墓志铭的具体时间；"定难军押衙兼观察押司官郑继隆书"，书法录文的某官府某官及姓名；"石匠都料娥敬万镌"，镌刻石碑的匠人及姓名等。

从目前所见西夏墓志铭来看，其撰者大部分为汉人，所以，西夏墓志铭的体式自然与中原唐宋相一致，只是有些微的差别，主要有二：一是有部分唐宋墓志铭在开头的序文中要交代撰写墓志铭的原因；二是唐宋大部分墓志铭的铭文多以散句为主。但总体来说，西夏墓志铭的写作体式学习借鉴自中原唐宋。如唐韩愈《柳子厚墓志铭》，[1]宋欧阳修《太常博士尹君墓志铭》，[2]王安石《荆湖北路转运判官尚书屯田郎中刘君墓志铭并序》[3]等。

综观以上分析，我们对西夏墓志（墓志铭）的体式归纳总结如下：

标题：某朝代＋故＋某官府某官＋某某公＋墓志铭（文）＋并序。

撰者：某官府某官＋或有赐某鱼袋＋某某＋撰。

正文：具体阐述墓主相关情况。根据墓主祖辈情况、为官经历、政绩、卒葬年月日、墓主婚姻状况、兄弟姊妹情况及人格品行等。当然，可以分层一一进行简明扼要地阐述和说明。

铭文：基本都有铭文，且用骈体写作。极力赞颂墓主之能力、品行以及建功立业之光辉政绩等。

押署：某官府某官某某书写，或年月日＋某官府某官书＋石匠某某＋镌（刻）。

第四节 序跋碑类文书功用及体式

从20世纪初至今，西夏故地黑水城、武威、银川等地出土了大量的西夏文书

---

[1] （清）姚鼐纂集《古文辞类纂》卷43，上海古籍出版社2016年，第496—497页。
[2] （清）姚鼐纂集《古文辞类纂》卷47，第538—539页。
[3] （清）姚鼐纂集《古文辞类纂》卷49，第569—571页。

档案,这些档案形式各异,种类较多,内容丰富,价值珍贵。虽然分散保存在世界各地,但经西夏学专家的多方努力,现已将大部分西夏文书档案影印收录在《俄藏黑水城文献》《中国藏西夏文献》《英藏黑水城文献》《日本藏西夏文文献》等大型文献丛书之中正式出版。这些文书档案是党项族、西夏国及其西夏遗民留存下来的第一手文字资料,是西夏政治、经济、文化、军事、宗教等各方面活动的真实记录和原始凭据。从保留下来的西夏文书档案来看,文书档案的名称基本上沿袭中原唐宋,虽说增加了一些文种,但数量并不多,其体式比较规范完整,对后世的文书撰写也有一定的影响。

西夏时期也有《书仪》,[①]即出土于黑水城的《西凉府签判向皇帝大臣上书仪》,该书仪主要针对西夏官府文书撰写时所应遵循的体式,但不一定适合于民间文书的体式。迄今为止,虽然并未见到有关西夏民间文书的体式探讨文章和专著,西夏综合性法典中也未载有关民间文书体式的规定,但实际上西夏民间文书的写作实践已经清晰地告诉我们,民间文书仍然有其具体而完善的体式。近年来,西夏学专家经过对西夏文民间文书考察研究之后认为,西夏的后序愿文"与敦煌的同类作品相比,西夏的后序愿文从形式到内容都显得更加程式化,甚至让人感觉当时所有作者在从事写作时都依照了某种既定的模板"。[②] 这充分说明了西夏各类型文书都可能是按照各自不同的功用并依据一定的体式而规范地进行写作,从而留存下来了数量比较庞大、体式完备地文书作品。

本节所称的西夏序跋碑类文书,只是为了研究的方便,对其所设定的一个特殊称谓而已。这类文书主要包括序(序文)、跋(跋文)、发愿文、题记、榜题、碑文等。我们要结合传世和出土的西夏序跋碑类实物文书,对其功用、体式进行细致入微地研究,以期完整系统地了解和掌握该类文书种类功用与体式的规律和特点,对当下该类型文书的写作提供一些借鉴。

一、西夏序(序文)之功用及体式

(一) 序(序文)之功用及种类

序(序文)作为一种实用文体大约始于春秋战国时期,其功用应指当事人在阅读、编印或散施某些文章、著作时撰写的包括介绍性、评述性或心愿性在内的文字材料,其目的是主动向社会各界推介某一文章或著作,从而实现或达到广泛

---

① 史金波《俄藏 No.6990a 西夏书仪考》,《中华文史论丛》2018 年第 1 期,第 283—304 页。
② 聂鸿音《西夏佛经序跋译注》导言,第 20 页。

周知的效果。

关于序的较早记载。据《文体明辨序说》载:"按《尔雅》云:'序,绪也。'字亦作'叙',言其善叙事理次第有序若丝之绪也。又谓大序,则对小序而言也。其为体有二:一曰议论,二曰叙事。……其序事又有正、变二体。其题曰某序,曰序某;字或作序,或作叙,惟作者随意而命之,无异义也。至唐柳氏又有序略之名,则其题稍变,而其文益简矣。今以附焉。若他类之文有序,各见本类。"①也就是说序(序文)在战国或两汉时期已经出现,而且用字"序""绪""叙"等也很随意。《文章辨体序说》记载序之写作的主要内容:"凡序文籍,当序作者之意,如赠送燕集等作,又当随事以序其实也。"②

序的种类有自序和他序两类。自序又分作者序和译者序两类。作者序是作者本人撰写的序言,是对编写或撰写某书的意图、作用、意义、价值等进行简单而全面地介绍和说明;译者序是指对被译作品的意图、翻译过程、内容、价值、意义等事项进行的阐述和说明;他序是指由作者邀请知名专家学者或知名专家学者主动给作者的文章或著作撰写的用于评价、介绍、推荐等的序言。

(二) 西夏序(序文)的功用

西夏序(序文)中,作者序为最多,译者序次之,他序最少。不论西夏的哪种序(序文),其写作照样学习借鉴了中原王朝序文的结构和语言,其功用也如中原王朝,即对某一文章或书籍的内容作一简明扼要的介绍,再评价该文章或书籍的优劣,并表达其诚挚的心愿,然后向亲友或社会公众慎重推介该文章或书籍。如传世的西夏序文《番汉合时掌中珠序》《慈悲道场忏法序》《大白高国新译三藏圣教序》等。

(三) 西夏序(序文)之体式

西夏序(序文)的体式不像官府文书那样十分严谨和规范,而且看不出有明显的首称和末称,但如聂鸿音先生所说:"从形式到内容都显得更加程式化。"③这种程式化体现在结构模式的固定化,这比宋朝序文如欧阳修《五代史伶官传序》、曾巩《战国策目录序》等的体式要严谨固化得多。所以,根据西夏序文实物归纳、总结其体式,从而让我们了解和掌握西夏序文的体式。

以结构体式较为完整的西夏大臣斡丘撰写的俄 Инв. No.234 西夏文《五部经序》汉译文为例:

---

① (明) 徐师曾《文体明辨序说》,第 135 页。
② (明) 吴讷《文章辨体序说》,第 42 页。
③ 聂鸿音《西夏佛经序跋译注》导言,第 20 页。

第五章　西夏民间文书种类功用及体式研究　269

愚闻：

佛陀之教，万化同弘，引领诸类。德言殊妙，智聪人难悟其宗；至理幽玄，根劣者焉量其体？方便穷思，威灵莫计。一乘开阐，千界摄持，缩则入于微尘，盈则遍至十方。圆融似海，无际无边；虚旷如冥，叵明叵测。周国式微，如来西现；汉王初兴，摩腾东至。如同夜梦，乃转明言，译贝多字，教导愚顽。善本一时出现，教法万古常行。

昔我佛度死海沉沦之苦，救火宅焚灼之灾，具足慈心，乃生誓愿。利益一切有情故，遂造五部经。

其中《守护大千国土经》曰：一时如来住鹫峰山，比丘俱来逝多林。摩竭提国阿闍世王布施珍宝，诚信供养。尔时大地震动，烟云普覆，恶风雷震，雨雹霹雳，日月无光，星宿隐蔽。我佛以无眼观察，悉见人民惶怖。《孔雀经》曰：一时世尊在室罗伐城边逝多林园，有一苾刍娑嚩底，学毗奈耶教，为众破薪，营澡浴事。毒蛇从朽木孔骤出，奔勇螫人，即伤其趾。《大寒林经》曰：尔时世尊于寒林中，四大天王黄昏而往，药叉、犍跶娑、供畔拏、诸龙扰恼人民故，乃说忏法。《随求皆得经》者，婆罗门所问，诵读受持世尊所说心咒，皆得随愿满足。《大密咒受持经》者，世尊真言，梵王持受，除断群魔，悉成诸愿。今五部陀罗尼者，造作诸法异形，随从一乘同体。神咒功广，能遣天王，勇力通灵，全消鬼魅。若人受持，读诵斯经，降伏所有邪魔，远离一切灾祸。如是众类部多，悉皆言之不尽。

当今皇帝，权威镇摄九皋，德行等同三平，行前朝之大法，成当今之巨功。敬礼三宝，饶益万民，上证佛经故，乃发诚信愿，延请鹫峰比丘，远译贝多梵字，广传尘界，永利愚蒙。

愿：修善者善根茂盛，径达彼岸；做恶者恶心止息，成就善提。

臣齐丘稍学诗赋，未通教理，不敢违诏，乃撰序文。身心思忖，惶恐不已。语句虽俗，其合圣主之心。

谨呈。①

从上揭俄 Инв. No. 234 西文《五部经序》汉译文的体式来看，有首称、主体、末称三部分内容。

首称："愚闻。"

正文：序文的具体内容，分六层进行阐述。第一层从"佛陀之教"到"教法万古长行"，主要是对佛与佛法的赞颂；第二层从"昔我佛度死海沉沦之苦"到"遂造

---

① 聂鸿音《西夏佛经序跋译注》，第 77—78 页。

五部经"，主要述说翻译五部经的原因；第三层从"其中《守护大千国土经》"至"悉皆言之不尽"，解说五部经的来龙去脉和赞颂五部佛经的威力；第四层从"当今皇帝"到"永利愚蒙"，对皇帝的权威和所作功德的总述；第五层从"愿：修善者善根茂盛"到"成就菩提"，则是该序文发出的祈愿；第六层从"臣齐丘稍学诗赋"到"其合圣主之心"，则述撰者和奉诏撰写序文的情况。

末称："谨呈"，即固定套语。

上揭俄 Инв. No.234 西夏文《五部经序》的汉译文之体式类似于官府上行文书呈状，首称有比较固定和典型的语词标志，末称也有固定的术语，可谓体式齐全完整。

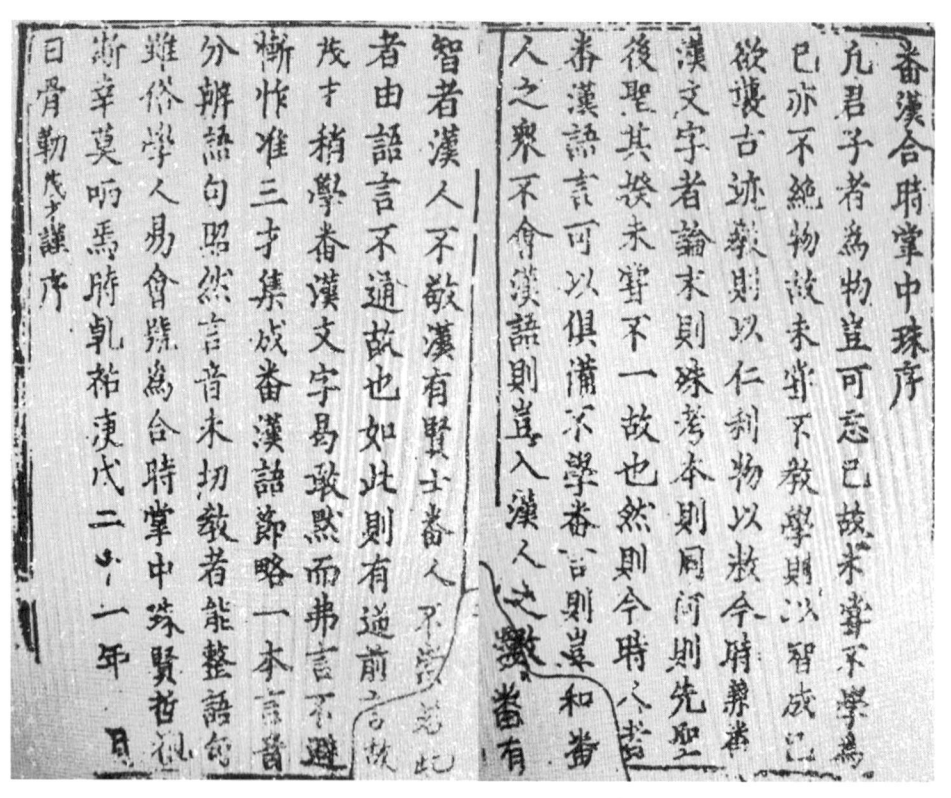

图 5-13　番汉合时掌中珠序①

此外，西夏有的序文还可丰富西夏序文之体式，特别是押署和首末称。如德慧撰写的《过去未来现在贤劫千佛供养次第仪序》首称："今闻：三世之贤劫千佛

---

① （西夏）骨勒茂才著，黄建华、聂鸿音、史金波整理《番汉合时掌中珠》，第5—6页。

第五章 西夏民间文书种类功用及体式研究 271

者……"末称残。① 骨勒茂才撰写的《番汉合时掌中珠序》的押署和末称:"时乾祐庚戌二十一年月日,骨勒茂才谨序。"②即皇帝年号+干支纪年+年月日+作者+谨序。

再如仁宗仁孝撰写的西夏文和汉文的《圣佛母般若波罗蜜多心经御制后序》的押署和末称:"天盛十九年岁次丁亥五月初九日,奉天显道耀武宣文神谋睿智制义去邪惇睦懿恭皇帝谨施。"③即皇帝年号+年度+岁次+干支纪年+月日+皇帝尊号(或作者)+谨施。如贺宗寿撰写的汉义《密咒圆因往生集序》首称:"窃惟:总持无文……"押署和末称:"时大夏天庆七年岁次庚申孟秋望日,中书相贺宗寿谨序。"④即某朝代+皇帝年号+年度+岁次+干支纪年+某季某日+某官+某某+谨序。上述西夏序文的押署和首末称都比较具体,可完全弥补和丰富西夏序文押署和首末称体式。

此外,从上分析可知,序文的体式与官府文书有一些区别,即官府文书的押署一般情况下在末称之后,而序文的押署则在末称之前。

综上分析,我们可以总结西夏序(序文)之体式如下:

  首称:并无完全定式,或"愚闻""今闻""窃惟"等。

  正文:序文的具体内容(可根据内容的多寡,分条列项或分层次的对主要内容进行具体阐述)。

  押署:皇帝年号+干支纪年+年月日+作者,或某朝代+皇帝年号+年度+岁次+干支纪年+某季某日+皇帝尊号(作者姓名或职官)等。

  末称:或谨呈,或谨序,或谨施,或其他固定套语等。

二、西夏跋(跋文)之功用及体式

(一) 跋(跋文)之功用

跋(跋文),也称后序或题跋,作为实用文体,大约始于宋朝,经元、明、清一直到现当代沿用不辍,而且不断地发展完善和创新,存世的跋文数量也随着时代推移和社会发展而不断增多。跋(跋文)的功用是指作者附在文章或书籍后面对所撰文章或书籍之意图、或价值意义、或写作过程等作补充、说明或肯定等。《文体明辨序说》云:"题跋者,简编之后语也。凡经传子史诗文图书之类,前有序引,后

---

① 聂鸿音《西夏佛经序跋译注》,第 43 页。
② (西夏)骨勒茂才著,黄建华、聂鸿音、史金波整理《番汉合时掌中珠》,第 5—6 页。
③ 史金波、魏同贤、(俄)克恰诺夫主编《俄藏黑水城文献》,上海古籍出版社 1996 年,第 3 册,第 76—77 页;聂鸿音《西夏佛经序跋译注》,第 39—40 页。
④ 聂鸿音《西夏佛经序跋译注》,第 178—179 页。

有后序,可谓尽矣。其后览者,或因人之请求,或因感而有得,则复撰词以缀于末简,而总谓之题跋。至综其实则有四焉:一曰题,二曰跋,三曰书某,四曰读某。夫题者,缔也,审缔其义也。跋者,本也,因文而见本也。书者,书其语。读者,因于读也。题、读始于唐,跋、书起于宋。曰题跋者,举类以该之也。"①《文章辨体序说》有载:"跋者,随题以赞语于后……跋语不可太多,多则冗;尾语宜峭拔,使不可加。"②以上史实证明了跋文的产生时代、发展演变和写作要求等。

目前所见最早的跋文应是宋欧阳修《集古录跋尾》卷一至卷十中收录的若干篇跋文,如《古敦铭跋》《后汉北岳碑跋》《后汉无名碑跋》《杂法帖跋》《赛阳山文跋》③等。

(二) 西夏跋(跋文)之功用

西夏同样借鉴和吸收了中原唐宋跋文这一文体,其功用完全同中原宋朝,即作者附在所写文章或书籍后面并对其文章或书籍作补充说明或肯定性的文字。西夏留存和出土的跋文数量并不多,但内容较为丰富,也比较珍贵。如西夏文《圣观自在大悲心总持并胜相顶尊总持复刻跋》《圣佛母般若波罗蜜多心经御制后序》《仁王护国般右波罗蜜多经校译跋》等。

(三) 西夏跋(跋文)之体式

西夏跋文数量并不多,而且"存世的西夏文献里没有以'跋'为题的文章,我们现在所说的'跋'仅用于拟题,指的是附在佛经卷末记述校译刊印缘由的短文"。④ 为此,根据目前已经拟题为西夏跋文且公布的实物文书总结归纳跋文的体式。下面例举结构体式较为齐全的仁宗仁孝撰写的西夏文《圣佛母般若波罗蜜多心经御制后序》汉译文如下:

> 夫真空绝相,声色匪得以求;妙有不无,庸人不可以测。我佛世尊,恢照悲心,从根教化,无机不应。欲因言显不言奥义,懋阐真空;缘以物示不物玄法,廓昭妙有。施会万行,慧彻三空,乘般若舟,俾达彼岸。如是深法,斯经中说。文简义丰,理幽辞显,统括十二部教,总释六百卷经。色即是空,风恬万浪止息,真性寂静;空即是色,月照百江生影,妙用昭彰。不近二边,不著

---

① (明) 徐师曾《文体明辨序说》,第 136 页。
② (明) 吴讷《文章辨体序说》,第 45 页。
③ (宋) 欧阳修《集古录跋尾》,吉林文史出版社 2001 年,第 6—35 页。注:是书为中国现存最早的金石学著作,共 10 卷,成书于宋嘉祐八年(1063);此外,曾枣庄、刘琳主编《全宋文》卷 719—728,第 34 册,第 99—336 页也有收录。
④ 聂鸿音《西夏佛经序跋译注》导言,第 19 页。

中道，绝蠹五蕴，涤除六尘。四生有情，仗乎兹法，度脱苦厄；三世诸佛，依乎此义，果证菩提。

朕既睹如是功效，用答转身慈母皇太后生养劬劳之恩德，于周年忌日之辰，遂陈诚愿。

寻命兰山觉行国师沙门德慧，重将《圣佛母般若心经》与梵、西番本仔细校雠，译番、汉本，仍与《真空观门施食仪轨》连为一轴，开板印造二万卷，散施臣民。仍请觉行国师等烧结灭恶趣道场，于作救拔六道法事之外，并请演《金刚般若》及《心经》，作莲花会大乘忏悔，放幡、救生、施贫清苦等。

以兹胜善，伏愿：慈母圣贤荫庇，往生净方，诸佛持护，速证法身。又愿六庙祖宗，恒游极乐，万年……一德大臣，百祥咸萃，诸方民庶，共享安宁。

天盛十九年岁次丁亥五月初九日，奉天显道耀武宣文神谋睿智制义去邪惇睦懿恭皇帝谨施。①

另有俄 TK128 汉文《圣佛母般若波罗蜜多心经后序》，其影印件如下：

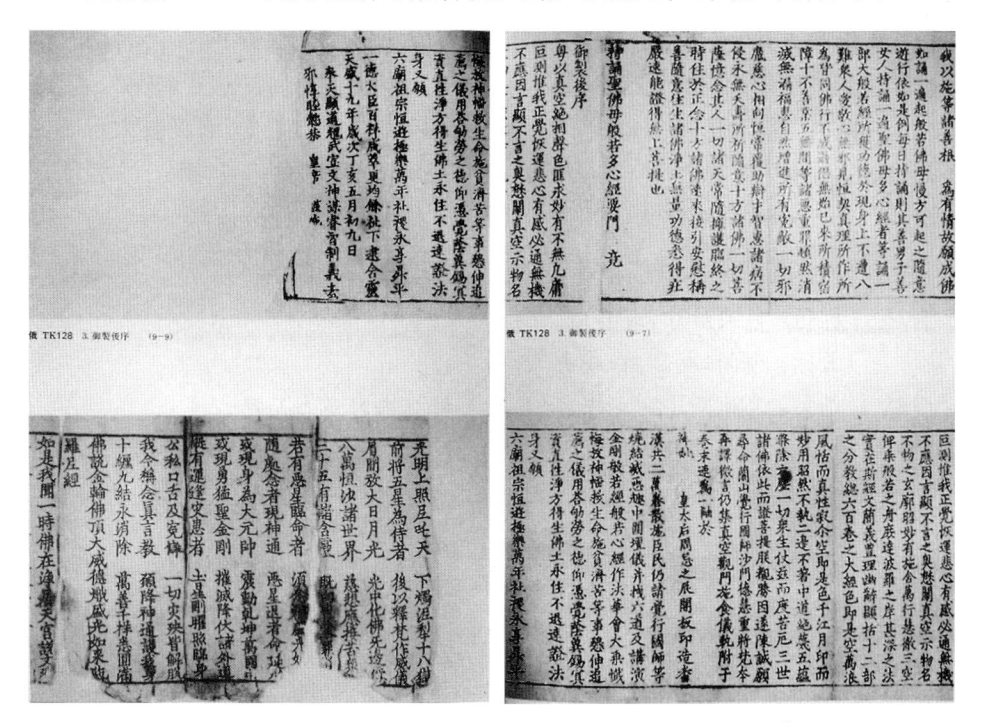

图 5-14　俄 TK128 汉文《圣佛母般若波罗蜜多心经后序》②

---

① 聂鸿音《西夏佛经序跋译注》，第 39—40 页。
② 史金波、魏同贤、(俄) 克恰诺夫主编《俄藏黑水城文献》，第 3 册，第 76—77 页。

将上揭汉文本《圣佛母般若波罗蜜多心经后序》与上揭西夏文《圣佛母般若波罗蜜多心经御制后序》进行仔细核查比较,发现二者的内容完全相同,体式也基本一致,只是汉文本后序增加了标题而西夏文后序缺少标题。上揭两篇西夏文和汉文的《圣佛母般若波罗蜜多心经后序》的体式应为:标题＋首称＋正文＋押署＋末称几部分。标题:从上揭两篇后序来看,标题可有可无,似乎不影响文意;首称:或以"夫"作发语词;正文:分四层具体阐述内容。第一层从"夫真空绝相"到"果证菩提",简述对佛和佛法的赞颂。第二层从"朕既睹如是功效"到"遂陈诚愿",述说印造佛经的原因。第三层从"寻命兰山觉行国师沙门德慧"到"施贫清苦等",对所做功德的简单叙述。第四层从"以兹胜善"到"共享安宁",发出的祈愿;押署:"天盛十九年岁次丁亥五月初九日,奉天显道耀武宣文神谋睿智制义去邪惇睦懿恭皇帝",即皇帝年号＋年度＋岁次＋干支纪年＋月日＋皇帝尊号(或施者或作者);末称:"谨施",这是几乎所有文书所惯用的固定套语。

除此之外,有一些后序或跋文还可以弥补西夏跋文的首称形式。如佚名撰写的《无垢净光总持后序》首称:"今闻:《无垢净光总持》者……"①佚名撰写的《圣胜慧到彼岸功德宝集偈后序》首称:"恭闻:《胜慧彼岸》者……"②等。

当然,由于各种因素的影响,有些跋文或后序则只有正文,而无首末称。如郭善真撰写的西夏文《圣观自在大悲心总持并胜相顶尊总持复刻跋》、③智能撰写的俄 Инв. No.683 西夏文《仁王护国般若波罗蜜多经校译跋》④等。

综合以上阐述和分析,西夏跋(跋文)体式可总结归纳如下:

标题:某某后序,或其他。⑤
首称:今闻,或恭闻,或夫等。
正文:具体阐述跋文内容(层次可根据内容多寡而定)。
押署:皇帝年号＋年度＋岁次＋干支纪年＋月日＋皇帝尊号(或施者或作者)。
末称:谨施,或其他固定套语等。

---

① 聂鸿音《西夏佛经序跋译注》,第 64 页。
② 聂鸿音《西夏佛经序跋译注》,第 114 页。
③ 聂鸿音《西夏佛经序跋译注》,第 62 页。
④ 聂鸿音《西夏佛经序跋译注》,第 126 页。
⑤ 注:这不是西夏跋文写作的必需要素,所以,西夏文跋文未见到标题,而汉文跋文或后序则有标题,这显示出了西夏文书写作的独创性。

三、西夏发愿文之功用及体式

(一) 发愿文发展演变及功用

正如聂鸿音先生所说,"如所周知,记录僧俗礼佛愿望的'发愿文'最早见于南北朝时代,存世最丰富的资料出自敦煌藏经洞,到了唐宋时期,这类文章更是大行于世"。[1] 可见,发愿文应该始于魏晋南北朝时期,其功用则是指当事人(僧俗礼佛者)专门用于佛教法事活动中体现或通报施主愿心等。如北魏《敦煌莫高窟第431窟谢214洞外额 发愿文》[2]等。

发愿文这一文种在魏晋南北朝之后得到了迅猛发展,特别是唐宋时期,发愿文的质量和数量都得到了提升。不仅沿袭前朝发愿文功用,而且功用也有所扩大,涉及祈求上苍保佑或护助等。如《续资治通鉴长编》载:"……乃作发愿文,遣工部郎中直集贤院李建中、内殿崇班张承素赍诣泗州,依道释二教设斋醮宣读,及祭溺者。"[3] 又史载:"……内仁宗所赐红罗紫绣袈裟,上有御书《发愿文》,曰:'佛法长兴,法轮常转。国泰民安,风雨顺时……'"[4]《宋史》载:靖康"二年,遣诣金营充贺正旦使。既归,又从上幸青城。及上皇出郊,杞日侍左右,衣不解带,食不食肉,上皇制发愿文,述祈天请命之意,以授杞。杞顿首泣。及北行,须发尽白"。[5] 如唐朝僧人写的《怡山发愿文》、宋雍熙二年十月十九日绢本彩绘《敦煌莫高窟十二面六臂观音变相发愿文》、宋黄庭坚元丰七年在泗州僧伽塔写的《发愿文》等。

(二) 西夏发愿文之功用

西夏沿袭中原王朝发愿文这一专用文书种类,而且有时还创造性地将"后序"和"愿文"两个文种合二为一使用在佛事活动中,"这大约是因为当时的'后序'大都包含祈愿的成分"。[6] 其功用同样普遍适用于西夏境内各官府、民间法事活动之中,主要用来述说施主(僧俗礼佛者)的愿心等。从《俄藏黑水城文献》《中国藏西夏文献》《英藏黑水城文献》等大型文献丛书之中收录的西夏文、汉文发愿文来看,其数量在70篇左右,有的发愿文还堪称精品。如梁吉祥屈的西夏

---

[1] 聂鸿音《西夏佛经序跋译注》导言,第18页。
[2] 徐自强等编著《敦煌莫高窟题记汇编》,文物出版社2014年,第374页。
[3] (宋)李焘《续资治通鉴长编》卷79,第1805页。
[4] 顾宏义、李文整理标校《宋代日记丛编·吴船录》,上海书店出版社2013年,第846页。
[5] (元)脱脱等《宋史》卷246,第8726页。
[6] 聂鸿音《西夏佛经序跋译注》,第20页。

文《佛说父母恩重经发愿文》、贺宗寿的西夏文《拔济苦难陀罗尼经发愿文》、太后梁氏的西夏文《大乘无量寿经后序发愿文》、仁宗仁孝的西夏文《圣大乘三归依经后序愿文》等。

(三) 西夏发愿文的体式

由于发愿文发展的历史较长,经历西夏时期时已经比较完善和成熟,所以,西夏发愿文的体式自然也就比较固定和完整。

以内容结构完整的西夏仁宗仁孝的汉文《圣大乘三归依经发愿文》为例总结其体式。下面附该发愿文的影印件和录文如下:

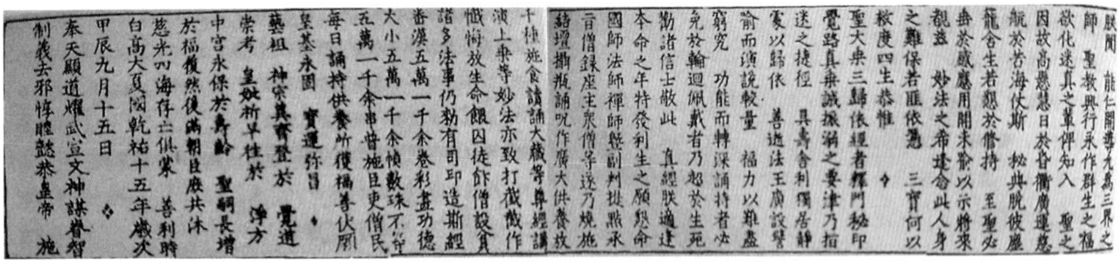

图 5-15 汉文《圣大乘三归依经发愿文》

朕闻:能仁开导,允为三界之师;圣教兴行,永作群生之福。欲化迷真之辈,俾知入圣之因,故高悬慧日于昏衢,广运慈航于苦海。仗斯秘典,脱彼尘笼,含生若肯于修持,至圣必垂于感应。用开未喻,以示将来。睹兹妙法之希逢,念此人身之难保,若匪依凭三宝,何以救度四生?

恭惟《圣大乘三归依经》者,释门秘印,觉路真乘,诚振溺之要津,乃指迷之捷径。具寿舍利,独居静处以归依;善逝法王,广设譬喻而演说。较量福力以难进,穷究功能而转深,诵持者必免于轮回,佩戴者乃超于生死。劝诸信士,敬此真经。

朕适逢本命之年,特发利生之愿。恳命国师、法师、禅师暨副判、提点、承旨、僧录、座主、众僧等,遂乃烧施结坛,摄瓶诵咒,作广大供养,放千种施食。读诵大藏等尊经,讲演上乘等妙法。亦致打截截、作忏悔、放生命、喂囚徒、饭僧、设贫诸多法事。仍敕有司,印造斯经番汉五万一千余卷、彩画功德大小五万一千余帧、数串不等五万一千余串,普施臣吏僧民,每日诵持供养。

所获福善,伏愿皇基永固,宝运弥昌。艺祖神宗,冀齐登于觉道;崇考皇妣,祈早往于净方。中宫永保于寿龄,圣嗣长增于福履。然后满朝臣庶,共沐慈光;四海存亡,俱蒙善利。

时白高大夏国乾祐十五年岁次甲辰九月十五日,

奉天显道耀武宣文神谋睿智制义去邪惇睦懿恭皇帝　施。[1]

从上揭汉文《圣大乘三归依经发愿文》来看，其体式有首称、正文、押署、末称等，可以说体式完整和齐全。首称："朕闻……"正文：具体分四层来阐述相关内容。第一层从"能仁开导"至"何以救度四生"，则是对佛和佛法的总体赞颂。第二层从"恭惟《圣大乘三归依经》者"至"敬此真经"，对该经圣力无限的宣传。第三层从"朕适逢本命之年"至"每日诵持供养"，是对其所做功德的全面述说。第四层从"所获福善"至"俱蒙善利"，是其所发愿心；押署："时白高大夏国乾祐十五年岁次甲辰九月十五日，奉天显道耀武宣文神谋睿智制义去邪惇睦懿恭皇帝"。即某朝代＋皇帝年号＋年度＋岁次＋干支纪年＋月日＋皇帝尊号（或作者或礼佛者）；末称："施"，即为发愿文中的固定套语。

此外，西夏的其他一些发愿文还可以弥补和丰富其体式，如仁宗仁孝的汉文《观弥勒菩萨上生兜率天经发愿文》标题："施经发愿文"，即行为动作＋文种；首称："朕闻……"正文：该发愿文的具体内容；押署："奉天显道耀武宣文神谋睿智制义去邪惇睦懿恭皇帝"，即皇帝尊号；末称："谨施"，固定套语。[2] 梁吉祥屈的西夏文《佛说父母恩重经发愿文》（汉译文）首称："今闻……"正文：具体阐述相关内容；押署："天盛壬申四年五月日智"，即皇帝年号＋干支纪年＋具体年度＋月日＋施者（姓或姓名）；末称："施"，固定套语。[3] 皇太后罗氏印施的汉文《佛说转女身经发原文》的首称："恭闻……"正文：具体内容；押署和末称："天庆乙卯二年九月二十日，皇太后罗氏发愿谨施"，[4]即皇帝年号＋干支纪年＋具体年度＋月日＋作者（姓或姓名）＋发愿谨施（固定套语）。李智宝的汉文《无量寿王经并般若心经发愿文》首称："盖闻《无量寿王经》者……"正文：具体内容；押署和末称："时皇建元年十一月初五日，众圣普化寺连批张盖副使沙门李智宝谨施，西天智圆刁，索智深书。"[5]即皇帝年号＋具体年月日＋施者（某寺某职位某某）＋谨施（固定套语）＋雕写者姓名。秦晋国王印施汉文《金刚般若波罗蜜经发愿文》首称："窃以有作之修……"正文：具体内容；押署和末称："时天盛十九年五月日，太师上公总领军国重事秦晋国王　谨愿"，[6]即皇帝年号＋具体年月日＋作者（某官府某官之姓或姓名）＋谨施（固定套语）等。

---

[1]　史金波、魏同贤、(俄) 克恰诺夫主编《俄藏黑水城文献》，第 3 册，第 51—53 页。
[2]　史金波、魏同贤、(俄) 克恰诺夫主编《俄藏黑水城文献》，第 2 册，第 47—48 页。
[3]　聂鸿音《西夏佛经序跋译注》，第 32—33 页。
[4]　史金波、魏同贤、(俄) 克恰诺夫主编《俄藏黑水城文献》，上海古籍出版社 1996 年，第 1 册，第 198—224 页。
[5]　史金波、魏同贤、(俄) 克恰诺夫主编《俄藏黑水城文献》，第 2 册，第 7 页。
[6]　史金波、魏同贤、(俄) 克恰诺夫主编《俄藏黑水城文献》，第 3 册，第 70—71 页。

综合以上分析,西夏发愿文完整体式应总结归纳如下:

标题:施经+发愿文,或其他。①
首称:某闻,或恭闻,或伏以,或盖闻,或窃以等。
正文:阐述发愿文的具体内容(其层次可根据内容多少而定)。
押署:某朝+皇帝年号+年度+岁次+干支纪年+年月日+某某尊号+施主或发愿者(姓或姓名)。
末称:谨施,或某某施,或谨愿等,或附有雕写者姓或姓名。②

四、西夏题记之功用及体式

(一) 题记发展演变及功用

题记文书从目前最新研究成果来看大约始于汉朝,③这比史籍记载的要早一个时代。南朝梁释智恺《大乘起信论序》载:"余虽慨不见圣,庆遇玄旨,美其幽宗,恋爱无已,不揆无闻,聊由题记,偿遇智者,赐垂改作。"④目前已见到汉朝的实物题记文书,而南北朝时期也留存下来了数量比较丰富的题记文书,如北周《敦煌莫高窟第428窟中心龛柱伯135题记》《敦煌莫高窟第430窟南壁敦430南壁上端图案边题记》、北魏《敦煌莫高窟第431窟前室伯130题记》⑤等。

魏晋南北朝之后的各朝都有所沿袭和发展,至今还在使用题记这样的文书,而且功用也与前朝基本一致。唐司空图诗《次韵和秀上人游南五台》中载:"中峰曾到处,题记没苍苔……"⑥如唐朝《敦煌莫高窟第16窟北壁谢151洞口南壁题记》《敦煌莫高窟第41窟北壁敦41北壁西起千佛第六、七行间题记》⑦等。宋李焘《续资治通鉴长编》载:"庚申,有司备仗卫、道门威仪、教坊乐,自万岁殿道场奉天书赴朝元殿后幄刻玉,上亲酌献。自是刻玉使日诣焚香,副使番往视镌刻,其篇号、题记、年月皆上亲书。"⑧如宋朝《敦煌莫高窟第25窟甬道北壁伯138题记》《敦煌莫高窟第55窟甬道南壁伯118f题记》⑨等。据明清艺文志记载,明清之时

---

① 注:发愿文的标题为可选要素,可根据施经或发愿的具体情况来定,可有标题,或可无标题。
② 注:发愿文末称中的雕写者应为可选要素,可根据实际情况而定。
③ 冷柏青《四川东汉崖墓题记书法研究》,《四川戏剧》2017年第1期,第137—141页;周俊麒《乐山东汉崖墓石刻文字考》,《东山师范学院学报》2001年第3期,第90—95页。
④ (清) 严可均校辑《全上古三代秦汉三国六朝文·全梁文》卷74,第3400页。
⑤ 徐自强等编著《敦煌莫高窟题记汇编》,第366—372页。
⑥ (清) 彭定求等《全唐诗》卷632,第7246页。
⑦ 徐自强等编著《敦煌莫高窟题记汇编》,第13—21页。
⑧ (宋) 李焘《续资治通鉴长编》卷83,第1891页。
⑨ 徐自强等编著《敦煌莫高窟题记汇编》,第14—28页。

的题记文书数量非常丰富,如明文征明《游华山寺题记》《画竹题记》《画梅题记》等。

由此题记实物文书及相关史籍记载可知,题记的功用是指在名胜古迹或宗教圣地或有纪念意义的地方或书籍文章等处题写说明性或补充性或祈愿性的文字。正因为如此,所以,我国各地有关名胜古迹处大都题写有题记,摩崖处题写有题记,宗教施经时也题写有题记,墓葬处也或有题记。题记的使用对象、使用范围十分广泛。

(二) 西夏题记之功用

西夏题记的书写载体十分丰富,有石质、木质、绢质、纸质等。造像题记、石窟题记等均是刻写在石头上用于补充说明相关事项的文字材料,"宗教造像题记是宗教石刻造像的纪念说明性石刻文字,又称造像碑。这种石刻档案出现于南北朝时代"。[①] 如敦煌莫高窟窟群汉文题记大都刻写在石壁上;有些墓葬题记书于木头上,如拜寺沟方塔塔心柱西夏大安二年墨书题记、西夏天庆年间任西路经略司兼安排官□两处都案刘仲达及妻木缘塔题记等;施经题记大多书写于纸上,记载施经愿心等,如西夏印施佛经的西夏文或汉文题记等。

西夏题记文书,主要是指在宗教领域进行各种活动或仪式时题写在宗教场所的某处或书籍文章等处具有说明性、补充性或祈愿性的文字。西夏信奉佛教,所以,从中央到地方的官方或民间在进行各种宗教活动时都会题写题记文书以示纪念或表达愿心等,于是西夏保留下来了数量比较多的题记文书。如西夏文《圣佛母般若心经并持诵要门施经题记》、袁宗鉴的汉文《金轮佛顶大威德炽盛光佛如来陀罗尼经发愿题记》等。还有莫高窟、榆林窟、甘肃武威西郊林场出土墓葬等处的题记,如《敦煌莫高窟第443窟敦443东壁功德记东壁墨书西夏题记》《敦煌莫高窟第450窟敦450甬道北壁西夏题记》[②]等。

(三) 西夏题记之体式

从目前所见西夏题记来看,其篇幅长短不一,有的成篇章,有的零星几字或只题写姓名等,故其体式并无固定。但可以通过题记实物大致进行归纳和总结,以掌握西夏题记写作的体式。如榆林窟15窟门顶右边有一处体式完整齐全的

[①] 徐立刚《中国古代石刻档案的源流与特点》,《档案与建设》2000年第12期。
[②] 徐自强等编著《敦煌莫高窟题记汇编》,第382—387页。

长篇汉文《题记》,录文如下:

  阿育王寺释门赐紫僧惠聪姓张住持窟记。

  盖闻五须弥之高峻,劫尽犹平。四大海之滔深,历数潜息。轮王相福,无逾于八万四千。释迦装严,难过于七十九岁,咸归化迹。

  况惠聪是三十六物有漏之身,将戴弟子僧朱什子、张兴遂、惠子、弟子弗兴、安住及白衣行者王温顺等七人,住于榆林窟峪,住持四十日,看读经疏文字,稍薰习善根种子,洗身三次,因结当采菩提之因。回见此容是圣境之地,古人是菩萨之身,石墙镌就寺堂,瑞容弥勒大像一尊,高一百余尺,三十二相,八十种好,端严峪内,□水常流,树木稠林,白日圣香烟起,夜后明灯出现。本是修行之界,昼无恍惚之心,夜无恶竟之梦,所将上来圣境,原是皇帝圣德圣感。

  伏愿皇帝万岁,太后千秋,宰官常居禄位,万民乐业海长清,永绝狼烟,五谷熟成,法轮长转。又愿九有四生蠢动含灵,过去现在未来父母师长等,普缘早离幽冥,生于兜率天宫,面奉慈尊,足下受记。然愿惠聪等七人及供衣粮行婆真顺小名安和尚、婢行婆真善小名张怀、婢行婆张昕小名朱善子,并四方施主,普皆命终,于后心不颠倒,免□地狱,速转生于中国,值迁明师善友,耳闻妙法,悟解大乘,聪明智慧者。况温顺集习之心,记□□□□之理,韶智不迷,后人勿令□责千万,遐迩缘人,莫□□之心。佛……

  国庆五年岁次癸丑十二月十七日题记。①

上揭榆林窟15窟门顶右边汉文题记文书的体式完整齐全,有标题、首称、正文、押署和末称。标题:"阿育王寺释门赐紫僧惠聪姓张住持窟记",即某某寺(或某官府)+某某僧(某某官)+某某窟(题)记;首称:"盖闻……"正文:该题记具体分三层阐述相关内容。第一层从"五须弥之高峻"至"咸归化迹",是对佛的赞颂。第二层从"况惠聪是三十六物有漏之身"至"原是皇帝圣德圣感",是对所做功德的叙述。第三层从"伏愿皇帝万岁"至"莫□□之心。佛……"是所发愿心;押署和末称:"国庆五年岁次癸丑十二月十七日题记",即皇帝年号+年度+岁次+干支纪年+月日+题记等。

再如汉文《密咒圆因往生集录》印施题记的体式也较为齐全,附该题记的影印件及录文如下:

---

① 陈炳应《西夏文物研究》,宁夏人民出版社1985年,第5—6页。

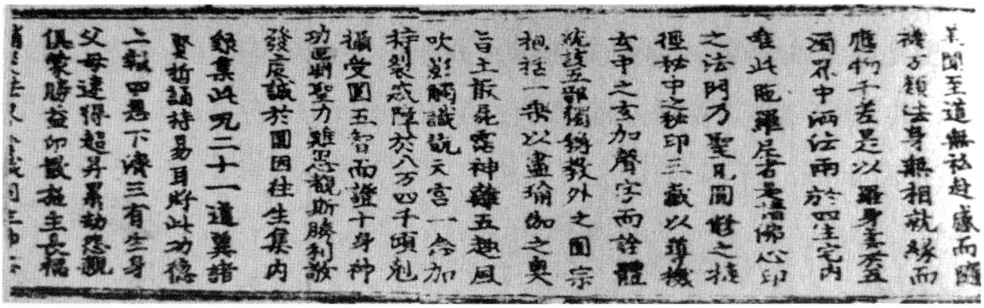

图 5-16 汉文《密咒圆因往生集录》印施题记①

盖闻至道无私,赴感而随机万类;法身无相,就缘而应物千差。是以罗身云于五浊界中,洒法雨于四生宅内,唯此陀罗尼者,是诸佛心印之法门,乃圣尼凡圆修之捷径。秘中之秘,印三藏以导机;玄中之玄,加声字而诠体。统该五部,独称教外之圆宗;抱括一乘,以尽瑜伽之奥旨。土散尸霜,神离五趣;风吹影触,识玩天宫。一念加持,裂惑障于八万四千;倾克摄受,圆五智而十身。神功叵测,圣力难思。睹斯胜利,敬发诚于《圆因往生集》内,录集此咒二十一道,冀诸贤哲诵持易耳。将此功德,上报四恩,下济三有。生身父母,速得超升;累劫怨亲,俱蒙胜益。印散施主,长福……

上揭汉文《密咒圆因往生集录》印施题记文书的体式有首称:"盖闻……"正文:具体内容(后半部分残);末称:残缺。

如俄 Инв.No.5130 西夏文佛经题记汉译文移录如下:

西天大巧健钵弥毗陀迦□波□讹所译传,

比丘吉卓执梵本勘定羌译,

复大钵弥怛吉祥果名无死与勒兀路赞讹谋多智众师执梵本再勘正译。

五明现生寺院讲经律论辩番羌语比丘李慧明、五台山知解三藏国师沙门杨智幢新译番文,

出家功德司正禅师沙门宠智满证义,

出家功德司正副使沙门没藏法净缀文,

出家功德司承旨沙门尹智有执羌本校。

御前疏润校都大勾当中兴府签判华阳县司检校罔仁持,

御前疏润印活字都大勾当出家功德司承旨尹智有,

御前疏润印活字都大勾当工院正罔忠敬。

---

① 史金波、魏同贤、(俄)克恰诺夫主编《俄藏黑水城文献》,第4册,第363页。

光定丙子六年六月　日。①

上揭俄 ИHB．No.5130 西夏文佛经题记文字较多,不管是从梵文到藏文的译校者、从藏文到西夏文的译校者、御前疏润还是最后的时间,其实质内容就是某篇题记文书的押署,即构成要素是:某寺某僧(或某官)+某事+年月日。

如泥讹遣成的俄 ИHB．No.4090 西夏文《圣佛母般若心经并持诵要门施经题记》汉译文如下:

为报阿爷勤□及阿娘野货氏养育之恩,自家多年书写金字墨字《心经》并散施所需念定功能等,施于众人。

施者子泥讹遣成。

书此字者泥讹遣茂。②

上揭俄 ИHB．No.4090 西夏文题记的体式:首称:残缺;正文:具体述说题记之缘由和所做功德等;末称:残缺;押署:"施者子泥讹遣成,书此字者泥讹遣茂",即施者姓名+书写者姓名。

再如俄 ИHB．No.570 西夏文《圣六字增寿大明陀罗尼经发愿题记》汉译文移录如下:

发愿者嵬啰氏夫人。

许愿者嵬啰赋谕。

舅姑宝,亥年八月六日夜傍晚入夜时生。

舅舅孙,牛年五月二十七日晨巳时分生。

此经发愿者嵬啰氏夫人。

此经许愿者嵬啰茂娱。③

上揭俄 ИHB．No.570 西夏文题记的体式,首称:"发愿者嵬啰氏夫人。许愿者嵬啰赋谕。"即发愿者姓名+许愿者姓名;正文:发愿和许愿的对象;末称:残缺;押署:"发愿者嵬啰氏夫人。许愿者嵬啰赋谕。"即发愿者姓名+许愿者姓名。

袁宗鉴的汉文《金轮佛顶大威德炽盛光佛如来陀罗尼经发愿题记》首称:残缺;正文:具体阐述相关愿心;押署:发愿者姓名(尚座袁宗鉴、杜俊义等多人)+皇帝年号+干支纪年+年月日(乾祐甲辰十五年八月初一日);最后述说功德:

---

① 聂鸿音《俄藏5130号西夏文佛经题记研究》,《中国藏学》2002年第1期,第51—52页。
② 聂鸿音《西夏佛经序跋译注》,第121页。
③ 聂鸿音《西夏佛经序跋译注》,第158页。

"重开板印施。"①

有些题记只有押署和末称,如皇后罗氏汉文《金刚般若波罗蜜经》题记:"大夏乾祐二十年岁次己酉三月十五日。正宫:皇后罗氏谨施。(印文)"②押署:朝代+皇帝年号+年度+岁次+干支纪年+月日+某官某某;末称:谨施。

此外,敦煌莫高窟有许多石窟题记,但这些都残缺不全。③ 武威西郊林场的两座西夏墓中发现了4处题记,④同样大部残缺。

综上分析,西夏题记的体式大致归纳如下:

标题:某寺(或某官府)+某某僧(某某官)+某某窟(题)记等。
首称:盖闻,或发(许)愿者某某,或其他。
正文:具体阐述相关内容或说明有关事项(其层次可根据内容多少而定)。
末称:题记,或谨施,或发(许)愿者某某,或其他。
押署:某朝代+皇帝年号+年度+岁次+干支纪年+具体月日+某僧(官)某某+题记或某僧(某官)某某+某事+年月日等。

五、西夏榜题之功用及体式

(一)榜题之功用

榜题文书从目前最新研究成果来看大约始于汉朝,⑤但从史籍记载来看则在魏晋南北朝时期,其功用是在画像石、砖和壁画、亭台楼阁、器物中的人物、动植物等旁边刻画一些解释或说明该物像的身份、名称等的文字,而且该功用几乎沿袭到现代而未有多大变化。

晋朝谢歆《金昌亭诗叙》载:"余寻师来入经吴,行达昌门,忽睹斯亭,傍川带河,其榜题曰金昌。"⑥《两晋杂传》载:"永兴元年,乘舆幸邺,司空东海王越治兵下邳,惠以书干越,诡其姓名,自称南岳逸民秦秘之,勉以勤王匡世之略,辞义甚美。越省其书,榜题道衢,招求其人。"⑦北齐王僧虔《秦丞相李斯、秦中车府令赵

---

① 史金波、魏同贤、(俄)克恰诺夫主编《俄藏黑水城文献》,第3册,第79页。
② 史金波、魏同贤、(俄)克恰诺夫主编《俄藏黑水城文献》,第1册,第354页。
③ 徐自强等《敦煌莫高窟题记汇编》,第1—454页。
④ 陈炳应《西夏文物研究》,第190页。
⑤ 杨爱国《汉代画像石榜题发现与研究》,《中国书法》2020年第12期,第80—89页;王滢《山东江苏汉画像石榜题研究》,《中国汉画学会第九届年会论文集》(上),2004年6月30日,第321—407页。
⑥ (清)严可均校辑《全上古三代秦汉三国六朝文·全晋文》卷135,第2235页。
⑦ 熊明辑校《汉魏六朝杂传集·两晋杂传(上)》卷2,中华书局2017年,第889页。

高》载:"辘轳长绠引之,使就榜书之,去地上二十五丈。"①《南齐书》载:"……至于朝堂榜题,本施至极,既(迫)〔追〕尊所不及,礼降于在三,晋之京兆,宋之东安,不列榜题。"②《魏书》载:"当时台观榜题、宝器之铭,悉是诞书,咸传之子孙,世称其妙。"③

魏晋南北朝之后各朝均沿袭前朝榜题之功用,《花萼楼赋》载:"涂椒兰以为馥,衔明月而为炷,榜题仲将之手。"④《宋史》载:"朕嘉与学士大夫共宏斯道,乃一新史观,新御榜题,肆从望幸之忱,以示右文之意。呜呼!"⑤《东园十咏序》载:"榜题石刻,高文伟篇,多钜公名卿之所为,究其八咏之作,乃鲜于子骏为之倡始。"⑥《与史直翁札子》载:"某伏枉诲函,仰佩谦施。明良庆会,榜题灿然,再拜敬观,凡目眩骇。"⑦《金史》载:王"竞博学而能文,善草隶书,工大字,两都宫殿榜题皆竞所书,士林推为第一云"。⑧

元、明、清乃至现代,仍然沿袭前朝榜题所有功用和使用范围。

(二) 西夏榜题之功用

西夏沿袭并学习中原唐宋榜题文书种类及功用,但使用范围大多集中在宗教场所,一般情况下在刻画的相关圣像旁边题写人名、身份或其他说明性等的文字资料,对于辨别某种载体上刻画的人物身份、器物名称等有一定的借鉴价值,同时也对研究与之相关的问题,提供了比较丰富的实物依据。如莫高窟、榆林窟留存有若干处西夏榜题,既有西夏文榜题,也有汉文榜题,甚至还有汉夏合璧榜题,而且大都是供养人榜题,这对研究西夏宗教信仰以及供养人相关内容都有一定的借鉴价值和重要作用。

(三) 西夏榜题之体式

从目前所见西夏榜题来看,几乎是供养人榜题。而西夏供养人榜题的体式也不是十分的规范,因为可随情而写,随心许愿,即兴而作,所以,篇幅大小不一,字数多少不等,故无法完全准确地归纳其体式规律。但是,根据榜题实物能够总

---

① (清)严可均校辑《全上古三代秦汉三国六朝文·全齐文》卷8,第2836页。
② (梁)萧子显《南齐书》卷9,第148页。
③ (北齐)魏收《魏书》卷91,第1963页。
④ (清)董诰等《全唐文》卷333,第3375页。
⑤ (元)脱脱等《宋史》卷114,第2713页。
⑥ 曾枣庄主编《宋代序跋全编》卷13,齐鲁书社2015年,第345页。
⑦ 曾枣庄、刘琳主编《全宋文》卷5104,第229册,第357页。
⑧ (元)脱脱等《金史》卷125,第2723页。

结出其最为基本的规律。

下面以《莫高窟 61 窟甬道北壁供养比丘旁墨书夏、汉文合璧榜题》为例,移录其内容如下:

(1) …积者…
(2) 助缘僧索智尊像(夏文不清)
(3) 助缘僧梁惠觉像(夏文不清)
(4) 助缘僧……像(不清)
(5) 助缘僧(夏文对译"行愿者")吴惠满像
(6) 助缘僧像讹特惠…像
(7) 助缘僧(行愿者)鬼名智海像
(8) ……慧宝(不清)
(9) 助缘僧(行愿者)昼惠僧像
(10) 助缘僧(行愿者)杂谋惠月像
(11) 助缘僧瞿鬼名九像(夏文不清)。①

上揭该榜题从现有文字来看十分简单,就是在甬道石壁上的每个被供养的比丘旁用墨书写上"助缘僧"字样。

西夏文《榆林窟 29 窟内室西壁门南上部供养人榜题》汉译文如下:

(1) 真义国师西壁智海
(2) ……沙州监军…执赵麻玉一心归依
(3) …内宿御史司正统军使向赵
(4) 一心归依
(5) …儿子…军讹玉一心
(6) 归依
(7) 孙。没力玉一心归依。②

上揭该榜题比莫高窟 61 窟甬道北壁供养比丘旁墨书夏、汉文合璧榜题复杂一些,不仅在被供养比丘旁写上供养人的身份、职官、姓名,同时还简单写上供养人真实的愿心。

汉文《莫高窟 97 窟北壁上层第一身罗汉的榜题》如下:

(1) 西瞿海泥洲第一尊者宾度罗

---

① 史金波《西夏佛教史略》,宁夏人民出版社 1988 年,第 289 页。
② 史金波《西夏佛教史略》,第 302—303 页。

(2)跋罗堕阇大阿罗汉与自眷属
(3)一千阿罗汉等敬奉　　佛敕,不入
(4)涅槃,作大利益。　颂曰:
(5)唯愿不忘如来敕,愍赴郡生劝请心。
(6)暂定哀念出诸禅,远降慈悲来此会。
(7)依佛昔时大愿力,济渡今朝供养心。
(8)携提九品至涅槃,早证菩提清净果。①

上揭该榜题较为特殊,即西瞿海泥洲第一尊者率领眷属在被供养罗汉旁边写上姓名及其眷属以及赞颂之词。这一榜题与前面的榜题相比多了颂词。

综合以上的分析,西夏榜题的体式大致可简单归纳如下:

供养人(助缘僧)某某＋被供养罗汉或比丘＋职衔＋某某,或有其他。
或在被供养的罗汉或比丘＋职衔＋供养人某某＋某官府某官＋愿心等。
或某地某尊者某某＋某职衔＋眷属＋敬奉某某佛敕＋颂词等。

六、西夏碑文之功用及体式

(一)碑文发展演变及功用

碑文是镌刻在比较固定形制的地面立石上的具有纪念性、标记性、赞美性或教化性等的文字资料。② 据史籍记载,早在西周宫庙之中就已竖立石碑,观测日影以判断时间。到东汉时,碑刻大量兴起,出现了第一个发展高峰,其形制也逐渐固定下来。《文心雕龙·诔碑》载:"碑者,埤也;上古帝皇,纪号封禅,树石埤岳,故曰碑也。周穆纪迹于弇山之石,亦古碑之意也。又宗庙有碑,树之两楹,事止丽牲,未勒勋绩。而庸器渐缺,故后代用碑,以石代金,同乎不朽,自庙徂坟,犹封墓也。自后汉以来,碑碣云起……"③《文体明辨序说》载:碑石而"依仿刻铭,则自周秦始耳。后汉以来,作者渐盛,故有山川之碑,有城池之碑,有宫室之碑,有桥道之碑,有坛井之碑,有神庙之碑,有家庙之碑,有古迹之碑,有风土之碑,有灾祥之碑,有功德之碑,有墓道之碑,有寺观之碑,有托物之碑,皆因庸器(彝鼎之类)渐阙而后为之,所谓'以石代金,同乎不朽'者也。故碑实铭器,铭实碑文,其

---

① 陈炳应《西夏文物研究》,第 4 页。
② 注:这里所说的碑文,是指除墓碑之外的一切碑文。墓碑这一内容放在丧葬文书中进行了分析。
③ (梁)刘勰著,周振甫注《文心雕龙注释》,第 128 页。

序则传,其文则铭,此碑之体也"。①《古文辞类纂》载:"碑志类者,其体本于《诗》,歌颂功德,其用施于金石。周之时有石鼓刻文,秦刻石于巡狩所经过。汉人作碑文,又加以序。……志者,识也。或立石墓上,或埋之圹中,古人皆曰志。……世或以石立墓上,曰碑、曰表。"②《后汉书》载:"……诏济南、东海二王皆会。大为修冢茔,开神道,平夷吏人冢墓以千数,作者万余人。"注曰:"墓前开道,建石柱以为标,谓之神道。"③以上史籍的记载说明碑及碑文最早始于西周,有些碑或碑文则始于汉代,之后隋、唐、宋、元、明、清等各朝相沿不辍,并不断地发展和创新,使之更加符合不同朝代人们的需求。

从上可知,碑文的功用大抵就是为了满足人们记事记人并具有纪念性、标记性、赞美性、教化性等特征。

(二) 西夏碑文的功用

西夏留存下来很多的碑和碑文,从目前所见西夏碑文来看,其功用一如中原碑文,大致用于纪念、标记、教化、赞美等。

西夏留存下来的碑文有六种:一是寺观碑文,立于寺观前后的石碑并在其上刻写相关说明性或记录性等文字的碑文,如《重修护国寺感通塔碑汉夏文碑铭》;二是划界碑文,用于区分或标记双方或多方地界之石碑上刻写的文字,如吴旗《金夏划界碑》;三是世袭碑文,用于撰写某家族一代继一代所建立的卓越功勋和所获得的荣禄事迹的碑文,如《元肃州路也可达鲁花赤世袭之碑》;四是建桥碑文,用于纪念或宣扬传播某一事功而刻写在石碑上的文字,如《黑水河建桥敕碑》;五是神道碑文,立在墓道前记载死者生平事迹、仕宦情况以及勉励后人的碑文,如《元敕赐故顺天路达鲁花赤河西老索神道碑铭》;六是功德碑文,用于赞美某人一生功德而刻写在石碑上的文字,如《元敏公请经功德碑》等。

(三) 西夏碑文之体式

西夏碑文因种类不同而体式略有差异,现根据不同种类的碑文进行综合分析和归纳,总结出不同种类碑文的体式。

1. 寺观碑文

寺观碑文的体式,可以通过西夏文《重修护国寺感通塔碑碑铭》来归纳和总结。下面附该碑文的影印件和汉译文:

---

① (明) 徐师曾《文体明辨序说》,第144页。
② (清) 姚鼐纂集《古文辞类纂》,第12页。
③ (南朝宋) 范晔《后汉书》卷42,第1450页。

图 5-17　西夏文《凉州重修护国寺感应塔碑》碑文上部①

重修护国寺感通塔碑碑铭

敕感通塔之碑铭。大白上国境凉州感通塔之碑铭。

喻者仁师典礼司正、功德司副、圣赞提举、学士曰：所显足信，王奴鸡。

喻者仁师内宿神策承旨、行监军司正、侍讲珂贝等曰：所显典麻倾诚，屈长

---

① 注：西夏天祐民安五年(1094)立石。原藏凉州(今甘肃省武威市)大云寺内，现藏武威市西夏博物馆内。图片见史金波、陈育宁主编《中国藏西夏文献》，第18册，第85—93页。

古□。坎性高古虽不动,风起出动波浪闪闪常不绝,正体于本虽不变,随缘乘负恼祸沈溺永未息。如正迷愚,六道轮回菩萨得名,圣合尘数,三界流转有情获生。上世最安,一一疾疾往者少,下狱酸楚,千万趋趋至者多。广悲发悲不舍悲,诸佛现世救民庶,无相立相不少相,摩竭拖国金刚座上成正觉。金□一声演正论,依类悉解度脱贪愚为师主,化身多现御邪魔,法界皆到有治迷愚是父母。过去未来,六度海识知最大,通行身瑞,一世多劫果皆满。尊感日具比特,示现必入涅槃,凡夫福未终,遗留莽轻莽轻真舍利。

　　凉州塔者,阿育王所分舍利,天上天下八万四千,奉安舍利而造,奉安中性眼舍利处。原塔虽已毁坏,张轨为天子时,彼上适建宫殿,此名凉州武威郡也。张轨传张天锡,承继王位,遂舍其宫殿,速请匠人营治,乃造七级宝塔。其后,塔为番所作,修造期间,求福供养,乃现瑞像,可为国土支柱。前所为者,迄至此天祐民安甲戌五年,达八百二十余年。又大安二年中,塔基歆仄,识净皇太后,面壁城皇帝等,供给种种,命遣监匠等。泥瓦匠每欲荐整,至夕皆风大作,塔首出现圣灯,质明自然已正如前。又大安八年,东袭汉,心体具备,大军一发,既围□□,羌军来攻凉州,彼时黑风漠漠,伸手相执莫辨,灯光□□绕塔,二军自然败走,由此莫敢窥视。此后,德盛皇太后,仁净皇帝等临御国土。又天安礼定二年中,频频烧香,布施愿文等,令□不绝,汉中二遍。皇太后所乘坐骑一出,尔时夜间灯光□□,一出一灭,光明如过午日,乃亡入汉之地望,遂作大瑞。前前后后多所现者,皆此不可思议。瑞魔瑞像数遍,先昔人□显现分明,因有此广大功力。此凉州金塔者,时光流逝,风击雨著,幡色已退。去年地震大作,又材烧歆仄。德盛皇太后,仁净皇帝等,上四恩报功,下广有治缘,因为六波罗蜜,以行四深大愿,故命头监,集聚诸匠,天祐民安癸酉四年六月十二日,匠事□□,翌年正月十五日匠事乃毕。妙塔七级七等觉,丹壁四面治四河,木檐(?)□□如飞腾,金头玉柱相映现,□珍庄严如□□,诸色庄校殊美好,绕觉奇宝光奕奕,悬壁菩萨□震震,一院殿帐现青雾。七级宝塔□□攀,细纬□垂花茂盛,点燃香烛(?)明□□,法物种种聚所善,供具一一全且足。为佛常住,黄金十五两,白金五十两,衣着罗帛六十段,绫罗杂绣幡七十对,千缗钱。为僧常住,又赐四户官作、千缗钱、千斛谷等。是年十五日,命中书正梁行者乜,皂城司正卧屈皆等,为做赞庆,作大斋会,说法忏悔,安设道场,读诵藏经,剃度三十八人,曲赦殊死罪五十四人,令准备种种香花、明灯,香净水一一不缺。大小头监,种种匠人等之官诺。各依上下,与者多伙。五色瑞云,朝朝盈□噙金光,三世诸佛,夜夜必绕现圣灯。一现一灭,就地得道心踊喜,七级悉察,福智俱得到佛宫。天下黔首,苦乐二之可求福,地上赤面,力负俱之是根本。十八地狱,受罪众生得解脱,四十九重,乐安慈氏爱遍至。三界昏暗,智灯一举皆见显,众生乐海,更作惠桥悉渡运。圣宫造毕,功德广大前无比,宝塔修成,善阅圆满泽量高。人身不实,□□如浮泡芭蕉,人命无常,眼如秋露夏花同。施舍殊妙,三轮体空义悉解,志念坚固,不持二边证彼岸。愿王座坚秘,如□狐竹笋长且□,御意□盛,如高甑金海常盈盈。成为□有,有意有力常获利,计度缘熟,供佛供法求具得。风雨时降,宝谷永成,地境安靖,民庶安乐,法义深广,意性不大,句才传曰,智人勿□正行(?)邪行(?),前□所写□行记,善曰善曰,后人瞻仰永传说。

修塔寺兼作赞庆等都大勾当正南院监军劝(?)品臣埋领皆,修塔寺兼作赞庆等都大勾当行宫三司正圣赞感通塔等下提举解经和尚臣药乜永铨,修塔寺小监行宫三司承旨祭官臣木杨讹(?)嗲,感通塔下羌汉二众提举赐绯僧臣王那征遇,修塔小监崇圣寺下僧正赐绯臣令介成庞,匠人小监感通塔下汉众僧正赐绯僧酒智清,修塔寺匠人小监感通塔汉众僧副赐绯白智宣,修塔寺瓦匠头监僧主张梵嗲,匠人之准备头监白阿山,书者雅记典集阁门令批臣浑觅名迁,书汉碑铭者供写南北章表臣张政思,绯白匠小监僧崔智行,木匠小监僧酒智□,网结头监僧刘墨征,孙□□,惟天祐民安甲戌五年正月甲戌十五戊子日赞庆毕,雕石头监韦移移崖,任迁子,左支信,康狗名,邓三锤,孙克都,左计嗲,左党□,左阿□,杨真信,浪重□□,垩匠折□□,铁匠……①

上揭碑铭的首称(或题名):"敕:感通塔之碑铭"或"大白上国境凉州感通塔之碑铭",即敕+某某塔+碑铭或某国境某地某某塔+碑铭;正文:分两层具体全面阐述相关内容。第一层从"喻者仁师典礼司正"至"遗留莽轻莽轻真舍利",通过相关官吏的口讲述相关佛教经文。第二层从"凉州塔者"至"后人瞻仰永传说",则叙述凉州感通寺碑的来历及神验功效;末称:残缺;押署:从"修塔寺兼作赞庆等都大勾当三司正南院监军劝(?)品臣埋领皆"至"垩匠折□□,铁匠……"记载了主持修缮此塔之各司官吏、各工匠、僧侣及书写汉夏碑文者之姓名等。

此外,有文无碑的《夏国皇太后新建承天寺瘗佛顶骨舍利碣铭》也属此类碑文,其体式:首称:残缺;正文:分两层阐述具体内容。第一层从"原夫觉皇应迹"至"俾宗祧而延永",叙述西夏的兴盛、皇太后威仪、皇上之宏愿及"宗祧而延永"。第二层从"天祐纪历"至"虔抽鄙思",记述建塔时间、建塔之简况以及佛塔

---

① 陈炳应《西夏文物研究》,第110—113页;杜建录《党项西夏碑石整理研究》,第157—158页。

第五章 西夏民间文书种类功用及体式研究　　291

给国家带来的福祉等；从"谨为铭曰"至后残缺，应为铭文；末称：残缺。①

综合以上分析，西夏寺观碑文体式可以归纳总结如下：

　　首称：敕（皇帝颁敕而建则有文种"敕"）＋某某碑铭，或某国境某地＋某某塔＋碑铭。

　　正文：具体分层阐述相关特殊人物或神佛或佛经等并撰述相关歌功颂德之内容（可根据内容多少设置层次）。后有铭文（篇幅长短灵活）。

　　末称：或某某＋谨记等。

　　押署：或有年月日＋修寺庙某官府、某官某某等（不同官府、不同工种可一一记载）。

2. 划界碑文

西夏的划界碑文目前所见不多，只有陕西吴旗县汉文《金夏划界碑》。下面附该碑的影印件和相关的解说内容。

该碑共三块，第一块刻写的文字不多，主要有"正隆四年五月""韦娘原界堠""宣差兵部尚书光禄""分画定"。

第二块刻写的文字："正隆四年五月""界堠""宣差兵部尚书光禄""分画定"；第三块刻写的文字："正隆四年五月""界堠""宣差兵部尚书光禄""分画定"。这两块碑文比较模糊，无法得知分划的具体地界，但至少说明这是划界碑。

西夏划界碑文由于是界定地域范围的文书，类似于地图，故并不需要过多的叙述和说明，只对其地域界定清楚即可，故其体式也比较简单明了：

图 5-18　汉文《金夏划界碑》前半部分图片②

---

① （明）胡汝砺，（明）管律重修，陈明猷校勘《嘉靖宁夏新志》卷 2，宁夏人民出版社 1982 年，第 153 页。
② 史金波、陈育宁主编《中国藏西夏文献》，第 18 册，第 94 页。

立划界碑时间：某年月(日)。
划界碑名称：某某界堠。
负责划界碑官员：某官府某官＋某某。
划界结果：分划定。

3. 世袭碑文

西夏留存下来的世袭碑文数量也不多，但其能提供比较完整齐全的世袭碑文的体式，如汉文《元肃州路也可达鲁花赤世袭之碑》。

图 5-19　汉文《元肃州路也可达鲁花赤世袭之碑》部分图片

元肃州路也可达鲁花赤世袭之碑

将仕郎云南嵩明州判官段天祥撰
圆通慈济禅师肃州在城洪福寺住持定慧书丹并篆额

大□（盛）而三光五岳之气分，太明升而四海六合之土照，太圣作而九夷八蛮之人服。此天理之必然，人物之功用也。惟我皇元，肇基朔漠，乘龙御极，志靖万邦。太祖皇帝，御驾西征，天戈一挥，五郡之民，披云睹日，靡不臣服。

时有唐兀氏举立沙者，肃州阀阅之家，一方士民咸□（感）化，举立沙瞻圣（祖）文武之德，起倾葵向日之心，率豪杰之士，以城出献。又督义兵，助讨不服，忘身徇国，竟殁锋镝。太祖皇帝矜其向慕之心，悼其战死之不幸，论功行赏，以其子阿沙为肃州路世袭也可达鲁花赤，以旌其父之功。宪宗皇帝赐以虎符。世祖皇帝愈加宠赉，升昭武大将军，迁甘肃等处宣慰使。

阿沙二男，长曰剌麻朵儿只，次曰管固儿加哥。剌麻朵儿只先授奉训大夫，甘州路治中，又升奉议大夫，肃州路达鲁花赤。莅政一考，思义让心，逊其职与弟管固儿加哥。管固儿加哥事四载，复将前职归于其兄，受奉政大夫，依旧袭职。

剌麻朵儿只四子：长曰贯□□□，次曰耳玉，又其次曰管布，季曰令只沙。（缺10字）之职，授宣武将军，治郡三载，又慕其祖祢忠义之绩，思同（民）之和，以其职让与弟令只沙，受宣武将军。

令只沙公平正大，□名□朝廷，又升怀远大将军，甫视事间，又让其职与兄之子帖信普，不期年，（缺13字）命议，令只沙在职，莅政无私，最有声绩，备咨于□□朝，复膺前职，受亚中大夫。在位四载，以其长男普达实理尚在髫龀，让其职与帖信普之子定者帖木儿，受宣武将军，见居其职，其（缺9字）思□孝，非英雄豪杰之士，有大人君子之量，能如是哉？

又令只沙之次子善居，因其伯父管布无子，以善居为嗣，其人才德出众，德……主上（待）以近侍，授宣武将军，仕武备寺同判。后除甘州郎中，受中宪大夫，翊赞□□□□□，迁永昌路达鲁花赤，牧民以仁惠之道，守己以正直之心，公事细微必察，私意纤毫不行，民怀其德，吏服其廉，解组而归，以酬孝道。□□□祖□□□其先祖之功，命工刻石，以记其事。予（自）蜀□□□（旅住）甘泉，一日□□（辞）不复已，不揆陋鄙。奉之铭曰：

……

太祖，驾御六龙，亲讨西夏，圣武威雄。因公献□，□风□□。□以世袭,用酬其功。子孙相继,奕叶兴隆。让□(以)□,□□以中,黔黎怀惠,政令乐从。齐家克孝,为国尽忠。子孙善居,念其祖宗。刻铭示后,休哉无穷。

至正二十一年岁次辛丑……①

上揭《元肃州路也可达鲁花赤世袭之碑》首称:"将仕郎云南嵩明州判官段天祥撰,圆通慈济禅师肃州在城洪福寺住持定慧明书丹并篆额",即某官府某官某某+撰+某禅师某某寺+住持某某+书丹并篆额;正文:分四层具体阐述相关内容。第一层从"大□(盛),而三光五岳之气分"至"披云睹日,靡不臣服",盛赞大元之强盛和伟业。第二层从"时有唐兀氏举立沙者"至"迁甘肃等处宣慰使",叙述其爵里、简单世系。第三层从"阿沙二男"至"不揆陋鄙",述其子孙之伟业和品德。第四层从"奉之铭曰"至"刻铭示后,休哉无穷",赞颂其宏图伟业;末称:残缺;押署:"至正二十一年岁次辛丑……"即皇帝年号+年度+岁次+干支纪年+(或月日)。

根据以上汉文世袭碑文,西夏世袭碑文之体式归纳如下:

　　首称:某官府某官某某+撰+某禅师某某寺+住持某某+书丹并篆额。

　　正文:具体分层阐述相关内容(层次的多少可根据阐述内容多少而定)+铭文(篇幅较为灵活)。

　　末称:残缺。

　　押署:具体年款+或有刻碑之某某官(工匠)。

4. 建桥碑文

西夏建桥碑文也只有一块,如夏仁宗仁孝撰写的阳面汉文、阴面藏文的《黑水河建桥敕碑》。下面移录该汉文碑文如下:

黑水河建桥敕碑

　　敕:镇夷郡境内黑水河上下所有隐显一切水土之主,山神、水神、龙神、树神、土地诸神等,咸听朕命。

　　昔贤觉圣光菩萨哀愍此河年年暴涨,漂荡人畜,故发大慈悲,兴建此桥,普令一切往返有情咸免徒涉之患,皆沾安济之福。斯诚利国便民之大端也。

　　朕昔已曾亲临此桥,嘉美贤觉兴造之功,仍罄虔恳,躬祭汝诸神等。自是之后,水患顿息,固知诸神冥歆朕意,阴加拥祐之所致也。今朕载启精虔,

---

① 史金波、陈育宁主编《中国藏西夏文献》,第18册,第160页;杜建录《党项西夏碑石整理研究》,第172—173页。

幸冀汝等诸多灵神,廓慈悲之心,恢济渡之德,重加神力,密运威灵,庶几水患永息,桥道久长。令此诸方有情俱蒙利益,佑我邦家。则岂惟上契十方诸圣之心,抑亦可副朕之弘愿也。

诸神鉴之,毋替朕命。

大夏乾祐七年岁次丙申九月二十五日立石。
主案郭那正成,司吏骆永安。
笔手张世恭书,写作使安善惠刊。
小监王延庆。
都大勾当镇夷郡正兼郡学教授王德昌。①

上揭汉文《黑水河建桥敕碑》的首称:"敕:镇夷郡境内黑水河上下所有隐显一切水土……咸听朕命",即敕+某境内某某神灵+做某事;正文:具体阐述相关内容,共分两层。第一层从"昔贤觉圣光菩萨哀悯此河年年暴涨"至"斯诚利国便民之端也",用传说讲述该桥的来历及带来的福音。第二层从"朕昔已曾亲临此桥"至"抑亦可副朕之弘愿也",讲述夏仁宗仁孝曾亲临此桥赞美贤觉菩萨同时祭拜此桥并希望各路神仙护佑西夏;末称:"诸神鉴之,毋替朕命",即敕命某某不做某事;押署:"大夏乾祐七年岁次丙申九月二十五日立石。主案郭那成……兼郡学教授王德昌",即朝代+皇帝年号+年度+岁次+干支纪年+月日+立石+某官某某+笔手(写作使)某某+监官某某等。

综合以上分析,西夏建桥碑文体式总结归纳如下:

首称:敕+某境内某某神灵(或某某官或某某人)+做某事。

正文:具体阐述相关内容(其层次可根据内容多少而灵活定夺)。

末称:敕命(令)某某做(或不做)某事。

押署:朝代+皇帝年号+年度+岁次+干支纪年+月日+立石+某官某某+笔手(写作使)某某+监官某某等。

5. 神道碑文

目前发现的西夏神道碑文数量不多,如内蒙古乌审旗文管所藏汉文《故绥州太保夫人祁氏神道志》、河北保定市莲池公园藏汉文《元敕赐故顺天路达鲁花赤河西老索神道碑铭》等。下面以结构完整的汉文《元敕赐故顺天路达鲁花赤河西老索神道碑铭》为例,分析总结神道碑文的体式。附该神道碑文的部分影印件和全部录文:

---

① 史金波、陈育宁主编《中国藏西夏文献》,第18册,第97页;韩荫晟《党项与西夏资料汇编》上卷,宁夏人民出版社2000年,第146—147页;王尧《西夏黑水桥碑考补》,《中央民族学院学报》1978年第1期;陈炳应《西夏文物研究》,第139—141页。

图 5-20 汉文《元顺天路达鲁花赤河西老索神道碑》前半部分图片

元敕赐故顺天路达鲁花赤河西老索神道碑铭

翰林学士承旨荣禄大夫知制诰兼修国史欧阳玄奉敕撰文
集贤侍讲学士中奉大夫兼国子祭酒苏天爵奉敕书丹
翰林学士承旨荣禄大夫知制诰兼修国史张起岩奉敕篆额

皇帝御极之十年,岁在癸未,制授通奉大夫前河南等处行中书省参知政事讷怀为集贤侍读学士。越明年春,集贤学士脱怜等言:"讷怀曾大父故顺天路达鲁花赤老索,当太祖皇帝基命之际,粤有成绩,列于功载,宜赐之碑铭,以宠示来裔。其令翰林学士欧阳玄为文,集贤侍讲学士苏天爵书丹,翰林学士承旨张起岩篆额以赐。"制曰:"可。"臣玄等谨按事状。

老索,唐兀氏,世为宁夏人。幼颖悟,长以骁勇闻时。太祖皇帝拓境四方,老索知天意所向,屡讽其国王失都儿忽率诸部降。太祖皇帝素闻其名,及见,伟其材貌,俾入宿卫。老索昕夕唯谨,及遇攻讨,被坚执锐,亲冒矢石,为士卒先。上益壮之,赐号"八都儿"。八都儿者,华言骁锐无敌也。妻以宫女康里真氏。从征诸部,克大水泺,拔乌沙堡,又破桓、抚等州。及分□□□河南武宣王察罕麾下,败金将定薛、九斤、万奴等军数十万于野狐岭。还定云内,西徇地至凉州诸郡。太祖皇帝赐金符为统军,及织纹数十匹以旌其功。分讨钦察、兀罗思、回回等国,摧锋破敌,所向无前。大军至答也失的□□号至险,老索趁胜驱众涉之,□□平地,斡罗儿、李哈里、薛迷思干等城皆坚壁,未易猝拔,竟一鼓克之。扎刺兰丁迷里彼□□□□铁门关,老索探入,身中流矢,勇气弥厉。麾军力战,遂平之。太宗皇帝南征,从下河中,定南京。甲午,金亡,诏采良家女以备后宫,谏曰:"中原甫定,宜收揽英雄,以开混一之业,今乃嫔……"大□赐曰金□两。丙……顺天路汝南忠武王张公□□老索协力屏翰□□□□于……燕南自为一路,民至今便之。年七十,即上表符乞骸骨……上优□之,赐黄金五十两,白金三百两。中统建元六月二十三日薨于正寝,寿七十三。越明年某月日,葬于清苑县太静乡之先茔。

　　□康里追封夫人。子二人,长阿□早亡。次忙古得,起家为行军千户。丁巳,攻蜀,所至先登。己未,宪宗围合州钓鱼山,克捷居多,□□战胜,遂没于阵,赠亚中大夫,佥太常礼仪院事。娶睦氏,子一人忽都不花,德器温厚,至元十七年,擢奉议大夫,祁州达鲁花赤,为政明恕,编氓以其有德,至今以颜子目之。秩满,光献翼圣皇后以其先朝旧臣,谕都官不次擢用。时阿合马柄政,官非赂莫进,忙古得慨然曰:"为民父母,罄产鬻官,而复刻削于民以求利,可乎?"遂无仕进意,移□州达鲁花赤。至元二十一年五月九日卒于家,年三十有六。娶民氏,奉柩归葬于清苑之先茔。子一人,即讷怀,父没年甫三岁,母民氏,心守义□育有加,既长,从师问学,涉猎经史。入京,因司徒明里以见仁宗皇帝于□□□□□中书直省舍人沿榭护送赵王公□□□道涂禁戢其徒御,所过郡县无扰,归以能声……庙堂,迁知安东州□□监察御史□□□曰:汝父连□□□虽获廉□而未尝预清要之选,汝今得之,宜效节以报国显亲……寻拜河东廉访使□□宣□□世袭知府怙宠不法,辄□其奸,狱成而逃…………葬于□□南大同,魂无不之……有子有孙,□□忠顺……汇此庆泽,发于曾孙,曾孙勉……仁皇□□,寔……进登察官,践扬中朝……参预两省,□后于□……有母实贤,秉节迪人,式隆其传……自我上命,有□□□,及告奉常,词臣……□铭……矢矛,清苑之南,□示□域……之盛世之德……

　　至正十年四月吉日曾孙讷怀　立石,保定儒士李肃　处士胡宾元

摹……□□川　蒋□从　刘弘毅　张宽　刻①

上揭神道碑铭的标题(或额题):"元敕赐故顺天路达鲁花赤河西老索神道碑铭",即朝代+敕赐+故+某官府某官某地某某+神道碑铭;首称:"翰林学士承旨荣禄大夫知制诰兼修国史欧阳玄奉敕撰文……奉敕篆额",即某官府某官某某+奉敕撰文(书丹或篆额);正文:分三层具体阐述相关内容。第一层从"皇帝御极十年"至"臣玄等谨按事状",简单记述立碑及碑文的来历。第二层从"老索,唐兀氏"至"葬于清苑县太静乡之先茔",记述其姓名、爵里、一生战功及皇帝所赐以及其卒葬年月日及葬地。第三层从"□康里追封夫人"至"盛世之德……"述其子孙之功绩及赞颂之铭;押署:"至正十年四月吉日曾孙讷怀立石,保定儒士李肃、处士胡宾元摹……□□川、蒋□从、刘弘毅、张宽刻",即皇帝年号+年月+吉日+某亲人某某+立石+或有某某摹……+某某+刻石。

西夏神道碑文的写作体式几乎学习和借鉴了中原唐宋神道碑文体式,如唐韩愈《赠太尉许国公神道碑铭》、宋欧阳修《资政殿学士文正范公神道碑铭》、宋王安石《虞部郎中赠卫尉卿李公神道碑》②等。

综合以上分析,西夏神道碑文体式大致总结如下:

标题(额题):某朝代+敕赐+故+某官府某官某地某某+神道碑铭。

首称:某官府某官某某+奉敕撰文(或书丹或篆额)。

正文:具体阐述某某人一生功勋及家族基本状况等相关内容(层次多少可根据内容而灵活定夺)。或有铭文。

押署:皇帝年号+年月+吉日+某亲人某某+立石+或有某某摹……+某某+刻石。

6. 功德碑文

西夏留存下来的功德碑数量也不多,目前所能见到的只有现藏甘肃武威博物馆藏汉文《元敏公请经功德碑》。这类碑文一般均主要记载某高僧不畏艰辛、长途跋涉求取经文的事迹,《元敏公请经功德碑》就是赞颂元朝初期西凉州西夏遗僧敏公不怕艰难险阻、远赴江南杭州求取大藏经的功德碑。当然,西夏的另外一些碑文实际上也充当了功德碑的功用,如世袭碑、神道碑、墓志铭等,只是这些碑文的内容比单纯的功德碑要复杂一些而已。

为比较全面的总结功德碑文的体式,下面移录唯一的汉文《元敏公请经功德

---

① 史金波、陈育宁主编《中国藏西夏文献》,第18册,第138页;杜建录《党项西夏碑石整理研究》,第215—216页。

② (清)姚鼐纂集《古文辞类纂》,第490—493、515—518、560—562页。

碑》全文如下：

元敏公请经功德碑

第一格：

　　公讳敬跋，敏公讲主大师之西夏。蜕骨长□，春□□雄，壮气凌云汉，擎开金□□□玄朱，文如光射□岸，恢吾宗赤□□生清风□吾教吼石输金多变豹，从益习梵，每喧天规，布绵绵声，浩浩音哉。旦□龙门客去住烦参□□□□□□□春风花雨，溟涛在然，临□□□□随月支，有月远生西，照古照今子光升，维时丙戌□初冬后一日。

　　古□紫川福俗□书。

　　佛法本由西方出，敏公却来南方求。琅函玉轴载将去，开导西凉人未休。西凉人若具佛性，列段分科但□□。中间一字涉诸讹，一大□□解不尽。解得尽来还森罗。同作证。右送：敏公讲主之西凉西蜀继规园中。□□□西堂□□□□□……（后缺）

第二格：

　　西凉州敏讲主□千里去南求赎大藏经文，可谓称决定志，其□□信成就，决定境界中事，□□决定信奉。故为大地众生，尘劳烦恼，泛入生死苦海中，发为膏盲痼疾，故五千四十八卷。愿渐权实□落伦园，如□医□痼病，□汤药处，众生病去，药除返事，号为病滋□浸道，始后鹿野以□，终至跋提河，求其二□□，未尝说一字，如将毒药醍醐镕作金□□，练于此，成得便见结□□青道经文字非至道□□不能解。慎勿勒印□打成黄卷赤轴，为寿宣兴□主库内无好是□。

　　至元廿三年元宵，渐东雁宕山人精堂□益书于灵隐西轩。

第三格：

　　西凉曾未□□□□藏灵文，已故梵具眼宗师轻举侣珠回玉转寿吾皇。敏公讲主远奉圣旨及大国师法旨，特取大藏回。见其忍苦捍梦，□知洞山之大藏，只是今之宝口。又僧问云门："如何是一代时教？"云对一说。又僧问："五祖睦州送一大藏，教只是不刉□，且道刉什么字？"祖云："入罗娘君前三大者怎么提持，若识得渠亲刉处便见。大光明藏，不在内，不在外，若是伶俐。"讲主聊闻举着，便乃知刉。大振此宗，竖法幢，燃法炬，告天祝寿，报佛恩，孰不绰绰然有余裕哉。因其行，信笔书□……（后缺）

第四格：

　　初见敏公讲主……□置心取三乘权实圣之恒，宜贵金言之常，住时俾将沉之。佛日重使,欲灭之惠灯耳。□□殊勋,愿保皇基之永固,以此无□弘正法之流通。虽然如是藏,即今在什么处,远知道出息入息阴界,众□百万亿卷文。大隋遂□得半藏,且可如何得全。□漂入眼,将地出远游。大经卷量等三千界□一切尘悉,然有一聪惠经卷,且问何者是？此□眺听恩讲试辩看,远涉归程,释路长临,忙昔年贝叶,虽西域出,古杭倍岸,如金堤似锦,野花芳情。如此去……(后缺)①

上揭功德碑文残缺较多,对其体式的总结并不一定十分准确或到位,但通过阅读其碑文大致内容,可以粗略归纳西夏功德碑文体式如下:

标题(额题):该碑额残缺,但可以肯定有标题(额题),或为某某公＋功德碑。

首称:某某讳某＋某官府某官(或某处做某事)。

正文:具体述说和赞颂某某公之何功德(可分层进行一一清晰阐述)。

末称:或某官府或某某官或某某人＋立功德碑等。

押署:或皇帝年号＋年度＋月日(或为某某节日)＋某某书(或刻)。

此外,还有经幢、摩崖等石刻档案,由于残损严重,无法总结归纳其体式,待后再继续研究。

总之,由上分析总结,可以得出如下基本结论。

一是西夏序跋碑类文书的功用大多沿袭中原唐宋,创新改革者并不多。正如聂鸿音先生所说:"现存的西夏佛经序跋也纯粹是在汉文化的影响下的产物,只不过比敦煌藏经洞所出的同类民间作品多了些皇家的侈靡气派。"②这在西夏皇帝、太后、大臣等撰写的序跋类文书中都有体现。

二是西夏序跋碑类文书之写作也基本遵循比较固定的体式,这也有学习和借鉴中原唐宋该类文书体式的情况。从该类西夏文书的整体写作情况来看,也并不完全受制于其体式的桎梏,而是在具体的写作过程中也有些许灵活和创造,这当然也是任何写作富有生命力的主要原因之一。在这些西夏文书中,并未见以"跋"为题的文书,而是变换为"后序"出现,如夏仁宗仁孝《圣佛母般若波罗蜜多心经御制后序》、佚名《无垢净光总持后序》等,这是其创造文书体式写作之一的标志。

---

① 杜建录《党项西夏碑石整理研究》,第177—178页;另参见高辉、于光建《元〈敏公讲主江南求法功德碑〉考释》,《西夏研究》2012年第3期,第18—22页。

② 聂鸿音《西夏佛经序跋译注》导言,第15页。

主要参考文献

一、基本典籍(按朝代排序,同一朝代按出版时间先后排列)

(汉)司马迁《史记》,中华书局1959年。

(汉)班固《汉书》,中华书局1962年。

(汉)蔡邕《独断》,影印文渊阁《四库全书》第850册,台湾商务印书馆1986年。

(汉)许慎撰,(清)段玉裁注《说文解字注》,上海古籍出版社1988年。

(南朝宋)范晔《后汉书》,中华书局1965年。

(晋)陈寿《三国志》,中华书局1959年。

(梁)刘勰著,周振甫注《文心雕龙注释》,人民文学出版社1981年。

(梁)沈约《宋书》,中华书局1974年。

(北齐)魏收《魏书》,中华书局1974年。

(唐)令狐德棻等《周书》,中华书局1971年。

(唐)姚思廉《陈书》,中华书局1972年。

(唐)李百药《北齐书》,中华书局1972年。

(唐)房玄龄等《晋书》,中华书局1974年。

(唐)李延寿《北史》,中华书局1974年。

(唐)李延寿《南史》,中华书局1975年。

(唐)李林甫等撰,陈仲夫点校《唐六典》,中华书局2014年。

(后晋)刘昫等《旧唐书》,中华书局1975年。

(宋)欧阳修、宋祁《新唐书》,中华书局1975年。

(宋)宋敏求编《唐大诏令集》,中华书局2008年。

(宋)薛居正等《旧五代史》,中华书局1976年。

(宋)欧阳修《新五代史》,中华书局1974年。

佚名《宋大诏令集》,中华书局1962年。

(宋)欧阳修《归田录》,中华书局1981年。

（宋）司马光《书仪》，影印文渊阁《四库全书》第 142 册，台湾商务印书馆 1986 年。

（宋）孔平仲撰《谈苑》，影印文渊阁《四库全书》第 1037 册，台湾商务印书馆 1986 年。

（宋）王巩《闻见近录》，影印文渊阁《四库全书》第 1037 册，台湾商务印书馆 1986 年。

（宋）司马光《涑水记闻》，中华书局 1989 年。

（宋）吕祖谦编《宋文鉴》，中华书局 1992 年。

（宋）李焘《续资治通鉴长编》，中华书局 2004 年。

（宋）沈括《梦溪笔谈》，中华书局 2015 年。

（元）脱脱等《宋史》，中华书局 1977 年。

（明）陈子龙等《明经世文编》，中华书局 1962 年。

（明）徐师曾《文体明辨序说》，人民文学出版社 1962 年。

（明）吴讷《文章辨体序说》，人民文学出版社 1962 年。

（明）宋濂等《元史》，中华书局 1976 年。

《皇明诏令》，《续修四库全书》第 457 册，上海古籍出版社 2013 年。

（清）毕沅《续资治通鉴》，中华书局 1957 年。

（清）严可均校辑《全上古三代秦汉三国六朝文》，中华书局 1958 年。

（清）张廷玉等《明史》，中华书局 1974 年。

（清）赵尔巽等《清史稿》，中华书局 1977 年。

（清）董诰等《全唐文》，中华书局 1983 年。

（清）阮元校刻《十三经注疏》，上海古籍出版社 1997 年。

（清）吴广成《西夏书事》，《续修四库全书》第 334 册，上海古籍出版社 2013 年。

（清）崑冈等修，吴树梅等纂《钦定大清会典》，《续修四库全书》第 794 册，上海古籍出版社 2013 年。

李修生主编《全元文》，江苏古籍出版社 1999 年。

杨一凡、田涛主编，戴建国点校《庆元条法事类》，黑龙江人民出版社 2002 年。

曾枣庄、刘琳主编《全宋文》，上海辞书出版社、安徽教育出版社 2006 年。

二、出土文献（按编纂出版年度为序）

史金波、魏同贤、（俄）克恰诺夫主编《俄藏黑水城文献》1—14 册，上海古籍出版社 1997—2011 年。

史金波、聂鸿音、白滨译注《天盛改旧新定律令》,法律出版社 2000 年。

上海古籍出版社、法国国家图书馆编《法藏敦煌西域文献》第 26—28 册,上海古籍出版社 2002—2004 年。

沙知、吴芳思编《斯坦因第三次中亚考古所获汉文文献》(非佛经部分),上海辞书出版社 2005 年。

史金波、陈育宁主编《中国藏西夏文献》第 1—18 册,甘肃人民出版社、敦煌文艺出版社 2005—2007 年。

谢玉杰、吴芳思主编《英藏黑水城文献》1—5 册,上海古籍出版社 2005—2010 年。

武宇林、荒川慎太郎主编《日本藏西夏文文献》,中华书局 2011 年。

张传玺主编《中国历代契约粹编》,北京大学出版社 2014 年。

三、研究著作(以出版时间先后顺序排列)

陈炳应《西夏文物研究》,宁夏人民出版社 1985 年。
徐望之《公牍通论》,档案出版社 1988 年。
闵庚尧编著《中国古代公文简史》,档案出版社 1988 年。
许同莘《公牍学史》,档案出版社 1989 年。
周雪恒《中国档案事业史》,中国人民大学出版社 1994 年。
陈炳应《贞观玉镜将研究》,宁夏人民出版社 1995 年。
汪桂海《汉代官文书制度》,广西教育出版社 1999 年。
王铭《公文选读》,辽宁大学出版社 2000 年。
中国第一历史档案馆编《清代文书档案图鉴》,岳麓书社 2004 年。
王铭《文种钩沉》,中国档案出版社 2007 年。
史金波《西夏社会》,上海人民出版社 2007 年。
秦国经《清代文书档案制度》,中国档案出版社 2010 年。
赵彦龙《西夏文书档案研究》,宁夏人民出版社 2010 年。
胡元德《古代公文文体流变》,广陵书社 2012 年。
杜建录、史金波《西夏社会文书研究》,上海古籍出版社 2012 年。
赵彦龙《西夏公文写作研究》,宁夏人民出版社 2012 年。
史金波《西夏文教程》,社会科学文献出版社 2013 年。
徐自强、张永强、陈晶编著《敦煌莫高窟题记汇编》,文物出版社 2014 年。

杜建录《党项西夏碑石整理研究》，上海古籍出版社 2015 年。

杜建录《西夏史论集》，上海古籍出版社 2016 年。

聂鸿音《西夏佛经序跋译注》，上海古籍出版社 2016 年。

史金波《西夏经济文书研究》，社会科学文献出版社 2017 年。

赵彦龙、于薇、李国玲编著《中国古代经典文书档案导读》，宁夏人民出版社 2018 年。

于光建《〈天盛律令〉典当借贷门整理研究》，上海古籍出版社 2018 年。

黄正建主编《中国古文书学研究初编》，上海古籍出版社 2019 年。

赵彦龙《西夏档案及其管理制度研究》，中国社会科学出版社 2020 年。

孙继民《黑水城出土文书研究》，甘肃文化出版社 2021 年。

四、论文（以发表时间先后顺序排序）

丁明夷《灵石县发现的宋朝抗金文件》，《文物》1972 年第 4 期。

甘肃省博物馆《甘肃武威发现一批西夏遗物》，《考古》1974 年第 3 期。

聂鸿音《关于黑水城的两件西夏文书》，《中华文史论丛》第 63 辑，上海古籍出版社 2000 年。

胡元德《"书""疏""上书"辨析》，《语文建设》2008 年第 5 期。

孙继民《西夏汉文乾祐十四年安排官文书考释及意义》，《江汉论坛》2010 年第 10 期。

孙继民、许会玲《西夏汉文"南边榷场使文书"再研究》，《历史研究》2011 年第 4 期。

高辉、于光建《元〈敏公讲主江南求法功德碑〉考释》，《西夏研究》2012 年第 3 期。

王云庆、毛天宇《宋朝札子的内容与行文特征》，《秘书》2013 年第 5 期。

毛天宇《宋朝札子公文：内容与运作》，《兰台世界》2013 年第 23 期。

梅华《古代政治文化与奏议文体变迁——以表、状、札子为例》，《南昌大学学报》2015 年第 3 期。

陈晓东《清代内务府呈稿档案文件类型辨析》，《档案学研究》2015 年第 6 期。

张笑峰《西夏〈天盛律令〉的头子考》，《宁夏师范学院学报》2016 年第 1 期。

刘林凤《论公车府职能演变及唐代诣阙上书的类型》，《长江师范学院学报》2016 年第 6 期。

胡锦贤《古代奏疏之文体》,《应用写作》2016 年第 10 期。

王燕《北宋空名任官文书研究》,黑龙江大学 2017 年硕士学位论文。

史金波《俄藏 No.6990a 西夏书仪考》,《中华文史论丛》2018 年第 1 期。

孔许友《略论战国时期的"上书"》,《中华文化论坛》2018 年第 1 期。

黄正建《关于"中国古文书学"的若干思考》,《中国史研究动态》2018 年第 2 期。

兰怀昊《北宋奏议文研究》,长春理工大学 2019 年硕士学位论文。

余建平《尊君卑臣：汉代上书体式及套语中的皇帝权威》,《档案学通讯》2019 年第 2 期。

赵彦昌、吴蒙蒙《明代呈文研究——基于辽宁省档案馆馆藏明代档案》,《秘书》2019 年第 4 期。

朱安祥《元澄上书所反映出的北魏货币流通问题》,《中国钱币》2020 年第 1 期。

后 记

  本书是我主持的 2019 年度教育部人文社会科学研究规划基金西部和边疆地区项目"西夏文书种类功用及体式研究"(批准号：19XJA870003)的最终研究成果，这也是我主持的第二项教育部人文社科研究规划基金项目。

  在两年多的教学之余，我和我指导的硕士研究生根据课题研究需要，撰写并公开发表了相关的专题论文，如赵彦龙、扶静(2017 级研究生)撰写的《西夏借贷契约的性质与程式——西夏契约性质与程式研究之三》发表在《中国档案研究》2019 年第 7 辑、《西夏序跋碑类文书种类功用与体式研究》发表在《档案学研究》2020 年第 2 期；赵彦龙、张倩(2018 级研究生)撰写的《西夏典当契约的性质与程式——西夏契约性质与程式研究之五》发表在《西夏研究》2019 年第 4 期、《西夏租赁契约的性质与程式——西夏契约性质与程式研究之六》发表在《宁夏师范学院学报》2019 年第 9 期、《西夏上行文书"上书"功用及体式》发表在《宁夏大学学报》2020 年第 4 期、《西夏户籍文书的体式及功用》发表在《档案学通讯》2020 年第 6 期、《西夏上行文书"呈状"功用及体式》发表在《西夏研究》2021 年第 1 期。这些学术论文在编入本书时又进行了一些细节的修订和润色。

  首先，感谢本书在搜集整理资料、结构框架的设计、具体内容的研究以及出版过程中得到了宁夏大学西夏学研究院杜建录教授、杨浣教授、彭向前教授、于光建副教授、尤桦博士等的大力支持和指导，同时也得到了"宁夏大学民族学一流学科建设经费资助出版"(NXYLXK2017A02)。

  其次，感谢学界前辈、师长、同仁给予我研究内容和方法上的点拨和资料上的支持与帮助。

  再次，感谢上海古籍出版社的责任编辑王珺女士、王赫先生，两位的热心、耐心、有担当的工作态度以及专业的编辑水平使本书的质量大为增色。

  最后，也要感谢我的妻子和儿子。由于他们的理解、支持和帮助，才使我有时间并能静下心来进行研究。

由于本书是西夏文书种类功用及体式研究的初步尝试,所以,自然还会存在许多不足甚至是错误,敬请学界前辈、师长、同仁给予严厉的批评和指正,让我在今后继续研究中国古文书种类功用及体式的过程中减少错误。

赵彦龙

2021 年 10 月 28 日

图书在版编目(CIP)数据

西夏文书种类功用及体式研究 / 赵彦龙著.—上海：上海古籍出版社，2022.8
ISBN 978-7-5732-0322-9

Ⅰ.①西… Ⅱ.①赵… Ⅲ.①文书档案-研究-中国-西夏 Ⅳ.①G270.92

中国版本图书馆 CIP 数据核字(2022)第 107563 号

西夏文书种类功用及体式研究

赵彦龙　著

上海古籍出版社出版发行

（上海市闵行区号景路 159 弄 1-5 号 A 座 5F　邮政编码 201101）

(1) 网址：www.guji.com.cn
(2) E-mail：guji1@guji.com.cn
(3) 易文网网址：www.ewen.co

浙江临安曙光印务有限公司印刷

开本 710×1000　1/16　印张 19.5　插页 2　字数 351,000
2022 年 8 月第 1 版　2022 年 8 月第 1 次印刷
ISBN 978-7-5732-0322-9
K·3182　定价：98.00 元
如有质量问题，请与承印公司联系